Wiesner/Westermeier
Das staatliche Haushalts-, Kassen- und Rechnungswesen

Das staatliche Haushalts-, Kassen- und Rechnungswesen

von

Prof. Herbert Wiesner

Dozent a.D. an der Fachhochschule des Bundes für öffentliche Verwaltung, Mannheim

von

Antonius Westermeier

Regierungsoberamtsrat an der Bundeswehrverwaltungsschule II, Berlin

7., neu bearbeitete Auflage

R. v. Decker

Reihe „Handbücher und Kommentare“

Vorliegender Band herausgegeben von

Michael Streffer
Ministerialdirektor a.D.
im Bundesministerium der Verteidigung

Satz: Gottemeyer, Rot
Druck: J.P. Himmer GmbH & Co. KG, Augsburg
ISBN 3-7685-0536-7

Geleitwort

Der Band „Das staatliche Haushalts-, Kassen- und Rechnungswesen“ – ein Standardwerk der Fachbücherei Verwaltungs- und Büropraxis – erscheint mit dieser Auflage erstmals in der Reihe „Handbücher und Kommentare“. Damit hat sich der Wunsch der Verantwortlichen realisiert, auf diese Weise das seit vielen Jahren gut eingeführte Werk einer noch breiteren Leserschaft zu erschließen.

Der Zielsetzung der Reihe, nämlich die Vermittlung fundierter und vor allem aktueller Informationen für Einsteiger und Fortgeschrittene, haben Wiesner und Westermeier in der vorliegenden, deutlich erweiterten Neuauflage in hohem Maße entsprochen. So wurden mit Schwerpunkt u.a. die Abschnitte zur Gliederung des Haushaltsplans und zum Zahlungsüberwachungsverfahren überarbeitet. Neu aufgenommen haben die Autoren eine ausführliche und geglückte Darstellung des automatisierten Verfahrens im Haushalts-, Kassen- und Rechnungswesen (sog. HKR-Verfahren), das in den letzten Jahren insbesondere informationstechnisch vervollkommnet wurde.

Beibehalten wurden – was der Nutzer des Werkes sicher begrüßen wird – die didaktisch gelungenen Kurzfassungen jeweils am Ende der Abschnitte; sie erleichtern sowohl einen schnellen Einstieg wie auch für den Lernenden eine konzentrierte Wiederholung des Stoffes.

Herausgeber und Verlag wünschen den Autoren für die neue Auflage des Lehrbuchs den gleichen Erfolg, wie er bisher dem Alleinautor Wiesner zuteil wurde.

Bonn, im November 2004 *Michael Streffer*

Vorworte

Auch für die 7. Auflage dieses Lehrbuches stand das Bemühen im Vordergrund, die in der Vielzahl der Gesetze und allgemeinen Verwaltungsvorschriften über das Haushalts-, Kassen- und Rechnungswesen des Bundes und der Länder festgelegten Bestimmungen geordnet, übersichtlich und insbesondere leicht verständlich zu erläutern. Dabei wurden die einzelnen Themen jeweils abschließend noch einmal in ihrem fundamentalen Gehalt als „Kurzfassung" und zusätzlich – soweit es im Einzelnen möglich war – auch in grafischer Form als Skizze dargestellt, so dass der grundlegende Inhalt – der besseren Übersicht und des größeren Lernerfolges wegen – auf diese Weise besonders einprägsam hervorgehoben wurde.

Insbesondere wurden die inzwischen ergangenen Änderungen und Neuerungen berücksichtigt, so dass dem Leser damit ein geschlossener Gesamtüberblick über das staatliche Haushalts-, Kassen- und Rechnungswesen nach dem neuesten Stand der Bestimmungen zur Verfügung steht.

Ich habe dieses Lehrbuch von 1982–2004 als Alleinautor betreut. Nach meiner Pensionierung hat nun mein hochgeschätzter Kollege – Herr ROAR Antonius Westermeier von der Bw.-Verwaltungsschule in Berlin – die Bearbeitung dieses Lehrbuchs von der 7. Auflage an weitgehend selbst gestaltet, wobei meine Ausführungen sich lediglich auf die Kapitel B, E und V dieser Auflage beziehen.

Möge dieses Fachbuch seinen Zweck erfüllen, allgemein Verständnis für diese außerordentlich umfangreiche Materie zu wecken, dem großen Kreis der mit haushalts- und kassenmäßigen Aufgaben betrauten Bediensteten als nützliches Nachschlagewerk zu dienen sowie zuverlässiges Lehrbuch für die in der Ausbildung befindlichen Nachwuchskräfte des Verwaltungsdienstes und der Verwaltungsfachangestellten zu sein.

Mannheim, im November 2004 *Prof. Herbert Wiesner*

Als Mitautor der 7. Auflage werde ich bemüht sein, diesen traditionsreichen und bundesweit anerkannten Klassiker des „Staatlichen Haushalts-, Kassen- und Rechnungswesens", zunächst gemeinsam mit Herrn Professor Wiesner, später als Alleinautor weiter zu führen.

Höxter, im November 2004 *Antonius Westermeier*

Inhaltsverzeichnis

Verzeichnis der Abbildungen

Abkürzungsverzeichnis

Abt H	Abteilung Haushalt (BMVg)
AnnAO	Annahmeanordnung
AO-Befugter	Anordnungsbefugter
Art.	Artikel
Ausftg.	Ausfertigung
AuszAO	Auszahlungsanordnung
BA	Buchungsabschnitt
BAWV	Bundesamt für Wehrverwaltung
BfHH	Beauftragter für den Haushalt
BFV	Bundesfinanzverwaltung
BfF	Bundesamt für Finanzen
BGBl	Bundesgesetzblatt
BHK	Bundeshauptkasse
BHO	Bundeshaushaltsordnung
BMF	Bundesministerium der Finanzen
BMVg	Bundesministerium der Verteidigung
BRH	Bundesrechnungshof
Brig	Brigade
BSB	Bürosachbearbeiter
BSt	Buchungsstelle
Btl	Bataillon
BtlKdr	Bataillonskommandeur
Bw	Bundeswehr
BuKa	Bundeskasse
BVerfG	Bundesverfassungsgericht
BwVerw	Bundeswehrverwaltung
Ct	Cent
DB	Durchführungsbestimmungen
D-Beleg	Dauerbeleg
DE	Datenerfassung
DEB	Datenerfassungsbeleg
DFÜ	Datenfernübertragung
Div	Division
DSt.	Dienststelle
d.J.	dieses Jahres
d.M.	dieses Monats
DV	Datenverarbeitung
EPl	Einzelplan

Eur (€)	Euro
EZB	Europäische Zentralbank
FPl	Funktionenplan
GG	Grundgesetz
GO	Geschäftsordnung
GPl	Gruppierungsplan
Grp	Gruppe
GrpNr	Gruppierungsnummer
HGrG	Gesetz über die Grundsätze des Haushaltsrechts des Bundes und der Länder (Haushaltsgrundsätzegesetz)
HGrp	Hauptgruppe
HH	Haushalt
HHA	Haushaltsausgaben
HHE	Haushaltseinnahmen
HHj	Haushaltsjahr
HHPl	Haushaltsplan
HHM	Haushaltsmittel
HHSt	Haushaltsstelle
HIS	Haushaltsinformationssystem
HKR	Haushalts-, Kassen- und Rechnungswesen
KAB	Kassenaufsichtsbeamter
Kap	Kapitel
Kdr	Kommandeur
Kp	Kompanie
KpFw	Kompaniefeldwebel
ku	künftig umzuwandeln
kw	künftig wegfallend
KWEA	Kreiswehrersatzamt
lfd.	laufend(e)
lfd.Nr.	laufende Nummer
LHO	Landeshaushaltsordnung
LtrTrVerw	Leiter der Truppenverwaltung
LSE	Lastschrifteinzug
LZB	Landeszentralbank
mbw DSt	mittelbewirtschaftende Dienststelle
MinBlFin	Ministerialblatt des Bundesministeriums der Finanzen
Mio	Million
Mrd	Milliarde
MV	Mittelverteiler
MwSt	Mehrwertsteuer
OGrp	Obergruppe
Rdschr.	Rundschreiben

ReFü	Rechnungsführer
RzBw	Rechenzentrum für die Bundeswehr
SB	Sachbearbeiter
S-Beleg	Sammelbeleg
S-Mittel	Selbstbewirtschaftungsmittel
StOV	Standortverwaltung
StWG	Gesetz zu Förderung der Stabilität und des Wachstums der Wirtschaft
TGr	Titelgruppe
Tit	Titel
TrT	Truppenteil
TrV	Truppenverwaltung
TrVBea	Truppenverwaltungsbeamter
TV	Titelverwalter
V	Vorschuss
VBRO	Buchführungs- und Rechnungslegungsordnung für das Vermögen des Bundes
VE	Verpflichtungsermächtigung
VerfRiB – MV/TV- HKR	Verfahrensrichtlinien für Mittelverteiler/Titelverwalter
Vfg	Verfügung
V-Kto	Vorschuss-Konto
VMBl	Ministerialblatt des Bundesministeriums der Verteidigung
VSL	Verarbeitungsschlüssel
VV-BHO	Allgemeine Verwaltungsvorschrift zur Bundeshaushalts-ordnung
VV-HB	Verwaltungsvorschrift zur Haushaltssystematik des Bundes
Vw	Verwahrungen
Vw-Kto	Verwahrungskonto
WAZ	wiederkehrende Auszahlungen
WEZ	wiederkehrende Einzahlungen
WBV	Wehrbereichsverwaltung
WiTrT	Wirtschaftstruppenteil
Zbeauftr.	Zahlungsbeauftragter
ZBL	Zentralbereichsleiter
ZDv	Zentrale Dienstvorschrift
ZN	Zahlungsnachweisung
ZSt	Zahlstelle
ZSt-Verw.	Zahlstellenverwalter
ZÜV	Zahlungsüberwachungsverfahren

„Der Staatshaushalt muß ausgeglichen sein. Die öffentlichen Schulden müssen verringert werden. Die Arroganz der Behörden muß gemäßigt und kontrolliert werden. Die Zahlungen an ausländische Regierungen müssen verringert werden, wenn der Staat nicht bankrott gehen soll. Die Leute sollen wieder lernen zu arbeiten, statt auf öffentliche Rechnung zu leben."

Marcus Tullius Cicero, 55 vor Christus

Erster Teil

Haushaltswesen

Das staatliche Haushaltswesen betrifft das Handeln des Staates auf finanzwirtschaftlichem Gebiet, das nach den gültigen Regelungen des Haushaltsrechts abläuft. Es bezieht sich auf das

- **Planen**,
- **Veranschlagen**,
- **Bewirtschaften** und
- **Nachweisen** von **Haushaltsmitteln** (HHM),
  - *Haushaltsausgaben und*
  - *Haushaltseinnahmen*,

um die Aufgaben des Staates innerhalb eines bestimmten Zeitraums erfüllen zu können.

Das staatliche Haushaltswesen

⇨ Planung von Einnahmen und Ausgaben
⇨ Beschaffung und Erhebung von Einnahmen
⇨ Bewirtschaftung und Verwaltung von Ausgabemitteln
⇨ Verwendung und Leistung von Ausgaben

Abbildung 1: Das staatliche Haushaltswesen

Dabei durchläuft der staatliche Haushalt verschiedene gesetzlich vorgeschriebene Phasen (Haushaltskreislauf), wobei die jeweiligen Entscheidungsträger wechseln.

Die Exekutive (Regierung/Verwaltung) stellt den Entwurf des Haushaltsgesetzes und des Haushaltsplans auf und führt den von der Legislative (Parlament) beschlossenen Haushalt aus. Das Parlament berät den von der Regierung eingebrachten Haushaltsentwurf, beschließt den Haushalt im Gesetzgebungsverfahren und entlastet die Regierung nach Ablauf des Haushaltsjahres auf der Grundlage der vom Bundesministerium der Finanzen vorgelegten Jahresrechnungslegung unter Zuhilfenahme der Bemerkungen des Bundesrechnungshofes (BRH).

Mit einem Anteil von etwa 50 v.H. des Bruttosozialprodukts beeinflusst der Staat mit seiner öffentlichen Finanzwirtschaft im erheblichen Maße das gesamtwirtschaftliche Geschehen.

A. Die Grundlagen für das staatliche Haushalts-, Kassen- und Rechnungswesen

Das Haushaltsrecht bezieht sich materiell auf die Haushaltswirtschaft einer juristischen Person des öffentlichen Rechts und formell auf die dafür geltenden Vorschriften. Es lässt sich dem öffentlichen Recht zuordnen und zwar dem Verfassungsrecht, soweit das Grundgesetz und die Verfassungen der Länder betroffen sind, und darüber hinaus ist es Teil des Verwaltungsrechts.

Die Haushaltsverfassung der Bundesrepublik Deutschland und die der Bundesländer ist selbstverständlich mit der Rechtsstruktur der Bundesrepublik untrennbar verknüpft. Dies gilt auch und im besonderen Maße für die Staatsorgane bei allen ihren finanzpolitischen und finanzwirtschaftlichen Maßnahmen, die sie verfassungsrechtlich auch auf diesem Gebiete *an Recht und Gesetz binden* (vgl. Art. 20 Abs. 3 Grundgesetz).

I. Verfassungsrecht

Auf der Ebene des Verfassungsrechts stellt der Abschnitt X des **Grundgesetzes für die Bundesrepublik Deutschland** (GG) v. 23. Mai 1949 den Kernbereich des Haushaltsrechts dar.

Der Abschnitt gliedert sich in zwei Teile:
- *„Das Finanzverfassungsrecht“* (Art. 104a–109 GG) behandelt die Finanzwirtschaft von Bund *und* Ländern.
- *„Das Haushaltsverfassungsrecht“* (Art. 110–115 GG) befasst sich dagegen ausschließlich mit der Haushaltswirtschaft des Bundes.

Auf der Ebene der Länder gilt dies entsprechend. Beispielsweise stellt für das Land Nordrhein-Westfalen (NRW) der siebte Abschnitt der Verfassung für das Land NRW – Das Finanzwesen – den Kernbereich des Haushaltsrechts dar.

Von haushaltsrechtlicher Bedeutung sind jedoch noch weitere Verfassungsnormen, etwa die Regelungen über die Gemeinschaftsaufgaben von Bund und Ländern (Art. 91a und 91b GG) oder die Regelungen, die die Besatzungskosten, Kriegsfolgelasten und Zuschüsse an die Sozialversicherungsträger, die Arbeitslosenhilfe (Art. 120 GG) und die Durchführung des Lastenausgleichs (Art. 120a GG) normieren.

II. Gesetzliche Grundlagen

1. Gesetz über die Grundsätze des Haushaltsrechts des Bundes und der Länder (Haushaltsgrundsätzegesetz – HGrG –) v. 19.8.1969

Art. 109 Abs. 1 GG räumt dem Bund und den Ländern eine voneinander unabhängige und selbständig geführte Haushaltwirtschaft ein. Dessen ungeachtet ist in einer derart komplexen Volkswirtschaft mit einer Staatsquote von nahezu 50 v.H. ein Mindestmaß an Übereinstimmung zwischen dem Bund und seinen Gliedstaaten auch deshalb zu wahren, weil sie nach der Verfassung gemeinsam den Erfordernissen des gesamtwirtschaftlichen Gleichgewichts Rechnung zu tragen haben.

Auf der Grundlage des Art. 109 Abs. 3 GG wurden deshalb im HGrG für den Bund und für die Länder gemeinsam geltende Grundsätze für das Haushaltsrecht aufgestellt.

Das HGrG kann nur mit *Zustimmung* des Bundesrats geändert werden.

2. Gesetz zur Förderung der Stabilität und des Wachstums der Wirtschaft (Stabilitäts- und Wachstumsgesetz – StWG –) v. 8.6.1967

Ebenfalls auf der Grundlage des Art. 109 Abs. 3 GG wurden mit dem StWG für den Bund, die Länder und die Gemeinden gemeinsame geltende Grundsätze für eine konjunkturgerechte, antizyklische und mehrjährige Finanzplanung errichtet. Mit dem StWG wurde dem grundlegenden Wandel von der herkömmlichen Bedarfsdeckungsfunktion der öffentlichen Haushalte zu einer modernen gesamtwirtschaftlichen Budgetfunktion Rechnung getragen.

3. Bundeshaushaltsordnung (BHO) v. 19.8.1969 Landeshaushaltsordnungen (LHO) Gemeindehaushaltsverordnungen (GemHVO)

Der in § 1 HGrG enthaltene Gesetzgebungsauftrag verpflichtet Bund und Länder, ihr Haushaltsrecht nach den Grundsätzen des HGrG zu regeln.

Die BHO und die LHO orientieren sich deshalb an den Vorgaben des HGrG und sind in weiten Teilen und auch in der Paragrafenfolge nahezu deckungsgleich. Sie enthalten u.a.

- allgemeine und grundlegende Vorschriften über den Haushaltsplan sowie Regelungen über
- die Aufstellung und Ausführung des Haushaltsplans,
- die Zahlungen, Kassen- und Buchführung,
- die Rechnungslegung und Rechnungsprüfung,

- die Prüfung bundes-/landesunmittelbarer Personen des öffentlichen Rechts sowie der Sondervermögen.

Die mit der BHO weitestgehend deckungsgleichen LHO sind Ausdruck der Eigenständigkeit des Budgetrechts eines jeden Staates, mithin auch der des eigenständigen Budgetrechts eines jeden einzelnen Bundeslandes.

Im Gegensatz zum Haushaltsgesetz, das ein Zeitgesetz ist, sind die BHO/LHO so genannte Ständiggesetze.

Zur Zeit gibt es
1 BHO
16 LHO
13 GemHVO.

4. **Haushaltsgesetz** (HG)

Das HG ist ein Zeitgesetz. Es gilt immer für das entsprechende Haushaltsjahr. Ein Haushaltsjahr ist gem. § 4 BHO/LHO identisch mit dem Kalenderjahr. Auch bei einer verspäteten Verabschiedung tritt es zum 1.1. des jeweiligen Haushaltsjahres in Kraft.

Über den Rechtscharakter des Haushaltsgesetzes und des Haushaltsplans gibt es nach wie vor widerstreitende Auffassungen. Es gibt weder eine verfassungsrechtliche noch eine gesetzliche Definition, die das HG entweder als Gesetz im formellen Sinne oder als eines im materiellen Sinne bestimmt. Auch die Fachliteratur geht in ihrer Auffassung hierüber auseinander.

Bei diesem Streit geht es in erster Linie um die Frage, ob das HG nur der Form nach ein Gesetz, also ein Gesetz im formellen Sinne ist, oder ob es auch inhaltlich ein Gesetz, also eines im materiellen Sinne ist.

Für die Verfechter der Theorie, das HG sei lediglich ein Gesetz im formellen Sinne, steht die Überlegung im Vordergrund, dieses Gesetz entfalte keine Außenwirkung, entwickele also keine Rechtsbeziehung zwischen dem Staat und dem Bürger oder unter den Bürgern. Diese Auffassung geht auf Laband zurück, der den Haushaltsplan als „rechtsindifferentes Zahlenwerk" bezeichnet, das lediglich in Gestalt eines Gesetzes zustande gekommen ist.

Dagegen stehen die widersprechenden Argumente, das HG regele Befugnisse und Verantwortlichkeiten zwischen den Verfassungsorganen Parlament und Regierung und sei schon allein dadurch ein Gesetz im materiellen Sinne.[1]

1 BVerfGE 20, 56, 91; 38, 121, 126.

Durch das HG wird die Regierung u.a. ermächtigt, Ausgaben zu leisten und Verpflichtungen einzugehen. Durch solche Ermächtigungen ist der Bürger nicht nur mittelbar betroffen, so dass durchaus der Auffassung gefolgt werden kann, das HG sei auch ein Gesetz im materiellen Sinne.

In jedem Falle stellt das jährliche HG eine die BHO/LHO ergänzende Norm dar. Mit ihm wird die von der Verwaltung erarbeitete Planung sowie das erstellte Zahlenwerk vom Parlament für verbindlich erklärt.

Inhalte:
Wesentlich erfüllt das HG die Funktion, den in Einnahme und Ausgabe ausgeglichenen Haushalt in einer Summe festzustellen (→ Art. 110 Abs. 2 GG, § 1 BHO/LHO). Weiter enthält es Ermächtigungsnormen für die Regierung, etwa solche, bis zu einer durch das Gesetz bestimmten Höhe Kredite aufzunehmen und Bürgschaften einzugehen (→ Art. 115 Abs. 1 S. 1 GG). Daneben enthält das Gesetz wichtige Rechtsvorschriften über die jährliche Haushalts- und Wirtschaftsführung (z.B. § 5 HG 2003 „Anwendung der flexiblen Bewirtschaftung, § 6 Behandlung von Erstattungen Dritter, § 12 Behandlung von Rückzahlungen).

Gemeinsam mit dem Bundes-/Landeshaushaltsplan bildet das HG den Bundes-/ Landeshaushalt.

5. Gesetz zur Fortentwicklung des Haushaltsrechts von Bund und Ländern
(Haushaltsrechts-Fortentwicklungsgesetz) v. 22.12.1997

Mit dem Haushaltsrechts-Fortentwicklungsgesetz wurde das Ziel verfolgt, das seit der Haushaltsreform von 1969 geltende Haushaltsrecht des Bundes und der Länder den geänderten Bedingungen in der Gesellschaft und in der öffentlichen Verwaltung Rechnung zu tragen.

Wesentliche Eckpunkte des Gesetzes sind:
- Erhöhung der Flexibilität der Haushaltswirtschaft durch Erweiterung der Deckungsfähigkeit,
- Erweiterung und Vereinfachung der Übertragbarkeit
- Lockerung des Gesamtdeckungsprinzips zur Verstärkung der Anreize zur Erzielung von Mehreinnahmen,
- Einführung der Kosten- und Leistungsrechnung,
- Verpflichtung zu Wirtschaftlichkeitsuntersuchungen bei allen finanzwirtschaftlichen Maßnahmen.

III. Verwaltungsvorschriften

Nach der Normenhierarchie folgen die Verwaltungsvorschriften dem einfachgesetzlichen Haushaltsrecht des Bundes/der Länder.

Sie gelten, sofern das Gesetz nichts anderes bestimmt, als Ausführungsbestimmungen.

1. Verwaltungsvorschriften zur Haushaltssystematik des Bundes (VV-HB) v. 21.10.1968

Die VV-HB regeln die Ordnung in der Darstellung der Haushaltseinnahmen und -ausgaben des Haushaltsplans nach ökonomischen Gesichtspunkten auf der Grundlage der volkswirtschaftlichen Gesamtrechnung. Jeder Haushaltsansatz ist einer bestimmten wirtschaftlichen Kategorie (Gruppe) zugeordnet, die Bestandteil der Titelnummer ist. Die jeweiligen Gruppen, die ersten drei Stellen der Titelnummer (Gruppierungsnummer), sind für den Bund und für die Länder und über die Länder auch für die Gemeinden und Gemeindeverbände identisch und im *Gruppierungsplan*, der Teil der VV-HB ist, festgelegt. Die einheitliche Darstellungsform der Haushaltseinnahmen und der Haushaltsausgaben ermöglicht die Transparenz und die Vergleichbarkeit der öffentlichen Haushalte.

Beispielsweise schafft erst die systematische Darstellungsform die Voraussetzung dafür, mit Hilfe der Informationstechnik bestimmte Einnahme- oder Ausgabeverläufe erfassen und Veränderungen im Verlaufe eines Bewilligungszeitraums auf schnellem Wege verfolgen zu können.

2. Allgemeine Verwaltungsvorschriften zur Bundeshaushaltsordnung (VV-BHO)

Während die Bundeshaushaltsordnung insbesondere solche Vorschriften enthält, die ihrer grundlegenden Bedeutung wegen der gesetzlichen Normierung bedürfen, enthalten die VV-BHO nähere *technisch-organisatorische* Bestimmungen.

§ 5 BHO ermächtigt das Bundesministerium der Finanzen, zur BHO allgemeine Verwaltungsvorschriften zu erlassen. Der Erlass erfolgte durch Rundschreiben des Bundesministeriums der Finanzen (BMF) an die obersten Bundesbehörden und durch Veröffentlichung im „Gemeinsamen Ministerialblatt“ (GMBl). Die obersten Bundesbehörden können zu den VV ergänzende, ressorttypische Bestimmungen (z.B. Durchführungsbestimmungen) erlassen, die jedoch nicht von den VV abweichen dürfen.

Die VV konkretisieren die BHO und richten sich an alle Bewirtschafter des Bundes, also sowohl an die mittelverteilenden (Mittelverteiler) als auch an die mittelverwendenden Dienststellen (Titelverwalter). Erstrangiges Ziel der VV ist, die Vorschriften der BHO in allen Dienststellen zur *einheitlichen* Anwendung zu bringen.

3. **Kassenbestimmungen für die Bundesverwaltung** (KBestB) v. 8.2.1999

Auf der Grundlage des § 79 Abs. 4 BHO sind die KBestB mit Rundschreiben des BMF vom 8.2.1999 erlassen worden. Die KBestB haben im Wesentlichen folgenden Inhalt:

1. Aufgaben der Kassen
2. Durchführung des Zahlungsverkehrs
3. Geldverwaltung
4. Buchführung, Bücher und Aufzeichnungen
5. Buchungsverfahren
6. Abschluss der Bücher und Rechnungslegung
7. Zahlstellenbestimmungen für die Bundesverwaltung

4. **Verfahrensrichtlinien für Mittelverteiler und Titelverwalter** (VerfRiB MV/TV) **im Automatisierten Verfahren im Haushalts-, Kassen- und Rechnungswesen** (HKR-Verfahren) Stand 12/2003

Die VerfRiB MV/TV regeln das HKR-Verfahren, das zur Unterstützung und Dokumentation wesentlicher Tätigkeiten bei der Ausführung des Haushaltsplans, der Abwicklung des Zahlungsverkehrs, der Buchführung und der Rechnungslegung sowie eine tagfertige Bereitstellung über den Stand der Bewirtschaftung dient.

Im HKR-Verfahren laufen alle Bewirtschaftungsvorgänge von der Verteilung der Haushaltsmittel, der Festlegung der Haushaltsmittel über die Anordnung von Leistungen oder Annahme von Einzahlungen bis hin zur Überwachung und Ausführung der Zahlungen ausnahmslos über die zentrale Datenbank des Bundesamtes für Finanzen und die Bundeskassen.

5. **Allgemeine Verwaltungsvorschriften zur vorläufigen Haushalts- und Wirtschaftsführung**

Nach Art. 110 Abs. 2 GG/LV (z.B. Art. 81 Abs. 3 der Verfassung für das Land NRW) soll der Haushaltsplan **vor** Beginn des Haushaltsjahres durch das Haushaltsgesetz festgestellt werden. Mit dieser Verfassungsnorm wird der Haushaltsgrundsatz der Vorherigkeit begründet, denn erst der durch Gesetz festgestellte

Haushaltsplan ermächtigt die Verwaltung, Ausgaben zu leisten und Verpflichtungen einzugehen. Ist jedoch der Gesetzgeber nicht in der Lage, seiner verfassungsmäßigen Verpflichtung nachzukommen, darf es nicht dazu führen, dass die staatlichen Funktionen nicht mehr aufrechterhalten werden können. In diesem Falle ist die Verwaltung nach *Art. 111 GG/LV* (z.B. Art. 89 der Verfassung von Berlin) ermächtigt, die Wirtschaft vorläufig weiterzuführen.

Das BMF erlässt in dieser Konstellation ebenfalls auf der Grundlage des § 5 BHO die Verwaltungsvorschriften über die „Vorläufige Haushaltsführung im Haushaltsjahr 20..". Die Finanzministerien der Länder verfahren in vergleichbarer Weise.

Die VV konkretisieren die Voraussetzungen des Art. 111 GG und gelten für alle Bewirtschafter bis zur Verkündung des HG. Das BMF regelt insbesondere:
- die Art der Maßnahmen, für die Ausgaben geleistet werden dürfen,
- die Quotierung der Ausgabeermächtigung,
- die Art, wie eventuelle Ausgabereste zu bewirtschaften sind,
- die Bewirtschaftung von Verpflichtungsermächtigungen,
- die Verteilung der Ausgabeermächtigungen und deren Buchung im HKR-Verfahren.

6. Allgemeine Verwaltungsvorschriften zur endgültigen Haushaltsführung

Die VV *konkretisieren* das jeweilige *Haushaltsgesetz*. Mit Verkündung des HG erlässt das BMF/LMF ebenfalls auf der Grundlage des § 5 BHO/LHO die VV zur endgültigen Haushalts- und Wirtschaftsführung der Bundes-/Landesverwaltung. Damit werden gleichzeitig die VV zur vorläufigen Haushalts- und Wirtschaftsführung aufgehoben. Das Rundschreiben des BMF/LMF enthält zumeist verbindliche Regeln und Hinweise zur Bewirtschaftung der Haushaltsmittel, insbesondere in folgenden Bereichen:
- Personalhaushalt,
- Handhabung der Deckungsfähigkeit,
- über- und außerplanmäßige Ausgaben,
- Ausgabereste, Haushaltssperren und globale Minderausgaben.

7. Buchführungs- und Rechnungslegungsordnung für das Vermögen des Bundes (VBRO) vom 16.3.1953

Die Vorschriften über die Buchführung und Rechnungslegung über das Vermögen und die Schulden des Bundes haben den Zweck, den Bestand des Vermögens und der Schulden zu Beginn des Haushaltsjahres, die Veränderung während und den Bestand am Ende des Haushaltsjahres gem. Art. 114 GG nachzuweisen.

Die Vermögensrechnung soll ferner darlegen, in welcher Höhe die Haushaltseinnahmen und Haushaltsausgaben zur Vermehrung oder zur Verminderung des Vermögens oder der Schulden im Laufe des Haushaltsjahres geführt haben. Die Vermögensrechnung schließt nicht den Wert des beweglichen Vermögens ein, das gem. § 28 VBRO nach besonderen Vorschriften durch Bestandsverzeichnisse nachgewiesen wird.

8. Ressortinterne Durchführungsbestimmungen (DB)

Die obersten Bundesbehörden/Landesbehörden können gem. §§ 102 und 103 BHO/LHO im Einvernehmen mit dem BMF/LMF und dem Bundesrechnungshof/Landesrechnungshof ressortinterne Verwaltungsvorschriften erlassen, die die Besonderheiten des jeweiligen Geschäftsbereichs bei der Bewirtschaftung der Haushaltsmittel berücksichtigen. Solche Durchführungsbestimmungen dürfen jedoch von den VV-BHO/VV-LHO nicht abweichen.

9. Ressortbezogene Erlasse über die Haushaltsführung

Nach Erlass der Allgemeinen Verwaltungsvorschriften zur endgültigen Haushaltsführung durch das BMF/LMF wird der ressortinterne „Erlass über die Haushaltsführung 20..“ (Haushaltsführungserlass) veröffentlicht und auf dem Dienstwege bis zum Titelverwalter der Ortsinstanz verteilt.

Der Haushaltsführungserlass greift wesentliche Bewirtschaftungsvorschriften der „Allgemeinen Verwaltungsvorschriften zur endgültigen Haushaltsführung“ des BMF/LMF auf und ergänzt sie um ressorttypische Vorschriften zur Bewirtschaftung der zugewiesenen Haushaltsmittel sowie Bewirtschaftungsermächtigungen (z.B. Verfahrenshinweise zur Inanspruchnahme einer erlaubten Deckungsfähigkeit, Verfahrenshinweise zur Bildung von Ausgaberesten) und Festlegungen von allgemeinen Ausgabeermächtigungen.

IV. Die Rechtsgrundlagen für das staatliche Haushalts-, Kassen- und Rechnungswesens (Kurzfassung)

1. Gesetzliche Vorschriften

- Das Grundgesetz für die Bundesrepublik Deutschland (GG) – sowie die jeweiligen Landesverfassungen (LV),
- Das Gesetz zur Förderung der Stabilität und des Wachstums der Wirtschaft (StWG),

- Das Gesetz über die Grundsätze des Haushaltsrechts des Bundes und der Länder (HGrG),
- Die Haushaltsordnungen des Bundes (BHO) und der Länder (LHO) sowie die Gemeindehaushaltsverordnungen (GemHVO),
- Das Haushaltsgesetz (HG); die Haushaltssatzung der Gemeinden
- Gesetz zur Fortentwicklung des Haushaltsrechts von Bund und Ländern (Haushaltsrechts-Fortentwicklungsgesetz)

2. Verwaltungsvorschriften

- Verwaltungsvorschriften zur Haushaltssystematik des Bundes (VV-HB) v. 21.10.1968,
- Verwaltungsvorschriften zur Bundeshaushaltsordnung (VV-BHO),
- Kassenbestimmungen für die Bundesverwaltung (KBestB) v. 8.2.1999,
- Verfahrensrichtlinien für Mittelverteiler und Titelverwalter (VerfRiB MV/TV) im Automatisierten Verfahren im Haushalts-, Kassen- und Rechnungswesen (HKR-Verfahren) Stand 12/2003,
- Allgemeine Verwaltungsvorschriften zur vorläufigen Haushalts- und Wirtschaftsführung,
- Allgemeine Verwaltungsvorschriften zur endgültigen Haushaltsführung,
- Buchführungs- und Rechnungslegungsordnung für das Vermögen des Bundes (VBRO) vom 16.3.1953,
- Ressortinterne Durchführungsbestimmungen (DB),
- Ressortbezogene Erlasse über die Haushaltsführung.

B. Der Bundes-/Landeshaushalt

I. Allgemeines

Das „staatliche Haushaltswesen“ ist geprägt durch die öffentliche Einnahmen- und Ausgabenwirtschaft und dient der Finanzierung zur Erfüllung öffentlicher Aufgaben.

Das **„staatliche Haushaltswesen“** umfasst alle finanzwirtschaftlichen Maßnahmen der öffentlich-rechtlichen Körperschaften, die auf den Rechtsregeln des öffentlichen Haushaltsrechts beruhen und sich auf die

- **Einnahmen und Ausgaben des Staates**,
  insbesondere auf die
  - „Planung“,
  - „Aufstellung“ und
  - „Ausführung“

  des Haushaltsplans
- sowie die
  - „Rechnungslegung“,
  - „Rechnungsprüfung“ und
  - „Entlastung der Regierung und der Verwaltung“

erstrecken (= Finanzierung der staatlichen Aufgabenerfüllung).

Bund und Länder sind in ihrer Haushaltswirtschaft selbständig und voneinander unabhängig (Art. 109 GG). Grundlage der jährlichen Haushalts- und Wirtschaftsführung der einzelnen Träger der staatlichen Haushaltswirtschaft ist der jeweilige Haushalt.

Der **„Haushalt“** setzt sich zusammen aus dem Haushaltsgesetz und dem Haushaltsplan.

„Haushalten“ umfasst das Planen, Veranschlagen, Bewirtschaften und Nachweisen von Haushaltsmitteln, die erforderlich sind, um die staatlichen Aufgaben innerhalb eines bestimmten Zeitraumes erfüllen zu können.

„Haushaltsmittel“ sind Beträge, die im Haushaltsplan mit Titelnummer und Zweckbestimmung als Ansatz ausgebracht sind. Haushaltsmittel werden den mittelbewirtschaftenden Dienststellen zugewiesen und stehen diesen zur Bewirtschaftung zur Verfügung. Ausgaben dürfen jedoch nur geleistet werden, wenn diese erforderlich sind. Haushaltsmittel sind kein Geld.

II. Begriff des Haushalts

Haushaltsgesetz (HG) und Haushaltsplan (Hpl) bilden eine *Einheit; zusammen* sind sie „der Haushalt".

Das **Haushaltsgesetz** ist ein Gesetz im nur formellen Sinn, d.h. es hat keine Außenwirkung gegenüber dem Bürger, wohl aber hat es Innenwirkung gegenüber der Regierung und der Verwaltung, die an dieses Gesetz gebunden sind.

Der **Haushaltsplan** (das Budget, der Etat) ist die durch das Haushaltsgesetz festgestellte, für die Haushalts- und Wirtschaftsführung des Bundes/Landes maßgebende Zusammenstellung der für ein Haushaltsjahr veranschlagten Haushaltseinnahmen und -ausgaben aller Bundes-/Landesbehörden.

Der Haushaltsplan ist eine verfassungsgesetzliche Einrichtung. Alle zu erwartenden Einnahmen und alle voraussichtlich zu leistenden Ausgaben, Planstellen, Stellen und Verpflichtungsermächtigungen des Bundes/Landes sind in den Haushaltsplan einzustellen (Art. 110 GG/LV).

Der Haushaltsplan ist
- das Hauptbuch des Staates,
- die finanzwirtschaftliche Grundlage des staatlichen Verwaltungshandelns,
- das Planungs-, Bewirtschaftungs- und Kontrollinstrument staatlicher Aufgabenerfüllung.

Der Haushaltsplan ist somit eine Zusammenstellung aller für ein Jahr veranschlagten (= geplanten) Haushaltseinnahmen und Haushaltsausgaben sowie Verpflichtungsermächtigungen, Planstellen und Stellen aller Bundes-/Landesverwaltungen.

Der **Bundes**haushaltsplan wird – in Einnahmen und Ausgaben ausgeglichen – vom BMF aufgestellt, von der Bundesregierung beschlossen und **vom Parlament** beraten und durch die Verabschiedung des Haushaltsgesetzes **festgestellt**.

Es gibt – **jährlich** –

1 Bundeshaushaltsgesetz (BHG) mit einem Bundeshaushaltsplan (BHpl),

16 Landeshaushaltsgesetze (LHG) mit *jeweils einem* Landeshaushaltsplan (LHpl),

13 855 Gemeindehaushaltssatzungen mit *jeweils einem* Gemeindehaushaltsplan (GemHpl).

Der Haushaltsplan ist die unbedingt notwendige **Anlage** des Haushaltsgesetzes.

III. Inhalt des Haushalts

Das **Haushaltsgesetz** *muss* beinhalten
- die Feststellung des auf eine zu nennende Summe in Einnahmen und Ausgaben ausgeglichenen Haushaltsplans,
- die Ermächtigung für das BMF/LMF zur Aufnahme von Deckungskrediten und Kassenkrediten,
- die Ermächtigung für das BMF/LMF zur Übernahme von Bürgschaften, Garantien oder sonstigen Gewährleistungen,
- den Tag des Inkrafttretens des Haushaltsgesetzes (stets der 1. Januar!).

Das Haushaltsgesetz *kann* beinhalten
- zeitgesetzliche besondere Ermächtigungen beim Vollzug des Haushaltsplans,
- kurzfristige, nur für die Gültigkeit dieses Haushaltsgesetzes bestimmte Außerkraftsetzungen bestehender Vorschriften,
- **allgemeingültige** Haushaltsvermerke,
- Bestimmungen, die über die allgemeine Gültigkeit des Haushaltsgesetzes (31.12.) **hinaus** bis zum Tage der Verkündung des Haushaltsgesetzes des folgenden Haushaltsjahres **weitergelten**.

→ *s. Anhang 1: Bundeshaushaltsgesetz.*

Der **Haushaltsplan** enthält
- alle veranschlagten (= geplanten) Haushaltseinnahmen und Haushaltsausgaben,
- alle voraussichtlich benötigten Verpflichtungsermächtigungen,
- eine Darstellung der Planstellen und Stellen,
- spezielle Haushaltsvermerke

für ein Haushaltsjahr.

Die Verabschiedung des Haushaltsgesetzes (= dritte Lesung im Parlament) bedeutet:

1. das Haushaltsgesetz ist vom Parlament „angenommen“,

2. der Haushaltsplan ist – *zugleich* – damit „festgestellt“,
3. die Ausgabemittel und Verpflichtungsermächtigungen sind – *zugleich* – damit „parlamentarisch bewilligt“!

→ *s. Anhang 2: Auszug aus dem Bundeshaushaltsplan.*

IV. Bedeutung des Haushalts

Die **Haushaltsordnungen** (BHO, LHO, GemHVO) sind die **ständig-gesetzlichen, allgemeinen Rechtsvorschriften** über das Haushaltsrecht der jeweiligen Gebietskörperschaft (= Allgemeines Haushaltsrecht).

Der **Haushalt** ist die für das Bezugsjahr geltende **zeit-gesetzliche, besondere Grundlage für die Haushalts- und Wirtschaftsführung** (= Besonderes Haushaltsrecht).

Der Haushalt ist die Planungs-, Bewirtschaftungs- und Kontrollgrundlage für die öffentliche Aufgabenerfüllung.

Hiermit ist der Haushalt (insbesondere der Haushaltsplan) in seiner verschiedenartigen Bedeutung angesprochen:

1. Rechtliche Bedeutung des Haushalts

Das Grundgesetz, die Verfassungen der Länder und die Kreis- und Gemeindeordnungen haben den Haushaltsplan als **Grundlage** für die Haushalts- und Wirtschaftsführung der jeweiligen Gebietskörperschaft zum Inhalt (Haushaltsverfassungsrecht, Art. 109–115 GG/LV).

Der Haushaltsplan des Bundes und die der Länder werden durch „Gesetz“, die der Gemeinden und der Gemeindeverbände durch „Satzung“, festgestellt. Der Haushaltsplan ist die notwendige Anlage des Haushaltsgesetzes (bzw. der Haushaltssatzung).

Haushaltsgesetz und Haushaltsplan bilden eine **Einheit**: **den Haushalt**. Somit nimmt der Haushaltsplan an den Rechtswirkungen des Haushaltsgesetzes teil, ohne jedoch selbständiges Gesetz zu sein. Das Bundesverfassungsgericht hat befunden, dass das Haushaltsgesetz nicht lediglich ein im Haushaltsplan enthaltenes Zahlenwerk feststellt, sondern zugleich auch die **Bewilligung** der im Haushaltsplan ausgeworfenen **Ausgabemittel** enthalte, d.h. die **Ermächtigung** an die Regierung darstellt, diese Ausgabemittel im Rahmen der im Haushaltsplan und den übrigen Haushaltsrechtsnormen vorgeschriebenen Ordnung auszugeben.

Durch die **Verabschiedung** des **Bundeshaushaltsgesetzes** und die damit bewirkte gleichzeitige **Feststellung** des **Bundeshaushaltsplans** wird dieser mit seinem Inkrafttreten zur rechtlichen Grundlage für die Haushalts- und Wirtschaftsführung des Bundes/Landes für ein Jahr (= Besonderes Haushaltsrecht).

2. Politische Bedeutung des Haushalts

Im Haushaltsplan sind die für die Erfüllung der einzelnen staatlichen Aufgaben erforderlichen Ausgabemittel sowie die zur Deckung dieses Finanzbedarfs erforderlichen Einnahmebeträge (Steuern usw.) festgelegt. Aus dem Haushaltsplan ist zu erkennen, für welche Zwecke (z. B. Straßenbau, Verteidigung, Wissenschaft und Forschung usw.) und in welchem Ausmaße die Regierung Haushaltsmittel für erforderlich hält.

Der Haushaltsplan zeigt somit die politische Zielsetzung der Regierung auf und wird zum Ausdruck des politischen Programms einer Regierung.

Die Qualität eines Staatshaushalts kann man ohnehin nur in Kenntnis der mit ihm angestrebten staatspolitischen Ziele und dies auch nur vor dem Hintergrund der jeweiligen gesamtwirtschaftlichen, konjunkturellen Situation richtig beurteilen.

Das durch die Verfassung geprägte „Parlamentarische Budget-Recht (= Budget-Bewilligungsrecht, Budget-Kontrollrecht, Budget-Entlastungsrecht) ist das älteste und das bedeutendste politische Kontrollrecht des Parlaments gegenüber der Regierung!

Das Haushaltsrecht ist seit jeher das Königsrecht des Parlaments!

3. Finanzwirtschaftliche Bedeutung des Haushalts

Der Haushaltsplan dient der Feststellung und der Deckung des Finanzbedarfs, der zur Erfüllung der Aufgaben der öffentlichen Körperschaft im Bewilligungszeitraum voraussichtlich notwendig ist (= klassische Bedarfsdeckungsfunktion).

Der Haushaltsplan bildet die Grundlage für die Ermittlung des Finanzbedarfs, der zum Ausgleich zwischen Einnahmen und Ausgaben erforderlich ist und somit der Sicherung der Aufgabenfinanzierung dient.

Die finanzwirtschaftliche Funktion des Haushaltsplans liegt im Wesentlichen in der verfahrensmäßigen Erfassung der voraussichtlichen Einnahmen und Ausgaben der jeweiligen öffentlichen Körperschaft und übt – zum Zwecke des Ausgleichs zwischen Einnahmen und Ausgaben – eine **Bedarfsdeckungsfunktion** aus.

4. Gesamtwirtschaftliche Bedeutung des Haushalts

Das in Art. 109 Abs. 2 GG, in § 1 StWG und in den Haushaltsordnungen aufgestellte Gebot, nach dem die Träger öffentlicher Haushaltswirtschaft bei ihrer Haushaltsführung den Erfordernissen des gesamtwirtschaftlichen Gleichgewichts Rechnung zu tragen haben, bezieht sich in erster Linie auf die Grundlage der Haushalts- und Wirtschaftsführung der jeweiligen öffentlichen Körperschaft – den Haushaltsplan. Die wirtschafts- und finanzpolitischen Maßnahmen sind hiernach so zu treffen, dass sie im Rahmen der marktwirtschaftlichen Ordnung gleichzeitig zur **Stabilität des Preisniveaus**, zu einem **hohen Beschäftigungsstand** und **außenwirtschaftlichem Gleichgewicht** bei **stetigem und angemessenem Wirtschaftswachstum** beitragen (= moderne gesamtwirtschaftliche Lenkungsfunktion).

5. Kontrollmäßige Bedeutung des Haushalts (Finanzkontrolle)

Die **„Finanzkontrolle“** besteht aus der „verwaltungsmäßigen Kontrolle“ und der „parlamentarischen Kontrolle“.

Der Bundesminister der Finanzen hat dem Bundestag und dem Bundesrat über alle Einnahmen und Ausgaben sowie über das Vermögen und die Schulden im Laufe des nächsten Haushaltsjahres zur Entlastung der Bundesregierung und der Verwaltung Rechnung zu legen. Der Bundesrechnungshof prüft die Rechnung sowie die Wirtschaftlichkeit und Ordnungsmäßigkeit der Haushalts- und Wirtschaftsführung (Art. 114 GG = verwaltungsmäßige Kontrolle als „Rechtskontrolle“).

Die parlamentarische Kontrolle über die vollziehende Gewalt und ihre politischen und administrativen Amtsträger ist das Kernstück der **Kontrolle der Staatsgewalt** überhaupt!!

Das Volk (Bundestag = Volksvertretung) kontrolliert die Regierung!!

Das Parlament übt die **politische Kontrolle** über die Durchführung des von ihm festgestellten Haushaltsplans aus. Nach vorangegangener Prüfung der Rechnung durch den Bundesrechnungshof entscheiden Bundestag und Bundesrat über die Entlastung der Bundesregierung hinsichtlich der Haushalts- und Wirtschaftsführung des geprüften Haushaltsjahres (= parlamentarische Kontrolle).

V. Wirkung des Haushalts

Der Haushaltsplan **ermächtigt** die Verwaltung, Ausgaben zu leisten und Verpflichtungen einzugehen (§ 3 BHO/LHO).

Die im Haushaltsplan veranschlagten **Ausgaben** wirken **rechtsbegründend**, d. h. sie stellen eine parlamentarische **Ermächtigung** – keinesfalls aber eine Verpflichtung – zur Leistung von Ausgaben dar! Die **Verpflichtung** zur Erhebung von Einnahmen und zur Leistung von Ausgaben ergibt sich nicht aus dem Haushaltsplan, sondern stets nur aus Rechtsvorschriften außerhalb des Haushaltsplans (z. B. Steuergesetze, Kindergeldgesetz)!

Durch den Haushaltsplan werden **Ansprüche oder Verbindlichkeiten Dritter** weder begründet noch aufgehoben, d.h., der Haushaltsplan wirkt nur im Bereich zwischen Parlament und Regierung! Danach ist die Regierung – und somit deren Verwaltung – an das Haushaltsgesetz und an den Haushaltsplan gebunden! Auf den einzelnen Bürger erstreckt sich der Haushalt also nicht (keine Außenwirkung, wohl aber Innenwirkung).

Mit der Zuweisung der Haushaltsmittel, Verpflichtungsermächtigungen, Planstellen und Stellen stehen diese der Dienststelle zur **Bewirtschaftung** zur Verfügung (= Bewirtschaftungsbefugnis).

Die den mittelbewirtschaftenden Dienststellen zugewiesenen Ausgabemittel ermächtigen diese Behörde, diese Mittel bestimmungsgemäß zu verwalten.

VI. Der Finanzplan

Bund und Länder legen ihrer Haushaltswirtschaft je für sich eine **fünfjährige Finanzplanung** zugrunde (§ 50 HGrG).

Im Finanzplan sind die vorgesehenen **Investitionsschwerpunkte** zu erläutern und zu begründen. Als Unterlagen für die Finanzplanung stellen die Minister für ihren Bereich mehrjährige Investitionsprogramme auf.

Der Finanzplan ist vom BMF aufzustellen und zu begründen; die Bundesregierung beschließt den Finanzplan und legt ihn dem Parlament, dem er lediglich als Orientierungshilfe dient, mit dem Haushaltsentwurf vor.

VII. Die Haushaltsrechnung

Die Haushalts**rechnung** ist die Zusammenstellung der **tatsächlich** angenommenen Einnahmen und **tatsächlich** geleisteten Ausgaben als **„Ist-Ergebnis"** der Haushalts- und Wirtschaftsführung.

Aus der Haushaltsrechnung wird der Überschuss bzw. Fehlbetrag ersichtlich (§ 25 BHO).

Die Haushaltsrechnung ist – im Gegensatz zur kaufmännischen Bilanz, die auf Gewinn und Verlust abgestellt und somit eine reine Erfolgsrechnung ist, lediglich eine **Verlaufsrechnung**.

VIII. Der Haushaltskreislauf (Ein Überblick)*

Der Haushaltskreislauf stellt sich in *vier* Kreislaufphasen dar:

1. Aufstellung des Haushaltsentwurfs durch die Regierung und die Verwaltung

Aufgrund des „Aufstellungsrundschreibens" des BMF werden von den Obersten Verwaltungsbehörden „Voranschläge" erstellt, die deren Mittelbedarf für ein Haushaltsjahr beinhalten.

Der BMF prüft diese Voranschläge und stellt den Entwurf des Haushaltsgesetzes und des Haushaltsplans auf.

Die Bundesregierung berät und beschließt diesen Gesetzentwurf und leitet ihn *zu gleicher Zeit* an Bundestag und Bundesrat.

→ Eingehender: s. Abschnitt „Die Aufstellung des Haushaltsgesetzes und des Haushaltsplans".

* Dargestellt am Geschehen auf Bundesebene. Für die Länder gilt sinngemäß das Gleiche.

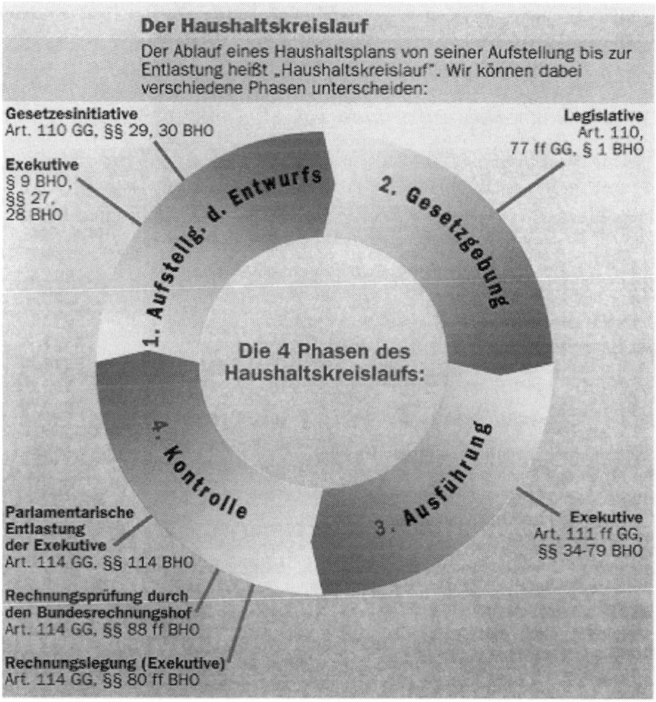

Abbildung 2: Der Haushaltskreislauf

2. Parlamentarische Beratung und Verabschiedung des Haushaltsentwurfs durch den Bundestag

Der Haushaltsentwurf wird im Bundestag in drei Lesungen beraten:

1. Lesung: Die erste Lesung wird durch die **„Etatrede"** des BMF eingeleitet, der darin die politische Zielsetzung der Bundesregierung, die mit diesem Haushaltsentwurf verfolgt wird, im Grundsatz erläutert.

Danach kommt es zur **Grundsatzdebatte** (Haushaltsdebatte), in der die Regierungs- und Oppositionsparteien ihre regelmäßig sehr unterschiedlichen Zielsetzungen vortragen.

Letztlich wird der Haushaltsentwurf nach mehrtägiger Debatte an den **„Haushaltsausschuss"** zur Beratung überwiesen.

2. Lesung: Die zweite Lesung beinhaltet **Generaldebatte** und **Abstimmung über jeden Einzelplan**.

3. Lesung: Die dritte Lesung bedeutet **Abschlussdebatte** und **Abstimmung über das Haushaltsgesetz** (einfache Mehrheit) und unmittelbar damit verbundene **„Feststellung"** des Haushalts*plans.*

→ *Eingehender: s. Abschnitt „Die Aufstellung des Haushaltsgesetzes und des Haushaltsplans".*

3. Die Ausführung des Haushalts durch die Regierung und die Verwaltung

Das BMF verteilt die Ausgabemittel an die Obersten Verwaltungsbehörden, diese an die Dienststellen ihres nachgeordneten Bereichs.

„Titelverwalter" (auch „Mittelverwender" genannt) bewirtschaften die der Dienststelle zugewiesenen Ausgabemittel, nach Titeln getrennt.

„Kassen" leisten Zahlungen, buchen diese und bereiten die Rechnungslegung vor.

Das BMF hat nach Abschluß des Haushaltsjahres dem Bundestag und dem Bundesrat über alle Einnahmen und Ausgaben zur Entlastung der Bundesregierung Rechnung zu legen.

→ *Eingehender: s. Abschnitt „Die Ausführung des Haushaltsplans".*

4. Die Kontrolle der Ausführung des Haushalts sowie Entlastung der Regierung

Der BRH prüft die Belege auf Einhaltung der gesetzlichen Vorschriften sowie auf Wirtschaftlichkeit und Sparsamkeit und hält die Beanstandungen in „Bemerkungen" fest (= verwaltungsmäßige Kontrolle).

Bundestag und Bundesrat prüfen die politische Einhaltung des Haushaltsplans (= parlamentarische Kontrolle) und erteilen der Bundesregierung – getrennt – die Entlastung aus dem geprüften Haushaltsjahr.

→ *Eingehender: s. Abschnitt „Finanzkontrolle".*

IX. Der Bundes-/Landeshaushalt (Kurzfassung)

1. Allgemeines

Bund und Länder (sowie die Gemeinden) sind in ihrer Haushaltswirtschaft selbständig und voneinander unabhängig.

„Haushalten" umfasst das Planen, Veranschlagen, Bewirtschaften und Nachweisen von Haushaltsmitteln, die erforderlich sind, um die staatlichen Aufgaben innerhalb eines bestimmten Zeitraumes erfüllen zu können.

„Haushaltsmittel" sind Beträge, die im Haushaltsplan (Etat, Budget) mit Titelnummer und Zweckbestimmung als **Ansatz** ausgebracht sind.

Der **„Haushalt"** setzt sich zusammen aus dem Haushalts**gesetz** und dem Haushalts**plan**.

2. Begriff des Haushalts

Das **„Haushaltsgesetz"** ist ein Gesetz im nur formellen Sinne. Es hat Rechtswirkungen nur auf die Exekutive (= Regierung und ihre Verwaltung).

Der **„Haushaltsplan"** ist die durch das Haushaltsgesetz festgestellte, für die Haushaltsführung des Bundes/Landes maßgebende Zusammenstellung der für ein Haushaltsjahr veranschlagten Haushaltseinnahmen und -ausgaben Planstellen, Stellen und Verpflichtungsermächtigungen aller Bundes-/Landesverwaltungen.

Der Haushaltsplan wird vom BMF aufgestellt.
Er ist in Einnahmen und Ausgaben ausgeglichen.
Er wird von der Bundesregierung beschlossen.
Er wird für ein Haushaltsjahr erstellt.
Er wird vom Parlament beraten.
Er wird durch das Haushaltsgesetz **festgestellt**.
Er ist die für das Bezugsjahr **besondere** rechtliche Grundlage für die Haushalts- und Wirtschaftsführung aller Bundesbehörden (= Besonderes Haushaltsrecht).

Es gibt z.Zt. – **jährlich** –

1 BHpl
16 LHpl
13 855 GemHpl

mit jeweils *einem* Haushaltsgesetz (Gemeinden = Haushaltssatzung) dazu.

Der **„Haushalt"** setzt sich zusammen aus „Haushaltsgesetz" und „Haushaltsplan".

3. Inhalt des Haushalts

Das Haushalts**gesetz** beinhaltet die Feststellung des in Einnahmen und Ausgaben in einer bestimmten Summe ausgeglichenen Haushaltsplans (§ 1 HG), die Kreditermächtigungen für den BMF gem. Art. 115 GG, die kurzfristigen, nur für die Gültigkeitsdauer dieses Haushaltsgesetzes bestimmten Außerkraftsetzungen gegenüber anderen gesetzlichen Bestimmungen sowie ggf. allgemeingültige Haushaltsvermerke.

Der Haushalts**plan** enthält alle veranschlagten (= geplanten) Haushaltseinnahmen und Haushaltsausgaben sowie Verpflichtungsermächtigungen, Planstellen und Stellen aller Bundesverwaltungen sowie spezielle Haushaltsvermerke.

4. Bedeutung des Haushalts

Der Haushalt ist für das Bezugsjahr die spezielle Grundlage für die Haushalts- und Wirtschaftsführung. Er übt verschiedenartige Bedeutungen aus:

- **Rechtliche Bedeutung:**
  Mit der Verabschiedung des Haushaltsgesetzes und der damit verbundenen gleichzeitigen gesetzlichen Feststellung des Hpl (§ 1 HG) wird der Haushaltsplan zur *speziellen* rechtlichen Grundlage für die Haushalts- und Wirtschaftsführung des Bundes/Landes;
- **Politische Bedeutung:**
  Der Haushaltsplan hat alle zu erwartenden Haushaltseinnahmen und die daraus zu leistenden Haushaltsausgaben eines Jahres zum Inhalt und zeigt somit die politische Zielsetzung der Regierung auf; der Haushaltsplan wird somit zum Ausdruck des politischen Programms einer Regierung;
- **Finanzwirtschaftliche Bedeutung:**
  Der Haushaltsplan zeigt den Einnahmebedarf auf, der zum Ausgleich der veranschlagten Haushaltsausgaben für die Aufgabenfinanzierung des Bundes/Landes erforderlich ist;
- **Gesamtwirtschaftliche Bedeutung:**
  Bund und Länder haben bei ihrer Haushalts- und Wirtschaftsführung den Erfordernissen des gesamtwirtschaftlichen Gleichgewichts Rechnung zu tragen (durch antizyklisches Verhalten);
- **Kontrollmäßige Bedeutung:**
  Die parlamentarische Kontrolle über die Ausführung des Haushaltsplans ist nur durch die gesetzliche Bindung an den Haushaltsplan möglich. Da die Regierung mit der vom Parlament ausgesprochenen Verabschiedung des Haushaltsgesetzes auch an den Inhalt des Hpl gebunden ist, kann auch nur die Legislative die Kontrolle über diesen Hpl ausüben (= parlamentarische Kontrolle) und die Entlastung für diese Haushaltsperiode erteilen. Daneben besteht die verwaltungsmäßige Kontrolle durch den Bundesrechnungshof.

5. Wirkung des Haushalts

Der Haushaltsplan **ermächtigt** (nicht: verpflichtet!) die Verwaltung, **Ausgaben** zu leisten und **Verpflichtungen** einzugehen (§ 3 BHO).

Die Verpflichtung zur Erhebung von Einnahmen und zur Leistung von Ausgaben ergibt sich nicht aus dem Hpl, sondern stets nur aus Rechtsvorschriften außerhalb des Haushaltsplans (z.B. Steuergesetze, Kindergeldgesetz)!

Mit der Zuweisung der Haushaltsmittel, Verpflichtungsermächtigungen, Planstellen und Stellen stehen diese einer Dienststelle zur Bewirtschaftung zur Verfügung. Die Ermächtigung des § 3 BHO bezieht sich auf Ausgaben, die nicht der Leistungspflicht unterliegen (z.B. Geschäftsbedarf).

Die den mittelbewirtschaftenden Dienststellen zugewiesenen Ausgabemittel **ermächtigen** diese Behörde, diese Mittel bestimmungsgemäß zu verwalten.

Eine nicht auf Gesetz oder Vertrag beruhende Ausgabe darf jedoch nur dann geleistet werden, wenn
a) für sie Haushaltsmittel zur Verfügung stehen und
b) die Ausgabe erforderlich ist (§ 34 BHO).

6. Der Finanzplan

Der Finanzplan ist eine Zusammenstellung aller für einen Zeitraum von fünf Jahren geplanten **Haushaltseinnahmen** und **-ausgaben** aller Bundes-/Landesverwaltungen.

Der Finanzplan wird vom BMF/LMF aufgestellt.
Er wird von der Bundes-/Landesregierung beschlossen.
Er wird nicht vom Parlament beschlossen, sondern dient diesem lediglich als Orientierungshilfe.
Er wird für einen permanenten 5-Jahres-Zeitraum stets fortgeführt.

7. Die Haushaltsrechnung

Die Haushalts**rechnung i**st das Gegenstück zum Haushalts**plan**.

Sie enthält die **tatsächlichen** Haushaltseinnahmen und -ausgaben aller Bundes-/Landesverwaltungen von einem Jahr.

Sie wird für ein Jahr aufgestellt.
Sie wird vom BMF/LMF aufgestellt.
Sie ist eine reine **Verlaufsrechnung**.

8. **Der Haushaltskreislauf** (Überblick)

- Aufstellung des Haushaltsentwurfs durch die Regierung und ihre Verwaltung.
- Parlamentarische Beratung und Verabschiedung des Haushaltsentwurfs durch Bundestag und Bundesrat.
- Ausführung des Haushalts durch die Regierung und die Verwaltung.
- Kontrolle der Ausführung des Haushalts durch BRH, BT und BR sowie Entlastung der Regierung.

→ *s. Anhang 1: Bundeshaushaltsgesetz.*

→ *s. Anhang 2: Auszug aus dem Bundeshaushaltsplan.*

C. Die Haushaltsgrundsätze

Das staatliche Haushaltsrecht wird im Wesentlichen geprägt durch die durch die Verfassung oder Einzelgesetze (HGrG, BHO/LHO) gesicherten Haushaltsgrundsätze. Diese historisch gewachsenen Grundsätze bestimmen sowohl zum großen Teil die Form und den Inhalt des Haushalts als auch sein Werden und seine Ausführung.

Nach § 1 HGrG sind Bund und Länder verpflichtet, ihr Haushaltsrecht nach den Grundsätzen des Teils I des HGrG zu regeln. Dies ist in Gestalt der BHO, der LHO und der Gemeindehaushaltsverordnungen geschehen.

Die in den Verfassungen des Bundes und der Länder enthaltenen, auf dem HGrG gründenden und in den Haushaltsordnungen enthaltenden Haushaltsgrundsätze sind:

I. Jährlichkeit

1. Allgemeines

Für jedes Haushaltsjahr ist ein Haushaltsplan aufzustellen. Der Haushaltsplan enthält alle im Haushaltsjahr

- zu erwartende Haushaltseinnahmen,
- voraussichtlich zu leistende Haushaltsausgaben und
- voraussichtlich benötigte Verpflichtungsermächtigungen.

(→ § 11 BHO/LHO)

Seit 1961 ist das Haushaltsjahr mit dem **Kalenderjahr** identisch (vgl. § 4 BHO/LHO). Davon weichen als Ausnahme das sog. Forstwirtschaftsjahr (1.10.–30.9) und das Landwirtschaftsjahr (1.7.–30.6.) ab.

Das Grundgesetz (Art. 110 Abs. 2 GG) und die Landesverfassungen bestimmen, dass der Haushaltsplan für ein Haushaltsjahr durch das Haushalts**gesetz festgestellt** wird. Das bedeutet, dass für jedes Haushaltsjahr ein Haushaltsplan aufzustellen und dieser durch Gesetz (Haushaltsgesetz) festzustellen ist.

Gemäß Art. 110 Abs. 2 GG/LV und § 1 BHO/LHO kann der Haushaltsplan auch **für mehrere Haushaltsjahre** – nach Jahren getrennt – aufgestellt und festgestellt werden. Der Bund hat in der Vergangenheit von dieser Möglichkeit keinen Gebrauch gemacht. Der Verzicht auf diese verfassungsrechtlich eingeräumte Möglichkeit eines Doppelhaushalts ist damit zu begründen, dass dadurch unzweifelhaft erschwert auf gesamtwirtschaftliche Entwicklungen reagiert werden könnte und die Wahrscheinlichkeit relativ groß wäre, im zweiten Jahr durch Nachtragshaushalte nachsteuern zu müssen, weil eine zeitnahe und genaue Schätzung der Mittelansätze zumindest im zweiten Jahr nahezu unmöglich wäre.

Demgegenüber haben einige Bundesländer **Doppelhaushalte** aufgestellt (z.B. Berlin).

Auch in dem Fall, dass ein Haushalt **auf zwei Jahre** ausgelegt ist, ist das Prinzip der Jährlichkeit dadurch gewahrt, dass die Haushaltspläne nach Jahren getrennt aufzustellen sind. Unter einem Doppelhaushalt ist zu verstehen, dass zwei Haushaltspläne, die jeweils ein Haushaltsjahr umfassen, durch *ein* Haushaltsgesetz festzustellen sind.

Die Möglichkeit der Gliederung des Haushaltsplans in einen Verwaltungshaushalt und in einen Vermögenshaushalt bleibt hiervon unberührt.

Das verfassungsmäßig festgelegte parlamentarische Budget-Recht (Budget-Bewilligungsrecht, Budget-Kontrollrecht, Budget-Entlastungsrecht) ist das älteste und bedeutendste politische Kontrollrecht des Parlaments gegenüber der Regierung.

Aus dem Haushaltsgrundsatz der *Jährlichkeit* ergibt sich der *Bewirtschaftungsgrundsatz der zeitlichen Bindung*. Dieser Bewirtschaftungsgrundsatz bindet die Exekutive bei der Ausführung des Haushaltsplans an den Bewilligungszeitraum (Haushaltsjahr), d.h. die im Haushaltsplan veranschlagten Ausgabemittel und Verpflichtungsermächtigungen stehen der Verwaltung auch nur für die Geltungsdauer des Haushaltsplans zur Verfügung (vgl. § 45 Abs. 1 BHO/LHO) Am Ende des Haushaltsjahres evtl. noch nicht in Anspruch genommene Ausgabemittel und Verpflichtungsermächtigungen verfallen grundsätzlich.

Jährlichkeit	
Jährlichkeit → Art. 110 Abs. 2 GG, §§ 1, 4 BHO/LHO	**Zeitliche Bindung** → § 45 Abs. 1 BHO

Abbildung 3: Jährlichkeit

2. Ausnahmen vom Grundsatz der Jährlichkeit und zeitlichen Bindung

Grundsätzlich stehen die im Haushaltsplan veranschlagten Mittel nur für ein Haushaltsjahr zur Verfügung. In besonderen Fällen sehen die haushaltsrechtlichen Vorschriften jedoch Ausnahmen von diesem Grundsatz vor.

Die Ausnahmen betreffen:

- übertragbare Ausgabebewilligungen,
- Weitergeltung von Verpflichtungsermächtigungen während der vorläufigen Haushalts- und Wirtschaftsführung,
- Selbstbewirtschaftungsmittel,
- „kw"- und „ku"-Vermerke.

2.1 Übertragbare Ausgabemittel

2.1.1 Allgemeines

Die Ermächtigung nach dem Haushaltsgesetz und dem Haushaltsplan, Ausgaben zu leisten und Verpflichtungen einzugehen (vgl. § 3 BHO/LHO), erstreckt sich grundsätzlich nur auf das Haushaltsjahr, für das das Haushaltsgesetz und der Haushaltsplan gilt. Die im Haushaltsplan ausgebrachten Ausgabebewilligungen und Verpflichtungsermächtigungen stehen somit nur bis zum Ende des Bewilligungszeitraums zur Disposition. Sollten sie am Ende des Haushaltsjahres als nicht verbraucht oder nicht benötigt übrig bleiben, so verfällt mit dem Ablauf des Haushaltsjahres grundsätzlich auch der Anspruch, über die Ausgabemittel und Verpflichtungsermächtigungen im kommenden Haushaltsjahr verfügen zu können.

Im Gegensatz zu den Verpflichtungsermächtigungen können am Schluss des Haushaltsjahres nicht verbrauchte **übertragbare** Ausgabemittel über das Haushaltsjahr hinaus unter bestimmten Voraussetzungen bei derselben Zweckbestimmung *erneut* und *zusätzlich* verfügbar gemacht werden.

Mit der **Übertragbarkeit** werden in erster Linie zwei Zwecke verfolgt:

a) Versuch einer kontinuierlichen Haushaltsführung bei **überjährigen Projekten**. Weil sich gerade bei bestimmten Investitionsmaßnahmen (z.B. Bauvorhaben, größere Beschaffungen) erfahrungsgemäß Abweichungen von ursprünglichen Zeitvorgaben und Planungen ergeben, wird durch die Übertragbarkeit von Ausgabemittel für solche Vorhaben die Möglichkeit geschaffen, trotz Ablauf des Haushaltsjahres nicht abgeflossene, aber noch benötigte Mittel verfügbar zu halten.

b) Die Übertragbarkeit soll auch der Gefahr entgegenwirken, dass die Verwaltung gegen Ende des Haushaltsjahres ohne Notwendigkeit und trotz fehlender Fälligkeit, einzig aus dem Grunde Ausgaben leistet, den **Verfall der Aus-**

gabemittel mit Ablauf des Haushaltsjahres zu verhindern. Deshalb wurde mit dem **Haushaltsrechts-Fortentwicklungsgesetz** im Jahre 1998 die Übertragbarkeit wesentlich erweitert.

Grundvoraussetzung einer Übertragung ist deren parlamentarische Erlaubnis. Eine solche Erlaubnis kann durch ein sog. Ständiggesetz oder befristet durch das Haushaltsgesetz oder durch den Haushaltsplan erfolgen.

Ist die Erlaubnis durch das „Ständiggesetz" BHO/LHO erteilt, spricht man von der **„geborenen"**, der stets erlaubten Übertragbarkeit.

Ist die Erlaubnis dagegen im Haushaltsgesetz oder im Haushaltsplan geregelt, teilt sie das zeitliche Schicksal das Haushalts; man spricht in diesen Fällen von der **„gekorenen"**, der befristeten Übertragbarkeit.

Übertragbar sind:

- **kraft ständigen Gesetzes** (§19 BHO/LHO)
  a) die Ausgaben für Investitionen,
  b) die Ausgaben aus zweckgebundenen Einnahmen.
- **Andere Ausgaben** können im Haushaltsgesetz oder in der Zweckbestimmungsspalte des jeweiligen Titels (im Dispositiv) im Haushaltsplan durch den Haushaltsvermerk „Die Ausgaben sind übertragbar" für übertragbar erklärt werden, wenn dies ihre wirtschaftliche und sparsame Verwendung fördert.

2.1.2 „Geborene", stets erlaubte Übertragbarkeit (§ 19 Abs. 1 Satz 1 BHO/LHO)

Kraft Gesetzes sind die **Ausgaben für Investitionen** und die **Ausgaben aus zweckgebundenen Einnahmen** ständig übertragbar, ohne dass es einer weiteren, ggf. zusätzlichen Regelung bedarf.

Die Regelung des § 19 Abs. 1 Satz 1 BHO/LHO ist durch § 15 Abs. 1 HGrG vorgegeben und steht nicht mehr zur Disposition des Haushaltsgesetzgebers.

a) Zu diesen Ausgaben zählen in erster Linie solche, die nach dem Gruppierungsplan bei den Hauptgruppen 7 (Baumaßnahmen) und 8 (sonstige Investitionsmaßnahmen) veranschlagt sind. Im Übrigen sind die Investitionsmaßnahmen im § 13 Abs. 3 BHO näher definiert. Dabei ist auffällig, dass der Investitionsbegriff des § 13 BHO nicht die militärischen Beschaffungen und Anlagen umfasst. Diese Ausgaben zählen zum „Staatsverbrauch" und sind der Obergruppe 55 zugeordnet.

b) Ausgaben aus zweckgebundenen Einnahmen: Hier handelt es sich um Ausgaben, die aus Einnahmen finanziert werden, die auf Grund einer gesetzlichen Regelung oder eines Haushaltsvermerks einer bestimmten Verwendung zuzuführen sind.

Diese Ausgaben müssen übertragbar sein, weil nur auf diesem Wege die Zweckbindung der Einnahmen gewährleistet werden kann. Es wäre ein Verletzung des Gebots der Zweckbindung, ließe man am Ende des Haushaltsjahres nicht verbrauchte Einnahmen dieser Art verfallen, um sie so der Gesamtdeckung des Haushaltsplans zufließen zu lassen.

2.1.3 „Gekorene", zeitlich befristete Übertragbarkeit (§ 19 Abs. 1 Satz 2 BHO/LHO)

Alle anderen Ausgaben als die in § 19 Abs. 1 Satz 1 BHO/LHO genannten können im Haushaltsgesetz oder im Haushaltsplan für übertragbar erklärt werden, wenn dies ihre wirtschaftliche und sparsame Verwendung fördert. In diesen Fällen kann die Übertragbarkeit

- bei der jeweiligen Ausgabeart im Einzelfall per Haushaltsvermerk *(„Die Ausgaben sind übertragbar")* oder
- generell, für die gesamte Bundes- oder Landesverwaltung geltend, durch Regelung im Haushaltsgesetz

erlaubt werden.

Die einzige Voraussetzung für eine zeitlich befristete Erlaubnis, Ausgabemittel zu übertragen, ist die Förderung einer **wirtschaftlichen und sparsamen Verwendung** der Haushaltsmittel.

2.1.4 Bildung von Ausgaberesten

Die am Schluss eines Haushaltsjahres nicht verbrauchten, übertragbaren und ausdrücklich zu Ausgaberesten erklärten Ausgabemittel können in das folgende Haushaltsjahr übertragen werden.

Ausgabereste können nur bei übertragbaren Ausgabemitteln entstehen. Es ist dabei unerheblich, ob es sich um geborene oder gekorene Übertragbarkeiten handelt. Die Bildung von Ausgaberesten setzt voraus, dass es bei den in Frage kommenden Titeln zu einer Minderausgabe gekommen ist. Ausgabereste entstehen nicht automatisch in Höhe der Minderausgabe, sondern werden gem. § 45 Abs. 2 BHO/LHO gebildet. Die Bildung dieser Ausgabereste geschieht erst nach Ablauf des Haushaltsjahres, wenn eindeutig feststeht, in welcher Höhe Minderausgaben angefallen sind.

Für eine Übertragung und damit für den Vorschlag, Ausgabereste zu bilden, ist in einer Dienststelle der jeweilige *Beauftragte für den Haushalt* zuständig (→ VV Nr. 3.3.5 zu § 9 BHO).

Das Verfahren bei der Übertragung von Ausgabemitteln unterscheidet sich bei Titeln, die flexibel bewirtschaftet werden und denen im nichtflexibilisierten Bereich.

Ein wesentliches Problem bei einer Übertragung ist die **Finanzierung des Folgehaushalts**. Auch hier ist wieder zwischen den flexibilisierten und nichtflexibilisierten Ausgaben zu unterscheiden.

a) Bei den **nichtflexibilisierten** Ausgaben ist eine Übertragung entweder durch eine entsprechende Einsparung an einer anderen Stelle des Haushaltsplans, durch kassenmäßige Einsparungen oder durch eine Vorabveranschlagung von Ausgabemitteln zur Restedeckung zu finanzieren.

b) Bei den **flexibilisierten** Ausgaben erfolgt zentral im Einzelplan 60 des Bundeshaushalts die Veranschlagung von Ausgabemitteln zur Restedeckung für die gesamte Bundesverwaltung. Nach Erstellung der Jahresrechnung übersendet das BMF den einzelplanführenden Stellen eine Sammelliste mit den flexiblen Resten je Titel, die dann innerhalb der Ressorts an die mittelbewirtschaftenden Dienststellen bei den jeweiligen Zweckbestimmungen zusätzlich bereitgestellt werden sollen.

2.2 Weitergeltung von Verpflichtungsermächtigungen

Verpflichtungsermächtigungen sind *nicht* übertragbar (vgl. VV Nr. 3 zu § 19 BHO). Nicht in Anspruch genommene Verpflichtungsermächtigungen verfallen mithin mit Ablauf des Bewilligungszeitraums. Eine Ausnahme dazu bildet § 45 Abs. 1 Satz 2 BHO/LHO während der Zeit der vorläufigen Haushalts- und Wirtschaftsführung. Bis zur Veröffentlichung des neuen Haushaltsgesetzes gelten die Verpflichtungsermächtigungen des Vorjahres weiter. Gäbe es diese Regelung nicht, könnten längerfristige Verpflichtungen nur im Rahmen von außerplanmäßigen Verpflichtungsermächtigungen eingegangen werden. Im Gegensatz zu den übertragenen Ausgabemitteln erhöhen die weitergenutzten Verpflichtungsermächtigungen die im Folgehaushaltsjahr zur Verfügung stehenden Verpflichtungsermächtigungen nicht.

2.3 Haushaltsvorgriffe

Mehrausgaben gegenüber der jeweiligen Ausgabebewilligung des Einzelplans sind **Haushaltsüberschreitungen** und damit „überplanmäßige Haushaltsausgaben“, die grundsätzlich nicht gestattet sind.

Handelt es sich dabei aber bei dem zur Deckung notwendiger Ausgaben erforderlichen Mehrbedarf um *übertragbare* Ausgabemittel, so kann der für das laufende Haushaltsjahr benötigte Mehrbetrag vom gleichen Haushaltsansatz des **Folgehaushaltsjahres** im Vorgriff vorweg abgesetzt, mithin zu Gunsten des laufenden und zu Lasten des folgenden Haushaltsjahres im laufenden Haushaltsjahr mehrverausgabt werden. Solche Mehrausgaben bei *übertragbaren* Ausgabemitteln, die den Haushaltsansatz des Folgehaushaltsjahres belasten, heißen **Haushaltsvorgriffe**.

„Haushaltsvorgriffe" sind Beträge, um die die im Haushaltsplan für ein Haushaltsjahr ausgebrachten *übertragbaren* Ausgabemittel einschließlich aus dem abgelaufenen Haushaltsjahr übertragener Ausgabereste überschritten worden sind, und die von den im Haushaltsplan des nächsten Jahres für den gleichen Zweck vorgesehenen Ausgabemittel vorweg abgesetzt werden (§ 37 Abs. 1 i.V.m. VV Nr. 1.5 zu § 34 BHO/LHO).

Haushaltsvorgriffe können nur bei übertragbaren Ausgabemittel vorkommen und bedürfen als **überplanmäßige** Haushaltsausgaben der *vorherigen* Einwilligung des BMF/LMF (§ 37 Abs. 1 BHO/LHO).

2.4 Selbstbewirtschaftungsmittel (§ 15 Abs. 2 BHO/LHO)

Ausgaben können im Haushaltsplan bei einem Ausgabetitel zur Selbstbewirtschaftung veranschlagt werden, wenn dadurch eine wirtschaftliche und sparsame Verwendung der Mittel gefördert wird. Sie stehen über das laufende Haushaltsjahr hinaus zur Verfügung (vgl. § 15 Abs. 2 BHO/LHO). Eine Selbstbewirtschaftung ist allerdings nur dann möglich, wenn der **Haushaltsgesetzgeber** dazu ausdrücklich ermächtigt. Eine solche Ermächtigung kann über das Haushaltsgesetz oder über den Haushaltsplan in Gestalt des Haushaltsvermerks: *„Die Mittel können zur Selbstbewirtschaftung zugewiesen werden"* erteilt werden. Mit der Zuweisung der Ausgabemittel zur Selbstbewirtschaftung wird den ermächtigten Dienststellen eine **größere Flexibilität bei der Bewirtschaftung der Ausgaben** eingeräumt, weil die Selbstbewirtschaftungsmittel zwei wesentlichen Bewirtschaftungsgrundsätzen nicht mehr unterliegen, nämlich dem der zeitlichen Bindung und dem des Bruttonachweises. Die Ausgabemittel stehen ohne zeitliche Begrenzung auch in späteren Haushaltsjahren zur Verfügung. Sie verfallen mithin nicht und müssen auch nicht als Ausgabereste übertragen werden. Die Ausnahme vom Grundsatz der zeitlichen Bindung trifft aber nur dann zu, wenn die Mittel auch als Selbstbewirtschaftungsmittel zugewiesen wurden. Verbleiben sie auf dem Ausgabetitel, verfallen sie grundsätzlich, wie die übrigen Ausgabemittel auch.

Abgesehen von der überjährigen Verfügbarkeit und Ausnahme vom Bruttonachweis sind hinsichtlich der Verwendung der Selbstbewirtschaftungsmittel die allgemeinen und besonderen Regelungen des Haushaltsrechts in vollem Umfang anzuwenden.

2.5 „kw"- und „ku"-Vermerke (§ 21 BHO/LHO)

2.5.1 Allgemeines

„kw" ist das Kürzel für „künftig wegfallend",
„ku" steht für „künftig umzuwandeln".

Grundsätzlich stehen die im Haushaltsplan veranschlagten Ausgabemittel und die ausgebrachten Planstellen und Stellen für den gesamten Bewilligungszeitraum (Haushaltsjahr) zur Verfügung. Soweit jedoch bereits bei der Haushaltsplanung abzusehen ist, dass Ausgabemittel, Planstellen oder Stellen in folgenden Haushaltsjahren nicht mehr oder nicht mehr in dem veranschlagten Maße benötigt werden, sind entsprechende „kw"- oder „ku"-Vermerke anzubringen. Sie sollen als verbindliche Haushaltsvermerke sicherstellen, dass Ausgaben, Planstellen oder Stellen rechtzeitig nach Zahl oder Wertigkeit vermindert werden. Unter folgenden Haushaltsjahren sind sowohl das laufende als auch spätere Haushaltsjahre zu verstehen.

2.5.2 „kw"-Vermerke

Der „kw"-Vermerk findet bei Haushaltsausgaben sowie bei Planstellen und Stellen Anwendung. Der Vermerk weist darauf hin, dass die betreffenden Ausgabemittel, Planstellen oder Stellen nur bis zum Eintritt eines bestimmten Ereignisses zur Verfügung stehen. Knüpfen die „kw"-Vermerke lediglich an den Wegfall von Ausgaben an, sollen sie mit dem Zeitpunkt versehen werden, zu dem die Ausgabe spätestens entfällt. Der „kw"-Vermerk lautet in solchen Fällen: *„Die Ausgaben sind bei Wegfall der Aufgaben kw, spätestens jedoch mit Schluss des Haushaltsjahres 20..".* Lautet der Haushaltsvermerk lediglich *„Die Ausgaben sind kw"* bedeutet das, dass sie bis zum Ende des Haushaltsjahres noch in vollem Umfang zur Verfügung stehen.

Bei Planstellen und Stellen führt der „kw"-Vermerk zu einer künftigen Reduzierung des Stellenplans, mithin zu einer Senkung des Personalbestandes. Wenn im Haushaltsplan eine Planstelle oder Stelle ohne nähere Erläuterung als künftig wegfallend bezeichnet ist, darf die nächste freiwerdende Planstelle derselben Besoldungsgruppe oder derselben Vergütungsgruppe für Beamte oder Angestellte derselben Fachrichtung nicht wieder besetzt werden.

2.5.3 „ku"-Vermerke

Ist eine Planstelle oder Stelle als „ku" (künftig umzuwandeln) bezeichnet, gilt die nächste freiwerdende Planstelle oder Stelle derselben Besoldungs-/Vergütungsgruppe und Fachrichtung im Zeitpunkt ihres Freiwerdens als in eine Planstelle oder Stelle umgewandelt, die in dem Umwandlungsvermerk angegeben ist (§ 47 Abs. 3 BHO/LHO).

Ziele von Umwandlungsvermerken können sein:
- Reduzierung der Wertigkeit des Stellenplans,
- Umwandlung der Eigenart der Stellen (z.B. Umwandlung einer Planstelle in eine Stelle).

Die in der Praxis häufigsten Umwandlungsvermerke sind:
- „ku"-Vermerke **ohne Zusatz** (z.B. ku in BesGrp A 11),
- „ku"-Vermerke **mit Angabe des Zeitpunkts** (z.B. ku 31.12.20.. in BesGrp A 12),
- „ku"-Vermerk **mit Ausscheiden des Stelleninhabers** (z.B. ku mit Ausscheiden des Stelleninhabers in VergGrp IV b).

II. Vorherigkeit

1. Allgemeines

Art. 110 Abs. 2 GG oder die entsprechende Landesverfassung (z.B. Art. 81 Abs. 3 der Verfassung für das Land NRW) stellt das verfassungsrechtliche Gebot auf, nach dem für jedes Haushaltsjahr – *vor* Beginn des Jahres – der Haushaltsplan durch das Haushaltsgesetz festzustellen ist.

Der **Grundsatz der Vorherigkeit** ergibt sich dem Grunde nach schon aus der Natur der Sache. Eine Planung, mithin auch eine Haushaltsplanung, kann nur auf die Zukunft ausgerichtet sein. Dennoch stellt die Verfassung in Art. 110 Abs. 2 GG diesen Grundsatz eigens heraus und verlangt, den Haushaltsplan *vor* Beginn des Haushaltsjahres durch das Haushaltsgesetz festzustellen. § 1 BHO wiederholt lediglich den Wortlaut des Grundgesetzes.

Das **Verfassungsgebot** der Vorherigkeit richtet sich an alle beteiligten Verfassungsorgane. Es verpflichtet zum einen die Bundes-/Landesregierung zur Einhaltung der Vorlagefrist (vgl. § 30 BHO/LHO) und zum anderen das Parlament, den Haushalt zügig zu beraten und rechtzeitig zu verabschieden. Bis zum Haushaltsjahr 1979 wurde der Grundsatz der Vorherigkeit im Bereich des Bundes nicht mit der gebotenen Ernsthaftigkeit gesehen. Bis zu diesem Jahre ist kein Bundeshaushalt rechtzeitig zustande gekommen, und die „vorläufige Haushaltsführung" nach Art. 111 GG wurde zur Regel.

Diese Praxis änderte sich erst mit der **Grundsatzentscheidung des Bundesverfassungsgerichts** vom 25. Mai 1977. Diese Entscheidung hob nachdrücklich die Verpflichtung aller beteiligten Verfassungsorgane hervor, für die rechtzeitige Verabschiedung des Haushalt *vor* Beginn des neuen Haushaltsjahres Sorge zu tragen.[1] Gleichzeitig stellte das BVG den Ausnahmecharakter des Art. 111 GG heraus.

2. Folge einer Nichteinhaltung des Grundsatzes der Vorherigkeit

Eine Nichteinhaltung des Grundsatzes der Vorherigkeit führt zur **vorläufigen Haushalts- und Wirtschaftsführung**.

Wird der Grundsatz der Vorherigkeit durch den Gesetzgeber nicht eingehalten, wirft sich die Frage auf, ob die Exekutive **zur Erfüllung ihrer Aufgaben überhaupt ermächtigt** ist, ihre Wirtschaft weiterzuführen. Für diese „haushaltslose" Zeit ermächtigt Art. 111 GG die Bundesregierung, bis zur Verkündung des Haushaltsgesetzes in einem beschränkten Maße Ausgaben zu leisten, also nur soweit es zur Erfüllung der staatlichen Aufgaben, mithin zur Aufrechterhaltung der Staatsfunktionen nötig ist. Die verfassungsrechtlichen Ermächtigungen des Art. 111 GG unterliegen der sachlichen und zeitlichen Beschränkung; sie dienen allein dazu, fehlende haushaltsgesetzliche Ermächtigungen nur insoweit und solange zu ersetzen, wie der Haushaltsgesetzgeber seinen verfassungsmäßigen Pflichten nicht nachkommt. Für die Bundesländer gilt dies entsprechend (z.B. Art. 82 der Verfassung für das Land NRW, Art. 89 der Verfassung von Berlin).

In zeitlicher Hinsicht gelten die **vorläufigen Ausgabeermächtigungen** ab Beginn des Haushaltsjahres und enden mit dem Zeitpunkt der Verkündung des Haushaltsgesetzes für das laufende Haushaltsjahr.

In sachlicher Hinsicht werden die vorläufigen Ausgabeermächtigungen dahingehend beschränkt, als nur solche Ausgaben geleistet werden dürfen, die zur Wahrnehmung staatlicher Aufgaben nötig sind, um

- gesetzlich bestehende Einrichtungen zu erhalten und gesetzlich beschlossene Maßnahmen durchzuführen,
- die rechtlich begründeten Verpflichtungen des Bundes zu erfüllen,
- Bauten, Beschaffungen und sonstige Leistungen fortzusetzen oder Beihilfen für solche Zwecke weiter zu gewähren, soweit durch den Haushaltsplan eines Vorjahres bereits Beträge bewilligt worden sind.

In den Fällen der **vorläufigen Haushalts- und Wirtschaftsführung** handelt es sich also regelmäßig um Fortsetzungsmaßnahmen aus vorangegangenen Haushaltsjahren. Ausgaben für neue Maßnahmen, die erstmals im Regierungsentwurf des „neuen" Haushalts vorgesehen sind, werden durch Art. 111 GG nicht erfasst.

1 BVerfGE 45, 1, 33.

Ausgaben für solche Maßnahmen können nur als **überplanmäßige** Ausgaben nach Maßgabe des Art. 112 GG geleistet werden.

Der BMF/LMF erlässt gem. § 5 BHO/LHO die allgemeinen Verwaltungsvorschriften zur vorläufigen und – nach Verkündung des Haushaltsgesetzes – zur endgültigen Haushalts- und Wirtschaftsführung des Bundes/Landes. Die obersten Verwaltungsbehörden geben daraufhin ressortbezogene Erlasse über die „vorläufige Haushalts- und Wirtschaftsführung" für ihren Bereich heraus; hierin sind – auf der Grundlage des Art. 111 GG/LV – die dem Ministerium zur Bewirtschaftung zur Verfügung stehenden Personalstellen und Titel sowie Verpflichtungsermächtigungen genannt; ferner sind die Titel aufgeführt, für die „Allgemeine Ausgabebewilligung" (sog. Soll-/Ist-Fälle) erteilt wird.

III. Einheit und Vollständigkeit

Art. 110 Abs. 1 GG/die entsprechende LV stellt das Gebot auf, alle Einnahmen und Ausgaben des Bundes/Landes in den – einen – jeweiligen Haushaltsplan „einzustellen". Dieses Verfassungsgebot lässt sich in der Praxis jedoch im Hinblick auf den **Grundsatz der Vollständigkeit** mit der augenscheinlichen Absolutheit der Verfassungsvorschrift nicht umsetzen, denn eine Planung, auch die Haushaltsplanung, ist immer auf die Zukunft ausgerichtet und ist demzufolge allen möglichen Unwägbarkeiten ausgesetzt.

Deshalb findet sich die prägnantere Fassung des Vollständigkeitsgrundsatzes im § 11 Abs. 2 BHO/LHO, wo es heißt, dass *alle* im Haushaltsjahr

- zu erwartenden **Einnahmen,**
- voraussichtlich zu leistende **Ausgaben und**
- voraussichtlich benötigte **Verpflichtungsermächtigungen**

im Haushaltsplan enthalten sein müssen.

Alle voraussichtlichen Einnahmen, Ausgaben und Verpflichtungsermächtigungen des Bundes/Landes müssen daher von allen Verwaltungsbehörden nach einheitlichen Kriterien ermittelt und vollständig in den Haushaltsplan eingestellt werden.

Es gibt für jedes Jahr nur *einen* Bundeshaushaltsplan, in dem alle voraussichtlichen Einnahmen und Ausgaben des Bundes einheitlich und vollständig erfasst und veranschlagt sind; das Gleiche gilt bezüglich eines Landeshaushaltsplans. Ein „Nachtragshaushaltsplan" ist daher nicht als ein weiterer Haushaltsplan, sondern als ein **Änderungsplan** anzusehen, der einen bereits bestehenden Haushaltsplan ändert/ergänzt.

IV. Gesamtdeckungsprinzip

1. Allgemeines

Alle Einnahmen des Bundes/Landes dienen unterschiedslos als Deckungsmittel für den gesamten Ausgabebedarf des Bundes/Landes, soweit im Haushaltsgesetz, im Haushaltsplan oder in einem besonderen Gesetz nicht etwas Anderes bestimmt ist (§ 8 BHO/LHO).

Die Gesamtheit aller veranschlagten Einnahmen des Bundes/Landes stehen zur Finanzierung der im Haushaltsplan vorgesehenen Ausgaben, ohne Rücksicht auf deren Herkunft, zur Verfügung.

2. Ausnahmen vom Grundsatz des Gesamtdeckungsprinzips

Zweckgebundene Einnahmen sind solche, die nicht den allgemeinen Deckungsmitteln zufließen, sondern zwingend für Ausgaben bei einem bestimmten Ausgabetitel verwendet werden.

Auch bei der Zweckbindung der Einnahmen ist eine Erlaubnis entweder durch besonderes Gesetz, durch das Haushaltsgesetz oder durch den Haushaltsplan erforderlich.

2.1 Zweckbindung durch Gesetz

Nach den allgemeinen Verwaltungsvorschriften zu § 8 Satz 2 BHO/LHO liegt eine Zweckbindung durch Gesetz nur vor, wenn die Zweckbindung durch Gesetz ausdrücklich geregelt ist. Die **gesetzliche Zweckbindung** unterliegt daher nicht der Auslegung oder dem „Geist" eines Gesetzes. Darüber hinaus ist in diesen Fällen die Zweckbindung in den Erläuterungen zu den entsprechenden Einnahme- und Ausgabetiteln kenntlich zu machen.

Eine typische gesetzliche Zweckbindung von Einnahmen liegt im Verkehrswesen vor, wonach nach dem Straßenbaufinanzierungsgesetz und dem Verkehrsfinanzierungsgesetz ein bestimmter Anteil der aufkommenden Mineralölsteuer (Kap. 6001 Titel 041 02) dem Aus- und Neubau der Bundesfernstraßen zufließt.

Einen weiteren Fall stellt die sog. Fehlbelegungsabgabe im Wohnungswesen dar.

2.2 Zweckbindung durch Haushaltsvermerk

Die Erlaubnis, die Zweckbindung über Haushaltsvermerk zu regeln, liegt im Ermessen des BMF/LMF und des Haushaltsgesetzgebers. § 8 Satz 2 BHO/LHO sieht dafür keine besonderen Voraussetzungen vor. Die Zweckbindung ist bei *dem Einnahme- und bei dem Ausgabetitel* zu vermerken.

Dabei sind folgende Haushaltsvermerke zu verwenden:
- „Ist-Einnahmen sind zweckgebunden. Sie dienen nur zur Leistung von Ausgaben bei folgendem Titel ...",
- „(Mehr-)Ausgaben dürfen bis zur Höhe der zweckgebundenen Einnahmen bei folgendem Titel geleistet werden ...".

V. Bruttoprinzip (Bruttoveranschlagung und Bruttonachweis)

1. Allgemeines

Der Begriff des Bruttoprinzips stellt bei diesem Haushaltsgrundsatz den Oberbegriff dar. Bezogen auf die Aufstellung des Haushaltplans ist der Grundsatz der *Bruttoveranschlagung* die Ausprägung des Bruttoprinzips, während der *Bruttonachweis* als Bewirtschaftungsgrundsatz für die Ausführung des Haushalts von Bedeutung ist.

Bruttoprinzip	
Bruttoveranschlagung → § 15 BHO	**Bruttonachweis** → § 35 BHO

Abbildung 4: Bruttoprinzip

2. **Bruttoveranschlagung** (§ 15 Abs. 1 BHO/LHO)

Nach § 15 BHO/LHO sind die Einnahmen und Ausgaben grundsätzlich in voller Höhe und getrennt voneinander, somit *„brutto"* im Haushaltsplan zu veranschlagen.

Der Grundsatz der Bruttoveranschlagung besagt, dass grundsätzlich weder Ausgaben von den Einnahmen vorweg abgezogen noch Einnahmen auf Ausgaben vorweg angerechnet werden dürfen.

Dieser Grundsatz schafft in der Phase der Haushaltsaufstellung **Durchsichtigkeit**. Dadurch wird u.a. verhindert, dass dem Parlament gegenüber Einnahmen verschleiert werden. Der Haushaltsgesetzgeber kann davon ausgehen, über die volle Höhe der zu erwartenden Einnahmen in Kenntnis gesetzt zu werden und damit auch über die Verwendung der Mittel in vollem Umfang unterrichtet zu sein.

Die **wichtigste Ausnahme** vom Grundsatz der Bruttoveranschlagung ist die Nettoveranschlagung von Einnahmen aus Krediten zur Deckung des Haushalts (§ 15 Abs. 1 Satz 2 BHO).

Bei der Veranschlagung der Einnahmen aus Krediten sind die Ausgaben für die Tilgung der „Alt"-Schulden vorweg abzuziehen. Die Einnahmen und Ausgaben werden somit saldiert und als Nettoneuverschuldung in den Haushaltsplan eingestellt.

Im Unterschied zu der Verfahrensweise des Bundes hat sich die Mehrheit der Bundesländer für eine Bruttoveranschlagung von Krediteinnahmen entschieden.

Weitere Ausnahmen von der Bruttoveranschlagung liegt im Ermessen des Haushaltsgesetzgebers, der im Haushaltsplan entsprechende Regelungen aufnehmen kann. Als Beispiele für solche Ausnahmeregelungen sind insbesondere im § 15 Abs. 1 Satz 3 die Nebenkosten und Nebenerlöse aus Veräußerungsgeschäften genannt.

3. **Bruttonachweis** (§ 35 Abs. 1 BHO/LHO)

In der Ausführungsphase des Haushaltsplans steht der Grundsatz des Bruttoprinzips in seiner Ausprägung als Bewirtschaftungsgrundsatz des Bruttonachweises im Vordergrund. Dieser Bewirtschaftungsgrundsatz greift im § 35 BHO als Buchungsvorschrift nochmals den Grundsatz der Bruttoveranschlagung auf.

Danach sind alle Einnahmen und Ausgaben grundsätzlich mit ihrem vollen Betrag, also *„brutto"*, bei dem hierfür vorgesehenen Titel *zu buchen*, soweit § 15 Abs. 1 BHO nicht etwas anderes bestimmt.

Ein Vorwegabzug von Einnahmen von den Ausgaben oder die Anrechnung von Ausgaben auf die Einnahmen ist grundsätzlich nicht gestattet.

Mithin ist der zuständigen Kasse für eine **Einnahme** eine **Annahmeanordnung** bei dem jeweiligen **Einnahmetitel** und für eine **Ausgabe** eine **Auszahlungsanordnung** bei dem jeweiligen *Ausgabetitel* zu erteilen, und zwar jeweils mit dem vollen Betrag, ohne etwaige vorherige Verrechnungen vorzunehmen.

Der Bruttonachweis macht für die spätere parlamentarische Kontrolle des Haushalts die Haushaltsführung transparent und erkennbar.

Zum Bruttonachweis sind bestimmte Regelungen ergangen, die in einigen Fällen ein Abweichen von den allgemeinen Bestimmungen des § 35 Abs. 1 BHO/LHO zulassen. Solche Regelungen betreffen die Rückzahlungen und Erstattungen.

3.1 Ausnahmen/Regelungen zum Bruttonachweis

- Ausgabetitel mit dem HHVermerk „Einnahmen fließen den Ausgaben zu“,
- Rückzahlungen,
- Erstattungen Dritter,
- Beiträge Dritter.

In der Regel werden Ausnahmen vom Bewirtschaftungsgrundsatz des Bruttonachweises durch Haushaltsvermerke erlaubt. Vermerke dieser Art können

a) **Allgemeingültigkeit** haben und finden dann ihre Regelung im HG, oder
b) sie sollen nur für einen **Verwaltungszweig** (z.B. BMVg) gelten und sind dann als Haushaltsvermerk im Einzelplan geregelt.

Beispiele der **Allgemeingültigkeit**:

„Innerhalb der einzelnen Kapitel fließen die Einnahmen den Ausgaben bei folgenden Titeln … zu:
3. 511 01 und 518 01
aus der Veräußerung ausgesonderten Schriftguts, aus der Anfertigung von Fotokopien für Dritte …
…
5. im Kapitel 1415 Titel 553 04 …
aus Schadensersatzleistungen Dritter insoweit, als sie zur Instandsetzung bestimmt sind …“.

Beispiel: Schadensersatzleistung eines Fahrers, der grob fahrlässig einen Unfall verursacht hat und anteilig zum Schadensersatz herangezogen wird.

Beispiele von **Haushaltsvermerken** aus dem Einzelplan 14:

- Kap. 1403 Titel 539 99 „Vermischte Verwaltungsausgaben“:
  „Einnahmen aus der Ausgabe von Militärdienstfahrkarten an hilfesuchende Soldaten fließen den Ausgaben zu.“
  „Einnahmen aus Hilfeleistungen der Bundeswehr bei Erntenothilfe fließen den Ausgaben für Aufwandsvergütung zu.“
- Kap 1412 Titel 517 01 „Bewirtschaftung der Grundstücke, Gebäude und Räume“:

„Erstattungsbeträge aus Mitbenutzungsverträgen und sonstigen Verträgen fließen den Ausgaben zu."

- Kap 1412 Titel 519 11 „Unterhaltung der Grundstücke u. baulichen Anlagen":
  „Erstattungen Dritter fließen den Ausgaben zu."

3.2 Regelungen zum Bruttonachweis im Einzelnen:

3.2.1 Rückzahlungen

„Für die Behandlung von Rückzahlungen sind die Regelungen im Haushaltsgesetz oder im Haushaltsplan zu beachten." (VV zu § 35 BHO)

Rückzahlungen stellen einen zahlungstechnischen Begriff dar. Es handelt sich dabei immer um **Korrekturzahlungen** vorangegangener materiell oder formell fehlerhafter Zahlungen. Es kann sich sowohl um

- **Rückeinnahmen** (Erstattung von Ausgaben durch einen ehem. Zahlungsempfänger) als auch um
- **Erstattungen** (Erstattung zuviel erhobener Einnahmen an einen ehem. Einzahlungspflichtigen) handeln.

Bei einer Rückeinnahme bzw. Erstattung im Zusammenhang mit einer Rückzahlung handelt es sich um die buchungstechnische Abwicklung einer solchen Korrekturzahlung.

Eine Rückzahlung stellt immer eine vorangegangene fehlerhafte Zahlung richtig und wird immer an den ursprünglichen Einzahlungspflichtigen oder vom ursprünglichen Zahlungsempfänger vorgenommen.

Die Regelungen über die **Behandlung von Rückzahlungen** finden sich im § 12 des jeweiligen Bundeshaushaltsgesetzes (s. Anhang):

1. Rückzahlungen **zuviel erhobener Einnahmen** sind bei dem jeweiligen Einnahmetitel abzusetzen.
2. Bei **Unrichtigkeit einer Zahlung**, bei **Doppelzahlungen** oder **Überzahlungen** darf die Rückzahlung, soweit § 5 HG gilt, stets von der Ausgabe abgesetzt werden, im übrigen nur, wenn die Bücher noch nicht abgeschlossen sind.
   Die Rückzahlung zuviel geleisteter **Personalausgaben** ist *stets* beim jeweiligen Ausgabetitel abzusetzen.
3. **Titelverwechslungen** dürfen nur berichtigt werden, solange die Bücher noch nicht abgeschlossen sind.

Die Regelung, dass die Rückzahlung zuviel geleisteter Personalausgaben stets bei dem jeweiligen Ausgabetitel abzusetzen ist, soll sicherstellen, dass in diesem

Ausgabebereich immer ein exakter Überblick über die Ausgabesituation möglich ist.

„Stets“ bedeutet, dass die Beträge im laufenden Haushaltsjahr *und* nach Abschluss der Bücher beim jeweiligen Titel abgesetzt werden **müssen**. Dabei ist es unerheblich, ob diese Beträge aus früheren oder dem laufenden Haushaltsjahr stammen. „Darf“ bedeutet, dass die Rückzahlung dann den „Vermischten Einnahmen“ zuzuführen ist, wenn sie für die weitere Haushaltsführung (Bewirtschaftung) tatsächlich nicht mehr benötigt wird.

Die Ausgabesituation bei den mittelbewirtschaftenden Dienststellen und die Haushaltsflexibilisierung werden jedoch regelmäßig zur Absetzung der Rückzahlung bei dem jeweiligen Ausgabetitel führen, weil die Mittel zur weiteren Wirtschaftsführung benötigt werden.

Die seit dem Haushaltsjahr 1998 in vielen Bereichen des Haushaltsplans geltende flexible Bewirtschaftung sieht u.a. die **Übertragbarkeit** nicht in Anspruch genommener Haushaltsmittel in das folgende Haushaltsjahr vor, die dem Bewirtschafter demzufolge *überjährig* zur Verfügung stehen.

§ 12 Abs. 2 Haushaltsgesetz 20.. räumt den Bewirtschaftern, die an der flexiblen Bewirtschaftung **nach § 5 Haushaltsgesetz** teilnehmen, deshalb die Möglichkeit ein, auch die Absetzung von Rückzahlungen bei den Ausgaben über den Abschluss der Bücher hinaus vorzunehmen.

Rückzahlungen übriger Ausgaben, die weder den Personalausgaben noch den flexibilisierten Ausgaben zuzuordnen sind, dürfen nur solange von der ursprünglichen Ausgabe abgesetzt werden, wie die Bücher noch nicht abgeschlossen sind. Nach Abschluss der Bücher sind diese Rückzahlungen den vermischten Einnahmen zuzuführen.

3.2.2 Erstattungen Dritter

Im Gegensatz zu den Rückzahlungen stellen die Erstattungen Dritter keine Korrekturzahlungen dar. Erstattungen sind Einzahlungen Dritter, die in einem sachlichen Zusammenhang mit einer Ausgabe stehen und für die im Haushaltsplan kein eigener Einnahmetitel vorgesehen ist. Solche Erstattungen sind bei dem jeweiligen Ausgabetitel zu buchen, wenn dessen Zweckbestimmung im Haushaltsplan einen Haushaltsvermerk „Erstattungen fließen den Ausgaben zu“ enthält oder im Haushaltsgesetz eine entsprechende Regelung enthalten ist.

(Beispiele s. Ausführungen zu vorst. Nr. 3.1.)

3.2.3 Beiträge Dritter

Beiträge Dritter sind Leistungen, mit denen sich Dritte an den Ausgaben des Bundes/Landes/der Gemeinde beteiligen. Sie sind bei dem Ausgabetitel zu buchen, wenn dessen Zweckbestimmung den Haushaltsvermerk „Beiträge Dritter fließen den Ausgaben zu" enthält.

3.2.4 Haushalts- und kassenmäßige Abwicklung von Rückzahlungen und Erstattungen

Bei der Rückzahlung zuviel erhobener Einnahmen an den vormaligen Einzahlungspflichtigen ist in Höhe des Rückzahlungsbetrages auf Grund einer Auszahlungsanordnung bei dem zutreffenden Einnahmetitel (Sachbuchkonto) der **Auszahlungsbetrag mit einem nachlaufenden Minuszeichen** als Absetzbuchung zu buchen.

Die Rückzahlung zuviel geleisteter Ausgaben oder die Erstattung/Beitragsleistung Dritter ist, soweit und solange das Haushaltsgesetz oder der Haushaltsplan eine Absetzung bei dem jeweiligen Ausgabetitel zulässt, auf Grund einer Annahmeanordnung bei dem zutreffenden Ausgabetitel (Sachbuchkonto) in Höhe des Anordnungsbetrages **mit einem nachlaufenden Minuszeichen** als Absetzbuchung zu buchen. Der so zurückgezahlte oder erstattete Betrag steht damit dem Bewirtschafter wieder zur allgemeinen Bewirtschaftung zur Verfügung.

Ist dagegen die Rückzahlung nur noch auf dem Einnahmetitel „Vermischte Einnahmen" zugelassen, dient diese Einnahme der Gesamtdeckung des Haushaushalts und steht mithin dem Bewirtschafter für eigene Zwecke nicht mehr zur Verfügung.

VI. Genauigkeit und Wahrheit

Nach § 6 BHO/LHO sind bei der Aufstellung und bei der Ausführung des Haushaltsplans nur die Ausgaben und Verpflichtungsermächtigungen zu berücksichtigen, die zur Erfüllung der Aufgaben des Bundes oder eines Landes in dem jeweiligen Haushaltsjahr unbedingt notwendig sind.

Dieser Grundsatz richtet sich an alle, die für die sachgerechte Verwendung der Haushaltsmittel verantwortlich sind. Der Grundsatz der Genauigkeit und Wahrheit ist eng mit dem Grundsatz der Wirtschaftlichkeit verknüpft, denn alle Ausgaben, die zur Wahrnehmung des dienstlichen Auftrags nicht zwingend notwendig sind, sind unwirtschaftlich.

Alle zu erwartenden Einnahmen, voraussichtlich zu leistende Ausgaben und voraussichtlich benötigte Verpflichtungsermächtigungen des Bundes bzw. des Landes sind daher wahrheitsgemäß und möglichst genau zu berechnen. Ist dies nicht möglich, sind sie möglichst genau zu schätzen. Die Einplanung etwaiger „Sicherheitsreserven" widerspricht diesem Grundsatz und stellt einen Verstoß gegen das Gebot der Notwendigkeit dar.

VII. Wirtschaftlichkeit und Sparsamkeit

Die Grundsätze der Wirtschaftlichkeit und Sparsamkeit sind die zentrale Forderung des Haushaltsrechts. Sie müssen bei allen Entscheidungen, die sich auf den Haushaltsplan und auf die Haushaltsrechnung auswirken, durchgesetzt werden.

Das Gebot der Wirtschaftlichkeit und Sparsamkeit zielt mithin auf die **größtmögliche Effektivität des Mitteleinsatzes** ab!

Dieses Rechtsgebot bezieht sich demzufolge auf alle Maßnahmen, die sich auf das **laufende** Haushaltsjahr oder auch auf **künftige** Haushaltsjahre auswirken und richtet sich an *alle*, die über solche Maßnahmen zu entscheiden haben.

Der Bewirtschaftungsgrundsatz der Wirtschaftlichkeit und Sparsamkeit betrifft *alle* Maßnahmen des Bundes/Landes,

- die die **Einnahmen und Ausgaben** unmittelbar oder auch nur mittelbar betreffen,
- die nach **einzelwirtschaftlichen** Kriterien zu beurteilen sind (z.B.: Beschaffungen für den eigenen Verwaltungsbereich),
- Organisationsänderungen in der eigenen Verwaltung,
- Maßnahmen, die nach **gesamtwirtschaftlichen** Kriterien zu beurteilen sind (z.B.: Investitionsvorhaben im Verkehrsbereich oder Gesetzesvorhaben).

Deshalb kommt es in Zeiten knapper Mittel mehr denn je darauf an, den Blick nicht nur auf die **Ausgaben** des Bundes im engeren Sinne zu richten, sondern die **gesamten Kosten** einer Maßnahme zu erfassen.

Die VV Nr. 1 zu § 7 BHO verlangt, dass die Ausrichtung jeglichen Verwaltungshandelns die bestmögliche Nutzung von Ressourcen bewirken soll.

Dies ist der unmissverständliche Verweis darauf, nicht nur die **Ausgaben** zu berücksichtigen, sondern insgesamt **kostenbewusst** zu handeln.

Danach soll die Verwaltung bei jeder Maßnahme versuchen, ein möglichst **günstiges (vernünftiges) Verhältnis** zwischen den einzusetzenden Mitteln und dem verfolgten Zweck zu erzielen.

Auch hierbei ist wieder festzustellen, dass Mittel nicht etwa ausschließlich mit Haushaltsmitteln gleichzusetzen sind, sondern dass der **Begriff der „Mittel“** in diesem Sinne **jeden möglichen Güterverzehr** einer Maßnahme erfasst.

Im Alltagssprachgebrauch wird zwischen Kosten und Ausgaben oftmals nicht zutreffend unterschieden. Auch in der öffentlichen Verwaltung ist das nicht anders. Es besteht häufig die Ansicht, Kosten und Ausgaben seien identisch. Die Meinung ist verbreitet, Kosten fielen nur dann an, wenn Geld ausgegeben werde.

Dass der Einsatz anderer vorhandener Güter ebenfalls Güterverzehr bedeutet und damit zu Kosten führt, wird häufig übersehen.

Hier liegt eine wesentliche Ursache für die nicht selten unterstellte Unwirtschaftlichkeit in der öffentlichen Verwaltung, weil oft keine klare Vorstellung über den Unterschied zwischen Kosten und Ausgaben besteht.

Die **Kosten** sind der Maßstab des Mitteleinsatzes.

- **Begriff der Kosten:**
  Nach der betriebswirtschaftlichen Definition der Kosten sind sie **der in Geld bewertete Güterverzehr zur Erbringung einer Leistung** (z.B. Euro für Personaleinsatz pro Jahr; oder Euro pro Stück).
  Ob dabei Geld im eigentlichen Sinne ausgegeben wird oder nicht, ist für das Vorliegen von Kosten ohne Bedeutung. Kosten haben immer damit zu tun, dass zur Erreichung einer bestimmten Leistung **Wirtschaftsgüter** (Ressourcen) eingesetzt werden müssen, also **„verzehrt“** werden müssen. Dabei gibt es die unterschiedlichsten Kostenarten, z.B. Personalkosten, Sachkosten, kalkulatorische Kosten.
- **Begriff der Ausgaben:**
  Die öffentliche Verwaltung rechnet i.d.R. nicht nach Kosten, sondern nach **Einnahmen und Ausgaben** ab. Ausgaben sind ein **Zahlungsvorgang**, d.h. Geld fließt ab. Über die Höhe des Güterverzehrs geben die Ausgaben keine Auskunft.
  Weiter wird zwischen Soll- und Ist-Ausgaben unterschieden. Bei **Soll-Ausgaben** handelt es sich um die Ansätze im Haushaltsplan, die die Verwaltung ermächtigen, Ausgaben zu leisten. Die **Ist-Ausgaben** sind dagegen identisch mit den Auszahlungen und werden in der Jahresrechnung nachgewiesen.

Die exakte **Messung des Kostenfaktors** ist jedoch oft und gerade in der öffentlichen Verwaltung sehr problematisch und bereitet dem „Nicht-Betriebswirtschaftler“ nicht selten unüberwindliche Schwierigkeiten. Angesichts dieser Problematik bedient sich die öffentliche Verwaltung in immer weiteren Bereichen der Kosten-Leistungs-Rechnung (KLR) und des systematischen Leistungsvergleichs.

Die **Kosten-Leistungs-Rechnung** ist nur ein Instrument zur Vorbereitung von Entscheidungen. Sie ist ein **Rechenwerk** und gibt Informationen über den Ist-Zustand. Sie verändert nicht unmittelbar die Wirklichkeit. Der Nutzen der KLR kann nur zum Tragen kommen, wenn die Bereitschaft besteht, ihre Erkenntnis in die Praxis umzusetzen.

Kritisch ist anzumerken, dass das Verfahren auch **kostenbewusst eingesetzt werden muss** und der zwangsläufig erforderliche zusätzliche Aufwand für KLR durch die zu erwartenden positiven Erkenntnisse gerechtfertigt ist.

Der **systematische Leistungsvergleich** innerhalb einer Behörde oder auch zwischen verschiedenen Behörden, auch „Benchmarking" genannt, ermöglicht eine Leistungsbewertung auch dann, wenn die Leistung nicht in Geld bewertbar ist. Vergleichbare Aufgaben werden nach einheitlichen Kennzahlen bewertet. Dadurch entsteht ein „Quasi-Wettbewerb". Durch den Vergleich lassen sich Kennzahlen über die Mitarbeiterproduktivität gewinnen, wodurch sich konkrete Aussagen über den Leistungsstand einer Organisationseinheit treffen lassen. Auf dieser Grundlage lassen sich gezielte Schritte zur Leistungsverbesserung einleiten.

Die in § 7 Abs. 1 BHO/LHO normierten **Grundsätze der Wirtschaftlichkeit und Sparsamkeit** bedeuten für die Erfüllung öffentlicher Aufgaben ein allgemeines **Rechtsgebot**, dem jegliches öffentliches Verwaltungshandeln unterworfen ist. Sie finden an vielen Stellen der BHO/LHO ihre Ausgestaltung.

Nach dem Grundsatz der **Wirtschaftlichkeit** ist bei allen Maßnahmen das **günstigste Verhältnis** zwischen

- dem **verfolgten Zweck** und
- den **einzusetzenden Mitteln** (Ressourcen)

anzustreben.

ZWECK-MITTEL-RELATION

→ § 7 Abs. 1 BHO/LHO
VV Nr. 1 zu § 7 BHO

Der Grundsatz der Wirtschaftlichkeit umfasst das **Sparsamkeitsprinzip** und das **Ergiebigkeitsprinzip** (→ VV Nr. 1 Abs. 2 zu § 34 BHO).

Das **Sparsamkeitsprinzip** (Minimalprinzip) verlangt, ein bestimmtes Ergebnis mit möglichst **geringem Mitteleinsatz** zu erzielen.

Das **Ergiebigkeitsprinzip** (Maximalprinzip) verlangt, mit einem **bestimmten Mittelansatz** das bestmögliche Ergebnis zu erzielen.

Bei der Ausführung des Haushaltsplans, der bereits in aller Regel die Aufgaben (Ergebnisse, Ziele) formuliert, steht der Grundsatz der Wirtschaftlichkeit in seiner Ausprägung als **Sparsamkeitsprinzip** im Vordergrund.

Bei der Verwendung der Mittel darf das **Maß des Notwendigen** nicht überschritten werden. Ausgaben müssen stets auf das Notwendige beschränkt bleiben, selbst wenn der Haushaltsplan weitergehende Dispositionen zuließe.

Bei der Beurteilung öffentlicher Beschaffungen und Investitionen darf nicht nur die Geldleistung (Ausgabe) anlässlich dieser Einzelmaßnahme berücksichtigt werden, sondern auch die in diesem Zusammenhang anfallenden Kosten und etwaige **Folgekosten** sind in die Wirtschaftlichkeitsbetrachtungen einzubeziehen.

Jeder Träger öffentlicher Aufgaben hat eine **Treuhandfunktion** gegenüber denjenigen, die Zwangsabgaben (z.B. Steuern) an den Staat zu entrichten haben. Schon allein deswegen ist jede Ausgabe am Gebot der Wirtschaftlichkeit und Sparsamkeit zu messen.

So dürfen zur wirtschaftlichen Erfüllung von Verwaltungsaufgaben nur solche Ausgaben geleistet werden, die notwendig sind, um den konkreten Auftrag der Verwaltung aufrechtzuerhalten. Dieser für die Haushalts- und Wirtschaftsführung bindende Grundsatz bedeutet für den **Dienststellenleiter**, den **Beauftragten für den Haushalt** und für die **Titelverwalter**,

- dass vor der Vergabe eines Auftrags zunächst zu prüfen ist, ob der angestrebte Zweck in anderer Art und Weise (wirtschaftlicher) zu erreichen ist,
- dass nur das **wirtschaftlichste** (nicht unbedingt das billigste) Angebot zu berücksichtigen ist,
- dass bei der Auftragsvergabe die allgemein üblichen Preisnachlässe (z.B. Skonti, Rabatte) vereinbart werden,
- dass die zur Verfügung stehenden Ausgabebewilligungen keine Verpflichtungen darstellen, sondern Ermächtigungen (Erlaubnisse) sind,
- dass am Ende des Jahres noch vorhandene (übriggebliebene) Haushaltsmittel auf keinen Fall im Sinne einer Vorratsbeschaffung verausgabt werden dürfen; es besteht nämlich dafür kein sachlicher Grund,
- dass die zur Bewirtschaftung zugewiesenen Haushaltsmittel im Rahmen einer sparsamen Haushaltsführung das ganze Jahr über verteilt zur Verfügung stehen.

VIII. Spezialisierung

1. Allgemeines

Unter dem Haushaltsgrundsatz der Spezialisierung ist die Einzelveranschlagung und der Bewirtschaftungsgrundsatz der sachlichen Bindung zu verstehen.

Im Haushaltsplan sind die Einnahmen und die Ausgaben einzeln bei den jeweils dafür vorgesehenen Titeln zu veranschlagen. Dies dient der Ordnung und Klarheit der Haushaltsplanung und Haushaltsführung. Bei der Ausführung es Haushaltsplans ist demzufolge die Verwaltung an den sich aus der Spezialisierung ergebenden **Bewirtschaftungsgrundsatz** der **sachlichen Bindung** gebunden.

Spezialisierung	
Einzelveranschlagung → § 17 Abs. 1 BHO	**Sachliche Bindung** → § 45 Abs. 1 BHO

Abbildung 5: Spezialisierung

Einzelveranschlagung:
Die **Einnahmen** sind im Haushaltsplan nach ihrem **Entstehungsgrund**, die **Ausgaben** und **Verpflichtungsermächtigungen** dagegen nach ihren **Verwendungszwecken** getrennt zu veranschlagen und, soweit erforderlich, zu erläutern (→ § 17 Abs. 1 BHO/LHO).

Sachliche Bindung:
Die **Ausgaben und Verpflichtungsermächtigungen** dürfen nur zu dem im Haushaltsplan in der Zweckbestimmung angegebenen Verwendungszweck geleistet oder in Anspruch genommen werden (→ § 45 Abs. 1 BHO).

Im Bereich der **sachlichen Bindung** gilt die Ausgabeermächtigung nur im Rahmen des im Haushaltsplan aufgeführten Titels (Zweckbestimmung, Mittelansatz, Titelnummer) als erteilt. Daraus folgt, dass die Verwaltung an den Titel, d.h. an seine Zweckbestimmung und an den ihr zugewiesenen Mittelansatz gebunden ist. Sie darf mithin für keinen anderen Zweck Ausgaben leisten oder Verpflichtungen eingehen und den ihr zur Verfügung stehenden Mittelansatz nicht überschreiten.

2. Ausnahmen von der sachlichen Bindung

Die sachliche Bindung der Ausgabemittel an den im Haushaltsplan ausgebrachten Titel (Zweckbestimmung und Mittelansatz) wird durch das Instrument der Deckungsfähigkeit durchbrochen (→ §§ 20 u. 46 BHO/LHO).

Die **Deckungsfähigkeit** stellt sich als Möglichkeit dar, bei einem Titel mehr Ausgaben zu leisten als im Haushaltsplan veranschlagt oder als zugewiesen, zu Lasten von Einsparungen bei einem oder mehreren anderen Titeln.

Der Sinn und Zweck der Deckungsfähigkeit ist es, Haushaltsüberschreitungen dadurch zu vermeiden, dass Einsparungen bei einem oder mehreren Ausgabetiteln zur Leistung von Mehrausgaben bei einem anderen Ausgabetitel herangezogen werden dürfen. Daraus folgt, dass eine Deckungsfähigkeit nur zwischen Ausgabetiteln angewandt werden darf.

2.1 Erlaubnis der Deckungsfähigkeit

- **Geborene** Deckungsfähigkeit (→ § 20 Abs. 1 BHO/LHO):
  Die ständig erlaubte – gesetzlich angeordnete – Deckungsfähigkeit gilt zeitlich unbeschränkt für den gesamten Geltungsbereich der BHO/LHO). Sie ist auf die dort genannten Ausgabearten – **Personalausgaben (HGrp 4)** – beschränkt.
- **Gekorene** Deckungsfähigkeit (→ § 20 Abs. 2 BHO/LHO):
  Die mit § 20 Abs. 2 BHO/LHO eröffnete Möglichkeit, weitere Deckungsfähigkeit zu erlauben, gilt zeitlich beschränkt für die Geltungsdauer des HG/HHPl.

Die Voraussetzung für eine Deckungsfähigkeit nach § 20 Abs. 2 BHO/LHO:

a) **Sachlicher Zusammenhang**
   Die deckungsfähigen Titeln, müssen einem **verwandten oder ähnlichen Zweck** dienen. Ein sachlicher Zusammenhang einer Deckungsfähigkeit lässt sich i.d.R. unschwer erkennen. Meist weisen die Ausgabetitel, die einseitig oder gegenseitig deckungsfähig sind, eine einheitliche Hauptgruppe (z.B. 5 – Allg. Verwaltungsausgaben –) auf. Eine Deckungsfähigkeit zwischen Titeln verschiedener Hauptgruppen ist aber nicht ausgeschlossen.

b) **Verwaltungsmäßiger Zusammenhang**
   Ein verwaltungsmäßiger Zusammenhang besteht zwischen deckungsfähigen Titeln, innerhalb *eines* Kapitels eines Einzelplans.

c) **Förderung der wirtschaftlichen und sparsamen Verwendung der Mittel**
   Die **gegenseitige** Deckungsfähigkeit von Titeln innerhalb eines Kapitels im Rahmen der **flexiblen Bewirtschaftung** ist erlaubt.

2.1.1 Möglichkeiten der Erlaubnis einer Deckungsfähigkeit i.S.d. des § 20 Abs. 2 BHO/LHO

Die Instrumente einer Erlaubnis können über das Haushaltsgesetz oder über den Haushaltsplan eingesetzt werden. Die allgemeingültige, gesetzliche Erlaubnis erfolgt durch das **Haushaltsgesetz** zur Entlastung des Haushaltsplans (z.B. § 5 HG 20xx). Soll die Erlaubnis dagegen nur für einen Verwaltungszweig des Bundes/Landes erteilt werden, erfolgt sie durch Haushaltsvermerk (Deckungsvermerk) im Haushaltsplan.

2.1.2 Arten der Deckungsfähigkeit

Es gibt die **einseitige** und die **gegenseitige** Deckungsfähigkeit. Letztere ist bei **wechselseitiger Inanspruchnahme** der Titelansätze gegeben. Die Ausgabetitel sind **sowohl deckungsberechtigt als auch deckungspflichtig**. Die Aufhebung der Bindung besteht sowohl bei der Zweckbestimmung als auch bei dem Mittelansatz eines Ausgabetitels.

Die **einseitige** Deckungsfähigkeit liegt vor, wenn der *eine* Ausgabetitel nur **verstärkt** werden kann (= deckungsberechtigter Titel) und der *andere* Ausgabetitel nur mit seiner **Einsparung** zur Deckung herangezogen werden kann (= deckungspflichtiger Titel).

2.1.3 Inanspruchnahme der Deckungsfähigkeit (§ 46 BHO/LHO und VV Nr. 1 zu § 46 BHO)

Der deckungsberechtigte Ansatz darf aus dem deckungspflichtigen Ansatz nur verstärkt werden, soweit

- bei dem deckungs*berechtigten* Titel keine Verfügungsbeschränkungen bestehen (z.B. Sperren),
- über die Mittel des deckungs*berechtigten* Titels bereits voll verfügt wurde und
- **Umplanungen nicht möglich** sind, sowie
- die bei dem deckungs*pflichtigen* Ansatz verbleibenden Mittel ausreichen, alle Maßnahmen dieser Zweckbestimmungen noch bestreiten zu können.

Anordnungen über etwaige Verfügungsbeschränkungen (z.B. Sperren) enthalten beispielsweise die Haushaltsführungserlasse.

IX. Ausgeglichenheit

Das Grundgesetz (Art. 110 Abs. 1 GG) und die meisten Verfassungen der Länder (z.B. Art. 81 Abs. 2 der Verfassung für das Land NRW) sowie die staatlichen und kommunalen Haushaltsordnungen schreiben die Ausgeglichenheit des Haushalts zwingend vor.

Der Haushaltsplan muss bei seiner Aufstellung auf Grund unmittelbar geltenden Verfassungsrechts **in Einnahmen und Ausgaben** ausgeglichen sein.

Das verfassungsrechtliche Gebot des Haushaltsausgleichs richtet sich

- zum Einen an den Bundes-/Landesfinanzminister, der bereits bei seinem Entwurf des Haushalts der Bundes-/Landesregierung einen in Einnahmen und Ausgaben ausgeglichenen Entwurf des Haushaltsplans vorzulegen hat, und an die Bundes-/Landesregierung, die demzufolge auch nur einen ausgeglichenen Haushaltsplan beschließen darf,

- zum Anderen an den Gesetzgeber, der in seinen Beratungen (zweite und dritte Lesung) auf die Einhaltung dieses Grundsatzes zu achten und einen ausgeglichenen Haushalt zu verabschieden hat.

X. Öffentlichkeit

Der Bundestag verhandelt grundsätzlich öffentlich (Art. 42 Abs. 1 GG). Gleiches trifft auch auf die Länderparlamente zu. Dies ist ein Wesensmerkmal der repräsentativen Demokratie. Auch die Verhandlungen (Beratungen) über den Haushaltsplan und über das Haushaltsgesetz unterliegen demzufolge diesem Öffentlichkeitsgebot. Die Publizität des Haushalts wird schon allein dadurch deutlich, dass die Haushaltsdebatten den Medien (Presse, Rundfunk, Fernsehen) zugänglich gemacht werden.

Darüber hinaus wird das Haushaltsgesetz mit dem Gesamtplan **im Bundesgesetzblatt veröffentlicht** und ist jedermann zugänglich.

Aber auch in einem demokratischen Rechtsstaat gibt es bestimmte Ausgaben, die zwar im Haushaltsplan enthalten sein müssen, aber **aus Gründen der Geheimhaltung oder der Staatssicherheit** nicht im Plenum beraten werden können. Solche Ausgaben werden in Wirtschaftsplänen von einem Vertrauensgremium des Haushaltsausschusses beraten und im Haushaltsplan als Fonds dargestellt. Die Prüfung solcher Wirtschaftspläne bleibt dem Präsidenten des Bundes-/Landesrechnungshofes vorbehalten.

XI. Die Haushaltsgrundsätze (Kurzfassung)

1. Jährlichkeit

1.1 Allgemeines

Für jedes Haushaltsjahr ist ein Haushaltsplan aufzustellen.

Er gilt nur für die Zeit, für die er festgestellt ist – zeitliche Bindung der Verwaltung an die Gültigkeitsdauer des Haushaltsgesetzes –. Mithin gilt der gesamte Inhalt des Haushaltsplans nur für diesen Zeitraum, d.h. nur für dieses eine Jahr.

Nach Ablauf des Haushaltsjahres verfallen grundsätzlich nicht verbrauchte Ausgabemittel und nicht in Anspruch genommene Verpflichtungsermächtigungen; es sei denn, es handelt sich um übertragbare Ausgabemittel.

1.2 Ausnahmen vom Grundsatz der Jährlichkeit

1.2.1 Übertragbare Ausgabemittel

Übertragbar sind:

- kraft ständigen Gesetzes (§ 19 Abs. 1 Satz 1 BHO/LHO)
  a) die Ausgaben für Investitionen,
  b) die Ausgaben aus zweckgebundenen Einnahmen.
- Im Haushaltsgesetz oder im Haushaltsplan können andere Ausgaben für übertragbar erklärt werden.

Aus den am Ende des Haushaltsjahres übrig gebliebenen übertragbaren Ausgabemittel können **Ausgabereste** gebildet werden, die über das Haushaltsjahr hinaus bei der entsprechenden Zweckbestimmung verfügbar gemacht werden können.

1.2.2 Haushaltsvorgriffe

Haushaltsvorgriffe sind Beträge, die bei übertragbaren Ausgabemitteln zu Gunsten des laufenden und zu Lasten des folgenden Haushaltsjahres im Vorgriff vorweg abgesetzt werden.

1.2.3 Selbstbewirtschaftungsmittel (S-Mittel)

S-Mittel stehen über das laufende Haushaltsjahr hinaus zur Verfügung. Sie können im Haushaltsplan veranschlagt und dann zugewiesen werden, wenn dadurch eine wirtschaftliche und sparsame Verwendung der Mittel gefördert wird.

1.2.4 „kw"-Vermerke (künftig wegfallend)

Diese Haushaltsvermerke findet man in der Zweckbestimmungsspalte für Ausgabemittel oder an einer Planstelle/Stelle, deren Wegfall in absehbarer Zeit geplant ist.

1.2.5 „ku"-Vermerke (künftig umzuwandeln)

Diese Haushaltsvermerke findet man nur an einer Planstelle/Stelle. Die nächste freiwerdende Planstelle/Stelle derselben Besoldungsgruppe/Fachrichtung gilt im Zeitpunkt ihres Freiwerdens als in eine Planstelle oder Stelle umgewandelt, die in dem Umwandlungsvermerk angegeben ist.

2. Vorherigkeit

Das Haushaltsgesetz ist vor Beginn des Haushaltsjahres, für das es bestimmt ist, zu verabschieden, d.h. der Haushaltsplan ist vor Beginn des Haushaltsjahres, für das er bestimmt ist, durch das Haushaltsgesetz festzustellen.

Folge einer **Nichteinhaltung des Grundsatzes der Vorherigkeit**: Die Bundes-/ Landesregierung ist im Rahmen der vorläufigen Haushalts- und Wirtschaftsführung ermächtigt, Ausgaben zu leisten, die nötig sind, um

- den Dienstbetrieb aufrecht zu erhalten,
- gesetzlich beschlossene Maßnahmen durchführen zu können,
- rechtlich begründete Verpflichtungen des Bundes/Landes zu erfüllen,
- Bauten und Beschaffungen fortzuführen, für die bereits in Vorjahren Mittel bereitgestellt wurden.

3. Einheit und Vollständigkeit

Alle zu erwartenden Einnahmen, voraussichtlich zu leistenden Ausgaben und voraussichtlich benötigten Verpflichtungsermächtigungen des Bundes/Landes müssen für *jedes* Haushaltsjahr von *allen* Verwaltungszweigen des Bundes/Landes *einheitlich* erfasst, veranschlagt und vollständig in den einen, mithin *einheitlichen* Haushaltsplan eingestellt werden.

4. Gesamtdeckungsprinzip

Alle Einnahmen des Bundes/Landes dienen grundsätzlich unterschiedslos dem gesamten Ausgabebedarf des Bundes/Landes (§ 8 BHO/LHO).

Ausnahme:
Zweckgebundene Einnahmen dienen nicht der Gesamtdeckung, sondern sie sind nur für einen bestimmten Ausgabezweck bestimmt.

5. Bruttoprinzip

Das Bruttoprinzip umfasst die Bruttoveranschlagung (§ 15 BHO/LHO) und den Bruttonachweis (§ 35 BHO).

Die **Einnahmen** und **Ausgaben** sind **grundsätzlich getrennt voneinander** und in voller Höhe zu im Haushaltsplan zu veranschlagen. Daraus folgt, dass sie auch getrennt voneinander und in voller Höhe bei dem dafür vorgesehenen Titel zu buchen, **nachzuweisen** sind.

Ausnahme vom Prinzip der **Bruttoveranschlagung**:

- Einnahmen aus Krediten vom Kapitalmarkt sind unter Vorwegabzug der Tilgungsausgaben **netto** im Haushaltsplan zu veranschlagen.

Besondere Regelungen zum **Bruttonachweis** betreffen die Rückzahlungen, Erstattungen und Beiträge Dritter:

- **Rückzahlungen** stellen Korrekturzahlungen dar und stellen eine vorangegangene fehlerhafte Zahlungen richtig. Bei der Behandlung von Rückzahlungen und Erstattungen sind die Regelungen des Haushaltsgesetzes oder des Haushaltsplans zu beachten.
  Eine Rückzahlung kann in Gestalt einer **Rückeinnahme** als Einzahlung auf einem Ausgabetitel oder in Form einer **Erstattung** als Auszahlung an einen ehem. Einzahlungspflichtigen auf einem Einnahmetitel gebucht werden.
- **Erstattungen** und **Beiträge** sind Beteiligungszahlungen, mit denen sich Dritte an den Kosten des Bundes/Landes beteiligen. Als Einnahmen sind sie grundsätzlich bei einem Ausgabetitel nachzuweisen.

6. Genauigkeit und Wahrheit

Alle im folgenden Haushaltsjahr zu erwartenden Einnahmen, voraussichtlich zu leistenden Ausgaben und voraussichtlich benötigten Verpflichtungsermächtigungen des Bundes/Landes müssen wahrheitsgemäß und möglichst genau (anhand des Ist-Ergebnisses des Vorjahres unter Berücksichtigung der Einnahme- und Ausgabeverläufe des laufenden Jahres, unter Berücksichtigung von besonderen Kostenrechnungen, Verträgen, Tarifen, neuen Gesetzen und Vorschriften oder Gesetzesänderungen) von den Titelverwaltern ermittelt und vom Beauftragten für den Haushalt in den Beitrag zum Haushaltsvoranschlag seiner Dienststelle aufgenommen werden.

7. Wirtschaftlichkeit und Sparsamkeit

Bei der Aufstellung und Ausführung des Haushaltsplans sind die Grundsätze der Wirtschaftlichkeit und Sparsamkeit zu beachten. Das heißt insbesondere, dass die Verwaltung bei der Verfolgung ihrer Ziele die ihr zur Verfügung stehenden Mittel (Ressourcen) möglichst günstig einzusetzen hat (günstigste Zweck-/Mittel-Relation).

Das bedeutet für alle, die an der Bewirtschaftung der Haushaltsmittel beteiligt sind:

- das **wirtschaftlichste** (nicht zwangsläufig das billigste) Angebot ist zu ermitteln,
- **Skonti** und **Rabatte** sind auszunutzen,
- zugewiesene Haushaltsmittel sind so zu bewirtschaften, dass sie für das gesamte Haushaltsjahr ausreichen,
- Ausgaben dürfen nur soweit sachlich unumgänglich und zeitlich nicht eher geleistet werden, als dies notwendig ist,

- keine Vorratsbeschaffung wegen **nicht abgeflossener Haushaltsmittel** am Ende des Jahres.

8. Spezialisierung

Der Grundsatz der Spezialisierung umfasst den Grundsatz der **Einzelveranschlagung** und den **Bewirtschaftungsgrundsatz** der sachlichen Bindung.

Im Haushaltsplan sind die Einnahmen und die Ausgaben einzeln bei den jeweils dafür vorgesehenen Titeln zu veranschlagen.

Daraus folgt, dass die Verwaltung bei der Ausführung des Haushalts an den Titel, nämlich an seine Zweckbestimmung und an seinen Mittelansatz gebunden ist. Sie darf weder für einen anderen Zweck als den in der Zweckbestimmung angegeben Ausgaben leisten oder Verpflichtungen eingehen, noch darf sie den ihr zur Verfügung stehenden Mittelansatz überschreiten.

Ausnahmen vom Grundsatz der sachlichen Bindung enthält die in der BHO/LHO, im Haushaltsgesetz oder im Haushaltsplan festgelegte **Deckungsfähigkeit:**

- **einseitige** Deckungsfähigkeit:
  Einsparungen bei einem deckungspflichtigen (deckungsgebenden) Ausgabetitel dürfen für Mehrausgaben bei einem anderen, deckungsberechtigten (deckungsnehmenden) Ausgabetitel verwendet werden;
- **gegenseitige** Deckungsfähigkeit:
  bei den als gegenseitig deckungsfähig geltenden Ausgabetiteln gilt zwischen den Bezugstiteln das Gleiche wechselseitig.

Die Deckungsfähigkeit muss **erlaubt** sein. Eine derartige Erlaubnis kann

- ständig bestehen. Man spricht dann von der **geborenen** Deckungsfähigkeit. Eine solche ständig erlaubte Deckungsfähigkeit besteht nach § 20 Abs. 1 BHO/LHO einseitig bzw. gegenseitig in einigen Bereichen der Personalausgaben;
- zeitlich begrenzt bestehen. Man spricht dann von der **gekorenen** Deckungsfähigkeit. Solche Deckungsfähigkeiten werden **auf das Haushaltsjahr begrenzt**. Sie können für alle anderen Ausgaben über allgemein gültige Regelungen im Haushaltsgesetz oder nur für einen Verwaltungszweig geltend über Haushaltsvermerke im Haushaltsplan erteilt werden. Voraussetzung dafür ist entweder ein verwaltungsmäßiger oder sachlicher Zusammenhang der Ausgaben oder die wirtschaftliche und sparsame Verwendung der Mittel.

9. Ausgeglichenheit

Der Bundes-/Landeshaushaltsplan ist **in Einnahme und Ausgabe auszugleichen**. Die Forderung nach dem Ausgleich des Haushaltsplans richtet sich:

- an den BMF/LMF zum Zeitpunkt der Vorlage des Haushaltsentwurfs (Haushaltsgesetz und Haushaltsplans) an die Bundes-/Landesregierung,
- an die Bundes-/Landesregierung zum Zeitpunkt der Beschlussfassung über den Haushaltsentwurf,
- an das Parlament zum Zeitpunkt der Verabschiedung des Haushaltsgesetzes und der damit verbundenen Feststellung des Haushaltsplans.

10. Öffentlichkeit

Der Haushalt wird im Bundes-/Landtag, Bürgerschaft oder Abgeordnetenhaus öffentlich beraten. Das Haushaltsgesetz und der Gesamtplan werden in den entsprechenden Gesetzblättern veröffentlicht.

Eine Einschränkung des Öffentlichkeitsprinzips besteht im Bereich der Staatsausgaben geheimer Natur, den sog. **Reptilienfonds**.

D. Die Gliederung des Haushaltsplans

I. Allgemeines

§ 13 BHO/LHO regelt die Gliederung des Haushaltsplans. Nach § 13 Abs. 1 BHO/LHO besteht der Haushaltsplan aus dem Gesamtplan und den **Einzelplänen**. § 13 Abs. 2 BHO/LHO bestimmt die Arten der Einzelpläne und deren Inhalt und verlangt darüber hinaus die weitere Untergliederung der Einzelpläne in Kapitel und Titel auf der Basis des für Bund und Länder gemeinsam geltenden Gruppierungsplans. Daneben wird in dieser Vorschrift noch eine Bestimmung des Begriffs der Investitionen vorgenommen.

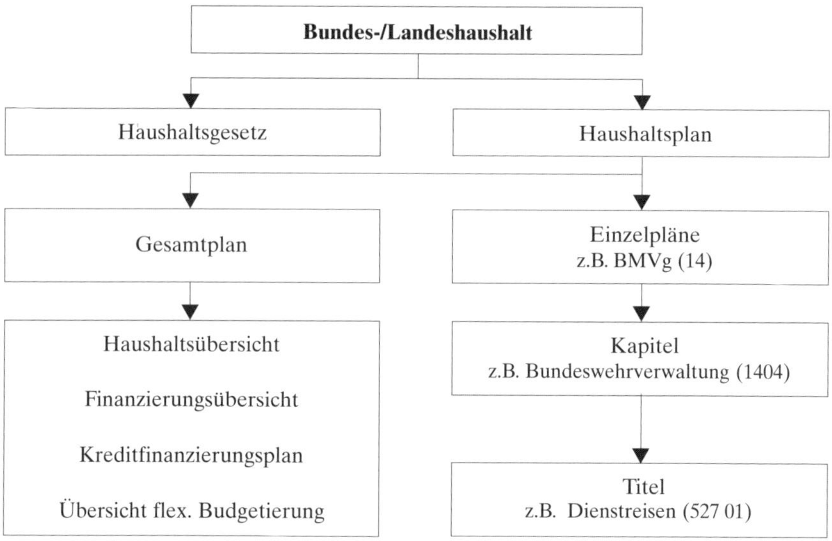

Abbildung 6: Gliederungsmuster für den Bundes-/Landeshaushalt

II. Der Gesamtplan

Der Gesamtplan wird als körperliche Anlage des Haushaltsgesetzes im Gesetzblatt veröffentlicht. Er dient der besseren Transparenz der öffentlichen Haushalte und besteht gem. § 13 Abs. 4 BHO/LHO aus verschiedenen Zusammenstellungen und Übersichten.

Er ist grundsätzlich für die tägliche Verwaltungsarbeit von untergeordneter Bedeutung.

Der „Gesamtplan" ist Teil des Haushaltsplans und wird mit dem Haushaltsgesetz im (Bundes-)Gesetzblatt verkündet.

Der Gesamtplan enthält gegenüber dem Haushaltsplan keine zusätzlich veranschlagten Einnahmen, Ausgaben, Verpflichtungsermächtigungen, Planstellen und Stellen.

Der Gesamtplan besteht aus vier Übersichten, nämlich

- der **Haushaltsübersicht**, einer Zusammenfassung der Einnahmen, Ausgaben und Verpflichtungsermächtigungen der Einzelpläne,
- der **Finanzierungsübersicht**, die in erster Linie der Ermittlung des Finanzierungssaldos dient,
- dem **Kreditfinanzierungsplan**, der die Einnahmen aus Krediten und die Ausgaben für die Kredittilgung darstellt sowie
- der **Übersicht über die flexibilisierten Ausgabebereiche** des Haushaltsplans.

1. Teil I: Die Haushaltsübersicht

Die Haushaltsübersicht stellt eine Zusammenfassung der im Haushaltsplan veranschlagten Einnahmen, Ausgaben und Verpflichtungsermächtigungen innerhalb der Einzelpläne sowie den Gesamtabschluss aller Planansätze und somit des gesamten Haushaltsvolumens dar.

2. Teil II: Die Finanzierungsübersicht

Eine wesentliche Funktion der Finanzierungsübersicht ist die Berechnung des **Finanzierungssaldos**, der sich aus der Gegenüberstellung der veranschlagten Einnahmen einerseits und der veranschlagten Ausgaben andererseits ergibt.

Der Finanzierungssaldo weist die Finanzierungslücke bei der Aufstellung des Haushaltsplans aus, die nach Einbeziehung der Münzeinnahmen durch die Nettokreditaufnahme des Bundes zu schließen ist.

3. Teil III: Der Kreditfinanzierungsplan

Der Kreditfinanzierungsplan stellt eine Übersicht der im Haushaltsplan – brutto oder netto – veranschlagten Deckungskredite und deren Tilgungsausgaben dar. Er dient vorwiegend haushaltswirtschaftlichen Zwecken und der Vergleichbarkeit der öffentlichen Haushalte.

4. Teil IV: Die Übersicht über die flexibilisierten Ausgaben

Mit dem Haushaltsrechts-Fortentwicklungsgesetz, das am 1.1.1998 in Kraft trat, sind u.a. die flexiblen Budgetierungselemente (gegenseitige Deckungsfähigkeit, Übertragbarkeit) in das Haushaltsrecht aufgenommen worden und bei der Bewirtschaftung der Haushaltsmittel zu beachten.

Auf die im Teil IV des Gesamtplans aufgeführten Kapitel des Haushaltsplans dürfen die in § 5 Abs. 2 bis 4 näher bestimmten Regelungen angewendet werden.

III. Die Einzelpläne

Über die Inhalte der Einzelpläne nach § 13 Abs. 2 BHO/LHO kann auch deren Art bestimmt werden.

Ein **Einzelplan** (EPl) enthält alle veranschlagten (geplanten) Haushaltseinnahmen und Haushaltsausgaben, Verpflichtungsermächtigungen, Planstellen, Stellen und Haushaltsvermerke für eine **oberste Bundes-/Landesbehörde**. Einzelpläne dieser Art sind nach dem **Institutionalprinzip** eingerichtet.

Einzelplanführende **Oberste Bundesbehörden** sind:
- das Bundespräsidialamt,
- der Deutsche Bundestag,
- der Bundesrat,
- das Bundeskanzleramt,
- die Bundesministerien,
- das Bundesverfassungsgericht,
- der Bundesrechnungshof.

Die vier zuerst genannten Verfassungsorgane (z.B. Deutscher Bundestag) sind **durch ihre Verwaltungen** (z.B. Bundestagsverwaltung) **Oberste Bundesbehörde**!

Der Bundes-/Landesrechnungshof ist nicht in die Gewaltenteilung einzuordnen. Er ist ein nur allein dem Gesetz unterworfenes und damit ein von Weisungen unabhängiges Organ der Finanzkontrolle.

Neben den Einzelplänen, die nach dem Institutionalprinzip eingerichtet sind, bestehen weitere Einzelpläne, die nach dem **Realprinzip** aufgestellt sind. Ihr Inhalt besteht aus bestimmten Gruppen von Einnahmen und Ausgaben, die von mehreren oder auch von allen obersten Bundes-/Landesbehörden gemeinsam verwaltet werden.

Der **Haushaltsplan des Bundes** besteht zur Zeit. aus 22 Einzelplänen:

EPl-	Bezeichnung	
01	Bundespräsidialamt	Institutionalprinzip
02	Deutscher Bundestag	
03	Bundesrat	
04	Bundeskanzler und Bundeskanzleramt	
05	Auswärtiges Amt	
06	Bundesministerium des Innern	
07	Bundesministerium der Justiz	
08	Bundesministerium der Finanzen	
09	Bundesministerium für Wirtschaft und Arbeit	
10	Bundesministerium für Verbraucherschutz, Ernährung und Landwirtschaft	
12	Bundesministerium für Verkehr, Bau- und Wohnungswesen	
14	Bundesministerium der Verteidigung	
15	Bundesministerium für Gesundheit und soziale Sicherung	
16	Bundesministerium für Umwelt, Naturschutz und Reaktorsicherheit	
17	Bundesministerium für Familie, Senioren, Frauen und Jugend	
19	Bundesverfassungsgericht	
20	Bundesrechnungshof	
23	Bundesministerium für wirtschaftliche Zusammenarbeit und Entwicklung	
30	Bundesministerium für Bildung und Forschung	
32	*Bundesschuld*	*Realprinzip*
33	*Versorgung*	
60	*Allgemeine Finanzverwaltung*	

Dem Einzelplan geht ein **Vorwort** voraus, mit dem der zuständige Ressortminister/Präsident auf die Aufgaben und auf den Aufbau seines Verwaltungszweigs eingeht.

Jeder Einzelplan ist mit einer **zweistelligen Einzelplannummer** gekennzeichnet. Die Reihenfolge der Einzelpläne entspricht im Wesentlichen auch der Reihenfolge der Verfassungsorgane und der traditionellen Rangfolge der Ministerien oder ihrer Entstehungsgeschichte.

IV. Die Kapitel

Die Einzelpläne werden weiter in Kapitel untergliedert. Diese weitere Gliederungsform verfolgt im System weitestgehend dem Gliederungssystem der Einzelpläne, nämlich
- nach **Verwaltungsbereichen** (vergleichbar dem Institutionalprinzip) oder
- nach **Aufgabengebieten** (vergleichbar dem Realprinzip).

Einzelpläne, die nach dem Institutionalprinzip eingerichtet sind, werden in aller Regel folgendermaßen weiter gegliedert:
- Kapitel 01: = Ministerium,
- Kapitel 02: = Allgemeine Bewilligungen,
- Kapitel 03 ff.: = nachgeordnete Behörden oder Verwaltungsbereiche und Aufgabengebiete.

Die **Kapitel** sind – wie auch die Einzelpläne – in sich abgeschlossen und enthalten alle veranschlagten Einnahmen, Ausgaben und Verpflichtungsermächtigungen dieses Verwaltungsbereichs/Aufgabengebiets.

Einem Kapiteln können **Vorbemerkungen** vorangestellt werden, sofern dies zur Verdeutlichung der Kapitelstruktur für erforderlich gehalten wird. In ihnen werden z.B. die Rechtsgrundlagen für die Einrichtung von Behörden dieses betreffenden Kapitels, ihre Struktur sowie deren Aufgaben und Aufbau näher erläutert.

Am Ende eines Kapitels werden die veranschlagten Haushaltseinnahmen und Haushaltsausgaben der einzelnen Titel einander gegenübergestellt, so dass sie auf einem Blick zu erkennen sind.

Die **Kennzeichnung** der Kapitel erfolgt über eine vierstellige Ziffernfolge, der sog. **Kapitelnummer** im weiteren Sinne. Die beiden ersten Stellen geben den jeweiligen Einzelplan an. Die letzten beiden Ziffern bilden die *Kapitelnummer* im engeren Sinne. Sie werden getrennt gesprochen.

Die Kapitelnummer 1404 bedeutet mithin:
- Einzelplan 14 = Bundesministerium der Verteidigung,
- Kapitel 04 = Bundeswehrverwaltung.

Einteilung der Kapitel; *z.B. im Einzelplan 14 des Bundeshaushaltsplans:*

1401 Bundesministerium der Verteidigung
1402 Allgemeine Bewilligungen
1403 Kommandobehörden, Truppen, Sozialversicherungsbeiträge und Fürsorgemaßnahmen für Soldaten
1404 Bundeswehrverwaltung und Rechtspflege sowie Personalausgaben für das Zivilpersonal bei den Kommandobehörden, Truppen etc.
1405 Universitäten der Bundeswehr

1406 Militärseelsorge
1407 Sanitätswesen
1408 Verpflegung
1409 Bekleidung
1410 Unterbringung
1411 Fernmeldewesen
1412 Feldzeugwesen
1413 Quartiermeistermaterial
1414 Schiffe und Marinegerät
1415 Flugzeuge, Flugkörper und flugtechnisches Gerät
1416 Wehrforschung, wehrtechnische und sonstige militärische Entwicklung und Erprobung
1417 Bewilligungen im Rahmen der Mitgliedschaft zur NATO und anderen internationalen Organisationen

V. Die Titel

1412
Unterbringung

Titel **Funktion**	**Zweckbestimmung**	**Soll 2004 1000 €** *(1000 DM)*	**Soll 2003 1000 €** *(1000 DM)*	**Ist 2002 (1000 €)** *(2000 DM)*
517 01 - 032	**Bewirtschaftung der Grundstücke, Gebäude und Räume**	**531 000** *(1 038 546)*	**501 962** *(981 752)*	**(541 248)** *1 058 588*

Verpflichtungsermächtigung:
davon fällig:
Haushaltsjahr 2004 bis zu ... 1500 T€
etc.
Haushaltsjahr 2019 bis zu ... 1500 T€

Haushaltsvermerk:
1. …
2. Erstattungsbeträge aus Mitbenutzungsverträgen und sonstigen Verträgen fließen den Ausgaben zu.

Erläuterungen:

Bezeichnung	1000 €
1. Heizung	191 060
2. Elektrizität	102 589
3. Reinigung, Müllabfuhr usw., Be- und Entwässerung	183 669
4. Sonstiges	53 682
	531 000

Abbildung 7: Darstellung eines Titels aus dem Einzelplan 14 des Bundeshaushaltsplans

1. Allgemeines

Die Kapitel sind weiter in Titel unterteilt. Der Titel ist die **kleinste haushaltsmäßige Einheit** und damit die **unterste Gliederungsstufe des Haushaltsplans**. Die Gliederung (Systematik) des Haushalts unterscheidet sich seit 1970 von der bisherigen im Wesentlichen dadurch, dass die Haushaltseinnahmen und die Haushaltsausgaben einheitlich für Bund, Länder und Gemeinden nach einheitlichen **ökonomischen Gesichtspunkten** geordnet sind.

Der **Titel** stellt im Rahmen des parlamentarischen Budgetbewilligungsrechts die **wichtigste Gliederungsform des Haushaltsplans** dar, denn die parlamentarische Ausgabeermächtigung erstreckt sich als Einzelbewilligung auf den jeweiligen Ausgabetitel.

Die Feststellung des Haushaltsplans bedeutet mithin, dass er ohne erneutes Gesetzgebungsverfahren nicht mehr geändert werden kann.

In den Titeln werden die Haushaltseinnahmen nach ihrem Entstehungsgrund, die Haushaltsausgaben nach ihrem Verwendungszweck veranschlagt.

Im **Bundeshaushaltsplan** sind etwa **11 000** Titel abgebildet; davon sind ca. 9500 Ausgabetitel und rund 1500 Einnahmetitel.

Der Titel besteht aus drei Teilen:

Zweckbestimmung *z.B.: Anwärterbezüge*	**Titelnummer** *z.B.: 422 03*	**Mittelansatz**
wörtliche Beschreibung • des Entstehungsgrundes der Haushaltseinnahmen • des Verwendungszwecks der Haushaltsausgaben	kodierte Zweckbestimmung • immer fünfstellig • **Gruppierungsnummer** (z.B. 422) • bei Bund und Ländern identisch • **Ordnungsziffer** (z.B. 03)	Im Haushaltsplan in **Tausend Euro** angegeben

Abbildung 8: Bestandteile eines Titels

1.1 Zweckbestimmung

Die Haushaltseinnahmen sind nach ihrem **Entstehungsgrund** im Haushaltsplan veranschlagt (eingeplant).

z.B.: *Lohn- und Einkommensteuer,*
Einnahmen aus Vermietungen und Verpachtungen,
Einnahmen aus Veräußerungen.

Die Haushaltsausgaben sind nach ihrem **Verwendungszweck** veranschlagt.

z.B.: *Dienstbezüge der planmäßigen Beamten,*
Dienstreisen,
Unterhaltung der Grundstücke und baulichen Anlagen.

Die Bezeichnung des Entstehungsgrundes der Einnahmen und des Verwendungszwecks der Ausgaben erfolgt bei der **Zweckbestimmung** des Titels in Worten. Diese – in verbaler Beschreibung gefasste – Zweckbestimmung steht im sog. **Dispositiv** (Zweckbestimmungsspalte) des Titels.

Die Zweckbestimmung ist bei der Ausführung des Haushaltsplans für die Exekutive **bindend**:

- es dürfen keine anderen Einnahmen als in der Zweckbestimmung genannt auf dem Einnahmetitel angenommen werden, und
- es dürfen keine anderen Ausgaben als in der Zweckbestimmung angegeben aus einem Ausgabetitel geleistet werden.

1.2 Titelnummer

Die Titelnummer ist eine **in Ziffern ausgedrückte Zweckbestimmung**. Der Gliederung des Haushalts, mithin der Bildung der Titelnummer, liegt der **Gruppierungsplan** als Teil der Verwaltungsvorschriften zur Haushaltssystematik des Bundes – VV-HB – zu Grunde.

Die Titelnummer ist immer **fünfstellig**, wobei zwischen den ersten drei und den letzten zwei Stellen in der Schreibweise ein Zwischenraum zu lassen ist.

Beispiel: 1404 ***527 01***

1.2.1 Gruppierungsplan (§ 13 Abs. 3 BHO)

Im Gruppierungsplan – Teil der VV-HB – sind die ersten 3 Ziffern der fünfstelligen Titelnummer, die sog. **Gruppierungsnummer**, für den Bund und für die Länder **übereinstimmend und verbindlich** festgelegt.

Der Gruppierungsplan ist auch mit der Haushaltssystematik der Gemeinden abgestimmt. Die Mindestanforderungen an den Gruppierungsplan sind in § 13 Abs. 3 BHO/LHO festgelegt.

Durch die **bei allen Gebietskörperschaften** (Bund, Länder und Gemeinden) **für jede Zweckbestimmung einheitliche Gruppierungsnummer** lassen sich die öffentlichen Haushalte ohne große Umrechnungen miteinander vergleichen. Das Haushaltsgebaren aller öffentlichen Hände wird dadurch transparent.

1.2.2 Gruppierungsnummer

Hauptgruppe	→	Obergruppen	→	Gruppen
0 Einnahmen aus Steuern und steuerähnlichen Abgaben				
1 Allgemeine Verwaltungseinnahmen				
2 Einnahmen aus Zuweisungen usw.				
3 Einnahmen aus Schuldenaufnahme				
4 Personalausgaben	→	4 Personalausgaben		
5 Sächliche Verwaltungsausgaben usw.		41 Aufwendungen usw. …		
6 Ausgaben aus Zuweisungen usw.		42 Bezüge und dergleichen	→	43 Bezüge und dergleichen
7 Baumaßnahmen		43 Versorgungsbezüge …		421 Bezüge des Bundespräs. etc.
8 Sonstige Ausgaben für Investitionen		44 Beihilfen		422 Bezüge der Beamten, Richter usw.
9 Besondere Finanzierungsausgaben		45 …		423 Bezüge der Soldaten
		46 …		424 …
				425 Vergütung der Angestellten
				426 Löhne der Arbeiterinnen und Arbeiter

Abbildung 9: Systematik der Gruppierungsnummer

Die dreistellige Gruppierungsnummer ist eingeteilt in
- Hauptgruppe,
- Obergruppe und
- Gruppe (Gruppierungsnummer).

Die *erste Ziffer* der dreistelligen Gruppierungsnummer ist die **Hauptgruppe**.

Auf der **Einnahmeseite**:

0 = Einnahmen aus Steuern und steuerähnlichen Abgaben
1 = Allgemeine Verwaltungseinnahmen …
2 = Einnahmen aus Zuweisungen, Zuschüssen …
3 = Einnahmen aus Schuldenaufnahmen …

auf der Ausgabenseite**:**
4 = Personalausgaben
5 = sächliche Verwaltungsausgaben, mil. Beschaffungen etc.
6 = Ausgaben für Zuweisungen und Zuschüsse
7 = Baumaßnahmen (im Bereich BMVg jedoch HG 5)
8 = sonst. Ausgaben für Investitionen
9 = besondere Finanzierungsausgaben.

Durch das Anhängen einer weiteren Ziffer wird die Hauptgruppe zur **Obergruppe** erweitert. Dadurch erhält die Hauptgruppe eine präzisere ökonomische Bestimmung, z.B.:

Hauptgruppe	4	=	Personalausgaben
Obergruppe	*42*	=	Bezüge und dergleichen.

Durch das Anhängen einer zusätzlichen dritten Ziffer an die Obergruppe wird die *Gruppe* oder auch die *Gruppierungsnummer* gebildet, z.B.:

Hauptgruppe	4	=	Personalausgaben
Obergruppe	42	=	Bezüge und dergleichen
Gruppe	*422*	=	Bezüge der Beamten und Richter.

1.2.3 Ordnungsziffer

Eine weitere Aufteilung der Einnahme-/Ausgabeart durch Erweiterung der dreistelligen Gruppierungsnummer in die 5-stellige Titelnummer ist **in das Ermessen einer jeden Gebietskörperschaft** gelegt und wird durch den BMF/LMF festgelegt.

Die letzten zwei Ziffern beginnen stets mit 01, 02, 03 etc und enden bei 99, z.B.:
453 **01**, 422 **01**
119 **99**, 539 **99**

1.2.4 Mittelansatz

Der veranschlagte Betrag ist der für das Bezugsjahr (Haushaltsjahr) voraussichtlich anfallende und kassenwirksam werdende Betrag. Im Haushaltsplan wird der Mittelansatz in Tausendern dargestellt.

1.2.5 Titelgruppen

Titelgruppen werden gebildet, wenn mehrere Einzeltitel, die sich aus Einzelbeträgen verschiedener ökonomischer Arten zusammensetzen und daher getrennt voneinander veranschlagt werden müssen, einer **gemeinsamen übergeordneten Zweckbestimmung** untergeordnet werden können und dadurch die Bewirtschaftung dieser einzelnen Titel vereinfacht werden kann.

Titelgruppen sind mithin **die Zusammenfassung sachlich zusammengehöriger Titel**.

- Jeder zur Titelgruppe gehörende Titel ist mit einem eigenen Mittelansatz ausgestattet.
- Die Einzeltitel werden unter **einer gemeinsam übergeordneten** Zweckbestimmung am Ende eines Kapitels unter der **Überschrift „Titelgruppen“** aufgeführt.
- Jede Titelgruppe erhält eine fortlaufende zweistellige Nummer, die Titelgruppennummer (z.B. TGr. 01, 02 etc.).
- Die Titelnummer innerhalb einer Titelgruppe *soll* in der vierten (vorletzten) Stelle die mit der Titelgruppe übereinstimmende Ordnungsnummer haben.
- Der auf die einzelne Titelgruppe entfallende Gesamtbetrag ist in der Höhe der gemeinsamen übergeordneten Zweckbestimmung zu Beginn der Titelgruppe in Klammern anzugeben.

1.2.6 Festtitel

Für den Bund ist in den „Allgemeinen Hinweisen zum Gruppierungsplan“ eine Reihe von Titeln in der Titelnummer in allen fünf Stellen festgelegt. Sie führen die Bezeichnung „Festtitel“, d.h. sie stehen fest, ohne dass die Titelnummer oder die Zweckbestimmung geändert werden darf.

1.2.7 Leertitel

Ein Leertitel ist ein Titel mit Titelnummer und Zweckbestimmung, aber **ohne Mittelansatz**. Leertitel werden nur ausnahmsweise in den Haushaltsplan aufgenommen, wenn dies aus zwingenden konjunkturpolitischen Gründen (z.B. Leistung zusätzlicher Ausgaben bei einer Störung des gesamtwirtschaftlichen Gleichgewichts) oder aus bestimmten haushaltswirtschaftlichen Gründen (z.B. Abwicklung übertragbarer Ausgaben über das Jahr der Schlussbewilligung hinaus) geboten erscheint.

Ausgaben aus einem Leertitel bedürfen der Zustimmung des Haushaltsausschusses des Deutschen Bundestages.

1.2.8 Haushaltsvermerke

Haushaltsvermerke sind **bindende Anweisung an die Exekutive** während der Bewirtschaftung der Haushaltsmittel. Sie können die Bewirtschaftungsmaßnahmen einerseits *erweitern* und anderseits einschränken. Nach den Haushaltstechnischen Richtlinien sind sie im Dispositiv des Haushaltsplans bei den entsprechenden Titeln aufzunehmen.

Danach können Einnahme- und Ausgabetitel durch folgende Haushaltsvermerke ergänzt werden, z.B.

- Übertragbarkeitsvermerke: *„Die Ausgaben sind übertragbar“.*
- Zweckbindungsvermerke: *„Die Einnahmen dienen der Deckung der Ausgaben bei Titel 0133“.*
- Deckungsvermerke: *„Die Mittel der Titel ... und Titel ... sind gegenseitig deckungsfähig“.*
- Erstattungsvermerke: *„Erstattungen Dritter fließen den Ausgaben zu.“*

Siehe Abbildung 7 – Darstellung eines Titels aus dem Einzelplan 14 des Bundeshaushaltsplans, S. 61.

1.2.9 Erläuterungen

Die Erläuterungen befinden sich ebenfalls im Dispositiv des Haushaltsplans und erfüllen lediglich eine **hinweisende, aufklärende Funktion**. Im Gegensatz zu den Haushaltsvermerken haben sie bei der Bewirtschaftung der Mittel keine bindende Wirkung. Die grundsätzlich nicht verbindlichen Erläuterungen können jedoch im Haushaltsgesetz im Einzelfall für verbindlich erklärt werden. Dies geschieht seit 1972 regelmäßig mit dem Stellenplan für Angestellte, der nach § 17 Abs. 6 BHO/LHO in den Erläuterungen abgedruckt wird. Mit dem jährlichen Bundeshaushaltsgesetz erklärt der Bundeshaushaltsgesetzgeber diese Stellen jedoch regelmäßig für verbindlich.

Die Erläuterungen gliedern beispielsweise einen Mittelansatz in seine einzelnen Bestandteile auf oder führen die oftmals knapp gehaltene Zweckbestimmung weiter aus.

Siehe Abbildung 7 – Darstellung eines Titels aus dem Einzelplan 14 des Bundeshaushaltsplans, S. 61.

1.2.10 Die Kennzeichnung der Gliederung

Die Gliederung des Haushaltsplans in Einzelpläne, Kapitel und Titel geschieht durch Kennzahlen im **Dezimalsystem**.

Die **beiden ersten Ziffern** bezeichnen stets den **Einzelplan**. Es handelt sich um die Einzelplannummer (z.B. 08 = Geschäftsbereich des Bundesministeriums der Finanzen). Die **folgenden zwei Ziffern** bezeichnen stets das **Kapitel**. Es handelt sich um die Kapitelnummer im engeren Sinne (z.B. 01 = Ministerium unmittelbar). Die zweistellige Kapitelnummer wird jedoch immer im **Zusammenhang mit der Einzelplannummer** dargestellt und genannt (z.B. 0801). Getrennt hiervon wird **die immer fünfstellige Titelnummer dargestellt** (z.B. 511 01).

Beispiel:

Einzelplan 08:	= Geschäftsbereich des Bundesministeriums der Finanzen:	08
Kapitel 01:	= Ministerium:	01
Titel 511 01:	= Geschäftsbedarf, Kommunikation …	511 01
Haushaltsstelle:		0801 511 01

Diese Schreibweise ergibt sich aus der Darstellungsform im gesetzlich festgestellten Haushaltsplan.

VI. Gliederungsformen außerhalb des Haushaltsplans

1. Buchungsabschnitte

Buchungsabschnitte sind im Haushaltsplan (Einzelplan) nicht vorgesehen. Die oberste Behörde eines Verwaltungszweigs kann jedoch zur Erreichung einer besseren Bewirtschaftung und Übersicht die **weitere Aufteilung der Ausgaben** bei bestimmten, in aller Regel komplexeren Titeln anordnen. Dies geschieht über die Einrichtung von Buchungsabschnitten, die für den jeweiligen Verwaltungsbereich beispielsweise über die eigenen Ministerialblätter bekanntgegeben werden und damit verbindlich sind.

Jeder Buchungsabschnitt ist **wie ein selbständiger Titel** zu führen.

Seit Einführung des Automatisierten Verfahrens im Haushalts-, Kassen- und Rechnungswesen (kurz: HKR-Verfahren) geschieht die Umsetzung in unterschiedlicher Art und Weise. Diese unterschiedliche Handhabung ist allerdings nur von befristeter Dauer, solange das HKR-Verfahren noch nicht flächendeckend angewendet wird.

1.1 Behandlung von Buchungsabschnitten außerhalb *des HKR-Verfahrens* (nur im Geschäftsbereich des BMVg)

Die Buchungsabschnitte sind für die anordnenden und mittelbewirtschaftenden Dienststellen sowie für die Bundes*wehr*kassen verbindlich. Das bedeutet, dass der Titelverwalter (HÜL-Führer) für jeden Buchungsabschnitt eine **Haushaltsüberwachungsliste** und der Buchhalter der Bundes*wehr*kasse jeweils ein **eigenes Titelkonto** anzulegen hat. Der Buchungsabschnitt, eine dreistellige Ziffernfolge, ist in der Kassenanordnung anzugeben.

1.2 Behandlung von Buchungsabschnitten im HKR-Verfahren

Im HKR-Verfahren muss der Einrichtung von ressortinternen Buchungsabschnitten ein weiterer Schritt folgen, um die Buchungsabschnitte im automatisierten Verfahren verarbeitbar zu machen. Deshalb erfolgt auf der Mittelverteilerebene 1 (einzelplanführende Stelle) die Umsetzung der Buchungsabschnitte in systemkompatible Objektkonten.

Objektkonten bieten die Möglichkeit, auf jeder Bewirtschafterebene entsprechend dem jeweiligen Informationsbedarf des Bewirtschafters die Titelkonten beliebig oft zu unterteilen. Solche Objektkonten sind wie ein Titelkonto ein eigenständiges Sachbuchkonto mit einer entsprechenden Sachbuchkontonummer, die in jeder Kassenanordnung oder Kassenanweisung anzugeben ist.

2. HÜL-Abschnitte

Grundsätzlich kann es in besonderen Fällen erforderlich sein, wenn einer präziseren Aufteilung der Ausgaben und besseren Übersicht wegen eine weitere Aufgliederung der Ausgaben erfolgt. Dies kann durch die oberste Verwaltungsbehörde in Gestalt von HÜL-Abschnitten geschehen.

> Die Aufgliederung eines Titels in HÜL-Abschnitte hat im Gegensatz zu den Buchungsabschnitten keine haushalts- oder kassenmäßige Bindung zur Folge.

Weil die Überwachung der Bewirtschaftung über eine Haushaltsüberwachungsliste (HÜL) auch nur noch außerhalb des HKR-Verfahrens erforderlich ist, ist auch bei dieser Thematik eine unterschiedliche Verfahrensweise nötig.

2.1 Behandlung der HÜL-Abschnitte außerhalb des HKR-Verfahrens (nur Geschäftsbereich des BMVg)

In der vom Titelverwalter zu führenden HÜL werden die Ausgaben nach HÜL-Abschnitten kostenmäßig getrennt dargestellt. Für den Buchhalter der Bundeswehrkasse ist der HÜL-Abschnitt ohne Bedeutung. Er führt unabhängig von der Anzahl der HÜL-Abschnitte nur ein Titelkonto.

2.2 Behandlung der HÜL-Abschnitte im HKR-Verfahren

Im HKR-Verfahren muss der Einrichtung von ressortinternen HÜL-Abschnitten ebenfalls ein weiterer Schritt folgen, um die HÜL-Abschnitte im automatisierten Verfahren verarbeitbar zu machen. Deshalb erfolgt ebenfalls auf der Mittelverteilerebene 1 (einzelplanführende Stelle) die Umsetzung der HÜL-Abschnitte in systemkompatible Objektkonten.

Im Gegensatz zum herkömmlichen Verfahren (s. Ausf. zu lfd. Nr. 2.1) sind auch solche Objektkonten eigenständige Sachbuchkonten mit einer entsprechenden Sachbuchkontonummer, die in jeder Kassenanordnung oder Kassenanweisung anzugeben ist.

3. Objektkonten

Im HKR-Verfahren kann das Titelkonto auf allen Bewirtschafterebenen weiter unterteilt werden. Diese weiteren Unterteilungen erfolgen in sog. Objektkonten.

Bereits vor Einführung des HKR-Verfahrens kannte man die weitere verwaltungsseitige Unterteilung eines Titels in Buchungsabschnitte (s. vorst. Ausf. zu lfd. Nr. 1). Auch Buchungsabschnitte waren kassenmäßig zu erfassen und waren für sich gesondert zu bewirtschaften. Sie dienten und dienen auch weiterhin der **besseren Bewirtschaftung bestimmter, komplexerer Titel**.

Ebenso ist im HKR-Verfahren eine ähnliche verwaltungsmäßige Aufteilung von Titelkonten möglich und teilweise sogar erforderlich (z.B. bei eingerichteten Buchungsabschnitten). Solchermaßen aufgeteilte Titelkonten bezeichnet das HKR-System als **Objektkonten**.

Abbildung 10: Beispiel Objektkonten

Objektkonten bieten die Möglichkeit, ein Titelkonto auf jeder Bewirtschafterebene entsprechend dem jeweiligen Informationsbedarf des Bewirtschafters beliebig oft zu gliedern. Das bedeutet zunächst, dass der Bewirtschafter seine Mittel entweder auf Titelkonten oder aber auf Objektkonten zugewiesen bekommt, wenn der übergeordnete Mittelverteiler die Titelkonten bereits auf Objektkonten aufgeteilt hat.

Bereits auf einer Mittelverteilerebene in Objektkonten untergliederte Titelkonten können auch **nur in der unterteilten Form des Objektkontos weitergegeben** werden.

Objektkonten können je nach Bedarf weiter in **Unterobjektkonten** aufgegliedert werden. Die Tiefe der weiteren Untergliederung ist unbegrenzt.

Der **Bewirtschafter** veranlasst die Untergliederung in Objektkonten über das Bundesamt für Finanzen, einer oberen Bundesbehörde im Geschäftsbereich des BMF. Die Einrichtung und Verknüpfung in das Kontensystem wird über das DV-System vorgenommen.

Die **Objektnummer** ist immer siebenstellig und wird um eine vom System vergebene Prüfziffer *erweitert*. Mit Vergabe der Objektnummer wird das Objektkonto eingerichtet.

Die **Objektkontonummer** als Sachbuchkontonummer setzt sich zusammen aus
- der achtstelligen Bewirtschafternummer,
- zwei ergänzenden Nullen,
- der achtstelligen Objektnummer (einschl. Prüfziffer).

Bewirtschafternummer	*Ergänzende Nullen*	*Objektnummer*
030 01 899	**00**	**0246784 5**

Abbildung 11: Beispiel Sachbuchkontonummer als Objektkonto

VII. Die Gliederung des Haushaltsplans (Kurzfassung)

Der Haushaltsplan besteht aus dem Gesamtplan und den Einzelplänen.

1. Der Gesamtplan

- **Haushaltsübersicht:** Eine Zusammenstellung aller im HHPl veranschlagten Haushaltseinnahmen und -ausgaben sowie Verpflichtungsermächtigungen nach Einzelplänen getrennt und eine Gesamtsumme bildend;
- **Finanzierungsübersicht:** Eine Darstellung des Finanzierungssaldos durch Gegenüberstellung der veranschlagten Haushaltseinnahmen und -ausgaben; dadurch Ermittlung des Kreditbedarfs;
- **Kreditfinanzierungsplan:** Eine Darstellung der im HHPl – brutto oder netto – veranschlagten Einnahmen aus Krediten und der Tilgungsausgaben;
- **Übersicht über die flexibilisierten Ausgaben:** Eine Darstellung der Kapitel des HHPl, auf die sich § 5 HG 20.. im Rahmen der flexiblen Bewirtschaftung erstreckt.

2. Die Einzelpläne

Ein Einzelplan (EPl) enthält alle zu erwartenden Haushaltseinnahmen, voraussichtlich zu leistende Haushaltsausgaben, voraussichtlich benötigten Verpflichtungsermächtigungen, Planstellen und Stellen sowie Haushaltsvermerke einer **obersten Verwaltungsbehörde**; diese sind im Bereich des Bundes:

- das Bundespräsidialamt,
- der Deutsche Bundestag,
- der Bundesrat,
- das Bundeskanzleramt,
- die Bundesministerien,
- das Bundesverfassungsgericht,
- der Bundesrechnungshof.

Die Einzelpläne werden **zweistellig nummeriert**.

Jedem Einzelplan geht ein „Vorwort" voraus.

3. Die Kapitel

Ein Kapitel untergliedert einen Einzelplan nach:

- Verwaltungsbehörden
- Verwaltungsbereichen
- bedeutenden Aufgabengebieten.

Die Kapitel sind ebenfalls **zweistellig nummeriert**. Die Kapitelnummer wird jedoch immer im Zusammenhang mit der EPl-Nr. dargestellt und genannt.

Jedem Kapitel gehen Vorbemerkungen voraus.

4. Die Titel

Die Kapitel sind in Titel unterteilt. Der Titel ist die **kleinste haushaltsmäßige Gliederungsform**. Er ist die haushaltsrechtliche Veranschlagungsform einer einzelnen Einnahme- oder Ausgabeart.

Der Titel besteht aus der Zweckbestimmung, der Titelnummer und dem Mittelansatz.

Die Titelnummer entspricht einer **in Ziffern ausgedrückten Zweckbestimmung**. Sie ist immer **fünfstellig**.

Die erste Ziffer ist die *Hauptgruppe*:	z.B. 5
Die ersten zwei Ziffern bilden die *Obergruppe*:	z.B. 52
Die ersten drei Ziffern stellen die *Gruppe* dar:	z.B. 527

Die ersten drei Ziffern der Titelnummer (527 ..) – die sog. Gruppe oder **Gruppierungsnummer** – wird dem für Bund, Länder (und Gemeinden) gemeinsam geltenden „Gruppierungsplan“ entnommen.

Die Erweiterung der dreistelligen Gruppierungsnummer zur vollständigen fünfstelligen Titelnummer geschieht über die sog. **Ordnungsziffer**, deren Gestaltung in das Ermessen der jeweiligen Gebietskörperschaft gestellt ist.

Die **Haushaltsstelle** wird nach der Schreibweise im Haushaltsplan dargestellt, z.B. 0801 527 01.

5. Der Gruppierungsplan

Der Gruppierungsplan ist Bestandteil der „Verwaltungsvorschriften zur Haushaltssystematik des Bundes“ (VV-HB).

Die Systematik der Gruppierungsnummer ist nach volkswirtschaftlichen Gesichtspunkten gegliedert.

Die erste Ziffer der Gruppierungsnummer ist die **Hauptgruppe**:

0	=	Einnahmen aus Steuern usw.	Einnahmetitel
1	=	Allgemeine Verwaltungseinnahmen usw.	
2	=	Einnahmen aus Zuweisungen usw.	
3	=	Einnahmen aus Schuldenaufnahmen usw.	
4	=	Personalausgaben	Ausgabetitel
5	=	sächliche Verwaltungsausgaben usw.	
6	=	Ausgaben für Zuweisungen usw.	
7	=	Baumaßnahmen	
8	=	sonstige Ausgaben für Investitionen	
9	=	besondere Finanzierungsausgaben	

Durch die Erweiterung der Hauptgruppe um eine zweite Stelle entsteht die *Obergruppe*, die die Einnahme oder Ausgabe **ökonomisch noch präziser** gestaltet.

Durch das Anhängen einer weiteren, dritten Stelle erhält die nunmehr dreistellige „Gruppierungsnummer“ gegenüber der Obergruppe einen **noch konkreteren, präziseren ökonomischen** Aussagewert.

z.B.:

Hauptgruppe	4	=	Personalausgaben
Obergruppe	42	=	Bezüge und dergleichen
Gruppierungsnummer	422	=	Bezüge der Beamten und Richter usw.
Gruppierungsnummer	425	=	Vergütung der Angestellten.

6. Die Titelgruppe

Titelgruppen werden gebildet, wenn mehrere Einzeltitel, die sich aus Einzelbeträgen verschiedener ökonomischer Arten zusammensetzen und daher getrennt voneinander veranschlagt werden müssen, einer **gemeinsamen übergeordneten Zweckbestimmung** untergeordnet werden können und dadurch die Bewirtschaftung dieser einzelnen Titel vereinfacht werden kann.

Die Titelgruppen werden durch eine zweistellige Nummer dargestellt und sind in numerischer Folge am Ende eines Kapitels aufgeführt.

7. Festtitel

„Festtitel" sind die für eine Gebietskörperschaft ***in allen fünf Stellen*** **festgelegten** Titelnummern.

Die HRB regeln in Ergänzung zur BHO/LHO und zu den Allg. Verwaltungsvorschriften zur BHO/LHO die Aufstellung der Voranschläge und des Entwurfs des Haushaltsplans nach einheitlichen Gesichtspunkten.

Die Festtitel sind in Ziffer 3.2 der HRB bestimmt.

8. Leertitel

Ein Leertitel ist ein Titel mit Titelnummer und Zweckbestimmung, aber **ohne Mittelansatz**. Ausgaben aus einem Leertitel bedürfen der Zustimmung des Haushaltsausschusses des Deutschen Bundestages.

9. Haushaltsvermerke

Haushaltsvermerke sind **bindende Anweisungen** an die Exekutive bei Ausführung des Haushalts und haben **erweiternde** oder **einschränkende** Funktionen. Sie sind teilweise im Haushaltsgesetz ausgebracht und entfalten dann Allgemeinwirkung, oder sie stehen im Dispositiv eines Titels und gelten dann nur für den jeweiligen Verwaltungszweig.

10. Erläuterungen

Sie dienen der erklärenden, näheren Bezeichnung der Zweckbestimmung im Haushaltsplan. Bei der Ausführung des HHPl sind sie grundsätzlich **nicht bindend**, es sei denn, sie sind durch das HG ausdrücklich für bindend erklärt worden.

11. Die Kennzeichnung der Gliederung

Die beiden ersten Stellen der Haushaltsstelle bezeichnen stets den Einzelplan, die folgenden beiden Stellen stets das Kapitel. Getrennt davon folgt die immer fünfstellige Titelnummer.

Beispiel:

Einzelplan 08:	= Geschäftsbereich des Bundesministeriums der Finanzen:	08
Kapitel 01:	= Ministerium:	01
Titel 511 01:	= Geschäftsbedarf, Kommunikation …	511 01
Haushaltsstelle:		0801 511 01

12. Gliederungsformen außerhalb des Haushaltsplans

12.1 Der Buchungsabschnitt

Die oberste Verwaltungsbehörde eines Verwaltungszweigs kann zur Erreichung einer besseren Bewirtschaftung und Übersicht die **weitere Aufteilung der Ausgaben** bei bestimmten, in aller Regel komplexeren Titeln anordnen. Eine solche weitere Aufteilung kann in Gestalt von Buchungsabschnitten erfolgen.

Sie sind **wie eigenständige Titel** zu führen. Im HKR-Verfahren erhalten die Buchungsabschnitte sog. Objektkonten zugeteilt, auf denen die Bundeskassen alle Bewirtschaftermaßnahmen nachzuweisen haben.

12.2 Der HÜL-Abschnitt

Sie dienen ebenfalls der **näheren Aufteilung der Ausgaben eines Titels**; haben jedoch überwiegend informatorischen Charakter. Außerhalb des HKR-Verfahrens waren sie nicht wie selbständige Titel zu behandeln. Im HKR-Verfahren wird ihnen jedoch ebenfalls ein Objektkonto zugeordnet, auf dem ebenfalls alle Bewirtschaftermaßnahmen durch die Bundeskasse zu buchen sind.

12.3 Das Objektkonto

Im HKR-Verfahren kann das Titelkonto auf allen Bewirtschafterebenen weiter unterteilt werden, in sog. Objektkonten.

Objektkonten bieten die Möglichkeit, entsprechend dem jeweiligen Informationsbedarf des Bewirtschafters **beliebig oft zu gliedern**. Das bedeutet zunächst, dass der Bewirtschafter seine Mittel entweder auf Titelkonten oder aber auf Objektkonten zugewiesen bekommt, wenn der übergeordnete Mittelverteiler die Titelkonten bereits auf Objektkonten aufgeteilt hat.

Die **Objektkontonummer** als Sachbuchkontonummer setzt sich zusammen aus

- der achtstelligen Bewirtschafternummer,
- zwei ergänzenden Nullen,
- der achtstelligen Objektnummer (einschl. Prüfziffer).

E. Die Aufstellung des Haushaltsgesetzes und des Haushaltsplans*

I. Allgemeines

Das Verfahren der Aufstellung des Haushaltsgesetzes und des Haushaltsplans ist grundsätzlich zu unterteilen

- in die Aufstellung der Voranschläge zum Entwurf des Haushaltsplans und
- in das Haushaltsgesetzgebungsverfahren.

Das Gesetzgebungsverfahren richtet sich im allgemeinen nach Abschnitt VII – Gesetzgebung des Bundes –, Art. 70-82 des Grundgesetzes (GG).

Das Haushaltsgesetzgebungsverfahren jedoch ist darüber hinaus im Abschnitt X – Das Finanzwesen –, Art. 109, 110 und 113 GG, besonders geregelt.

II. Die Voranschläge der Bundesressorts

1. Allgemeines

Die Obersten Bundesbehörden werden regelmäßig zu Beginn des laufenden Haushaltsjahres vom **BMF** mit einem Rundschreiben über die „Aufstellung der Haushaltsvoranschläge für das Haushaltsjahr 20..“ (**Haushaltsaufstellungsrundschreiben**) aufgefordert, ihren „Voranschlag zum Einzelplan ..“, der die für das nachfolgende Haushaltsjahr veranschlagten Haushaltseinnahmen und -ausgaben der einzelnen Obersten Bundesbehörde enthält, zu dem vom BMF festgesetzten Zeitpunkt diesem zu übersenden (§ 27 BHO).

Hieraus ist die Zuständigkeit des BMF für die Aufstellung des Entwurfs des Bundeshaushaltsplans zu ersehen.

Die **Fachminister** geben daraufhin, jeweils für ihr Ressort, in Form des sog. **„Haushaltsaufstellungserlasses“** verbindliche „Richtlinien für die Aufstellung des Voranschlags zum Einzelplan ..“ heraus.

Bei jeder mittelbewirtschaftenden Dienststelle ist gem. § 9 Abs. 1 BHO ein **„Beauftragter für den Haushalt“** zu bestellen, soweit der Leiter der Dienststelle diese Aufgabe nicht selbst wahrnimmt.

* Dargestellt am Geschehen auf **Bundes**ebene. Für die Länder gilt sinngemäß das Gleiche.

Dem „Beauftragten für den Haushalt“ obliegen die Aufstellung der Unterlagen für den Entwurf des Haushaltsplans (Voranschlag) sowie die Ausführung des Haushaltsplans. Die von den einzelnen mittelbewirtschaftenden Dienststellen des Bundes für die Aufstellung des Entwurfs des Haushaltsplans zu fertigenden Unterlagen heißen gem. § 9 Abs. 2 BHO/LHO „Voranschlag“; die Titelverwalter leisten jeweils ihren Beitrag hierzu. Der Voranschlag einer mittelbewirtschaftenden Dienststelle ist im Gesamtzusammenhang ein Beitrag zur Aufstellung des Voranschlags zum Einzelplan des jeweiligen Ressorts; der Voranschlag des Ressorts wiederum ist ein Beitrag zur Aufstellung des Bundeshaushaltsplans.

Die Voranschläge, die von den einzelnen mittelbewirtschaftenden Dienststellen aufzustellen sind und Unterlagen für den durch den BMF aufzustellenden Entwurf des Haushaltsplans sind, werden **innerhalb des einzelnen Ressorts**, dem Verwaltungsaufbau folgend, von der Ortsinstanz der Mittelinstanz, von dieser dem Ministerium vorgelegt.

Die Titelverwalter ermitteln die im nächsten Haushaltsjahr zu erwartenden **Haushaltseinnahmen** und voraussichtlich zu leistenden **Haushaltsausgaben** bei den durch sie zu verwaltenden und zu bewirtschaftenden Titeln und legen ihren Beitrag zur Aufstellung des Voranschlages dieser Dienststelle dem Beauftragten für den Haushalt zu dem von diesem festgesetzten Termin auf dem Dienstwege vor.

Die Haushaltsabteilung fasst die für das gesamte Ressort ermittelten und im nächsten Haushaltsjahr zu erwartenden Haushaltseinnahmen und voraussichtlich zu leistenden Haushaltsausgaben zusammen und stellt so den „Voranschlag zum Einzelplan ..“ auf.

2. Die Voranschläge der Obersten Bundesbehörden

Gem. § 27 BHO/LHO sind die Voranschläge „von der für den Einzelplan zuständigen Stelle“ dem BMF zu dem von ihm festgesetzten Zeitpunkt zu übersenden.

Die für den Einzelplan zuständigen Stellen sind die Bundesministerien, das Bundespräsidialamt, das Bundeskanzleramt, der Bundestag, der Bundesrat, das Bundesverfassungsgericht und der Bundesrechnungshof als **Oberste Bundesbehörden**. Zugleich wird der „Voranschlag zum Einzelplan ..“ von den einzelplanführenden Obersten Bundesbehörden nachrichtlich auch dem Präsidenten des Bundesrechnungshofes in seiner Eigenschaft als „Beauftragter für Wirtschaftlichkeit in der Verwaltung“ vorgelegt, der hierzu Stellung nehmen kann.

Die Aufstellung der Einzelpläne, die nach dem Realprinzip beziffert sind (Epl 32, 33 und 60), obliegt dem BMF.

III. Die Aufstellung des Entwurfs des Haushaltsgesetzes und des Entwurfs des Haushaltsplans durch den BMF

1. Der Haushaltsentwurf

Der BMF prüft die Voranschläge der Obersten Bundesbehörden zum einen auf ihre sachliche Richtigkeit, zum anderen darauf, ob die in den Voranschlägen aufgeführten, geplanten Einnahmen und Ausgaben des Bundes – unter Zugrundelegung der voraussichtlichen konjunkturellen und gesamtwirtschaftlichen Entwicklung – in den von ihm aufzustellenden Entwurf des Haushaltsplans aufgenommen werden können, zumal dieser aus der mehrjährigen Finanzplanung zu entwickeln ist.

Der BMF kann – nach Rücksprache mit den beteiligten Stellen – die Voranschläge ändern.

Diese Gespräche zwischen Oberster Bundesbehörde und BMF beginnen als **„Haushaltsverhandlungen“** auf Referatsleiterebene.

Lässt sich hier eine Einigung nicht erzielen, so wird die Angelegenheit zum „Streitpunkt“ der Haushaltsberatungen erklärt. Diese **„Streitpunktverhandlungen“** werden von der Ebene der Unterabteilungsleiter über die Abteilungsleiter und Staatssekretäre auch von den beteiligten Ministern (**Chefgespräche**) selbst geführt.

In Angelegenheiten, die *nicht* von grundsätzlicher oder erheblicher finanzieller Bedeutung sind, **entscheidet der BMF endgültig**, andernfalls die Regierung.

Der BMF stellt nunmehr

1. den Entwurf des Haushaltsplans und
2. den Entwurf des Haushaltsgesetzes

– den sog. **„Haushaltsentwurf“** – auf.

Von diesem Zeitpunkt an unterliegt der Haushaltsentwurf dem ständigen Ausgleichsgebot.

2. Die Anlagen zum Haushaltsentwurf

Der BMF erstellt die nachstehend aufgeführten **Übersichten** und fügt diese dem Entwurf des Haushaltsplans **als Anlagen** bei:

- die „Gruppierungsübersicht", die eine Darstellung aller veranschlagten Einnahmen und Ausgaben – ohne Rücksicht auf den institutionellen Verwaltungsaufbau nach Einzelplänen – in einer Gruppierung nach bestimmten Arten ist,
- die „Funktionenübersicht", die eine Darstellung aller veranschlagten Einnahmen und Ausgaben – ohne Rücksicht auf den institutionellen Verwaltungsaufbau nach Einzelplänen – in einer Gliederung nach bestimmten Aufgabengebieten ist,
- den „Haushaltsquerschnitt", der eine Zusammenfassung der Gruppierungsübersicht und der Funktionenübersicht ist und den prozentualen Anteil der Einnahmen und Ausgaben an den Gesamteinnahmen und -ausgaben des Haushaltsplans ausweist,
- die „Übersicht über die den Haushalt in Einnahmen und Ausgaben durchlaufenden Posten" und
- die „Übersicht über die Planstellen der Beamten und die Stellen der Angestellten und Arbeiter".

3. Finanzplan des BMF

Aufgrund des im Art. 109 Abs. 3 verfassungsrechtlich aufgestellten Gebots einer „mehrjährigen" Finanzplanung ist in § 50 des Haushaltsgrundsätzegesetzes und in § 9 des Stabilitäts- und Wachstumsgesetz bestimmt, dass der Bund und die Länder (auch die Gemeinden) eine **fünfjährige Finanzplanung** bei ihrer Haushaltswirtschaft zugrunde zu legen haben.

Als Unterlagen für die Finanzplanung stellen die Minister für ihren Bereich mehrjährige Investitionsprogramme auf. Hierauf stellt der BMF den Finanzplan auf, der jährlich der volkswirtschaftlichen Entwicklung anzupassen und fortzuführen ist.

4. Finanzbericht des BMF

Der BMF hat zum Haushaltsentwurf und zum Finanzplan dem Parlament gegenüber einen „Bericht über den Stand und die voraussichtliche Entwicklung der Finanzwirtschaft auch im Zusammenhang mit der gesamtwirtschaftlichen Entwicklung" – den sog. „Finanzbericht" – zu erstatten, der jedoch nicht (wie etwa der Finanzplan) der Beschlussfassung der Bundesregierung unterliegt, sondern lediglich die Erläuterung des Regierungsentwurfs (Haushaltsentwurfs) für die parlamentarischen Beratungen dient. Der Vom BMF den Gesetzgebungsorganen jährlich vorzulegende Finanzbericht bezieht sich allein auf den

jeweiligen Haushaltsentwurf und stellt somit eine **finanzwirtschaftliche Vorausschau** auf den Zeitraum dar, für den der Haushaltsplan festgestellt werden soll.

5. Das Ausgleichsgebot des Haushaltsentwurfs

Der Bundeshaushaltsplan muss aufgrund unmittelbar geltenden Verfassungsrechts gem. Art. 110 Abs. 1 GG in Einnahmen und Ausgaben ausgeglichen sein.

Das verfassungsgesetzliche Gebot des Haushaltsausgleichs bezieht sich zum einen auf die Aufstellung des Haushaltsplans mit der Konsequenz, dass der für die Aufstellung des Haushaltsplans federführende BMF dem Kabinett nur einen bereits in Einnahmen und Ausgaben ausgeglichenen Haushaltsentwurf zur Beschlussfassung vorlegen darf und die Bundesregierung nur einen ausgeglichenen Haushaltsentwurf beschließen darf; zum anderen bezieht sich der verfassungsrechtliche Grundsatz der Ausgeglichenheit auch auf die Beratungen im Bundestag (zweite und dritte Lesung) und auf die Verabschiedung des Haushaltsgesetzes und die damit verbundene Feststellung des Haushaltsplans und verpflichtet somit die gesetzgebenden Körperschaften bei den Haushaltsberatungen zum ständigen Ausgleich des Haushaltsplans.

IV. Die Beschlussfassung über den Entwurf des Haushaltsgesetzes und den Entwurf des Haushaltsplans durch die Bundesregierung

Bei der Bundesregierung ist ein **Kabinettsausschuss für mittelfristige Finanzplanung**, das sog. **„Finanzkabinett"** gegründet worden, dem der Bundesminister der Finanzen, der Bundesminister der Wirtschaft, der Bundesminister des Innern und der Bundesminister für besondere Aufgaben (im Bundeskanzleramt) angehören; den Vorsitz führt der Bundeskanzler. Das Finanzkabinett bereitet die Beschlussfassung des vom BMF der Bundesregierung vorgelegten Haushaltsentwurf und des mehrjährigen Finanzplans vor.

Der Entwurf des Haushaltsgesetzes wird mit dem Entwurf des Haushaltsplans von der Bundesregierung beraten und beschlossen (§ 29 BHO) und ist – spätestens in diesem Zusammenhang – mit dem beschlossenen mehrjährigen Finanzplan vor Beginn des Haushaltsjahres dem Bundesrat zur Stellungnahme zuzuleiten und gem. Art. 110 Abs. 3 GG *gleichzeitig* beim Bundestag zur Beratung einzubringen.

Es ist daher für die Regierung notwendig, zunächst das Regierungsprogramm zu beschließen und im Anschluss daran das zu seiner Verwirklichung erforderliche finanzpolitische Konzept und seine haushaltsmäßige Aufgliederung im Einzelnen zu konzipieren und dieses der parlamentarischen Entscheidung zuzuführen.

V. Die Stellungnahme des Bundesrates und Gegenäußerung der Bundesregierung

Der Bundesrat ist gem. Art. 110 Abs. 3 GG berechtigt, innerhalb von sechs Wochen zu der von der Bundesregierung eingebrachten Haushaltsvorlage Stellung zu nehmen.

Der Bundesrat übersendet diese Stellungnahme an die Bundesregierung, die diese – mit einer Gegenäußerung versehen – an den Bundestag weiterleitet.

VI. Die Beratungen über die Einzelplanentwürfe, die Verabschiedung des Haushaltsgesetzes und Feststellung des Haushaltsplans durch den Bundestag

1. Die Beratungen im Parlament

Das **Parlament** ist das Forum der Demokratie. Es ist
- Sitz der Volksvertretung (das Volk kontrolliert die Regierung!),
- Zentrum der politischen Macht,
- Quelle der Gesetzgebung,
- Stätte der Kontrolle von Regierung und Verwaltung!

Die **1. Lesung** des Haushaltsentwurfs beginnt mit der **Etatrede** des BMF, der als zuständiger Fachminister für die Aufstellung des Haushaltsplans und für Haushaltsvorlagen im Parlament den Haushaltsentwurf in seinen haushalts- und finanzpolitisch relevanten Positionen begründet. Hieran schließt sich eine mehrtägige allgemeine Aussprache – die sog. **Etatdebatte** – an, in der die einzelnen Fraktionen meist heftig geführte Erklärungen zu aktuellen wirtschafts- und finanzpolitischen Themen abgeben (= **Grundsatzdebatte**).

Anschließend wird der Haushaltsentwurf an den Haushaltsausschuss des Bundestages überwiesen und hier von den für jeden Einzelplan zuständigen Berichterstattern eingehend beraten.

Die **2. Lesung** der Haushaltsvorlage im Bundestag beginnt mit der Berichterstattung des für den jeweiligen Einzelplan zuständigen Hauptberichterstatters des Haushaltsausschusses und der Bekanntgabe der Beschlussempfehlung des Haushaltsausschusses zum jeweiligen Einzelplan. Abschließend wird – nach eingehender Debatte (**Generaldebatte**) – über jeden Einzelplanentwurf abgestimmt.

Änderungsanträge unterliegen in der 2. und 3. Lesung stets dem verfassungsrechtlichen Ausgleichsgebot des Haushaltsplans (Art. 110 Abs. 1 GG).

Die zweite Lesung des Haushaltsentwurfs darf gem. § 95 Abs. 2 der Geschäftsordnung des Bundestages (GO-BT) jedoch frühestens sechs Wochen nach Zuleitung der Regierungsvorlage an den Bundesrat erfolgen, es sei denn, dass die Beschlussfassung des Bundesrates – mit der Gegenäußerung der Bundesregierung – vor Ablauf dieser verfassungsgesetzlich im Art. 110 Abs. 3 GG bestimmten Sechs-Wochen-Frist beim Parlament eingeht.

2. Die Verabschiedung des Haushaltsgesetzes

Die **3. Lesung** schließt sich im Allgemeinen unmittelbar an die zweite Lesung an. Sie wird mit einer allgemeinen Aussprache (**Abschlussdebatte**) eröffnet und endet letztlich mit der Abstimmung über die Haushaltsvorlage, d.h. mit der Verabschiedung des Haushaltsgesetzes – einfache Mehrheit – und der unmittelbar damit verbundenen Feststellung des Haushaltsplans durch das Plenum des Bundestages.

Die parlamentarische **Verabschiedung** des Haushaltsgesetzes bedeutet:

1. das Gesetz ist vom Bundestag „angenommen";
2. die **Feststellung** des Haushalts**plans**;
3. die **Bewilligung** der im Haushaltsplan veranschlagten Haushalts**ausgaben** und **Verpflichtungsermächtigungen** (§ 3 BHO/LHO).

Die gesetzliche Feststellung des Haushaltsplans und die damit verbundene parlamentarische Ausgabenbewilligung ist Ausdruck der mit Verfassungsrang versehenen **Budget-Hoheit des Parlaments**!

Das Budgetrecht ist seit jeder als das *„Königsrecht des Parlaments"* Wesenselement jeder Staatsverfassung (= Haushaltsverfassungsrecht).

Der Bundesrat stimmt diesem Gesetz zu oder ruft den Vermittlungsausschuss an.

VII. Die Ausfertigung und Veröffentlichung des Haushaltsgesetzes

Ist das Haushaltsgesetz vom Bundestag verabschiedet („angenommen") und somit der Haushaltsplan in Einnahmen und Ausgaben auf eine bestimmte Summe festgestellt, und hat der Bundesrat diesem Gesetz zugestimmt, wird das Haushaltsgesetz vom Bundeskanzler und vom zuständigen Fachminister – dem BMF – gegengezeichnet und dem Bundespräsidenten zur Ausfertigung zugeleitet.

Das **Haushaltsgesetz** wird mit dem **Gesamtplan** (dies ist *nicht* der „gesamte" Haushaltsplan!) im Bundesgesetzblatt veröffentlicht. Auf die Verkündung des Haushaltsplans wird wegen seines großen Umfangs verzichtet.

Das Haushaltsgesetz tritt *stets* (ggf. rückwirkend) mit Wirkung vom 1. Januar des Jahres in Kraft, für das es gilt.

→ *s. Anhang 1: Bundeshaushaltsgesetz.*

VIII. Ergänzungen zum Haushaltsentwurf und Nachträge zum Haushaltsgesetz und zum Haushaltsplan

Sollte sich im Laufe des Haushaltsjahres ergeben, dass durch Umstände, die bei der Aufstellung des Entwurfs des Haushaltsplans noch nicht bekannt waren, die vom BMF veranschlagten Haushaltseinnahmen erheblich hinter den Planansätzen zurückbleiben werden oder neue bzw. erheblich höher zu veranschlagende Haushaltsausgaben auftreten werden, so bedarf der Haushaltsplan (-Entwurf) einer Änderung.

Haushaltsrechtlich wird gem. § 95 Abs. 1 GO-BT zwischen **„Ergänzungsvorlagen"** und **„Nachtragshaushaltsvorlagen"** unterschieden.

Sollten aus den o. g. Gründen eine *Ergänzung* des von der Bundesregierung bereits beschlossenen Entwurfs des Haushaltsgesetzes und Haushaltsplans notwendig sein, zu einer Zeit also, zu der die Beratungen im Bundestag *noch nicht abgeschlossen* sind, so stellt die Bundesregierung in Form einer Ergänzungsvorlage eine **„Ergänzung zum Entwurf des Haushaltsplans"** auf. Sie wird in den dem Parlament vorliegenden Haushaltsentwurf eingearbeitet und in der vorstehend beschriebenen Weise von den gesetzgebenden Körperschaften beraten.

Sollte das Haushaltsgesetz im Bundestag jedoch *schon verabschiedet* sein und somit der Haushaltsplan in Einnahmen und Ausgaben auf eine bestimmte Summe **festgestellt** *sein,* so bedarf es zur Änderung des Haushaltsplans – und somit zur Änderung des Haushaltsgesetzes – einer **„Nachtragshaushaltsvorlage“** durch die Bundesregierung. Das Verfahren zur Änderung des bereits verabschiedeten Haushaltsgesetzes und des hierdurch festgestellten Haushaltsplans entspricht in der Form eines „Nachtragshaushaltsgesetzes“ und eines „Nachtragshaushaltsplans“ grundsätzlich dem ursprünglichen Haushaltsgesetzgebungsverfahren.

Das **Nachtragshaushaltsgesetz** ist ein „Änderungsgesetz“.

Das Haushaltsgesetz und der Haushaltsplan werden durch das Nachtragshaushaltsgesetz und den Nachtragshaushaltsplan nachträglich geändert.

→ *s. Anhang 3: Nachtragshaushaltsgesetz.*

IX. Die Aufstellung des Haushaltsgesetzes und des Haushaltsplans* (Kurzfassung)

Der für die Finanzen zuständige Minister ist für die Aufstellung des Haushalts federführend verantwortlich.

1. **BMF:** Rundschreiben an die Obersten Bundesbehörden: „Aufstellung der Haushaltsvoranschläge für das Haushaltsjahr 20..“.
2. **Ressortminister:** Haushaltsaufstellungserlass an die Bedarfsträger im unmittelbar nachgeordneten Bereich:

   „Richtlinien für die Aufstellung des Voranschlages zum Einzelplan ..“.
3. **Mittelbehörden:** Anforderung der „Voranschläge“ der Ortsdienststellen.
4. **Ortsdienststellen:**
   a) Titelverwalter ermitteln ihren Bedarf,
   b) „Beauftragter für den Haushalt“ übersendet den Voranschlag der Ortsdienststelle an Mittelbehörde.
5. **Mittelbehörden:**
   a) Prüfen, evtl. ändern,
   b) fassen mit Eigenbedarf zusammen und legen den Voranschlag für ihren Geschäftsbereich der Obersten Bundesbehörde vor.

* Dargestellt am Geschehen auf **Bundes**ebene. Für die Länder gilt sinngemäß das Gleiche.

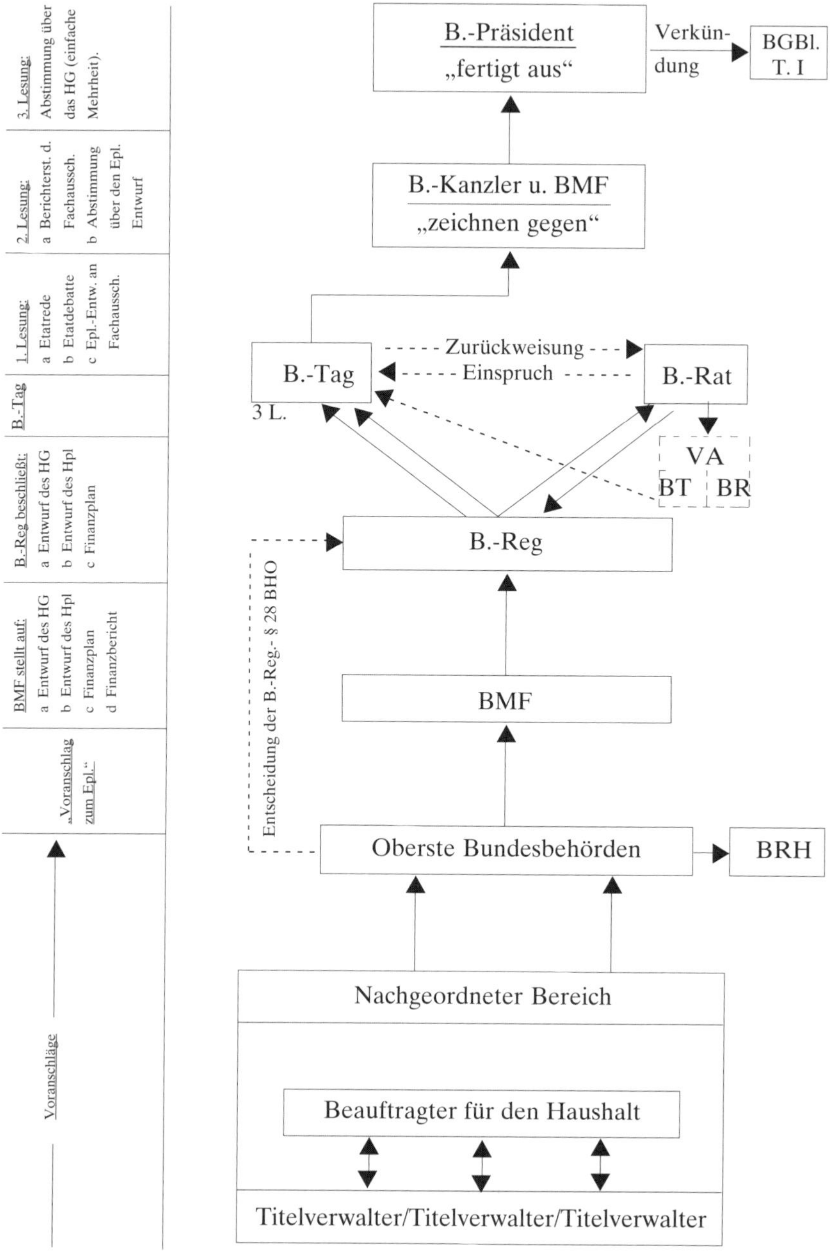

Abbildung 12: Aufstellung des Haushaltsgesetzes und des Haushaltsplans

6. **Oberste Bundesbehörde:**
   a) Bewirtschafter prüfen, evtl. ändern und legen ihren Beitrag zum Voranschlag dem jeweils zuständigen Kapitelreferat der Abteilung Haushalt vor,
   b) Abteilung Haushalt erstellt „Voranschlag zum Einzelplan ..“ und übersendet diesen an BMF und BRH.
7. **BMF:**
   a) prüft, evtl. ändert,
   b) stellt
      aa) „Entwurf des Haushaltsgesetzes“,
      bb) „Entwurf des Haushaltsplans“
      auf und legt diese der Bundesregierung zur Beschlussfassung vor.

   Von diesem Zeitpunkt an unterliegt der Haushaltsentwurf dem ständigen Ausgleichsgebot!
8. **Bundesregierung:** Beschlussfassung über
   a) „Entwurf des Haushaltsgesetzes“,
   b) „Entwurf des Haushaltsplans“
   und Zuleitung des Gesetzentwurfes zu gleicher Zeit an Bundestag und Bundesrat.
9. **Bundesrat** (parallel zu Nr. 11): Kann innerhalb von sechs Wochen hierzu Stellung nehmen.
10. **Bundesregierung** (parallel zu Nr. 11):
    a) Gegenäußerung zur Beschlussfassung des Bundesrates,
    b) Vorlage der Beschlussfassung des Bundesrates mit eigener Gegenäußerung an den Bundestag.
11. **Bundestag:** 3 Lesungen:
    1. Lesung:
       a) Etatrede,
       b) Etatdebatte (Grundsatzdebatte),
       c) Überweisen an Haushaltsausschuss.
    2. Lesung:
       a) Berichterstattung durch den jeweiligen Sprecher des Haushaltsausschusses,
       b) Generaldebatte,
       c) Abstimmung über jeden Einzelplanentwurf.
    3. Lesung:
       a) Abschlussdebatte,
       b) Abstimmung über das Haushaltsgesetz mit einfacher Mehrheit.
       c) Damit Feststellung des Haushaltsplans und Bewilligung der Ausgabemittel und Verpflichtungsermächtigungen.

12. **Bundesrat:**
    a) Zustimmung oder
    b) Anrufung des Vermittlungsausschusses innerhalb von 3 Wochen.
13. **BMF und Bundeskanzler:** „zeichnen gegen".
14. **Bundespräsident:** „fertigt aus".
15. **Verkündung:** Bundesgesetzblatt, Teil I.

- Bundesregierung: „Ergänzung zum Entwurf des Haushaltsplans" (wenn die Beratungen im Bundestag noch nicht abgeschlossen sind).
- Bundesregierung: „Nachtragshaushaltsplan" und „Nachtragshaushaltsgesetz" (wenn die Beratungen im Bundestag bereits abgeschlossen sind).

→ *s. Anhang 1: Bundeshaushaltsgesetz.*

F. Die vorläufige Haushalts- und Wirtschaftsführung

I. Allgemeines

Nach Artikel 110 Abs. 2 GG ist der Haushaltsplan des Bundes vor Beginn des Haushaltsjahres durch Gesetz festzustellen. In den Verfassungen der Bundesländer finden sich analoge Regelungen.

Diese Verfassungsvorschrift begründet den **Haushaltsgrundsatz der Vorherigkeit**. Diesem Haushaltsgrundsatz kommt allein schon deswegen eine besondere Bedeutung zu, weil erst der gesetzlich festgestellte Haushaltsplan die Exekutive ermächtigt, Ausgaben zu leisten und Verpflichtungen einzugehen (§ 3 BHO/ LHO).

Das Haushaltsbewilligungsrecht stellt eine rechtlich umfassende, alleinige Entscheidungs- und Feststellungskompetenz des Gesetzgebers dar.[1] Allerdings sind alle weiteren beteiligten Verfassungsorgane verfassungsrechtlich verpflichtet, daran mitzuwirken, dass der Haushaltsplan rechtzeitig verabschiedet wird.[2]

In diesem Zusammenhang entsteht die Frage, ob und inwieweit eine Ermächtigung zur Leistung von Ausgaben und zum Eingehen von Verpflichtungen besteht, wenn der Gesetzgeber seinem Verfassungsauftrag nicht nachkommt, vor Beginn des Haushaltsjahres den Haushaltsplan durch Gesetz festzustellen. Ohne Zweifel sollte bejaht werden, dass die staatlichen Funktionen und die Verwaltungstätigkeiten auch in dieser „haushaltslosen“ Zeit aufrechterhalten werden müssen.

Ein solcher Konflikt zwischen dem Budgetbewilligungsrecht des Parlaments einerseits und der staatlichen Aufgabenwahrnehmung andererseits wird durch Art. 111 GG entschieden. Dieser versetzt den Staat in die Lage, seine Wirtschaft in beschränktem Maße weiter zu führen, bis der Haushaltsgesetzgeber seiner gesetzgeberischen Pflicht nachkommt.

Im allgemeinen Sprachgebrauch ist in diesem Falle von der **„vorläufigen Haushaltsführung“** oder auch vom „Nothaushaltsrecht“ die Rede. Weil jedoch erst dann ein „Haushalt“ geführt werden kann, wenn ein gesetzlich beschlossener Haushaltsplan vorliegt, sollte man hier besser die Begrifflichkeit der **vorläufigen Wirtschaftsführung** wählen.

Bis auf die Freie Hansestadt Bremen treffen alle Bundesländer in ihren Landesverfassungen dem Art. 111 GG vergleichbare Regelungen. Die Freie Hanse-

1 BVerfG 45, 32.
2 BVerfG 45, 1, 33.

stadt Bremen hat eine solche Regelung in § 117 ihrer Landeshaushaltsordnung (LHO/Bremen) aufgenommen.

Eine von der Automatik des Art. 111 GG abweichende Regelung sieht Art. 67 der Verfassung der Freien und Hansestadt Hamburg vor. Danach ist die Ermächtigung des Senats, alle nötigen Ausgaben zu leisten, grundsätzlich von einem Beschluss der Bürgerschaft abhängig.

II. Grenzen der Ermächtigung

Bis zum Inkrafttreten des Haushaltsgesetzes ermächtigt Art. 111 GG die Bundesregierung, alle Ausgaben zu leisten, die sachlich notwendig und zeitlich unaufschiebbar sind. Auf dem ersten Blick erscheint diese Vorschrift in zweierlei Hinsicht missverständlich.

Zunächst wird der Anschein erweckt, nur die Bundesregierung sei der Adressat dieser Ermächtigung. Art. 111 GG ist in diesem Zusammenhang nicht als verfassungsrechtliche Ordnungsvorschrift auszulegen, sondern der Begriff „Bundesregierung" will ausschließlich auf das Verhältnis zwischen Gesetzgebung und Exekutive abstellen.

So kann also **jede mittelbewirtschaftende Dienststelle** von Art. 111 Abs. 1 GG Gebrauch machen. Um allerdings eine einheitliche Handhabung der Verfassungsvorschrift zu gewährleisten, ermächtigt § 5 BHO/LHO das BMF/LMF, Näheres zur vorläufigen Wirtschaftsführung durch Verwaltungsvorschriften zu regeln. Dies geschieht durch Rundschreiben des BMF/LMF an die obersten Bundes-/Landesbehörden, die ihrerseits für ihren jeweiligen Geschäftsbereich vergleichbare Anordnungen treffen.

Aus der Regelung, dass die Ermächtigung nur bis zum Inkrafttreten des Haushaltsgesetzes Geltung hat, darf abgeleitet werden, dass die Wirtschaftsführung bis zur Verkündung des Haushaltsgesetzes in die endgültige Haushaltsführung übergeht; sie wird gleichsam durch den nachfolgenden Haushaltsplan absorbiert.

Die Verwaltung ist nach dem Wortlaut der Verfassung in der etatlosen Zeit nur ermächtigt, **nötige** Ausgaben zu leisten. Damit sind solche Ausgaben gemeint, die von der Sache her zur Wahrnehmung des dienstlichen Auftrags der jeweiligen mittelbewirtschaftenden Dienststelle notwendig sind und **zeitlich nicht hinausgeschoben** werden können.

Als Faustregel kann gelten, dass während der vorläufigen Wirtschaftsführung nur **Fortsetzungsmaßnahmen** durchgeführt werden können.

Die Ermächtigung des Art. 111 GG ist folglich einer sachlichen, aber auch einer zeitlichen Beschränkung unterworfen.

Die **sachliche Beschränkung** besteht darin, dass die (Regierung) Verwaltung ermächtigt ist, alle Ausgaben zu leisten, die nötig sind, um

- um **gesetzlich** bestehende Einrichtungen zu erhalten und *gesetzlich* beschlossene Maßnahmen durchzuführen,
- um die **rechtlich begründeten Verpflichtungen** des Bundes/Landes zu erfüllen,
- um Bauten, Beschaffungen und sonstige Leistungen fortzusetzen oder Beihilfen für diese Zwecke weiter zu gewähren, sofern durch den Haushaltsplan eines Vorjahres bereits Beträge bewilligt worden sind.

Die Verfassungsvorschrift des Art. 111 GG oder die vergleichbaren Vorschriften der Länderverfassungen (z.B. Art. 89 der Verfassung für Berlin, Art. 82 der Verfassung für das Land NRW) sind **unmittelbar geltendes Verfassungsrecht**.

Die zeitliche Beschränkung besteht darin, dass die Ermächtigungen im Rahmen des Art. 111 GG nur bis zur Verkündung des Haushaltsgesetzes gelten.

1. Sachliche Beschränkung

1.1 Erhaltung gesetzlich bestehender Einrichtungen

Als **gesetzlich bestehende Einrichtungen** sind alle Behörden, Dienststellen, Institute, Anstalten etc. zu betrachten, die rechtmäßig und ordnungsgemäß errichtet worden sind und sich überwiegend aus dem Bundes-/Landeshaushalt finanzieren.

Auch in einer „haushaltslosen" Zeit muss sichergestellt sein, dass solche Einrichtungen weiterhin arbeitsfähig bleiben, um ihren Auftrag erfüllen zu können.

Wesentlich für die Aufrechterhaltung des Dienstbetriebes sind die Ausgaben, die im zurückliegenden Bewilligungszeitraum für diese Einrichtung maßgebend waren. Dabei sind Veränderung, wie etwa Preissteigerungen zu berücksichtigen. Auch in personeller Hinsicht ist die Arbeitsfähigkeit einer solchen Einrichtung sicherzustellen. Deshalb können selbstverständlich auch Planstellen und Stellen im vorhandenen Rahmen besetzt werden. Das schließt Beförderungen und Höhergruppierungen ebenso ein wie Neueinstellungen.

Allerdings dürfen in dieser Zeit Planstellen und Stellen ebenso wenig neu geschaffen wie angehoben werden.

1.2 Durchführung gesetzlich beschlossener Maßnahmen

Zu diesen Maßnahmen, die auch während der vorläufigen Wirtschaftsführung fortzuführen sind, sind solche Maßnahmen zu rechnen, die dem Grunde nach gesetzlich vorgesehen sind. Dabei ist die gesetzlich vorgesehene Höhe der Ausgaben unerheblich, mithin handelt es sich um Maßnahmen, die der Exekutive hinsichtlich der Höhe ein gewisses Ermessen einräumen. Bei der endgültigen Haushaltsführung würden Ausgaben dieser Art nach Maßgabe vorhandener Haushaltsmittel geleistet.

1.3 Erfüllung rechtlich begründeter Verpflichtungen

Ausgaben, um rechtlich begründete Verpflichtungen zu erfüllen, sind in jedem Falle nach dem **Grundsatz der Vertragstreue** zu leisten. Es ist dabei unerheblich, was der Rechtsgrund einer derartigen Verpflichtung ist, ob sie etwa auf Gesetz, Vorschrift, Vertrag oder Vergleich begründet ist oder ein einklagbarer Anspruch im Einzelfall besteht.

Nach Auffassung des Bundesrechnungshofes müssen Verpflichtungen dieser Art allerdings in vorangegangenen Bewilligungszeiträumen eingegangen sein.

Das Eingehen **neuer Verpflichtungen** ist nur dann zulässig, wenn Art. 111 GG auch zur Leistung von Ausgaben ermächtigt, denn § 3 BHO/LHO zieht den Ermächtigungsrahmen über die Leistung von Ausgaben hinaus und schließt das Eingehen von Verpflichtungen ausdrücklich mit ein. Solche verfassungsrechtlich zulässigen Neuverpflichtungen können beispielsweise Verpflichtungen zur Aufrechterhaltung des Dienstbetriebes einer Behörde sein.

1.4 Fortsetzung von Bauten, Beschaffungen und sonstigen Leistungen oder Weitergewährung von Beihilfen für diese Zwecke, sofern durch den Haushaltsplan eines Vorjahres bereits Beträge bewilligt worden sind

Es handelt sich hierbei um Maßnahmen, für die in einem Haushaltsplan des Vorjahres oder aus weiteren Vorjahren Ausgaben vorgesehen waren und deren **Einstellung** zu einem meßbaren Schaden führen würde. Anders ausgedrückt, es dürfen Ausgaben für diese Maßnahmen *fortgesetzt* werden.

Bauten und Beschaffungen im Sinne des Art. 111 GG sind durchweg als größere Maßnahmen anzusehen und in § 24 BHO/LHO und den dazu ergangenen Verwaltungsvorschriften näher definiert. Sie wurden bereits vor Beginn der vorläufigen Wirtschaftsführung begonnen; zumindest wurden dafür bereits Aufträge erteilt.

Baumaßnahmen in diesem Sinne sind solche, die der Hauptgruppe 7 oder den Gruppen 555 bis 558 zuzuordnen sind.

Größere Beschaffungen sind Anschaffungen von Sachen mit einem Beschaffungswert von mehr als 500 000 €, deren Zweckbestimmungen der Hauptgruppe 8 oder der Gruppe 554 entsprechen.

Um einer zu weitgehende Auslegung des **unbestimmten Begriffs der „sonstigen Leistungen“** vorzubeugen, hat der Bundesrechnungshof (Beschluss des großen Senats von 1972) eine vorsichtige und zurückhaltende Handhabung empfohlen. Voraussetzung, nötige Ausgaben für „sonstige Leistungen“ zu billigen, ist auch hierbei die „Fortsetzung“ bereits begonnener Maßnahmen, die durch einen vorjährigen Haushaltsplan bewilligt worden sind. Dabei ist nach Auffassung des BRH zu beachten:

> „Ob diese Voraussetzung vorliegt, ist Tatfrage. Dispositiv und Erläuterungen werden hierfür einen Anhaltspunkt liefern. Soweit diese die Vorhaben nicht hinreichend konkret umschreiben, wird auf dem Parlament zugänglich gemachte Wirtschaftspläne, Richtlinien oder sonstige ergänzende Berichte zurückzugreifen sein. Den Maßstab muss bilden, dass es sich um eine gegenständlich eingeschränkte Fortführung der Staatsgeschäfte handelt. Die beabsichtigten Ausgaben für die Maßnahme dürfen nicht durch Inhaltsänderung die von dem Parlament in den Vorjahren gebilligten Grenzen überschreiten.“

Solche und ähnliche Überlegungen sind auch dann anzustellen, wenn es sich um Ausgaben zur Weitergewährung von Beihilfen (für diese Zwecke) handelt.

Als **Beihilfen nach Art. 111 GG** sind u.a. **Finanzhilfen** im Sinne des Art. 104a GG zu betrachten, die der Bund den Ländern für besonders bedeutsame Investitionen gewähren kann, die zur Abwehr einer Störung des gesamtwirtschaftlichen Gleichgewichts oder zum Ausgleich unterschiedlicher Wirtschaftskraft im Bundesgebiet oder zur Förderung des wirtschaftlichen Wachstums erforderlich sind.

Als Beihilfen nach Art. 111 GG sind auch **Zuwendungen** i.S. §§ 23, 44 BHO/LHO anzusehen. Dies sind Leistungen an Stellen außerhalb der Bundes-/Landesverwaltung zur Erfüllung bestimmter Zwecke, an die der Bund/das Land ein erhebliches Interesse geknüpft hat (z.B. Forschungsvorhaben, Maßnahmen humanitärer Hilfe, Projektförderung im Umweltbereich u.ä.).

Die in Art. 111 Abs. 1 Buchs. a bis c aufgeführten Ermächtigungen bedeuten in ihrer Reihung keine Rangfolge, zumal sie sich in ihrer Anwendung häufig überschneiden.

2. Zeitliche Beschränkung

Die Ausgabeermächtigungen nach Art. 111 GG gelten ab Beginn des Haushaltsjahres, für das der Haushaltsplan gesetzlich noch nicht festgestellt ist, bis zur Verkündung des Haushaltsgesetzes im Bundesgesetzblatt, längstens jedoch bis zu dessen Ende.

Da das Haushaltsgesetz und der Haushaltsplan, demzufolge auch die in ihm enthaltenen Ausgabeermächtigungen, rückwirkend zum 1. Januar in Kraft treten, anders ausgedrückt: ein haushaltsmäßiges Vakuum nachträglich aufgefüllt wird, werden die bis dahin im Rahmen der vorläufigen Wirtschaftsführung geleisteten Ausgaben auf die nunmehr durch den Haushaltsplan erteilten Ermächtigungen angerechnet. Die bis dahin geleisteten Ausgaben werden gleichsam **nachträglich planmäßige Ausgaben**, soweit sie im gesetzlich festgestellten Haushaltsplan enthalten sind.

III. Ausgabeermächtigungen

Die Verwaltung darf nötige Ausgaben leisten, soweit ein im Grundgesetz genannter Tatbestand der Ermächtigung auf ihr Handeln zutrifft. Daneben sind die durch das BMF/LMF in seinem Rundschreiben zur vorläufigen Haushalts- und Wirtschaftsführung näher bezeichneten Begrenzungen der Ermächtigung einzuhalten.

Sofern die nach Art. 111 Abs. 1 GG zugelassenen Ausgaben nicht durch entsprechende Einnahmen (z. B. aus Steuern, anderen Abgaben oder Veräußerungserlösen) gedeckt werden können, enthält Art. 111 GG im Absatz 2 die entsprechende Regelung. In der Regel sind die Grundlagen für die Erhebung der Einnahmen in ihrem rechtlichen Bestand unabhängig von der Existenz eines Haushaltsgesetzes. Es handelt sich regelmäßig um gesetzliche oder andere Verpflichtungen, die auf unbestimmte Zeit ausgerichtet und nicht nach Ablauf einer Haushaltsperiode erneuerungsbedürftig sind. Infolgedessen fließen solche Zahlungen auch im „etatlosen" Zustand.

Anders verhält es sich bei der Beschaffung von **Einnahmen aus Krediten**. Wie die Kreditaufnahme auch während der Haushaltsführung von einer gesetzlichen Ermächtigung abhängig ist (vgl. Art. 115 GG), erfolgt die Ermächtigung in der Zeit der vorläufigen Wirtschaftsführung in den Grenzen des Art. 111 Abs. 2 GG. Mit dieser verfassungsmäßigen Ermächtigung soll Vorsorge getroffen werden, dass die nach Art. 111 I GG zulässigen Ausgaben auch in dem Falle gedeckt sind, wenn etwa Einnahmen aus anderen Einnahmequellen in nicht genügendem Maße zur Verfügung stehen. Die Höhe der Kreditermächtigung beträgt bis zu einem Viertel der Endsumme des abgelaufenen Haushaltsplans. Die Länder haben in ihren Verfassungen teilweise andere, abweichende Regelungen, beispielsweise erlaubt die Verfassung für das Land NRW ausschließlich die Kreditversorgung über Schatzanweisungen, die ebenfalls bis zu einem Viertel der Endsumme des abgelaufenen Haushaltsplans über den Kreditmarkt veräußert werden können.

Das BMF/LMF legt in seinen Verwaltungsvorschriften (um solche handelt es sich in seinem Rundschreiben) bestimmte Quoten für verschiedene Gliederungsformen des Haushalts nach Haupt- oder Obergruppen oder Gruppierungsnummern fest, um damit auch dem Charakter der vorläufigen Wirtschaftsführung Nachdruck zu verleihen.

Dabei richtet sich die Höhe der Quote auch nach der voraussichtlichen Dauer der vorläufigen Wirtschaftsführung. Sollte sich in der „haushaltslosen" Zeit die Notwendigkeit einer Verlängerung der Ermächtigung ergeben, sind die Ausgabequoten entsprechend anzupassen.

Bis zu der vom BMF/LMF freigegebenen Quote dürfen die obersten Bundesbehörden Ausgaben leisten, wenn die Voraussetzungen des Art. 111 I Buchst. a bis c zutreffen.

Die Ausgabequote im Rahmen der Ausgabeermächtigung orientiert sich an den Ansätzen des aktuellen Regierungsentwurfs.

Die Obersten Verwaltungsbehörden verteilen die Ausgabeermächtigungen durch ihre „Erlasse über die vorläufige Haushalts- und Wirtschaftsführung" an ihren nachgeordneten Bereich.

Für die mittelbewirtschaftenden Dienststellen erlöschen die Ausgabeermächtigungen durch die ausdrückliche – spezielle oder allgemeine – Anordnung der Mittelverteiler, die mit der ersten, endgültigen Mittelzuweisung – Ausgabebewilligung – ausgesprochen wird.

Die im Rahmen der vorläufigen Wirtschaftsführung auf Grund der erteilten Ausgabeermächtigung verausgabten oder anders in Anspruch genommenen (= verfügten) Beträge sind auf die für die endgültige Haushalts- und Wirtschaftsführung zugewiesenen Mittel anzurechnen.

IV. Die vorläufige Haushalts- und Wirtschaftsführung (Kurzfassung)

Wenn das Haushaltsgesetz vom Parlament nicht rechtzeitig, d.h. ***nicht vor Beginn des Haushaltsjahres***, für das es bestimmt ist, verabschiedet und damit auch der **Haushaltsplan nicht rechtzeitig festgestellt** ist, ist die Exekutive gem. Art. 111 GG ermächtigt, die Wirtschaft vorläufig weiterzuführen. Die Verwaltung ist in dieser „haushaltslosen" Zeit ermächtigt, Ausgaben zu leisten, die nötig sind

- zur Aufrechterhaltung des Dienstbetriebes,
- um **gesetzlich** beschlossene Maßnahmen durchzuführen,
- um **rechtlich begründete Verpflichtungen** des Bundes oder Landes zu erfüllen,
- bereits begonnene Maßnahmen fortzuführen.

Der BMF/LMF erlässt die Allgemeinen Verwaltungsvorschriften sowohl zur *vorläufigen* Haushalts- und Wirtschaftsführung als auch später die Allgemeinen Verwaltungsvorschriften zur endgültigen Haushaltsführung.

Der BMF/LMF erteilt den obersten Verwaltungsbehörden zur Durchführung der o.g. Maßnahmen „Ausgabeermächtigungen". Die einzelplanführenden Stellen geben daraufhin ressortbezogene Erlasse über die vorläufige Haushalts- und Wirtschaftsführung in ihrem Geschäftsbereich an die nachgeordneten Dienststellen bekannt.

Die im Rahmen der vorläufigen Haushalts- und Wirtschaftsführung verfügten Beträge sind auf die im Rahmen der endgültigen Haushaltsführung zugewiesenen Haushaltsmittel anzurechnen.

G. Die Ausführung des Haushaltsplans

I. Die Zuweisung und Bewirtschaftung der Haushaltsmittel

1. Die Zuweisung der Haushaltsmittel

Unmittelbar nach der Feststellung des Haushaltsplans durch das Haushaltsgesetz (§ 1 Satz 1) stellt das BMF/LMF dem Bundes-/Landesrechnungshof eine Ausfertigung des gesamten Haushaltsplans zur Verfügung, damit von vornherein überwacht werden kann, dass der Haushaltsplan von allen ausführenden Stellen eingehalten wird.

Außerdem erhält der Präsident des Bundesrechnungshofes in seiner Eigenschaft als Bundesbeauftragter für die Wirtschaftlichkeit in der Verwaltung (seit 1952) dadurch die Möglichkeit, die von ihm für erforderlich gehaltenen Maßnahmen zur Verbesserung der Wirtschaftlichkeit und Sparsamkeit der Bundesverwaltung zu treffen.

Daneben übersendet das BMF/LMF gem. VV Nr. 1.1. zu § 34 BHO/LHO den obersten Verwaltungsbehörden mit seinem Rundschreiben über die endgültige Haushaltsführung je einen beglaubigten Abdruck des für sie maßgeblichen **Einzelplans**. Es teilt den obersten Verwaltungsbehörden außerdem mit, welche Teile anderer Einzelpläne, die bestimmte Gruppen von Einnahmen, Ausgaben, Verpflichtungsermächtigungen, Planstellen und Stellen für mehrere Verwaltungszweige umfassen (Realpläne), von ihnen zu verwalten sind. Dadurch erfahren die obersten Bundes-/Landesbehörden, welche Finanzmittel sie in dem entsprechenden Haushaltsjahr zu bewirtschaften haben.

Im Bereich des Bundes eröffnet das BMF parallel dazu den einzelplanführenden Stellen die auf sie entfallenden **Titelkonten** in den Büchern des Bundes bei der Bundeshauptkasse. Diese Titelkonten werden mit dem kompletten Mittelansätzen des Haushaltsplans ausgestattet. Den Titelverwaltern (Bewirtschaftern) des Ministeriums stehen damit die im eigenen Einzelplan und in den Teilen anderer Einzelpläne ausgebrachten Haushaltsmittel und Verpflichtungsermächtigungen zur Verfügung.

Die Planstellen und Stellen werden der obersten Verwaltungsbehörde dagegen mit besonderer Verfügung zugewiesen.

Daraufhin veröffentlicht die oberste Verwaltungsbehörde den **„Erlass über die endgültige Haushaltsführung“** für ihren Geschäftsbereich. Mit diesem Erlass wird ein evtl. bestehender „Erlass über die vorläufige Haushalts- und Wirtschaftsführung“ aufgehoben.

Soweit die zuständigen Referatsleiter der obersten Verwaltungsbehörde als Bewirtschafter die bei den entsprechenden Titeln des Einzelplans ausgebrachten Ansätze nicht zentral bewirtschaften, verteilen sie die Mittel auf die nachgeordneten Dienststellen, die Ober- bzw. Mittelbehörden, diese wiederum auf die ihnen nachgeordneten Dienststellen weiter verteilen.

2. Die Verteilung von Haushaltsmitteln (→ VV Nr. 1 zu § 34 BHO)

2.1 Allgemeines

Die für den Einzelplan zuständigen Stellen verteilen die veranschlagten Ausgaben, Verpflichtungsermächtigungen, Planstellen und anderen Stellen, soweit sie diese nicht selbst bewirtschaften, auf die ihnen unmittelbar nachgeordneten Dienststellen, diese wiederum auf den ihnen nachgeordneten Bereich, indem sie diesen Dienststellen

- die für sie maßgebenden Ausgaben und Verpflichtungsermächtigungen **durch Kassenanweisung** an die für sie zuständige Kasse
  und
- die für sie bestimmten Planstellen und Stellen **durch besondere Verfügung** zukommen lassen.

Die **Ausgaben** sollen gem. VV Nr. 1.5 zu § 34 BHO nicht zugleich in voller Höhe zugewiesen werden, um einen ggf. im Verlaufe des Haushaltsjahres noch auftretenden unvorhergesehen zusätzlichen Bedarf an Ausgabemitteln abdecken zu können.

Bei der erstmaligen Zuweisung von Haushaltsmitteln wird ausdrücklich regelmäßig verfügt, dass die Zuweisung auch für die Ausgaben gilt, die bereits im Rahmen der **vorläufigen Wirtschaftsführung** auf Grund der Ausgabeermächtigung geleistet worden sind, und die Ausgabeermächtigung damit gegenstandslos geworden ist. Die in der „haushaltslosen" Zeit vorläufig weitergeführte Wirtschaft wird zu diesem Zeitpunkt gleichsam durch die endgültige Haushaltsführung absorbiert.

Bei der Verteilung der Ausgabemittel werden die **Ausgabereste** aus den Mitteln der Vorjahre in der Weise berücksichtigt, dass sie den Ausgaben hinzugesetzt werden. **Haushaltsvorgriffe** dagegen werden von den Ausgaben abgesetzt.

Die **Überwachung** der zugewiesenen Haushaltsmittel im Rahmen der Bewirtschaftung erfolgt über die von der Bundeskasse übersandten Kontoauszüge.

Nach den VV Nr. 1.3 zu § 34 BHO kann das BMF zulassen, dass in besonderen Fällen die Mittel ohne Angabe eines Betrages von den einzelplanführenden Stellen weiter verteilt werden können. Es handelt sich hierbei um die sog. „Soll-

/Ist-Fälle“. Hier sind in erster Linie die Ausgaben betroffen, die auf Grund von Rechtsvorschriften oder Tarifverträgen zwangsläufig anfallen und deshalb nicht zu bewirtschaften sind. Für diese Ausgaben erteilt die für den Einzelplan zuständige Stelle dem nachgeordneten Bereich eine **„Allgemeine Ausgabebewilligung“**. Ausgaben dieser Art sind nahezu ausschließlich Personalausgaben, die alle Ausgaben der Hauptgruppe „4“ umfassen.

Bei der „Allgemeinen Ausgabebewilligung“ handelt es sich um die Erlaubnis, ohne betragliche Begrenzung eines Mittelansatzes Ausgaben zu leisten. Die Haushaltsmittel gelten mit der Ausgabe als zugewiesen und werden im HKR-Verfahren im sog. „Soll-/Ist-Verfahren“ über eine „Nullzuweisung“ zur Verfügung gestellt.

2.2 Verfahren der Mittelverteilung

Das Verfahren über die Verteilung der Haushaltsmittel an die nachgeordneten Dienststellen ist durch die VV Nr. 1.1 bis 1.11 zu § 34 BHO i.V.m. VV Nr. 3 zu § 9 BHO geregelt.

Darüber hinaus enthalten die **Verfahrensrichtlinien des Bundes für Mittelverteiler und Titelverwalter** (VerfRiB MV/TV) nähere Hinweise und Vorschriften über die Praxis im Rahmen des automatisierten Verfahrens im Haushalts-, Kassen- und Rechnungswesen (HKR-Verfahren).

> Mit der Übersendung des Einzelplans nach VV Nr. 1.1 zu § 34 BHO/LHO durch BMF/LMF an die oberste Verwaltungsbehörde ist diesem Verwaltungszweig die Ermächtigung zur Bewirtschaftung, die **Bewirtschaftungsbefugnis** erteilt. Diese Ermächtigung wird mit jeder Verteilermaßnahme an jeden Bewirtschafter bis zum Titelverwalter auf der untersten Bewirtschafterebene weitergegeben.

Bewirtschafter im Geschäftsbereich einer obersten Verwaltungsbehörde sind alle Behörden dieses Ressorts, die Einnahmen zu erheben und Ausgaben zu bewirtschaften haben. Die Kassengeschäfte dieser Behörden werden durch die Bundeskassen auf Anordnung bzw. Anweisung ausgeführt.

Bei jeder dieser Dienststellen ist gem. § 9 BHO *ein* **Beauftragter für den Haushalt** (BfHH) zu bestellen, sofern der Dienststellenleiter diese Funktion nicht selbst wahrnimmt.

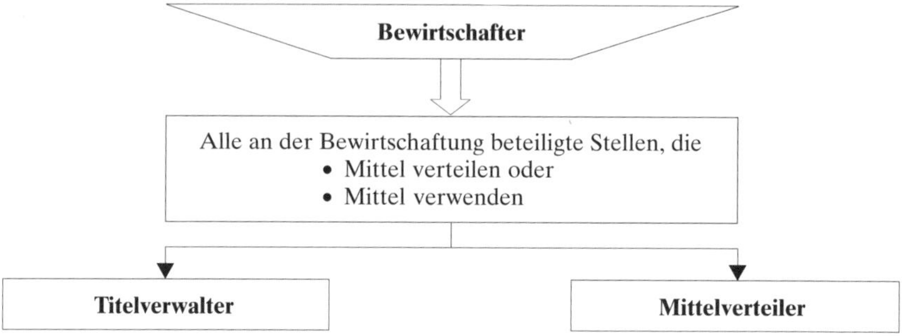

Abbildung 13: Bewirtschafter

„Bewirtschafter" sind alle Stellen und Personen, die an der Bewirtschaftung der Haushaltsmittel und Verpflichtungsermächtigungen, Planstellen und Stellen in irgendeiner Art und Weise beteiligt sind, unabhängig davon, ob sie Mittel verteilen, mithin als Mittelverteiler (MV) in Erscheinung treten oder Mittel verwenden, also als Titelverwalter (TV) tätig werden.

„Mittelverteiler" sind die Dienststellen, die Haushaltsmittel an die ihnen nachgeordneten Behörden zuweisen. Die jeweilige oberste Verwaltungsbehörde (Kapitelreferate der Haushaltsabteilung) wird als MV 1 (Mittelverteilerebene 1) bezeichnet. Die Stellen, welche die ihnen übertragene Bewirtschaftung weiter delegieren, befinden sich, der Verwaltungshierarchie folgend, auf den Verteilerebenen 2, 3 usw. und werden demzufolge als MV 2, MV 3 usw. bezeichnet. Es ist durchaus denkbar, dass ein MV auch Mittel verwendet. Als Mittelverwender kann er dann auch gleichzeitig als Titelverwalter in Erscheinung treten.

„Titelverwalter" im Sinne des HKR-Verfahrens sind die Dienststellen, die die ihnen zur Verfügung gestellten Mittel verwenden (= Mittelverwender), mithin Ausgaben leisten oder Verpflichtungen eingehen. Es handelt sich mithin um die anordnenden Stellen, unabhängig davon, ob die Kassenanordnungen im Einzelfall

- vom Leiter der Dienststelle,
- vom Beauftragten für den Haushalt,
- von einem anderen dazu bestellten Bediensteten

erteilt werden.

Unter Titelverwalter im Sinne der VV Nr. 3.1.1 zu § 9 BHO sind in erster Linie die Bediensteten eines Mittelverwenders zu sehen, die vom Beauftragten für den Haushalts für einen eingeschränkten Bereich die Bewirtschaftungsbefugnis übertragen bekommen haben.

Maßnahmen der **Mittelverteilung** sind alle Anweisungen der Mittelverteiler zur Bewirtschaftung der Haushaltsmittel. Zu diesen Maßnahmen gehören insbesondere:

- Zuweisung von Haushaltsmitteln,
- Rückruf von Haushaltsmitteln,
- Zuweisung von Verpflichtungsermächtigungen,
- Rückruf von Verpflichtungsermächtigungen.

Maßnahmen der **Mittelverwendung** sind in erster Linie die Anordnungen des Titelverwalters zur Leistung von Auszahlungen und zur Annahme von Einzahlungen zu Lasten bzw. zu Gunsten der von ihm bewirtschafteten Titel. Zu diesen Maßnahmen zählen insbesondere:

- Anordnung von Auszahlungen,
- Anordnung zur Annahme von Einzahlungen,
- Anordnung zur Umbuchung von bereits gebuchten Ein-/Auszahlungen,
- Festlegung von Haushaltsmitteln,
- Verpflichtung zu Lasten von Verpflichtungsermächtigungen.

Nach der VV Nr. 2.1 zu § 34 BHO ist der **Beauftragte für den Haushalt** (BfHH) bei dem jeweiligen Titelverwalter befugt, Anordnungen der vorbezeichneten Art auszuführen.

Nach der VV Nr. 3.1.1 zu § 9 BHO kann der BfHH Ausgaben, Verpflichtungsermächtigungen, Planstellen und Stellen des von *ihm* bewirtschafteten Einzelplans, bzw. des von *ihm* bewirtschafteten Teils des Einzelplans (Kapitel, Titel) anderen Dienststellen oder anderen Bediensteten der Dienststelle (= Titelverwaltern) zur Bewirtschaftung übertragen (= Bewirtschaftungsbefugnis).

Die Übertragung der Bewirtschaftung (= Bewirtschaftungsbefugnis) der Ausgaben, Verpflichtungsermächtigungen an andere Dienststellen (Titelverwalter i.S.d. VerfRiB MV/TV) erfolgt durch **Kassenanweisung** an die zuständige Bundeskasse. Die Kasse unterrichtet den Beauftragten für den Haushalt und die von ihm bestellten Titelverwalter durch Kontoauszüge über die erfolgte Übertragung der Bewirtschaftungsbefugnis (vgl. VV Nr. 3.1 und. 3.2 zu § 34 BHO).

Alle Stellen, die die Bewirtschaftungsbefugnis besitzen, sind gem. § 34 Abs. 1 BHO/LHO verpflichtet, Einnahmen unabhängig von ihrem Entstehungsgrund rechtzeitig und vollständig zu erheben.

2.3 Nachweis der verteilten und verfügten Haushaltsmittel

Grundsätzlich ist der **Titelverwalter** (der vom BfHH bestellte Bedienstete des Mittelverwenders) für die Überwachung der ihm zur Verfügung gestellten Ausgabemittel und Verpflichtungsermächtigungen zuständig.

Bei einigen Dienststellen bestimmter Verwaltungszweige sind diese Aufgaben allerdings zentralisiert worden, z.B. bei den Standortverwaltungen im Geschäftsbereich des Bundesministeriums der Verteidigung.

Die Überwachung erfolgt mit Hilfe der von der sachbuchkontenführenden zuständigen Bundeskasse übersandten Kontoauszüge (s. Abbildung zu Abschnitt H).

Über die verteilten Planstellen und Stellen ist ein besonderer Nachweis zu führen.

3. Die Bewirtschaftung der Haushaltsmittel

3.1 Allgemeines

Bei jeder Dienststelle, die Einnahmen zu erheben hat oder Ausgaben leisten darf, ist gem. § 9 Abs. 1 BHO/LHO ein **Beauftragter für den Haushalt** zu bestellen, soweit der Leiter der Dienststelle diese Aufgabe nicht selbst wahrnimmt.

Der Beauftragte für den Haushalt besitzt die Bewirtschaftungsbefugnis und übt sie auch umfassend aus. Er kann diese Befugnis delegieren, bleibt aber in der Gesamtverantwortung.

Die **Bewirtschaftungsbefugnis** bedeutet, dass diejenigen, die entweder die Befugnis umfassend (= BfHH) oder auch nur für einen eingeschränkten Bereich (= Titelverwalter) ausüben, im Rahmen des Titels, also im Rahmen der Zweckbestimmung und des Mittelansatzes, eigenständig über die Verwendung der Mittel entscheiden dürfen, hinsichtlich

- der beabsichtigten Maßnahme,
- des Zeitpunkts und,
- der Höhe.

Der für die Haushaltsführung eines Bewirtschafters fundamentale **Grundsatz** besagt, dass **Einnahmen rechtzeitig und vollständig zu erheben** sind und **Ausgaben nur soweit und nicht eher** geleistet werden dürfen, als dies zur **wirtschaftlichen und sparsamen Verwaltung erforderlich** ist (vgl. § 34 Abs. 1 u. 2 BHO/LHO). Die Ausgabemittel dürfen nicht überschritten werden.

Von der „Bewirtschaftungsbefugnis“ (§ 9 BHO/LHO), die automatisch mit der Zuweisung der Haushaltsmittel verbunden ist, ist die **„Anordnungsbefugnis“** (VV Nr. 2 zu § 34 BHO/LHO), die kraft Rechtsvorschrift besteht, zu unterscheiden (s. Abschnitt J). Beide sind für sich selbständige Rechte.

3.2 Die Bewirtschafter

Die Bundes-/Landesregierung vollzieht ihren Haushaltsplan durch die Organe ihrer Verwaltung. Die vom Parlament bewilligten Haushaltsmittel werden von den obersten Verwaltungsbehörden über die zuständigen Kassen mittels **Kassenanweisung** auf die nachgeordneten Verwaltungsbehörden verteilt.

Die Behörde, die Haushaltsmittel **zur eigenen Bewirtschaftung** zugewiesen bekommt, darf über diese Mittel nach den **Bewirtschaftungsgrundsätzen** und anderen haushaltsrechtlichen Regelungen eigenverantwortlich verfügen. Sie *„verwaltet“* bzw. *„bewirtschaftet“* diese nicht auf Leistungsnorm beruhenden Ausgaben als „Bewirtschafter“.

Der **Bewirtschafter** darf die ihm zugewiesenen Ausgabemittel **nur zu dem im Haushaltsplan bezeichneten Zweck verwenden, soweit und solange dieser fortdauert** (vgl. § 45 Abs. 1 BHO/LHO) und darf den ihm zur Verfügung gestellten Mittelansatz nicht überschreiten. Er muss die Mittel so verwalten, dass sie zur **Deckung aller Ausgaben in dem Haushaltsjahr ausreichen,** die unter diese Zweckbestimmung fallen (vgl. § 34 Abs. 2 BHO/LHO). Dabei dürfen die Mittel bei den einzelnen Zweckbestimmungen ***nur soweit und nicht eher in Anspruch genommen werden, als dies zur wirtschaftlichen und sparsamen Verwaltung erforderlich ist*** (vgl. § 34 Abs. 2 i.V.m. § 7 BHO/LHO).

4. Überplanmäßige und außerplanmäßige Haushaltseinnahmen und Haushaltsausgaben

Überplanmäßige Haushaltseinnahmen sind Einnahmen, die im Haushaltsplan von der Sache (Zweckbestimmung) vorgesehen sind, jedoch den *dort* veranschlagten Betrag – einschließlich aus dem abgelaufenen Haushaltsjahr übertragener Einnahmereste – überschreiten.

Überplanmäßige Haushaltsausgaben sind Ausgaben, die im Haushaltsplan vorgesehen sind, jedoch den dort ausgebrachten Betrag – einschließlich der aus dem abgelaufenen Haushaltsjahr übertragenen Ausgabereste oder abzüglich der Haushaltsvorgriffe – überschreiten (VV Nr. 1 zu § 37 BHO/LHO).

Die Wesensart der überplanmäßigen Haushaltseinnahmen und Haushaltsausgaben liegt also darin, dass diese Beträge **ihrer Art nach** (mit Zweckbestimmung, Titelnummer und regelmäßig auch mit Mittelansatz) im Haushaltsplan vorgesehen sind, **ihrer Höhe nach** jedoch den dort veranschlagten Betrag – unter Berücksichtigung der Einnahmereste (Haushaltseinnahmen) und Ausgabereste sowie Haushaltsvorgriffe (Haushaltsausgaben) – übersteigen. Das Ist-Ergebnis der Haushalts- und Wirtschaftsführung geht hier also über den Planansatz hinaus.

Außerplanmäßige Haushaltsausgaben sind solche, die im Haushaltsplan nicht vorgesehen und auch nicht als Ausgabereste aus dem abgelaufenen Haushaltsjahr zu behandeln sind (vgl. VV Nr. 2 zu § 37 BHO/LHO).

Der Wesensgehalt der außerplanmäßigen Haushaltsausgaben liegt darin, dass diese Beträge ihrer Art nach ursprünglich weder mit Zweckbestimmung noch mit Ansatz im Haushaltsplan veranschlagt waren.

In der Sache gibt es zwischen den überplanmäßigen und außerplanmäßigen Ausgaben keinen gravierenden Unterschied. In beiden Fällen wird das **Budgetrecht des Parlaments** durchbrochen. Deshalb sind die Ausnahmetatbestände unmittelbar in der Verfassung geregelt und erfahren im § 37 BHO/LHO ihre weitere Ausgestaltung. Art. 112 GG setzt der Kompetenz des BMF enge Grenzen. Über- und außerplanmäßige Ausgaben sind nur im Falle eines unvorhergesehenen und unabweisbaren Bedürfnisses zulässig. Ähnliche verfassungsrechtlichen Bestimmungen weisen die Verfassungen der Länder auf (z.B. Art. 88 der Verfassung von Berlin oder Art. 85 der Verfassung für das Land NRW).

5. Die Zuweisung und Bewirtschaftung der Haushaltsmittel (Kurzfassung)

Das BMF/LMF erlässt die Verwaltungsvorschriften zur vorläufigen und zur endgültigen Haushalts- und Wirtschaftsführung (§ 5 BHO/LHO).

- **BMF/LMF**: übersendet nach Feststellung des Haushaltsplans durch das Haushaltsgesetz zusammen mit einem an die oberste Verwaltungsbehörden gerichteten Rundschreiben über die (endgültige) „Haushalts- und Wirtschaftsführung 20..“
  - dem Präsidenten des BRH/LRH eine Ausfertigung des **gesamten Haushaltsplans** zu Kontrollzwecken,
  - den obersten Verwaltungsbehörden einen beglaubigten Abdruck einen beglaubigten Abdruck ihres **Einzelplans** und teilt ihnen außerdem mit, welche Teile anderer Einzelpläne von ihnen zu verwalten sind.

- **Oberste Verwaltungsbehörde**: **Erlass über die Haushalts- und Wirtschaftsführung 200x** (Haushaltsführungserlass).
  Ein ggf. bestehender Erlass über die *„vorläufige Haushalts- und Wirtschaftsführung im Jahr 200x“* wird damit aufgehoben.
  Die obersten Verwaltungsbehörden verteilen die Ausgaben, Verpflichtungsermächtigungen, Planstellen und Stellen, soweit sie diese nicht selbst bewirtschaften, auf die ihnen unmittelbar nachgeordneten oberen bzw. mittleren Verwaltungsbehörden. Diese verteilen ihrerseits in gleicher Weise an den nachgeordneten Bereich
  - die für sie maßgebenden Ausgaben und Verpflichtungsermächtigungen durch **Kassenanweisung** an die für sie zuständige Kasse und
  - die für sie bestimmten Planstellen und Stellen durch **besondere Verfügung**.

Damit ist den Dienststellen die Ermächtigung zur Bewirtschaftung dieser Mittel erteilt worden (= **Bewirtschaftungsbefugnis**).

Umfassend zuständig für die Bewirtschaftung der verteilten Ausgabemitte, aber auch für die Erhebung der Einnahmen, mithin für die Haushaltsführung seiner Dienststelle, ist der **Beauftragte für den Haushalt**. Er hat das Recht, diese Bewirtschaftungsbefugnis für einen eingeschränkten Bereich auf andere Bedienstete dieser Dienststelle oder auf andere Dienststellen durch Kassenanweisung zu übertragen (= **Titelverwalter**, **Mittelverwender**). Die Kasse unterrichtet den bestellten Titelverwalter (i.S.d. VerfRiB MV/TV) und den Beauftragten für den Haushalt über die erfolgte Verteilung durch **Kontoauszug**.

„Ausgabeermächtigungen“, die gem. § 5 BHO/LHO durch Verwaltungsvorschrift des BMF/LMF im Rahmen der *vorläufigen* Haushalts- und Wirtschaftsführung zur Verfügung standen, sind somit **hinfällig**; bereits geleistete Beträge werden auf die verteilten Haushaltsmittel angerechnet.

„Ausgabebewilligungen“ sind Zuweisungen von Haushaltsmitteln im Rahmen der endgültigen Haushaltsführung.

„Allgemeine Ausgabebewilligungen“ werden bei den auf Rechtsvorschriften oder Tarifverträgen beruhenden Personalausgaben der Hauptgruppe 4 durch die oberste Verwaltungsbehörde erteilt. Sie fallen zwangsläufig an und sind somit nicht zu bewirtschaften (sog. „Soll-/Ist-Fälle“). Die Bewirtschaftung dieser Mittel erfolgt über die zur Verfügung gestellten Planstellen und Stellen. Die Mittel *werden nicht zugewiesen*; sie *gelten* mit der Ausgabe *als zugewiesen.*

Mit der Zuweisung und Verteilung der Haushaltsmittel wird automatisch die **Bewirtschaftungsbefugnis** erteilt. Sie ist das Recht, eigenverantwortlich über die Verwendung der zugewiesenen Haushaltsmittel hinsichtlich

- Maßnahme,

- Zeitpunkt und
- Höhe

entscheiden zu dürfen.

„Bewirtschafter" im Sinne der VerfRiB MV/TV sind solche Dienststellen, die Haushalts-mittel **weiter verteilen** oder an die Haushaltsmittel zur **selbständigen Bewirtschaftung** verteilt worden sind (= **Mittelverteiler /Titelverwalter**).

Die an einen Bewirtschafter verteilten Ausgabemittel dürfen bei den einzelnen Zweckbestimmungen **nur soweit und nicht eher** in Anspruch genommen werden, als dies **zur wirtschaftlichen und sparsamen Verwaltung** erforderlich ist. Das Maß des Notwendigen darf nicht überschritten werden.

Insbesondere hat er darauf zu achten, dass die ihr zur Bewirtschaftung zugewiesenen Ausgabemittel auf keinen Fall überschritten werden. Solche „Mehrausgaben" sind grundsätzlich unzulässig.

„Überplanmäßige" Haushaltseinnahmen und -ausgaben sind solche, die ihrer **Art** nach im Haushaltsplan zwar vorgesehen sind, ihrer Höhe nach jedoch den im Haushaltsplan **vorgesehenen Mittelansatz übersteigen.**

„Außerplanmäßige" Haushaltseinnahmen und -ausgaben sind solche, die **weder ihrer Art noch ihrer Höhe nach** im Haushaltsplan vorgesehen waren, im Laufe des Haushaltsjahres unerwartet auftreten und ihrem Wesen nach doch zu den Haushaltseinnahmen und -ausgaben zählen.

Über- und außerplanmäßige Ausgaben sind nur im Falle eines unvorhergesehenen und unabweisbaren Bedürfnisses zulässig. Dagegen sind über- oder außerplanmäßige **Einnahmen** nach § 34 Abs. 1 BHO/LHO rechtzeitig und in voller Höhe anzunehmen.

II. Personen, die Haushaltsmittel bewirtschaften

1. Allgemeines

§ 9 Abs. 1 Satz 1 BHO/LHO sieht bei jeder Dienststelle, die Einnahmen zu erheben oder Ausgaben zu bewirtschaften hat, einen **Beauftragten für den Haushalt** vor, soweit der Dienststellenleiter diese Aufgaben nicht selbst wahrnimmt.

Daraus lässt sich ableiten, dass es in einem Bewirtschafter nur *einen* Beauftragten für den Haushalt geben kann.

Es liegt in der Natur der Sache, dass ein notwendiger **Interessenausgleich** zwischen den Fachaufgaben einer Dienststelle und der Querschnittsaufgabe „Haushalt" grundsätzlich nur über einen Funktionsträger erfolgen kann, der folglich auch die damit einhergehenden Prioritäten zu setzen hat.

Aus dieser Überlegung lässt sich ableiten, dass der Dienststellenleiter kraft seines Direktionsrechts nur mittelbar auf die Haushaltsführung seiner Dienststelle zugreifen kann, es sei denn, er vereinigt beide Funktionen in sich.

2. Bestellung des Beauftragten für den Haushalt

2.1 Beauftragter für den Haushalt bei obersten Bundesbehörden

Nach den Verwaltungsvorschriften (VV) Nr. 1.1 zu § 9 BHO/LHO ist bei den obersten Bundesbehörden regelmäßig der Leiter des Haushaltsreferats der Beauftragte für den Haushalt.

Wenn es der Geschäftsumfang einer obersten Bundes-/Landesbehörde erforderlich macht, kann eine **Haushaltsabteilung**, -unterabteilung oder -gruppe eingerichtet werden. Dies ist beispielsweise im Bundesministerium der Verteidigung (BMVg) geschehen. Bei einer solchen Konstellation nehmen die Leiter dieser Organisationseinheiten und die ihnen zugewiesenen Referatsleiter die **Aufgaben** eines Beauftragten für den Haushalt in eigener Verantwortung wahr. Dadurch wird jedoch die ***Gesamtverantwortung*** **für den Haushalt** in einer Person nicht in Frage gestellt.

Wenn eine Haushaltsabteilung eingerichtet ist, ist letztlich der **Leiter** dieser Abteilung **der Beauftragte für den Haushalt** im Sinne des § 9 Abs. 1 BHO/LHO.

2.2 Beauftragter für den Haushalt im nachgeordneten Bereich

Die obersten Bundes-/Landesbehörden bestimmen nach den VV Nr. 1.2 zu § 9 BHO, in welchen Dienststellen ihres Geschäftsbereichs die Behördenleiter die Aufgaben des Beauftragten für den Haushalt nicht selbst wahrnehmen. Aus dieser Regelung ist zu folgern, dass zunächst grundsätzlich die Funktionen „Behördenleiter" und „Beauftragter für den Haushalt" in **Personalunion** geführt werden.

Es sollte jedoch wegen der Bedeutung des Haushalts auf den Ausnahmefall beschränkt bleiben, dass der Leiter der Dienststelle gleichzeitig auch die Funktion des Beauftragten für den Haushalt wahrnimmt. Dies wäre nur dann sinnvoll, wenn besondere Umstände eine solche Sachlage rechtfertigten könnten, etwa bei kleinen Dienststellen oder bei Dienststellen mit einfacher Struktur der Haushaltsangelegenheiten.

Schon allein das sehr weitgehende Recht des Beauftragten für den Haushalt, **einer Maßnahme zu widersprechen**, liefe bei einer Personalunion durchweg ins Leere.

In der Regel ist bereits in den Geschäftsordnungen geregelt, in welchen Fällen der Leiter einen anderen Bediensteten zum Beauftragten für den Haushalt zu bestellen hat. Die **Bestellung** erfolgt schriftlich durch den Dienststellenleiter. Über die Bestellung ist die zuständige Kasse zu unterrichten.

- Im Geschäftsbereich des **Bundesministeriums der Verteidigung** nimmt bei den Standortverwaltungen, die das BMVg dazu bestimmt hat, eine Trennung der Funktionen durchzuführen, nach schriftlicher Bestellung durch den Dienststellenleiter entweder der Teilbereichsleiter im Zentralbereich, in dessen Aufgabengebiet die Haushaltsangelegenheiten fallen oder der Zentralbereichsleiter, die Aufgabe des Beauftragten für den Haushalt wahr.
- Bei den Streitkräften ist nach einer ressortinternen zentralen Dienstvorschrift immer der **Leiter der Truppenverwaltung** kraft seiner Funktion „Beauftragter für den Haushalt", sowohl für den eigenen Wirtschaftstruppenteil als auch für die wirtschaftlich zugeordneten anderen mittelbewirtschaftenden Dienststellen der Streitkräfte.

3. Aufgaben des Beauftragten für den Haushalt

Die Aufgaben des BfHH ergeben sich aus § 9 Abs. 2 BHO/LHO und werden in den VV Nr. 2 bis 5 zu § 9 BHO/LHO konkretisiert. Obwohl er in seiner Funktion Teil seiner Dienststelle ist, wird er gleichwohl bei rechtem Verständnis seiner Aufgabe bei allen Belangen und auch Sonderwünschen seiner Behörde die Besonderheiten des Bundeshaushalts, seine Zwänge und Erfordernisse zur Geltung bringen müssen.

Er ist in erster Linie dafür verantwortlich, dass alle Maßnahmen auf dem Gebiete der Haushaltsführung sowohl in formeller als auch in materieller, inhaltlicher Hinsicht bestimmungsgemäß durchgeführt werden. Dies trifft auch auf die Einhaltung verfahrenstechnischer Vorschriften zu. Seine Aufgaben beziehen sich im wesentlichen auf alle Phasen des Haushaltskreislaufs, soweit seine Dienststelle davon betroffen ist.

3.1 Aufstellung der Haushaltsvoranschläge

Nach dem bislang praktizierten Verfahren vollzieht sich die Aufstellung der Voranschläge entsprechend dem hierarchischen Behördenaufbau „von unten nach oben“. Nach Maßgabe des Rundschreibens zur Aufstellung des Haushalts 20.. des BMF/LMF hat jeder Bewirtschafter seinen Beitrag dazu zu leisten.

Bereits bei der Aufstellung der **Beiträge zum Haushaltsvoranschlag** hat der Beauftragte für den Haushalt die einschlägigen Bestimmungen des Haushaltsrechts, etwa die der Notwendigkeit (§ 6 BHO/LHO) oder die der Wirtschaftlichkeit und Sparsamkeit (§ 7 BHO/LHO), zur Geltung zu bringen. Er hat deshalb bereits schon im weiten Vorfeld einer beabsichtigten Maßnahme bei den Planungen mitzuwirken.

Ferner hat er dafür Sorge zu tragen, dass die Beiträge zum Haushaltsvoranschlag seiner Dienststelle nach Form und Inhalt richtig aufgestellt wurden. Er hat weiter zu prüfen, ob alle zu erwartenden Einnahmen, alle voraussichtlich zu leistenden Ausgaben und alle voraussichtlich benötigten Verpflichtungsermächtigungen, Planstellen und Stellen in den Beitrag zum Haushaltsvoranschlag aufgenommen worden sind.

Soweit die Beträge nicht genau zu errechnen sind, hat er für eine möglichst genaue Schätzung zu sorgen. Er hat insbesondere zu prüfen, ob die Anforderungen an Ausgaben und Verpflichtungsermächtigungen sowie an Planstellen und Stellen dem Grunde und der Höhe nach zu dem vorgesehenen Zeitpunkt notwendig sind.

3.2 Ausführung des Haushaltsplans

Mit der Zuweisung und weiteren Verteilung der Haushaltsmittel innerhalb des Geschäftsbereichs einer obersten Verwaltungsbehörde beginnt die **Ausführungsphase** des Haushaltsplans. Dies setzt voraus, dass der Haushaltsplan durch das Haushaltsgesetz festgestellt wurde, und dadurch die Verwaltung ermächtigt wird, Ausgaben zu leisten und Verpflichtungen einzugehen (§ 3 BHO/LHO).

Mit der **Zuweisung der Haushaltsmittel** erhält eine Dienststelle hinsichtlich der Bewirtschaftung dieser Mittel sehr weitgehende Rechte und darüber hinaus eine größere Selbständigkeit. Nach § 9 Abs. 2 BHO/LHO kommt gerade in dieser Phase des Haushaltskreislaufs der Funktion des Beauftragten für den Haushalt eine bedeutende Rolle zu. Ihm obliegt in erster Linie die **Ausführung des Haushaltsplans**.

Es ist grundsätzlich seine ureigenste Aufgabe, den Haushalt auszuführen, folglich also die **Haushaltsmittel seiner Dienststelle** zu bewirtschaften. Haushaltsmittel im engeren Sinne sind Haushaltseinnahmen und Haushaltsausgaben, im weiteren Sinne sind jedoch auch die Verpflichtungsermächtigungen, Planstellen und Stellen dazu zu rechnen.

3.2.1 Einnahmen

Nach § 34 Abs. 1 BHO/LHO sind **Einnahmen rechtzeitig und vollständig zu erheben**. Diese Vorschrift gebietet der Verwaltung, die dem Bund/Land zustehenden Einnahmen bei ihrer Fälligkeit und in voller Höhe einzuziehen, unabhängig davon, ob sie im Haushaltsplan vorgesehen sind oder nicht.

Das Gebot des § 34 Abs. 1 BHO bezieht sich auf Einnahmen jeglicher Art, ganz gleich, aus welchem Rechtsgrund sie dem Bund zustehen. Es ist Aufgabe des Beauftragten für den Haushalt, die Einhaltung dieses Gebots zu überwachen und durchzusetzen. Er hat zu prüfen, ob und wie die Haushaltseinnahmen durch geeignete Maßnahmen erhöht werden können. Nur bei Vorliegen bestimmter, aber gesetzlich geregelter Voraussetzungen (vgl. §§ 58, 59 BHO/LHO) kann hiervon abgewichen werden.

In diesem Zusammenhang hat er zu prüfen, inwieweit eine Forderung des Bundes zu verzinsen ist, oder ab wann und in welcher Höhe von einem Schuldner Verzugs- oder Stundungszinsen zu erheben sind, denn auch solche Zinseinnahmen sind Einnahmen des Bundes, auf die das Gebot des § 34 Abs. 1 BHO/ LHO Anwendung findet.

Beispielsweise hat er sich im Zweifel auch davon zu überzeugen und ggf. die notwendigen Schritte einzuleiten, dass Regressansprüche des Bundes gegen Ersatzpflichtige geltend gemacht und durchgesetzt werden.

3.2.2 Ausgaben

Bei der Bewirtschaftung der zugewiesenen Ausgabemittel hat der Beauftragte für den Haushalt in erster Linie darüber zu wachen, dass sie nicht überschritten werden und die haushaltsrechtlichen Bestimmungen, insbesondere der **Grundsatz der Wirtschaftlichkeit und Sparsamkeit** beachtet werden.

§ 34 Abs. 2 Satz 1 BHO/LHO weist die Dienststelle an, Ausgaben nur soweit und nicht eher zu leisten, als dies zur wirtschaftlichen und sparsamen Verwaltung erforderlich ist. Diese Anordnung zwingt bei jeder Leistung einer Ausgabe zu einer sorgfältigen Prüfung, ob sie zur Erfüllung des angestrebten Zwecks sachlich notwendig und zeitlich unaufschiebbar ist.

Der Beauftragte für den Haushalt hat zu prüfen, ob und wie **Haushaltsausgaben verringert** werden können, und hat hierzu die entsprechenden Vorschläge zu erarbeiten. Er soll darüber wachen, dass keine Ausgabe geleistet oder keine Maßnahme getroffen wird, die zu Auszahlungen führen könnte, die nicht auch bei strengster Auslegung der Notwendigkeit anerkannt werden müsste.

Er hat beim **Jahresabschluss** festzustellen, in welcher Höhe übertragbare Ausgaben nicht geleistet worden sind und zu entscheiden, inwieweit und in welcher Höhe Ausgabereste gebildet werden sollen. Er soll vermeiden, dass die im laufenden Haushaltsjahr „angesparten" Ausgabemittel nicht für Maßnahmen verwendet werden, für die keine Notwendigkeit besteht, z.B. unnötige Vorratsbeschaffung über das Haushaltsjahr hinaus (Vermeidung des sog. **„November-Dezember-Fiebers"**).

Er fordert weitere Haushaltsmittel und – sofern erforderlich – die Betriebsmittel an und hält sich über den Stand der Mittel auf dem Laufenden.

3.3 Verpflichtungsermächtigungen

Bei der Bewirtschaftung zugewiesener Verpflichtungsermächtigungen sind die Bestimmungen des § 34 Abs. 2 BHO/LHO sinngemäß anzuwenden. Das zieht für den Beauftragten für den Haushalt die Konsequenz nach sich, darüber zu wachen, Verpflichtungen, die zu einer **Vorbelastung künftiger Haushaltsjahre** führen, nur soweit und nicht eher einzugehen, als dies zur wirtschaftlichen Verwaltung erforderlich ist. Gerade wegen der Vorbelastung künftiger Haushaltsjahre ist die Inanspruchnahme von Verpflichtungsermächtigungen (Vertragsabschlüsse, Auftragsvergaben u.ä.) besonders sorgfältig zu prüfen.

3.4 Sonstige Aufgaben

Ferner ist er dafür verantwortlich, dass Berichte, Nachweisungen, Übersichten, Meldungen u.ä. in Haushaltsangelegenheiten form- und fristgerecht erstellt und sonstige Formvorschriften, etwa bei der Einrichtung von Belegen, beachtet werden.

Er ist für die Beantwortung der Prüfungsmitteilungen des BRH verantwortlich. Bereitet er sie nicht selbst vor, sind sie ihm auf jedem Fall zur Mitzeichnung vorzulegen.

4. Übertragung der Bewirtschaftung

Der Beauftragte für den Haushalt kann, soweit es sachdienlich ist, die Haushaltsmittel des von ihm bewirtschafteten Einzelplans oder der von ihm bewirtschafteten Teile des Einzelplans anderen Bediensteten der Dienststelle oder anderen Dienststellen zur Bewirtschaftung übertragen (**Titelverwalter**).

Im automatisierten Verfahren erfolgt die Übertragung der Bewirtschaftung der Haushaltsmittel auf andere Dienststellen durch **Kassenanweisung an die zuständige Kasse**.[1] Die Bestellung und der Umfang der Bewirtschaftungsbefugnis bedarf der **Schriftform**.

1 VV Nr. 3.1.1 zu § 9 BHO.

In den Ministerien sind regelmäßig die **Referatsleiter** zu Titelverwaltern für die Ausgabemittel, Verpflichtungsermächtigungen, Planstellen und Stellen ihres Aufgabengebietes bestellt. In den Behörden der Mittelinstanz sind es in der Regel die **Dezernatsleiter**, während in den Dienststellen der Ortsinstanz die Bewirtschaftungsbefugnis regelmäßig den **Bereichsleitern** oder den Sachbearbeitern für ihr jeweiliges Aufgabengebiet übertragen wird.

Der Beauftragte für den Haushalt ist dafür verantwortlich, dass die Titelverwalter und die ermächtigten Dienststellen auch in der Lage sind, die Haushaltsmittel **ordnungsgemäß** zu bewirtschaften. Er darf Befugnisse auf dem Gebietes des Haushaltswesens nur dann delegieren, wenn er auch sicher sein kann, dass die volle Anwendung der haushaltsrechtlichen Bestimmungen gewährleistet ist.

Unbeschadet seines sonstigen Unterstellungsverhältnisses ist der Titelverwalter an die **fachlichen Weisungen des BfHH** gebunden. Auch bei der Bewirtschaftung der Haushaltsmittel durch Titelverwalter hat der Beauftragte für den Haushalt bei allen wichtigen Haushaltsangelegenheiten mitzuwirken, soweit er nicht **ausdrücklich** darauf **verzichtet**, insbesondere

- bei der Anforderung weiterer Haushaltsmittel,
- bei über- oder außerplanmäßigen Ausgaben und Verpflichtungsermächtigungen,
- bei der Gewährung von Zuwendungen,
- beim Abschluss von Verträgen, auch für laufende Geschäfte,
- bei der Änderung von Verträgen und bei Vergleichen,
- bei Stundung, Niederschlagung und Erlass und
- bei Abweichungen von Planungsunterlagen für größere Beschaffungen und Entwicklungsmaßnahmen.

Ergeben sich bei der Ausführung des Haushaltsplans Zweifel, ist stets die Entscheidung des BfHH einzuholen.

5. Rechte des Beauftragten für den Haushalt

Die sehr weitgehenden Rechte des BfHH ergeben sich in erster Linie aus folgenden Bestimmungen der BHO/LHO:

- Der BfHH ist nicht in die übliche Behördenhierarchie eingebunden (§ 9 Abs. 1 Satz 2 BHO/LHO u. VV Nr. 1 und 5.4 zu § 9 BHO).
- Bei allen Maßnahmen finanzieller Tragweite ist der BfHH im Wege der Mitzeichnung zu beteiligen (§ 9 Abs. 2 Satz 2 BHO/LHO).
- Bereits bei der fachlichen Aufgabenplanung hat der BfHH im Hinblick auf eine geordnete Finanzplanung mitzuwirken (VV Nr. 2.1 zu § 9 BHO).
- Bei Maßnahmen finanzieller Tragweite steht dem BfHH ein Widerspruchsrecht zu (VV Nr. 5.4 zu § 9 BHO).

Mit diesen Rechten ausgestattet, bestimmt der Beauftragte für den Haushalt **das gesamte Haushaltsgeschehen** seiner Dienststelle und trägt daraus abgeleitet aber auch eine besondere Verantwortung für alle Belange des Haushalts.

5.1 Einbindung in die Behördenhierarchie (→ § 9 Abs. 1 Satz 2 BHO)

Der Beauftragte für den Haushalt soll **dem Behördenleiter unmittelbar unterstellt** werden, um ihm dadurch bei der Wahrnehmung seiner Aufgaben eine größere Unabhängigkeit und Selbständigkeit zu sichern. Diese Sollvorschrift wird durch die VV Nr. 1.3 für die nachgeordneten Dienststellen einer obersten Bundesbehörde in eine zwingende Regelung abgeändert.

Auch in einer obersten Verwaltungsbehörde ist der BfHH grundsätzlich ebenfalls dem Leiter der Dienststelle unmittelbar unterstellt, soweit behördenintern nichts anderes bestimmt ist. Fehlt es an einer solchen Regelung, ist der BfHH automatisch dem Minister unterstellt. Im Unterschied zum nachgeordneten Bereich besteht bei einer obersten Verwaltungsbehörde die Möglichkeit, ihn dem Staatssekretär oder einem sonstigen Vorgesetzten zu unterstellen.

Die Verwaltungsvorschriften sehen keine besonderen Regelungen vor, wie bei einer **Abberufung** des BfHH zu verfahren ist. Aus der Regelung der VV Nr. 1.3 zu § 9 BHO lässt sich jedoch ableiten, dass auch die Abberufung des BfHH durch den Dienststellenleiter erfolgen muss.

Im übrigen ist der BfHH personalwirtschaftlich gestellt wie jeder andere Mitarbeiter auch, d.h., ihm können nach pflichtgemäßem Ermessen **andere Aufgaben** übertragen, aber auch entzogen werden.

5.2 Beteiligung des Beauftragten für den Haushalt (→ § 9 Abs. 2 Satz 2 BHO/LHO)

Der BfHH ist bei allen Maßnahmen finanzieller Tragweite **zu beteiligen**. Die Bedeutung dieses Beteiligungsrechtes geht so weit, dass Vorhaben nur weiterverfolgt werden können, wenn er hierzu ausdrücklich seine Zustimmung gegeben hat. Beteiligung heißt also nicht lediglich Unterrichtung, sondern dem BfHH ist Gelegenheit zur Stellungnahme zu geben.

Im Regelfall ist seine Zustimmung in Gestalt seiner **Mitzeichnung** einzuholen. Eine solche Mitzeichnung erfolgt erst dann, wenn sichergestellt ist, dass alle fachlichen und verwaltungsmäßigen Gesichtspunkte in einen Vorgang eingearbeitet worden sind. Ergeben sich nach seiner Mitzeichnung Änderungen oder Ergänzungen, ist seine erneute Beteiligung erforderlich.

Im Schriftverkehr mit dem BMF/LMF und dem BRH/LRH ist die Beteiligung des BfHH mit dem Zusatz **„§ 9 BHO/LHO wurde beachtet“** auf Schriftstücken deutlich zu machen. Fehlt ein solcher Zusatz, ist der Adressat berechtigt, die Zuschrift als „Irrläufer“ zurückzusenden.

Maßnahmen finanzieller Tragweite, die sein Beteiligungsrecht berühren, sind nicht nur solche, die ein gewisses finanzielles Gewicht haben, es sind alle Vorhaben, auch organisatorischer und verwaltungstechnischer Art betroffen, die **unmittelbare oder auch nur mittelbare Auswirkungen auf die Haushaltsmittel** haben können. Hierzu gehören auch Erklärungen gegenüber Dritten, die ggf. finanzielle Auswirkungen haben könnten.[2]

Bei formaler Handhabung dieses Beteiligungsrechtes müsste der BfHH bei nahezu allen Vorgängen in seiner Dienststelle beteiligt werden. Deshalb hat sich bei fast allen Dienststellen ohne ausdrückliche Regelung die **Praxis** herausgebildet, dass der BfHH bei Vorhaben, die sich nur **mittelbar** auf den Haushalt auswirken, nur noch dann auf sein Beteiligungsrecht besteht, wenn wesentliche Maßnahmen betroffen sind.

Nur der BfHH selbst kann im Rahmen seiner Delegationsmöglichkeiten **Betragsgrenzen** oder andere Kriterien festlegen, bei denen seine Beteiligung entbehrlich ist.

5.2.1 Mitwirkungsrechte des Beauftragten für den Haushalt (VV Nr. 2.1 u. Nr. 5.2 zu § 9 BHO)

Nach VV Nr. 2.1 hat der BfHH im Hinblick auf eine ordnungsgemäße Finanzplanung bereits bei der **Aufgabenplanung** mitzuwirken. Aus dieser Verwaltungsvorschrift ist deutlich abzuleiten, dass der BfHH bereits beim fachlichen Meinungsbildungsprozess hinzuziehen ist und nicht erst dann, wenn die fachlichen Entscheidungen getroffen wurden. Eine Maßnahme muß also noch gestaltbar sein.

Auf diese Weise soll sichergestellt sein, dass die rechtzeitige Abstimmung zwischen Aufgabenplanung und Finanzplanung gewährleistet wird. Der BfHH hat nach den VV Nr. 3.3.1 darauf zu achten, dass bei der Aufgabenplanung der Grundsatz der Wirtschaftlichkeit eingehalten wird. Er trägt damit Verantwortung dafür, dass alle zur Verfügung stehenden Ressourcen bestmöglich ausgenützt werden.[3]

Nicht unerwähnt bleiben darf in diesem Zusammenhang das nach VV Nr. 5.2 umfassende **Auskunftsrecht** des BfHH. Er kann alle Auskünfte und die Vorlage aller Unterlagen verlangen, die er zur Wahrnehmung seiner Aufgaben für erforderlich hält. Ihm darf nichts vorenthalten und nichts verschwiegen werden.

---

2 VV Nr. 4 zu § 9 BHO.
3 VV Nr. 1 zu § 7 BHO.

5.2.2 Widerspruchsrecht des Beauftragten für den Haushalt (VV Nr. 5.4 zu § 9 BHO)

Der BfHH kann bei der Ausführung des Haushaltsplans oder bei Maßnahmen finanzieller Bedeutung (VV Nr. 4) **Widerspruch** erheben.[4] Die *Aufstellung* des Haushaltsplans wird in VV Nr. 5.4 nicht ausdrücklich erwähnt. Das Widerspruchsrecht gilt aber auch hier, denn die Aufstellung des Haushaltsplans ist eine Maßnahme von erheblicher finanzieller Bedeutung.

Der Widerspruch des BfHH hat die Wirkung eines zumindest **vorläufigen Vetos** und ist dem Widerspruchsrecht des Bundesministers der Finanzen innerhalb der Bundesregierung nachgebildet.[5] In der Praxis findet sich selten die Anwendung des Widerspruchs im formellen Verfahren. Oft genügt schon ein Hinweis auf die Existenz des Widerspruchsrechts, um eine einvernehmliche Verfahrensweise herbeizuführen.

Bei der **Handhabung des Widerspruchsrechts** ist zwischen einer obersten Bundesbehörde und den Behörden des nachgeordneten Bereichs zu unterscheiden.

- **Widerspruch bei einer obersten Bundesbehörden** (VV Nr. 5.4.1 zu § 9 BHO)
  Widerspricht der BfHH in einem Ministerium einem Vorhaben, so darf die Maßnahme nur auf Weisung des Ministers oder seines zuständigen Staatssekretärs weiterverfolgt werden. Die Entscheidung wird in der Regel durch eine **Leitungsvorlage** herbeigeführt, mit der die unterschiedlichen Positionen dargestellt werden, wobei die Federführung der zuständigen fachlichen Arbeitseinheit obliegt. Die Vorlage ist dem BfHH zur Mitzeichnung zuzuleiten.
- **Widerspruch bei Behörden des nachgeordneten Bereichs** (VV Nr. 5.4.2 zu § 9 BHO)
  Widerspricht der BfHH bei einer anderen Dienststelle als dem Ministerium einer Maßnahme, kann sein **Widerspruch nicht** durch die Weisung des Leiters der Dienststelle **aufgehoben** werden. Dadurch wird deutlich, dass der Leiter in Haushaltsangelegenheiten nicht sein „eigener Herr" ist. Der Leiter hat, soll die Maßnahme weiterverfolgt werden, der vorgesetzten Dienststelle zu berichten und ihre Entscheidung einzuholen. Der Bericht ist dem BfHH zur Mitzeichnung vorzulegen.

Das Vorhaben darf solange nicht weiterverfolgt werden, bis die Entscheidung der vorgesetzten Dienststelle getroffen wurde.

Nur in **dringenden Fällen** ist ein Sofortvollzug auf schriftliche Weisung des Behördenleiters zulässig. Ein dringender Fall ist dann anzunehmen, wenn die Maßnahme zeitlich unaufschiebbar und sachlich unabwendbar ist und die Entschei-

---

4 VV Nr. 5.4 zu § 9 BHO.

5 § 26 GO BReg.

dung der vorgesetzten Behörde ohne erhebliche Nachteile für den Bund nicht abgewartet werden kann. In diesem Falle ist der vorgesetzten Dienststelle über die getroffenen Maßnahmen unter Beteiligung des BfHH zu unterrichten.

6. Die Titelverwalter

6.1 Allgemeines

Der BfHH kann die Bewirtschaftung der seiner Dienststelle zugewiesenen Ausgabemittel, Verpflichtungsermächtigungen, Planstellen und Stellen zu seiner Entlastung anderen Bediensteten oder Dienststellen übertragen. Durch eine solche schriftliche Übertragung werden sie zu Titelverwaltern.

6.2 Bestellung zum Titelverwalter

Die Bestellung zum Titelverwalter und der Umfang der Bestellung und der damit verbundenen Befugnisse bedarf der **Schriftform**. Dies kann in unterschiedlicher Weise erfolgen, z.B.

- durch Einzelverfügung,
- über den Geschäftsverteilungsplan der Dienststelle,
- in einer Tätigkeitsdarstellung (im Falle eines Angestellten)

In den beiden zuletzt genannten Möglichkeiten hat der Beauftragte für den Haushalt die dort getroffenen Regelungen abzuzeichnen.

In einigen Bereichen eines Verwaltungszweigs sind bei der Bestellung von Titelverwaltern **besondere Regelungen** zu beachten. Dies trifft beispielsweise auf den Geschäftsbereich des **BMVg** zu, soweit die Streitkräfte betroffen sind. Dort dürfen nur Soldaten oder Beamte zum Titelverwalter bestellt werden, wenn sie mindestens der Besoldungsgruppe A 9m angehören. Angestellte müssen mindestens der vergleichbaren Vergütungsgruppe angehören.

Der Titelverwalter ist für eine **gesicherte, richtige und vollständige Erfassung** aller in seinem Zuständigkeitsbereich anfallenden Daten verantwortlich. Dies trifft insbesondere auf die Beachtung der Regelungen einer geordneten Haushaltsführung zu, nämlich

- Einnahmen rechtzeitig und vollständig zu erheben und
- Ausgaben nicht eher und nur soweit zu leiste, als dies zu einer wirtschaftlichen und sparsamen Verwaltung erforderlich ist.

Es empfiehlt sich, bei der Bestellung der Titelverwalter einer Dienststelle gleichzeitig deren **Vertreter** für den Fall zu bestellen, dass die Titelverwalter durch Abwesenheit vorübergehend gehindert sind, die ihnen obliegenden Aufgaben selbst wahrzunehmen.

7. Personen, die Haushaltsmittel bewirtschaften (Kurzfassung)

„Bewirtschafter" sind solche Dienststellen, die **Einnahmen zu erheben** haben oder für die **Ausgabemittel zur selbständigen Bewirtschaftung** zugewiesen worden sind (Titelverwalter i.S.d. VerfRiB MV/TV) oder die Mittel an nachgeordnete Dienststellen verteilen (Mittelverteiler).

Mit der Zuweisung von Ausgabemittel zur selbständigen Bewirtschaftung wird eine Dienststelle zum „Bewirtschafter". Ihr ist damit die **Bewirtschaftungsbefugnis** erteilt. Die Bewirtschaftungsbefugnis ist das Recht, eigenverantwortlich, *zu entscheiden, für* **welche Maßnahme, zu welchem Zeitpunkt und in welcher Höhe** Haushaltsmittel verwendet werden sollen.

Kraft Rechtsvorschrift (§ 9 BHO/LHO) besitzt der **Beauftragte für den Haushalt** die Bewirtschaftungsbefugnis und übt dieses Recht auch umfassend aus. Bei jeder Dienststelle ist ein Beauftragter für den Haushalt zu bestellen, soweit der Dienststellenleiter diese Aufgabe nicht *selbst* wahrnimmt, d.h. die Funktion des Dienststellenleiters und des Beauftragten für den Haushalt wird nach der Gesetzeslage zunächst in **Personalunion** geführt. Die oberste Verwaltungsbehörde bestimmt, in welchen Dienststellen ihres Geschäftsbereichs die **Behördenleiter** diese Aufgabe **nicht selbst** wahrnehmen.

Der Beauftragte für den Haushalt nimmt in jeder Behörde eine außerordentliche, herausragende Rolle ein. Er ist für alle Fragen der Haushaltswirtschaft und der Haushaltsmittelbewirtschaftung verantwortlich. Er ist bei allen Angelegenheiten geldlicher Tragweite zu beteiligen (VV zu § 9 BHO/LHO).

Aufgaben des **Beauftragten für den Haushalt:**
- Aufstellen der Beiträge zum Haushaltsvoranschlag seiner Dienststelle,
- Verteilen der zugewiesenen Ausgabemittel auf andere Bedienstete und nachgeordnete Behörden,
- bestimmungsgemäße Bewirtschaftung der Ausgabemittel,
- Bearbeitung der Mitteilungen des BRH/LRH,
- Anforderung weiterer Haushaltsmittel,
- Anforderung von Betriebsmitteln,
- Mitwirkung bei allen Angelegenheiten geldlicher Tragweite, z.B. bei
  - Gewährung von Zuschüssen und Zuwendungen,
  - Abschluss und Änderung von Verträgen,
  - Veränderung von Ansprüchen bei Stundung, Niederschlagung und Erlass,
  - Vorhaben organisatorischer oder verwaltungstechnischer Art, die sich unmittelbar oder auch nur mittelbar auf den Haushalt auswirken.

Darüber hinaus überwacht und prüft er:
- die rechtzeitige und vollständige Erhebung der Einnahmen,
- dass die zugewiesenen Ausgabemittel nicht überschritten werden,

- dass Berichte, Nachweisungen, Übersichten, Meldungen u.ä. in Haushaltsangelegenheiten form- und fristgerecht erstellt und sonstige Formvorschriften, etwa bei der Einrichtung von Belegen, beachtet werden.

Der Beauftragte für den Haushalt kann von allen Bediensteten der Behörde, auch vom Behördenleiter selbst, zur ordnungsgemäßen Wahrnehmung seiner Aufgaben **Auskünfte** über deren Tätigkeit oder über bestimmte Vorhaben verlangen sowie örtliche Überprüfungen vornehmen.

Bei solchen Dienststellen, die nach Weisung der obersten Verwaltungsbehörde eine Trennung der Funktionen „Dienststellenleiter" und „Beauftragter für den Haushalt" erforderlich macht, wird ein anderer Bediensteter **durch den Behördenleiter schriftlich bestellt**. Über die Bestellung ist die zuständige Kasse zu unterrichten.

Bei der Haushaltsführung (§ 34 BHO/LHO) und Bewirtschaftung der zugewiesenen Ausgabemittel kann der Beauftragte für den Haushalt zu seiner Entlastung andere Bedienstete an der Haushaltsführung beteiligen und ihnen die Bewirtschaftungsbefugnis übertragen. Sie werden damit zum **„Titelverwalter"**.

H. Das Automatisierte Verfahren im Haushalts-, Kassen- und Rechnungswesen

Zur Abwicklung der Bewirtschaftungsmaßnahmen aller Behörden des Bundes wurde das Bundesministerium der Finanzen (BMF) damit beauftragt, das Verfahren für das Haushalts-, Kassen- und Rechnungswesen des Bundes (kurz: HKR-Verfahren) organisatorisch und technisch neu zu gestalten und es informationstechnisch so zu entwickeln, um eine breite Anwendung des Verfahrens in allen Verwaltungszweigen des Bundes zu ermöglichen.

I. Die Bewirtschafter- und Kontenstruktur im Automatisierten Verfahren für das Haushalts-, Kassen- und Rechnungswesen (HKR-Verfahren)

1. Allgemeines

Grundlage für das HKR-Verfahren bilden die Verfahrensrichtlinien für Mittelverteiler und Titelverwalter (VerfRiB-MV/TV-HKR) nach dem Stand 12/2003.

Voraussetzung für eine flächendeckende Anwendung des Verfahrens war die Einrichtung einer einheitlichen Kassenstruktur und die Zusammenfassung aller Kassenaufgaben des Bundes bei den **Bundeskassen,** die im Geschäftsbereich des BMF eingerichtet sind.

Die Abwicklung aller Bewirtschaftungsmaßnahmen im HKR-Verfahren erfolgt ausnahmslos über die Bundeskassen und betrifft alle Bewirtschaftungsmaßnahmen, z.B. die

- der Bereitstellung und Verteilung der Haushaltsmittel (HHM),
- der Einrichtung von Sachbuchkonten (Kontenstruktur),
- des Festhaltens von Verpflichtungen (z.B. Festlegung von HHM),
- der Erteilung von Kassenanweisungen und Kassenanordnungen,
- der Buchführung bei den Bundeskassen,
- der Rechnungslegung.

Bewirtschaftung bedeutet mithin, den durch das Bundeshaushaltsgesetz festgestellten Bundeshaushalt auszuführen. Dabei werden alle Maßnahmen von der obersten Ebene, die zum Beispiel die Haushaltsmittel bereitstellt, das ist das Bundesministerium der Finanzen, bis hin zur untersten Ebene, die Zahlungen zur Leistung oder Annahme anordnet, das ist z.B. der Wirtschaftstruppenteil oder ein Titelverwalter i.S.d. VerfRiB-MV/TV-HKR, in einer Bewirtschafter- und Kontenstruktur dargestellt und sichtbar gemacht.

2. Verfahrensbeteiligte

Jeweils nach ihrer Funktion sind die am HKR-Verfahren beteiligten Stellen entweder als Mittelbereitsteller, Mittelverteiler (MV) oder als Mittelverwender (Titelverwalter, TV) zu bezeichnen.

Bewirtschafter des Bundeshaushalts sind folglich alle Behörden eines Geschäftsbereichs, denen Haushaltsmittel bereitgestellt wurden, die Haushaltsmittel zugewiesen erhalten haben und damit die Bewirtschaftungsbefugnis ausüben.

Die am HKR-Verfahren Beteiligten (Bewirtschafter) lassen sich in drei Ebenen darstellen:

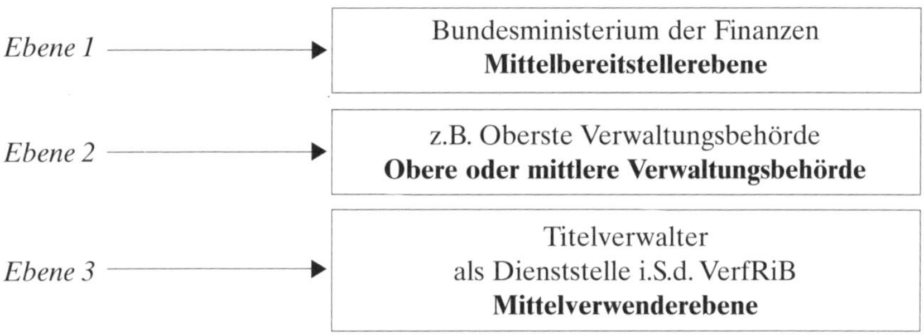

Abbildung 14: Die drei Ebenen der am HKR-Verfahren Beteiligten

zu Ebene 1:
Das BMF übersendet unmittelbar nach Feststellung des Haushaltsplans durch das Haushaltsgesetz den für den Einzelplan zuständigen Stellen (z.B. BMVg) je einen beglaubigten Abdruck des für sie maßgeblichen **Einzelplans** (z.B. EPl 14) und teilt ihnen außerdem mit, welche Teile von Realplänen (z.B. EPl 33 „Versorgung“) auf sie entfallen.

Gleichzeitig eröffnet das BMF den für den Einzelplan zuständigen Stellen die auf sie entfallenden **Titelkonten** (→ VV Nr. 1.1 zu § 34 BHO). Auf diesen so eingerichteten Titelkonten werden den obersten Bundesbehörden die Haushaltsmittel über die Titelkonten bei der Bundeshauptkasse in dem Umfang bereitgestellt, wie der Haushaltsplan es vorsieht.

zu Ebene 2:
Die für den Einzelplan zuständigen Stellen (z.B. BMVg) sind **Mittelverteiler**. Sie verteilen die Haushaltsmittel gem. VV Nr. 1.2 zu § 34 BHO auf die ihnen unmittelbar nachgeordneten Dienststellen per **Kassenanweisung** an die für diese Dienststellen zuständigen Bundeskassen, soweit sie die Mittel nicht selbst bewirtschaften.

Die der obersten Bundesbehörde unmittelbar nachgeordneten Dienststellen verteilen ihrerseits ebenfalls per **Kassenanweisung** ggf. über mehrere Stufen bis auf die Titelverwalter (Mittelverwenderebene) an die für diese Stellen zuständigen Bundeskassen, soweit sie die Haushaltsmittel nicht selbst bewirtschaften.

Die **Mittelzuweisung** erfolgt jeweils vom Sachbuchkonto des übergeordneten Mittelverteilers auf das von ihm eingerichtete korrespondierende Sachbuchkonto des nachgeordneten Bewirtschafters (Mittelverteiler oder Titelverwalter) bei der für ihn zuständigen Bundeskasse.

Aus dieser Konstruktion kann die Erkenntnis abgeleitet werden, dass die Dienststellen auf der Mittelverteilerebene sowohl Mittelverteiler als auch Mittelverwender (Titelverwalter) sein können.

zu Ebene 3:
Der Mittelverwender (im weiteren: **Titelverwalter**) bewirtschaftet die ihm zugewiesenen Haushaltsmittel und übt die Bewirtschaftungsbefugnis aus, indem er eigenverantwortlich über die Verwendung der Ausgabemittel entscheidet.

Die VerfRiB bezeichnen die anordnenden Dienststellen stets als Titelverwalter, gleichgültig, ob die Anordnungen vom

- Dienststellenleiter,
- Beauftragten für den Haushalt (§ 9 BHO) oder
- Titelverwalter im Sinne der VV Nr. 3.1.1 zu § 9 BHO

erteilt wird.

Der Titelverwalter führt gem. § 34 BHO den Haushalt, indem er Einnahmen erhebt und die Ausgabemittel bewirtschaftet. Auf dieser Ebene erfolgen die Anordnungen zur Festlegung von Haushaltsmittel, zur Leistung von Auszahlungen und zur Annahme von Einzahlungen per Kassenanordnung.

Neben diesen für die Haushaltsführung wichtigen Verfahrensbeteiligten treten als weitere Beteiligte die Stellen der Kassenorganisation des Bundes hinzu:

1. die Bundeshauptkasse
2. die Bundeskassen
3. die Bundesamt für Finanzen.

Die **Bundeshauptkasse** spielt im HKR-Verfahren eine zentrale Rolle.

- Sie ist zentrale Buchungs- und Auskunftsstelle im HKR-Verfahren.
- Sie führt für die einzelplanführenden Stellen die Titelkonten.
- Sie richtet die Titelkonten der Behörden des Bundes bei den jeweils zuständigen Bundeskassen ein.
- Sie übernimmt die Systempflege.
- Sie kann jederzeit Auskunft über den Stand des Haushaltsvollzugs erteilen.

Die **Bundeskassen**

- führen Auszahlungen durch,
- nehmen Einzahlungen an,

- buchen die Zahlungsvorgänge,
- legen Haushaltsmittel fest.

Das **Bundesamt für Finanzen** (BfF), in dessen Zuständigkeitsbereich die Bundeshauptkasse eingerichtet ist,
- verwaltet die zentrale Datenbank,
- verarbeitet die von den Bundeskassen gelieferten Daten,
- verarbeitet die vom Bewirtschafter direkt an das BfF übermittelten Daten.

3. Strukturen im HKR-Verfahren

3.1 Bewirtschafterstrukturen

„Bewirtschaftung" im Sinne des HKR-Verfahrens bedeutet, Teile des Bundeshaushalts auszuführen, d.h.
- Eingehen von Verpflichtungen,
- Erhalten und Verteilen von Haushaltsmitteln,
- Erteilen von Kassenanordnungen,
- Aufstellen von Beiträgen zum Haushaltsvoranschlag.

Bewirtschafter im Geschäftsbereich einer Obersten Verwaltungsbehörde sind alle Behörden dieses Ressorts, die Einnahmen zu erheben und Ausgaben zu bewirtschaften haben. Die Kassengeschäfte dieser Behörden werden durch die Bundeskassen auf Anordnung bzw. Anweisung ausgeführt.

Bei jeder dieser Dienststellen ist gem. § 9 BHO *ein* **Beauftragter für den Haushalt** (BfHH) zu bestellen, sofern der Dienststellenleiter diese Funktion nicht selbst wahrnimmt.

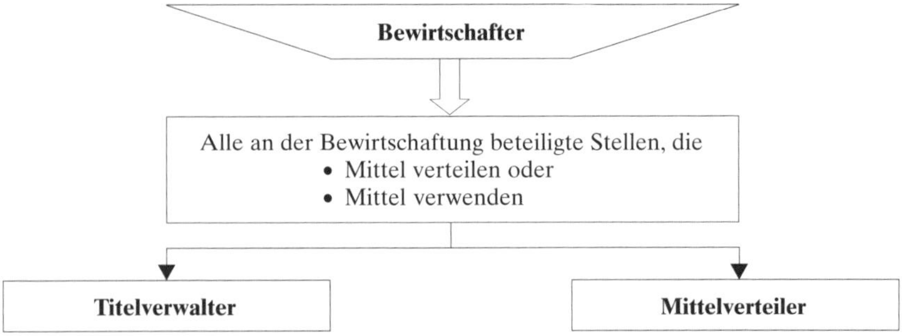

Abbildung 15: Bewirtschafterstrukturen

Das bedeutet für den Aufbau einer Bewirtschafterstruktur, dass die Bewirtschafter grundsätzlich auch nur mit einer **Bewirtschafternummer** in Erscheinung treten.

Um **Konten** im HKR-Verfahren anlegen zu können, ist es Grundvoraussetzung, zunächst eine Bewirtschafterstruktur aufzubauen. In ihr sind die Verteilerstufen der Bewirtschafter (Mittelverteiler u. Titelverwalter) in der Datenbank darzustellen und miteinander zu verknüpfen. Der erste Schritt ist mithin der Aufbau der Bewirtschafterstruktur, dem dann erst der zweite Schritt, der Aufbau der Kontenstruktur, folgen kann.

3.1.1 Mittelverteiler/Titelverwalter

Im HKR-Verfahren werden die **Mittelverteiler** (MV) nach ihrer jeweiligen Hierarchiestufe mit MV 1, MV 2, MV 3 usw. bezeichnet. Auf der untersten Hierarchiestufe erscheint „nur" noch der Mittelverwender, auch Titelverwalter (TV) genannt.

Im HKR-Verfahren treten die **einzelplanführenden** Stellen (z.B. BMVg) immer als Mittelverteiler 1 (MV 1) der obersten Stufe in Erscheinung.

In der Praxis gibt es unterschiedlich lange und gelegentlich verzweigte Verteilerwege. Der kürzeste Weg führt vom MV 1 direkt zum TV.

Im HKR-Verfahren werden bei der Bereitstellung der Haushaltsmittel die Titelkonten auf der MV 1-Ebene (oberste Bundesbehörde) automatisch für jede Haushaltsstelle durch das BMF eröffnet, d.h. die Konten auf der Ebene des Ministeriums werden nach der im Haushaltsplan vorgesehenen Ordnung (**Titelkonten**) über eine vorgegebene Zuordnungsdatei eingerichtet.

Auf diesen Titelkonten wird den einzelplanführenden Stellen der *umfassende* Ansatz der Titel des auf sie entfallenden Einzelplans und aus Teilen anderer Einzelpläne zur Verfügung gestellt.

3.1.2 Bewirtschafternummer

Um die **Kontenstruktur des nachgeordneten Bereichs** aufbauen zu können, müssen zunächst die Bewirtschafterstrukturen des nachgeordneten Bereichs angelegt werden.

Zur Kennung des jeweiligen Bewirtschafters (Mittelverteiler bzw. Titelverwalter) wird ihm auf Veranlassung des direkt übergeordneten Mittelverteilers unter Angabe der Dienststellenbezeichnung, der Anschrift, der Bezeichnung der zuständigen Bundeskasse etc. über das System durch das Bundesamt für Finanzen eine **achtstellige Bewirtschafternummer** übertragen. Dadurch wird der nachgeordnete Bewirtschafter in die Bewirtschafterstruktur eingebunden. Bei Mittelverteilern beginnt die Bewirtschaftungsnummer immer mit 01 und bei Titelverwaltern immer mit 03. Die Bewirtschafternummern der Bundeskassen beginnen mit der Ziffernfolge 11.

01 **03** **11**	**34567**	**8**
Klassifizierender Teil 01 = Mittelverteiler 03 = Titelverwalter (Mittelverwender) 11 = Bundeskasse	**Identifizierender Teil** Die folgenden 5 (x) Stellen identifizieren die Dienststelle. Sie wird vom System nach der jeweils nächsten freien Stelle in der Bewirtschafter-Struktur vergeben.	Die achte Stelle ist die Prüfziffer, die nach einer speziellen Prüfziffernrechnung durch das System ermitteltwird.

Abbildung 16: Aufbau der Bewirtschafternummer (Beispiel)

Übt ein Bewirtschafter sowohl die Funktion eines Mittelverteilers als auch die eines Titelverwalters aus, erhält er für jede dieser Funktionen eine Bewirtschafternummer. Eine solche **Doppelfunktion** liegt dann vor, wenn der Mittelverteiler sowohl an den nachgeordneten Bereich Haushaltsmittel verteilt als auch für den eigenen Bereich Zahlungen und Verpflichtungen anordnet.

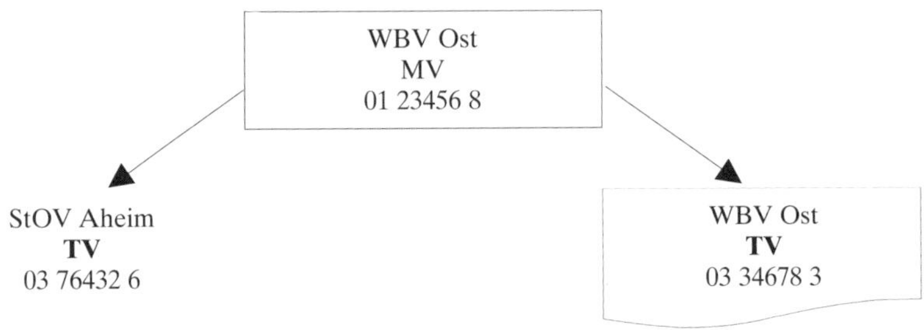

Abbildung 17: Doppelfunktion eines Bewirtschafters

Der Mittelverteiler/Titelverwalter erhält grundsätzlich auch dann nur *eine* Bewirtschafternummer, wenn er mehreren Mittelverteilern nachgeordnet ist.

Eine Dienststelle kann ausnahmsweise dann *mehrere* Bewirtschafternummern erhalten, wenn etwa **verschiedene Organisationseinheiten** (z.B. Referate) die Bewirtschaftungsbefugnis ausüben.

Die Bewirtschafternummer ist jeweils nur *einer* bestimmten **Bundeskasse** zugeordnet.

Ist der Titelverwalter befugt, mehreren Bundeskassen Anordnung zu erteilen, werden ihm jeweils für die zutreffende Bundeskasse die entsprechenden Bewirtschafternummern vergeben. Der Titelverwalter bekommt über ein **Stammdatenblatt für Mittelbewirtschafter** Kenntnis über die Vergabe seiner Bewirtschaftungsnummer (s. Abbildung 17a – Formular N 01„Stammdatenblatt für Mittelbewirtschafter“).

N 01 66/

HKR501

Datum 18.03.XX

HKR-SYSTEMPFLEGE, BHK
FACH 1 8 9 B.D.ZUST. BUNDESKASSE

BW VS II BERLIN
TV 215
REGATTASTR. 12

12527 BERLIN

Stammdatenblatt

für

Mittelbewirtschafter

Bewirtschafterdaten

Zugeteilte Bewirtschafternummer 031 35 393

Kurzbezeichnung TV 215

Bundeskasse: 09

Bezeichnung der Kasse: BUK KIEL

Nachrichtlich:

Daten des übergeordneten Mittelbewirtschafters

Bewirtschafternummer: 010 96 722

Bezeichnung: BM VERTEIDIGUNG
H I 1

Abbildung 17a: Formular N 01 „Stammdatenblatt für Mittelbewirtschafter“

N 02 47/

HKR502

Datum 20.03.XX

Blatt 1

Verzeichnis der nachgeordneten Mittelbewirtschafter

HKR-SYSTEMPFLEGE, BHK

FACH 637 B.D.ZUST. BUNDESKASSE

BM Verteidigung
H I 1

53003 Bonn

Bewirtschafternummer

0 1 0 9 6 7 2 2

Beleg-Nr.: 19032 019 00000

Vorbeleg-Nr.:

Lfd.Nr.	Kurzbezeichnung	Anschrift des nachgeordneten Bewirtschafters	Bundeskasse	Bewirtschafternummer Hinweistext
998 * * *	TV 215	BWVS II TV 215 REGATTASTR. 12 12527 BERLIN ******************************	09	031 35 393
998 * * *	TV 236	BWVS III TV 236 HINDENBURGERSTR. 5-15 23879 MÖLLN ********************************	06	031 35 963
998 * * *	TV 094	BWVS IV TV 094 AM RAINENBICHEL 54 54 82483 OBERAMMERGAU	14	031 35 989

Abbildung 17b: Formular N 02 „Verzeichnis der nachgeordneten Mittelbewirtschafter“

Zur Mittelverteilung, auch ggf. über mehrere Bewirtschafterstufen hinweg, ist der Aufbau einer Bewirtschafterstruktur Voraussetzung. Die vergebenen Bewirtschafternummern müssen an die übergeordneten Bewirtschafter über **Adressverkettung** angeknüpft werden. Dabei wird ein Mittelverteiler über die erfolgte Verknüpfung durch ein Verzeichnis der ihm unmittelbar nachgeordneten Bewirtschafter (Titelverwalter) unterrichtet (s. Abbildung 17b – Formular N 02 „Verzeichnis der nachgeordneten Mittelbewirtschafter“)

Ein Bewirtschafter (Mittelverteiler oder Titelverwalter) kann mit seiner Bewirtschafternummer in **mehrere Bewirtschafterstrukturen** eingebunden werden, wenn ihm von unterschiedlichen Mittelverteilern aus unterschiedlichen Konten die Bewirtschaftung übertragen wird.

Abbildung 17c: Einbindung in mehrere Bewirtschafterstrukturen

3.2 Konten im HKR-Verfahren

3.2.1 Zuweisung, Bereitstellung und Verteilung von Haushaltsmitteln im HKR-Verfahren

Unmittelbar nach Feststellung des Haushaltsplans durch das Haushaltsgesetz weist das BMF den obersten Bundesbehörden ihre Haushaltsmittel zu, indem es der für den Einzelplan zuständigen Stelle den beglaubigten Abdruck des für sie maßgeblichen **Einzelplans** übersendet (→ VV Nr. 1.1 S. 1 zu § 34 BHO).

Gleichzeitig eröffnet das BMF für jede Haushaltsstelle des Einzelplans dieser obersten Bundesbehörden, der **Mittelverteilerebene 1**, die auf sie entfallenden Titelkonten in den Büchern der Kasse. Darüber hinaus werden diese Titelkonten mit den kompletten Haushaltsansätzen ausgestattet (→ VV Nr. 1.1 S. 3 zu § 34 BHO).

Der Mittelverteiler 1 (die für den Einzelplan zuständige Stelle) verteilt seinerseits per **Kassenanweisung** an die für ihn zuständige Bundeskasse Berlin die Haushaltsmittel weiter auf die Titelkonten bei den für die **nachgeordneten Mittelverteilerebenen** oder ggf. bereits Titelverwalter zuständigen Bundeskassen. Dadurch werden automatisch die **Titelkonten** dieser MV-Ebene oder TItelverwalter bei deren Bundeskassen **eröffnet**.

Die Einrichtung aller benötigten Titelkonten von der Mittelverteilerebene 2 bis zum Titelverwalter (Mittelverwender) erfolgt nach dem gleichen Ablauf. Dadurch entsteht je Haushaltsstelle ein System entsprechend der Stellung der Bewirtschafter **aufsteigend miteinander verketteter Konten**.

Diese Kontenstruktur ermöglicht die gleichzeitige **Buchung** der Bewirtschaftungs- und Erhebungsvorgänge der Verwenderebene (Titelverwalter) und deren summarische **Nachweisung** auf allen übergeordneten Konten der Verteilerebenen.

Zur **Eröffnung eines Kontos** genügt eine Zuweisung mit dem Betrag „Null". Eine solche Null-Zuweisung ist auch zur Eröffnung der Titelkonten bei Ausgaben der sog. „Soll-Ist-Fälle" (Allg. Ausgabebewilligung) erforderlich. Ebenso werden die Titelkonten der Einnahmetitel mit „Null"-Zuweisung eröffnet.

Die jeweils zuständige Bundeskasse unterrichtet den Mittelverteiler bzw. Titelverwalter (Mittelverwender) über die Eröffnung seiner Konten und über die erhaltene Zuweisung unter Übersendung eines **Kontoauszugs,** der im HKR-Verfahren das Führen einer HÜL entbehrlich macht.

Alle Bewirtschaftungsvorgänge werden den Sachbuchkonten des Mittelverteilers/Titelverwalters über die in allen von ihm verwendeten Belegen anzugebende **Bewirtschafternummer** und **Haushaltsstelle** bzw. Objektnummer zugeordnet. **Die Verbindung von Bewirtschafternummer und Haushaltsstelle bildet die Titelkontonummer als Sachbuchkontonummer.** Diese achtzehnstellige Sachbuch*konto*nummer gibt es im HKR-System nur einmal.

3.2.2 Einteilung der Sachbuchkonten

Bei der Einteilung der Sachbuchkonten nach ihrer Struktur unterscheidet man zwei Kontenarten:

- Titelkonto,
- Objektkonto.

3.2.2.1 Titelkonto

Das Titelkonto ist Ausführungs-, Buchungs- und Nachweisstelle für alle Maßnahmen zur Bewirtschaftung eines Titels.

Auf dem **Titelkonto des Mittelverteilers** werden im einzelnen nachgewiesen:

- alle vom Mittelverteiler veranlassten Bewirtschaftungsmaßnahmen, z.B.
  - gegebene Haushaltsmittelzuweisungen,
  - erteilte Zurückziehungen von Haushaltsmitteln,
  - Änderung von Verfügbarkeitsrahmen auf Grund der Inanspruchnahme von Deckungsvermerken.

- Maßnahmen des **übergeordneten** Mittelverteilers:
  - erhaltene Zuweisungen von Haushaltsmittel,
  - zurückgerufene Haushaltsmittel.
- Die Titelkonten des **Mittelverteilers** weisen in der Summe die **Maßnahmen der nachgeordneten Bewirtschafter** aus:
  - Festlegungen,
  - Inanspruchnahme von Verpflichtungen,
  - Anordnungen zur Leistung oder Annahme von Zahlungen,
  - Änderungen von Verfügungsrahmen auf Grund der Inanspruchnahme von Deckungsvermerken.

Die Titelkonten des **Titelverwalters** weisen alle **von ihm veranlassten Bewirtschaftungsmaßnahmen** aus. Dabei handelt es sich um

- Festlegungen von Haushaltsmitteln,
- Inanspruchnahme von Verpflichtungsermächtigungen,
- Eingehen von Verpflichtungen ohne Verpflichtungsermächtigungen,
- Annahmeanordnungen,
- Auszahlungsanordnungen,
- Aufhebung von gebuchten Verpflichtungen und Festlegungen,
- Aufhebung von Zahlungsanordnungen,
- Änderungen des Verfügungsrahmens durch die Inanspruchnahme von Deckungsvermerken,
- Verlagerungen der durch Einzahlungen entstandenen Verfügbarkeiten.

Ebenso werden auf den Titelkonten des **Titelverwalters** Maßnahmen des **unmittelbar übergeordneten Mittelverteilers** nachgewiesen. Dabei kann es sich um

- erhaltene Zuweisungen und Verpflichtungsermächtigungen oder um
- zurückgerufene Haushaltsmittel und Verpflichtungsermächtigungen

handeln.

Der Titelverwalter auf der **untersten Ebene der Bewirtschaftung** muss sich mit der Eröffnung seiner Titelkonten nicht beschäftigen. Zur Eröffnung seiner Titelkonten genügt die Zuweisung der Haushaltsmittel und ggf. der Verpflichtungsermächtigungen durch seinen Mittelverteiler. Dies ist die Voraussetzung für den Beginn seiner Bewirtschaftungsmaßnahmen.

Auf allen Konten, sowohl der Mittelverteiler als auch der Titelverwalter, werden die nicht in Anspruch genommenen Haushaltsmittel bzw. die nicht verteilten Haushaltsmittel nachgewiesen.

Im HKR-Verfahren wird die Titelkontonummer durch eine **18-stellige Sachbuchkontonummer** dargestellt:

Beispiel:

Bewirtschafternummer	**Haushaltsstelle**	**Prüfziffer**
03 34568 8	1412 519 11	8
01 54398 2	1412 519 11	8

Im HKR-Verfahren ist die **Haushaltstelle** immer zehnstellig (Buchungsstelle alt, ergänzt um eine Prüfziffer).

3.2.2.2 Objektkonto

Im HKR-Verfahren kann das Titelkonto durch einen Bewirtschafter **weiter unterteilt** werden. Diese weiteren Unterteilungen werden in Gestalt von Objektkonten vorgenommen.

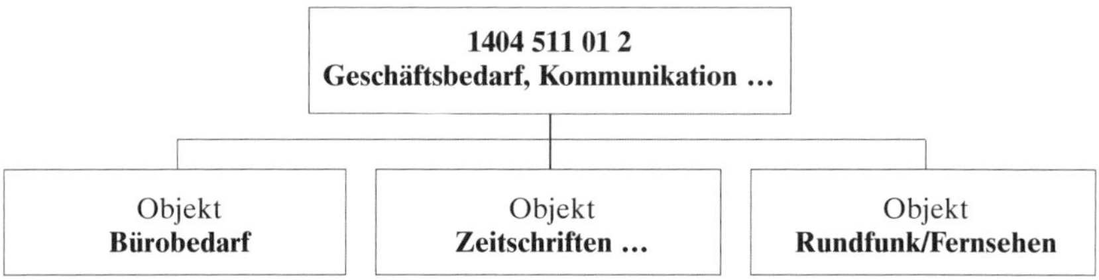

Abbildung 18: Objektkonto

Bereits vor Einführung des HKR-Verfahrens kannte man die weitere verwaltungsseitige Unterteilung eines Titels in **Buchungsabschnitte**. Auch Buchungsabschnitte waren kassenmäßig zu erfassen und waren für sich gesondert zu bewirtschaften. Sie dienten und dienen auch weiterhin der besseren Bewirtschaftung bestimmter, komplexerer Titel.

Ebenso ist im HKR-Verfahren eine ähnliche verwaltungsmäßige Aufteilung von Titelkonten vorgesehen. Solchermaßen aufgeteilte Titelkonten bezeichnet das HKR-Verfahren als **Objektkonten**.

Objektkonten bieten die Möglichkeit, ein Titelkonto auf jeder Bewirtschafterebene entsprechend dem jeweiligen Informationsbedarf des Bewirtschafters beliebig oft zu gliedern. Das bedeutet zunächst, dass der Bewirtschafter seine Mittel entweder auf Titelkonten oder aber auf Objektkonten zugewiesen bekommt, wenn der übergeordnete Mittelverteiler die Titelkonten bereits auf Objektkonten aufgeteilt hat.

Bereits auf einer Mittelverteilerebene in Objektkonten untergliederte Titelkonten können auch nur in der unterteilten Form des Objektkontos weitergegeben werden.

Objektkonten können je nach Bedarf weiter in **Unterobjektkonten** aufgegliedert werden. Die Tiefe der weiteren Untergliederung ist unbegrenzt. Der Bewirtschafter veranlasst die Untergliederung in Objektkonten. Die Einrichtung und Verknüpfung in das Kontensystem wird über das DV-System vorgenommen.

Die **Objektnummer** ist immer siebenstellig und wird um eine vom System vergebene Prüfziffer erweitert. Mit Vergabe der Objektnummer wird das Objektkonto eingerichtet.

Die **Objektkontonummer** als **Sachbuchkontonummer** setzt sich zusammen aus
- der achtstelligen Bewirtschafternummer
- zwei ergänzenden Nullen
- der achtstelligen Objektnummer

Beispiel:

Bewirtschafternummer	**Ergänzende Nullen**	**Objektnummer**
030 01 899	00	04467845

Beispiel für eine **weitere mögliche Objektkontenbildungen** anhand der Haushaltsstelle 1412 517 01 *„Bewirtschaftung der Grundstücke, Gebäude und Räume"*

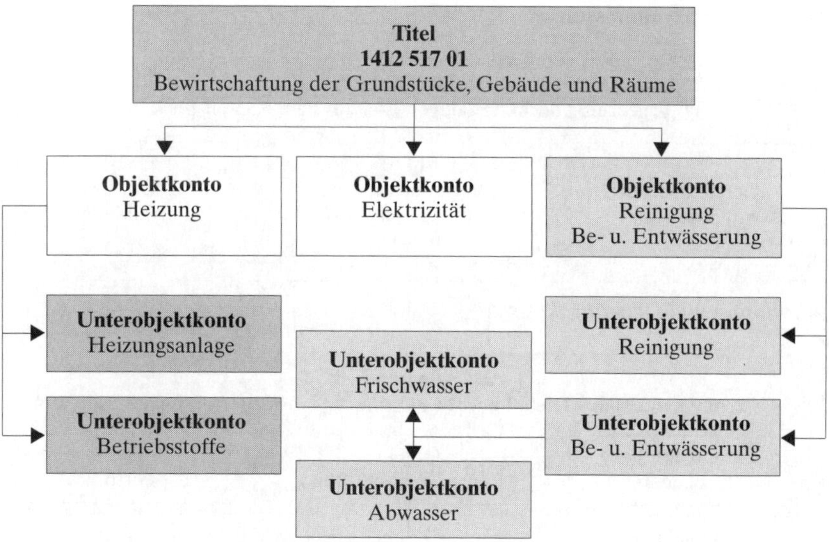

Abbildung 19: Objektkontenbildungen

Sieht der Titelverwalter die Notwendigkeit, auf seiner Ebene **Objekt- oder Unterobjektkonten einzurichten**, wird er wie ein Mittelverteiler tätig. Er eröffnet mit dem *Vordruck B 01 „Anweisung zur Einrichtung, Änderung oder Stilllegung eines Sachbuchkontos“* die Objekt- oder Unterobjektkonten und weist diesen entweder direkt bei der Eröffnung mit demselben Vordruck oder später mit dem Vordruck E 02 die erforderlichen Haushaltsmittel zu.

Mit der Angabe des (zu unterteilenden) übergeordneten Objekt- oder Titelkontos werden die neu einzurichtenden Objekt- oder Unterobjektkonten mit diesen verknüpft. Die Bundeskasse unterrichtet den Titelverwalter über die erfolgte Konteneinrichtung.

3.3 Einrichtung von Deckungsausgleichskonten

Zur Inanspruchnahme einer nach dem Haushaltsrecht erlaubten gegenseitigen **Deckungsfähigkeit** können auf der untersten Kontoebene im HKR-Verfahren gegenseitig deckungsfähige Titel eines Titelverwalters in einem **Deckungskreis** zusammengefasst werden, sofern einer der übergeordneten Mittelverteiler nichts Gegenteiliges bestimmt hat. Dies trifft auch auf die Untergliederungsformen der Titelkonten in Gestalt der **Objektkonten** zu.

Ein Deckungskreis kann mithin entweder nur Titelkonten (Abbildung 20) oder nur Objektkonten (Abbildung 21) oder aber auch eine Mischung aus beiden (Abbildung 22) umfassen.

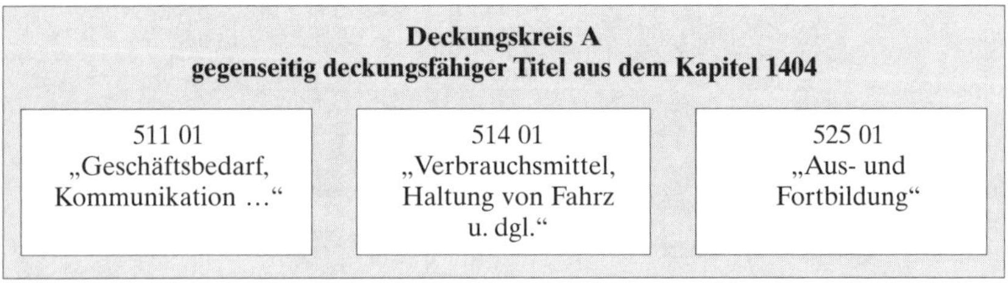

Abbildung 20: Deckungskreis A

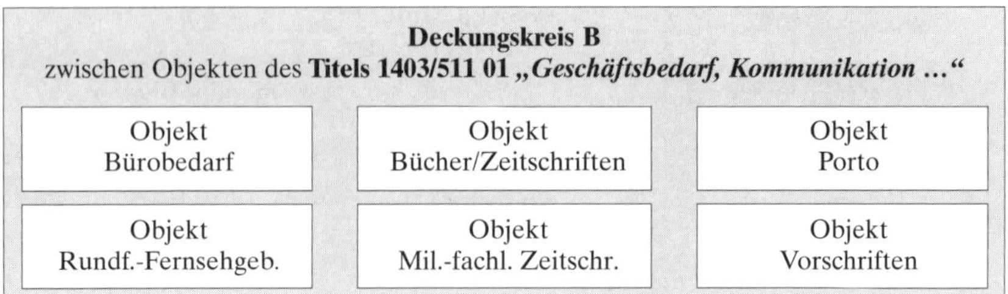

Abbildung 21: Deckungskreis B

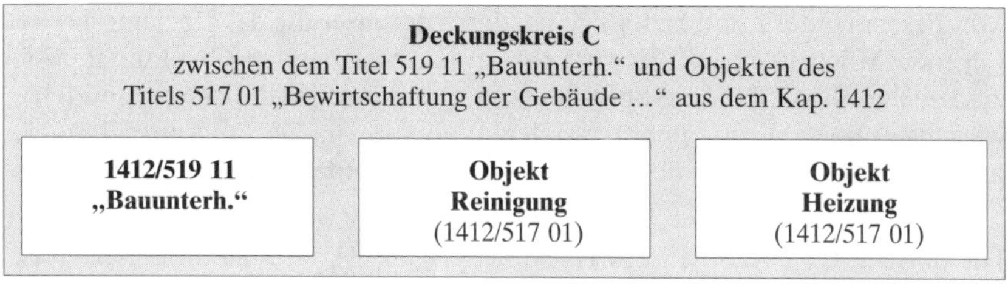

Abbildung 22: Deckungskreis C

Für jeden Deckungskreis wird vom System ein **Deckungsausgleichskonto** eingerichtet, das alle Mitglieder des Deckungskreises (alle beteiligten Sachbuchkonten) in der Summe aufnimmt und die im Deckungskreis verfügbaren Haushaltsmittel zusammenfasst.

Das Deckungsausgleichskonto hat die Funktion eines **Summenkontos** für alle im Deckungskreis beteiligten Sachbuchkonten. Das Deckungsausgleichskonto hat die Bestimmung, eine deckungskreisinterne, aber **kontenübergreifende Verfügbarkeitskontrolle** sicherzustellen. Dadurch ist eine leichtere und schnellere Bewirtschaftung der beteiligten Sachbuchkonten möglich.

Weil das Deckungsausgleichskonto kein Sachbuchkonto ist, können auf ihm auch keine Bewirtschaftungsvorgänge nachgewiesen werden, d.h. beispielsweise, dass eine Auszahlungsanordnung mit Angabe des Deckungsausgleichskontos nicht ausgeführt werden kann.

Dem Deckungsausgleichskonto wird jedoch zur Identifizierung eine **Kontonummer** zugeteilt. Sie besteht aus

- der 8-stelligen Bewirtschafternummer,
- ergänzenden zwei Nullen,
- der 8-stelligen Deckungsausgleichskontonummer.

Beispiel:

Bewirtschafternummer	**ergänzende Nullen**	**Deckungsausgleichskontonummer** (99 = klassifizierender Teil)
03135393	**00**	**99 013567**

Die Einrichtung eines Deckungsausgleichskontos erfolgt mit der Kassenanweisung *B 02 „Anweisung zur Einrichtung oder Stilllegung eines Deckungsausgleichskontos“*.

Wenn Sachbuchkonten in ein Deckungsausgleichskonto eingebunden werden sollen, lassen sich die auf den einzelnen Objektkonten benötigten Haushaltsmittel in aller Regel nicht hinreichend bestimmen. Der Gesamtverfügungsrahmen des Titels steht aber betragsmäßig fest.

Vor diesem Hintergrund bietet sich bei der **Strukturierung des Deckungskreises** folgende Möglichkeit an: Es wird neben den bestehenden Objektkonten ein zusätzliches Objektkonto eingerichtet, auf das die gesamte Haushaltsmittelzuweisung erfolgt. Wegen seiner besonderen Funktion im Deckungskreis bezeichnet man dieses Objektkonto auch als **Zuweisungskonto**. Auch vom Zuweisungskonto sind keine Zahlungen möglich.

Die übrigen Objektkonten des Deckungsausgleichskontos sind die **Sachbuchkonten**.

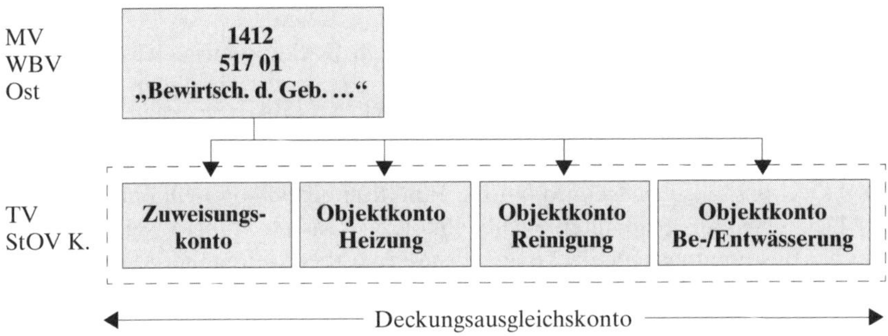

Abbildung 23: Deckungsausgleichskonto

Im HKR-Verfahren sind aber auch noch **weitere Varianten der Kontenkombination** denkbar und möglich.

Dies trifft beispielsweise auch auf Ausgaben zu, die nach Haushaltsvermerk **bis zur Höhe eingegangener Einnahmen** auf einem Einnahmetitel geleistet werden dürfen. Die Einbeziehung dieser miteinander korrespondierenden Haushaltsstellen in einen Deckungskreis erleichtert ebenso die Mittelbewirtschaftung. Das System überprüft in einem solchen Falle automatisch, ob bei einer Auszahlung aus dem Ausgabetitel **genügend Einnahmen auf dem Einnametitel** zur Verfügung stehen.

Titel	**Zweckbestimmung**	**Mittelansatz**
1403 382 01	**Einnahmen aus der Bewirtschaftung der Mannschaftsheime usw.** Haushaltsvermerk: Isteinnahmen dienen zur Deckung der Ausgaben bei Titel: 1403 982 01	–

Titel	**Zweckbestimmung**	**Mittelansatz**
1403 982 01	**Betreuungsmaßnahmen usw.**	–

Abbildung 24: Deckungskreis Haushaltseinnahmen/Haushaltsausgaben

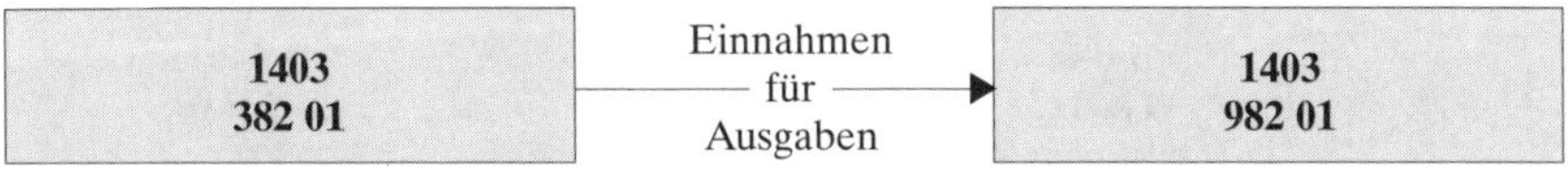

Abbildung 25: Einrichtung eines entsprechenden Deckungsausgleichskontos

Die Einrichtung und Nutzung von **Deckungskreisen** ist auch noch in einer weiteren Kombination zwischen Einnahmetitel und Ausgabetitel möglich.

In den Fällen, in denen Mehreinnahmen auf einem Einnahmetitel zur Verstärkung von Ausgaben bei einem Ausgabetitel verwendet werden können, ist die **Kombination von Objektkonten und der Bildung eines Deckungskreises** zur besseren Bewirtschaftung der Mittel sinnvoll und zweckmäßig.

Titel	Zweckbestimmung	Mittelansatz
1401 111 01	**Gebühren, sonstige Entgelte** Haushaltsvermerk: Mehreinnahmen dienen der Deckung der Mehrausgaben bei folgendem Titel: 532 02	**102 000 €**

Titel	Zweckbestimmung	Mittelansatz
1401 532 02	**Ausgaben für die Kindertagesstätte** Haushaltsvermerk: Mehrausgaben dürfen bis zur Höhe der Mehreinnahmen bei folgendem Titel geleistet werden: 111 01	**36 000 €**

Abbildung 26: Deckungskreis Mehreinnahmen/Haushaltsausgaben

Um diese beiden Titel in einen Deckungskreis einzubeziehen, ist die Einrichtung zweier Objektkonten bei dem Einnahmetitel 1401 111 01 erforderlich.

- Objektkonto 1 = *„Bis Sollbetrag"*,
- Objektkonto 2 = *„Mehreinnahmen"*.

Bei dieser Gestaltung bietet sich die Einrichtung eines Deckungskreises zwischen dem Objektkonto *„Mehreinnahmen"* und dem Ausgabetitel an. Sobald das Einzelobjektkonto „Bis Sollbetrag" gefüllt ist, erfolgen die weiteren Einzahlungen auf das Objektkonto „Mehrbetrag", das dann den Ausgabetitel automatisch verstärkt.

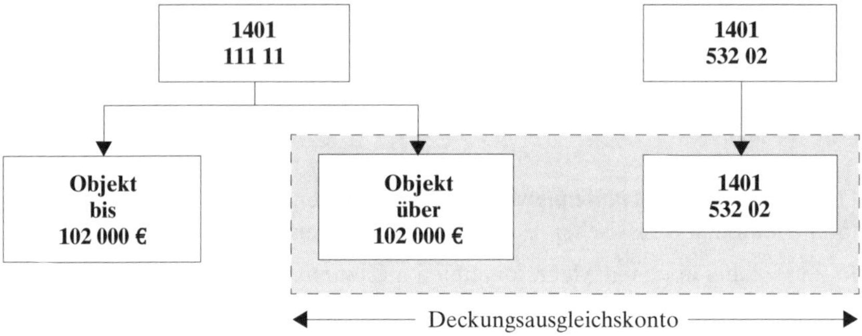

Abbildung 27: Einrichtung eines entsprechenden Deckungskreises

Diese Konstruktion ist aber nur möglich, wenn beide Titel von *einem* Titelverwalter bewirtschaftet werden

4. Kontenübernahme am Jahresende

In einem angemessenen Zeitraum vor Jahresende, etwa Mitte bis Ende November, werden alle zu diesem Zeitpunkt bestehenden Titel- und Objektkonten und auch bestehende Deckungsausgleichskonten aller Bewirtschafterstufen **automatisch für das Folgejahr eröffnet**. Dabei bleiben die bisherigen Kontonummern bestehen. Der genaue Zeitpunkt, zu dem die Konten den Bewirtschaftern zur Verfügung stehen, wird jeweils zeitgerecht bekanntgegeben.

II. Das Belegverfahren

1. Allgemeines

Die zentrale Datenbank beim Bundesamt für Finanzen, mithin das Datenbank-System im HKR-Verfahren, bietet dem Bewirtschafter zwei Zugangsmöglichkeiten:

- das Belegverfahren und
- das Dialogverfahren.

Im **Dialogverfahren** (Anwendungsprogramm HICO) hat der Bewirtschafter direkten Zugang zur Datenbank beim Bundesamt für Finanzen. Bei dieser Art des Zugangs greift er im **direkten Kontakt** über sein Dialoggerät auf seine Bewirtschafterdaten zu, ohne den Weg über die für ihn zuständige Bundeskasse zu nehmen.

Im **Belegverfahren** wird dem Bewirtschafter **über die Bundeskassen** Zugang zur Datenbank beim Bundesamt für Finanzen gewährt.

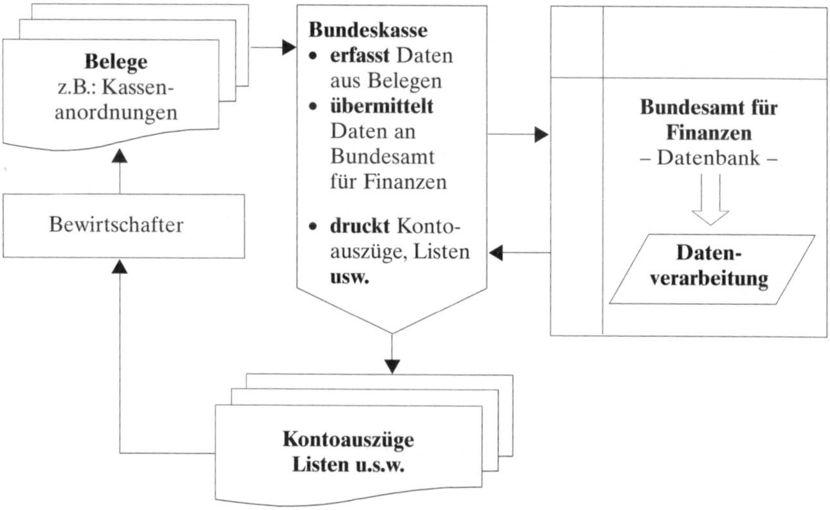

Abbildung 28: Belegverfahren

Die durch den Bewirtschafter den Bundeskassen übersandten **Kassenanweisungen** und **Kassenanordnungen** werden durch deren Datenverarbeitungssysteme erfasst und dem Bundesamt für Finanzen (BfF) als Verwalter der zentralen Datenbank im HKR-Verfahren im Wege der Datenfernübertragung täglich übermittelt.

Die druckaufbereiteten Verarbeitungsergebnisse können von den Bundeskassen am Folgetag abgerufen werden. Sie stehen dann dem Bewirtschafter in Form von

- Kontoauszügen,
- Stammblättern,
- Listen einschließlich Fehlerlisten,
- Titel- und Objektkontenübersichten sowie
- Übersichten verschiedener anderer Auswertungen

zur Verfügung.

2. Verfahren

2.1 Allgemeines

Zahlungen dürfen nach § 70 Bundeshaushaltsordnung (BHO) nur von Kassen und Zahlstellen und nur auf Grund schriftlicher Anordnung angenommen oder geleistet werden. Dabei muss die Anordnung von der dazu befugten Dienststelle (anordnungsbefugten Dienststelle) entweder schriftlich (im Belegverfahren) oder auf elektronischem Wege (im Dialogverfahren) erteilt werden.

§ 71 BHO sieht darüber hinaus auch die **Buchführungspflicht** voraus. Dies betrifft nicht nur Zahlungen im Sinne des § 70 BHO, sondern auch Verpflichtungen und Geldforderungen des Bundes. Diese gesetzlich vorgeschriebenen Buchungen sind gem. § 75 BHO zu belegen.

Das HKR-Verfahren erstreckt sich nicht nur auf Maßnahmen der Mittelverwendung, es bezieht sich auch auf Maßnahmen der Mittelverteilung und Mittelüberwachung sowie der automatischen Verfügbarkeitskontrolle.

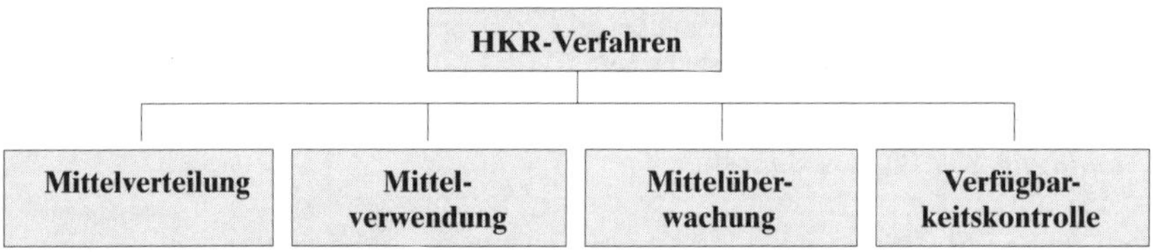

Abbildung 29: HKR-Verfahren

Alle Verfahrensbeteiligten, mithin sowohl die Mittelverteiler aller Stufen als auch die Titelverwalter als Mittelverwender, können über alle sie betreffenden Buchungen und anderen nicht buchungspflichtigen Vorgänge bei den Bundeskassen **Ausdrucke** und **Auswertungen** anfordern, sofern sie ihnen nicht bereits automatisch zur Verfügung gestellt werden.

Dieses Verfahren setzt voraus, dass für jedwede Bewirtschaftungsmaßnahmen die gleichen **Belege** und **Druckbilder** verwendet werden, die vom Bundesministerium der Finanzen im Einvernehmen mit dem Bundesrechnungshof gem. § 79 Abs. 4 Nr. 2 BHO bekanntgegeben wurden.

2.2 Kassenanordnungen

Alle Zahlungs- und Verpflichtungsbelege (Kassenanordnungen) sind durch den Anordnungsbefugten auszufertigen (→ VV Nr. 2.1 zu § 34 BHO). **Kassenanordnungen** sind schriftliche Anordnungen an die für den Bewirtschafter zuständige Kasse, Zahlungen anzunehmen oder zu leisten und die Buchungen dazu vorzunehmen (Zahlungsanordnungen) sowie andere buchungspflichtige Vorgänge in die Bücher einzutragen (Buchungsanordnungen).

Der Titelverwalter ist verpflichtet, bei der zuständigen Bundeskasse die **Unterschriftsprobe** der Anordnungsbefugten seiner Dienststelle zu hinterlegen (→ VV Nr. 2.2 zu § 34 BHO). Zuvor sind Zahlungsanordnungen sachlich und rechnerisch festzustellen.

Der Anordnungsbefugte darf Auszahlungsanordnungen nur dann erteilen, wenn auf dem angegebenen Ausgabetitel auch genügend Haushaltsmittel vorhanden und verfügbar sind. Stehen nicht genügend Ausgabemittel bei dem betroffenen Ausgabetitel zur Verfügung, wird die Auszahlungsanordnung grundsätzlich im Rahmen der maschinellen **Verfügbarkeitskontrolle** durch das System zurückgewiesen (→ VV Nr. 2.4. zu § 34 BHO und Nr. 1.1 der Anlage zur VV Nr. 2.6 zu § 34 BHO).

Müssen Zahlungen, die von der Bundeskasse bereits geleistet wurden, zurückgerufen werden, ist die Bundeskasse darüber unverzüglich zu verständigen, denn nur sie darf den **Rückruf** veranlassen.

2.3 Kassenanweisungen

Kassenanweisungen dagegen sind Weisungen an die Kassen, nicht buchungspflichtige Vorgänge aufzuzeichnen. Solche Kassenanweisungen können im Gegensatz zu den Kassen*anordnungen* auch von anderen zeichnungsberechtigten Bediensteten als dem Anordnungsbefugten erteilt werden. Eine Unterschriftsmitteilung an die Kasse ist nicht erforderlich (→ Nr. 1.2 der Anlage zur VV Nr. 2.6 zu § 34 BHO).

2.4 Aufbau der Belege

Die übersandten Belege werden von der Bundeskasse manuell geprüft und nach bestimmten kasseninternen und verfahrenstechnischen Verarbeitungskriterien zusammengefasst und per Datenfernübertragung zum Zentralrechner des Bundesamtes für Finanzen übermittelt.

Der **einheitliche Aufbau der Belegvordrucke** sollen allen Beteiligten, mithin dem Bewirtschafter, dem Buchhalter der Kasse, dem Datenerfasser und dem Prüfer des BRH, die Handhabung erleichtern und dabei Fehler vermeiden helfen.

Ein **Vordrucksatz** besteht regelmäßig aus zwei Blättern, einer Erstschrift, die sich an die Bundeskasse richtet und einer Zweitschrift, die bei dem Bewirtschafter verbleibt. Dem Bewirtschafter steht für seine Anordnung/Anweisung an die Kasse nur die **Vorderseite** des Vordrucks zur Verfügung. Die Rückseite enthält für den Bewirtschafter je nach Belegart vorgegebene und anzuwendende Verarbeitungsschlüssel, Erläuterungen und Ausfüllhinweise.

Beim Aufbau des Belegs ist zwischen den Erfassungsfeldern und den nicht zu erfassenden Bewirtschafterfeldern zu unterscheiden. In die **Erfassungsfelder** trägt der Bewirtschafter die Daten ein, die für die Datenerfassung durch die Bundeskasse von Bedeutung sind. Bei den **Bewirtschaftereintragungen**, die nicht erfasst werden, handelt es sich zumeist um ergänzende, erläuternde Angaben, die u.a. für die Rechnungsprüfung und Rechnungslegung von Bedeutung sind (z.B. Wortbegründung der Maßnahme) oder um andere notwendige Merkmale der Kassenanordnung (z.B. Bezeichnung des ausführenden Geldinstituts bei unbaren Zahlungen).

Die Erfassungsfelder sind durch **Kämme** unterteilt, um dadurch manuelle, aber auch maschinelle Eintragung zu erleichtern; denn je Erfassungsfeld ist nur eine bestimmte Anzahl von Zeichen zulässig. In diese Felder dürfen keinesfalls mehr Zeichen eingetragen werden, als durch die Kämme vorgegeben sind.

Beispiel:

7 Text zur Erläuterung der Buchung im Kontoauszug

K	**A**	**U**	**F**		**B**	**U**	**E**	**R**	**O**	**K**	**L**	**E**	**I**	**N**	**M**	**A**	**T**	**E**	**R**	**I**

Erfassungsfelder **ohne Kammunterteilung** sind bereits bedruckt vorgegeben. Manuelle Ergänzungen, Berichtigungen oder Eintragungen anderer Art in solche Erfassungsfelder sind unzulässig.

Die Bewirtschafterbelege bilden in der Regel die Grundlage für die maschinelle Ausführung und Buchung der jeweiligen Bewirtschaftungsmaßnahmen durch die Kasse. Die Angaben in den Belegen müssen daher **sorgfältig ausgeführt, richtig und vollständig** sein.

Solche Anforderungen an einen Beleg ergeben sich nicht in erster Linie aus den Verfahrensrichtlinien zum HKR-Verfahren, sondern aus den allgemeingültigen Verwaltungsvorschriften zu § 34 BHO (→ Anlage Nr. 1.4 bis 1.7 zu VV Nr. 2.6 zu § 34 BHO).

- Danach dürfen beim Ausfüllen nur **urkundenechte Schreibmittel** (z.B. urkundenechte Tinte, Kugelschreiber nach DIN 16554, urkundenechte Farbbänder nach DIN 2103) und auf die Erstellung urkundengeeigneter Kassenanordnungen geprüfte Drucker verwendet werden. Im Zweifel ist die Urkundeneignung durch **Prüfzeugnis** einer für Materialprüfungen zuständigen Stelle nachzuweisen. Unterschriften auf den Belegen sind ausnahmslos mit **blauem Kugelschreiber** (DIN 16554) zu leisten. Dies gilt auch für Kassenanordnungen, die im automatisierten Verfahren erstellt werden. Namenskürzel sind unzulässig.

- **Vordrucke** für die Erstellung von Kassenanordnungen müssen **urkundengeeignet** sein. Werden Vordrucke nicht durch Druck oder Umdruck, sondern durch andere Verfahren (z.B. durch Laserdrucker) hergestellt und lässt sich die Urkundeneignung nicht anhand einer Norm feststellen, so ist die Urkundeneignung bei Einführung des Verfahrens durch ein Prüfzeugnis einer für Materialprüfungen zuständigen Stelle nachzuweisen.
- Kassenanordnungen sind zu **begründen**. Dabei sollen Rechtsgrund, Zweck oder Anlass der Zahlung oder Buchung so deutlich erkennbar sein, dass sie der zu Grunde liegenden Verwaltungsmaßnahme zugeordnet werden können.
- Steht die Kassenanordnung im Zusammenhang mit früheren Zahlungen, so ist in der Begründung auf **vorangegangene Kassenanordnung**(en) hinzuweisen. Auf den begründenden Unterlagen sind entsprechende korrespondierende Hinweise aufzunehmen, um so eine gegenseitige Zuordnung sicherzustellen.
- Bis zu ihrer Ausführung durch die Kasse dürfen Kassenanordnungen **berichtigt** werden. Die zu berichtigenden Angaben dürfen nur in der Art gestrichen werden, dass sie in ursprünglicher Form lesbar bleiben. Berichtigungen durch Radieren, Übermalen, Überkleben oder Verwendung von Korrekturlack sind nicht zulässig. Die Berichtigungen sind jeweils mit Datum und Namenszeichen des Berichtigenden zu versehen.
- Die richtigen Angaben sind **stellengenau** darüber zu schreiben.
- Bei berichtigten Kassenanordnungen muss der Anordnungsbefugte deutlich vermerken, dass sich seine **Unterschrift** auch auf die berichtigten Teile der Kassenanordnung bezieht.
- **Nicht zulässig** sind Berichtigungen folgender Angaben in Kassenanordnungen:
  - Bezeichnung des Empfangsberechtigten oder des Einzahlungspflichtigen, bei Barzahlungen auch deren Anschrift,
  - Girokontonummer und Bankleitzahl,
  - Betrag in Ziffern und Buchstaben,
  - Fälligkeitstermine bei Zahlungen,
  - Feststellungsvermerke,
  - Vermerke des Anordnenden.
  - **Kassenanordnungen, die im automatisierten Verfahren erstellt werden, dürfen nicht berichtigt werden.**

3. Eintragungen

3.1 Allgemeine Handhabung der Vordrucke

Beim Ausfüllen der Belegvordrucke mit **Schreibmaschine** ist Groß- und Kleinschreibung möglich. Wird der Beleg **handschriftlich** erstellt, ist auf gute Lesbarkeit in Blockschrift und Großbuchstaben zu achten. Ziffern und Buchstaben sind verwechslungssicher darzustellen. In den Erfassungskämmen für Texte sind alle Angaben einschließlich der Leer- und Trennzeichen so einzutragen, wie sie später in den Kontoauszügen, Listen etc. erscheinen sollen.

Beim Ausfüllen der Vordrucke sind bestimmte **Zeichen** nicht zugelassen. Sie sind ersatzweise darzustellen:

nicht zugelassene Zeichen im Erfassungsteil:	**ersatzweise Darstellung**
Ä,Ö,Ü	AE, OE, UE
ß	SS
$ (US-Dollar)	USD
£ (Pfund Sterling)	GBP, IEP
&	UND
%	PROZ
§	PARAG

Ausländische **Währungen** sind nach dem ISO-Währungscode anzugeben.

Sind **zusammengehörige Textfelder** aus Platzgründen auf den Belegvordrucken mehrzeilig dargestellt, müssen sie so ausgefüllt werden, als ob sie einzeilig vorgegeben wären. Wörter dürfen infolgedessen bei dem Übergang zur zweiten Zeile (Ergänzungszeile) nicht durch Leerzeichen oder Bindestriche getrennt werden.

Beispiel: Das Textfeld in der Satzart H 12 (Text zur Erläuterung im Kontoauszug)
– erste Zeile: 15 Zeichen
– zweite Zeile: 10 Zeichen

<table>
<tr><td colspan="15">Beleg
Satzart H 12</td><td>Kontoauszug</td></tr>
<tr><td>R</td><td>E</td><td>I</td><td>S</td><td>E</td><td>K</td><td>O</td><td>S</td><td>T</td><td>E</td><td>N</td><td>V</td><td>E</td><td>R</td><td>G</td><td rowspan="2">REISEKOSTENVERGÜTUNG</td></tr>
<tr><td>U</td><td>E</td><td>T</td><td>U</td><td>N</td><td>G</td><td></td><td></td><td></td><td></td><td colspan="5"></td></tr>
</table>

Ständig wiederkehrende Eintragungen (z.B. anordnende Dienststelle, Bundeskasse, Bewirtschafternummer, bestimmte Verarbeitungsschlüssel) können in den Belegen vorgedruckt werden.

3.2 Mussfelder

Der Kopfteil aller Belege ist einheitlich gestaltet und enthält nur Felder, die in der Regel ausgefüllt werden müssen (**Muss-Felder**). Dabei sind folgende Bedingungen zu beachten:

Sie enthalten Daten, die sowohl der Bundeskasse als auch dem Mittelbewirtschafter den Rückgriff von der Buchung auf den Beleg ermöglichen, die Verarbeitung steuern und die Zuordnungskriterien beinhalten.

Feld	**Eintragung**
Anordnende Dienststelle	Verwechslungssichere Bezeichnung der Dienststelle, evtl. mit Angabe der internen Organisationseinheit (z.B. Referat)
Bundeskasse	Eindeutige Bezeichnung der für den Mittelbewirtschafter zuständigen Bundeskasse
Belegnummer der Kasse	Die Belegnummer der Kasse wird von der Bundeskasse vergeben und ist vom Bewirtschafter freizulassen.
Art der Anordnung	Bei alternativen Maßnahmen ist das entsprechende Auswahlkästchen anzukreuzen.
Haushaltsjahr	immer anzugeben
Belegnummer des Bewirtschafters (8-stellig)	Datum (5-stellig) = Tag + Monat (je 2-stellig) + Jahr (1-stellig = letzte Ziffer der Jahreszahl) lfd. Nr. (3-stellig) = immer größer als Null *Beispiel: Datum = 12.07.2005 /lfd. Nr. 6 der Bearbeitung* *Eintrag: 12075006*
Verarbeitungsschlüssel (Festlegung der Ausführung des Belegs durch das System)	Der zutreffende fünfstellige Verarbeitungsschlüssel ist der Rückseite des Belegs zu entnehmen. Die teilweise vorgedruckten Verarbeitungsschlüssel sind jeweilig zu ergänzen. Damit legt der Bewirtschafter den Bewirtschaftungsvorgang im einzelnen fest und bestimmt die Art seiner Ausführung.
Bewirtschafternummer	Bewirtschafternummer lt. Stammdatenblatt für Mittelbewirtschafter
Haushaltsstelle/ Objektnummer	Haushaltsstelle einschließlich Prüfziffer (10-stellig) Objektnummer (rechtsbündig ohne führende Nullen eintragen)
Buchstabenwiederholung des Betrages	bei einmaligen Zahlungen unter 500 € kann auf die Buchstabenwiederholung verzichtet werden.

Andere **„Mussfelder“** sind nur bei bestimmten Belegen oder bestimmten Maßnahmen auszufüllen:

- die Bankverbindung bei unbaren Auszahlungen,
- die Bankverbindung bei unbaren Einzahlungen mit **Einzugsermächtigung**,
- das Fälligkeitsdatum, auch bei sofortiger Zahlung
- das Fälligkeitsdatum bei Einzahlungen im **Zahlungsüberwachungsverfahren** (ZÜV),

- die vollständige Anschrift des Einzahlungspflichtigen im ZÜV,
- die Angabe der Kennung in der Satzart 02 bei Belegen zu Abschlagszahlungen, Vorschüssen und Verwahrungen,
- die Bezugsbelegnummer bei Maßnahmen, denen Buchungen vorangegangen sind, wie Festlegungen, Aufhebung von Festlegungen, Umbuchungen, Rückzahlungen
- oder Aufhebung von Kassenanordnungen.

4. Belegarten

Die **Vordrucke** sind folgendermaßen eingeteilt und bezeichnet:

- Vordrucke der Systempflege zur Einrichtung, Änderung oder Stilllegung von Bewirtschafterstrukturen durch das System (Vordrucke der A-Reihe). Diese Belege stehen dem Bewirtschafter *nicht* zur Verfügung.
- Vordrucke zur Einrichtung oder Änderung von Konten (Vordrucke der B-Reihe),
- Vordrucke zur Mittelverteilung (Vordrucke der E-Reihe),
- Vordrucke der Mittelverwendung (Vordrucke der F-Reihe),
- Vordrucke zur Anforderung von Druckausgaben (Vordrucke der G-Reihe),
- Vordrucke zur Annahme/Leistung und Buchung von Einzahlungen und Auszahlungen auf Grund allgemeiner Annahmeanordnung/Auszahlungsanordnung (Vordrucke der M-Reihe).

Auch je nach **Anwendungsgebiet** können die Belege des HKR-Verfahrens systematisiert werden. Eine erste Klassifizierung ergibt sich bereits durch die Einteilung in Rechnungsbelege und Anforderungsbelege.Der Begriff **„Anforderungsbeleg“** deutet schon darauf hin, bestimmte Dienstleistungen des HKR-Systems in Anspruch zu nehmen, z.B. Kontoauszüge, Listen oder Nachweise anzufordern. Diese Belege können durch den Bewirtschafter (Mittelverteiler oder Titelverwalter), durch die Bundeskassen oder auch durch die Systempflege benutzt werden.

Weiter lassen sich die Belege nach Bewirtschafter- und Kassenbelegen unterscheiden. Wie der Begriff „Kassenbeleg“ schon deutlich werden lässt, wird er für **kasseninterne** Buchungsfälle eingesetzt.

Dagegen sind **Bewirtschafterbelege** für Struktur- (Bewirtschafter- oder Kontenstrukturmaßnahmen) oder Bewirtschaftungsmaßnahmen bestimmt (*s. Abbildung 30a*).

Nach ihrer **Wirkung** lassen sich die Belege nach Kassenanordnungen und Kassenanweisungen unterscheiden.

Kassen**anordnungen** sind schriftliche Anordnungen an die für den Bewirtschafter zuständige Kasse, Zahlungen anzunehmen oder zu leisten und die Buchun-

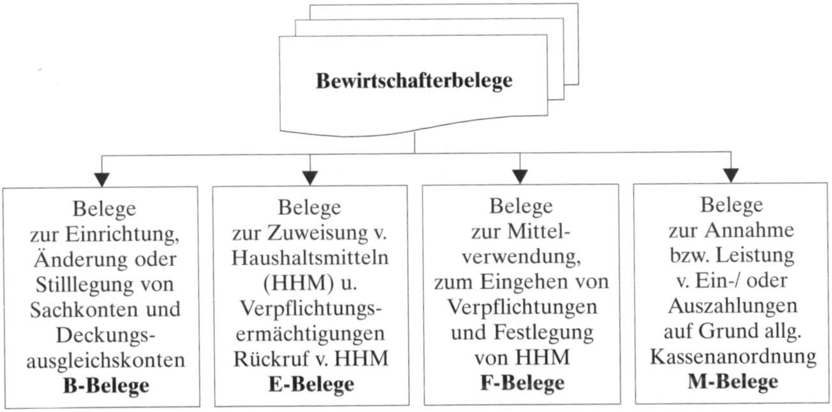

Abbildung 30: Belegarten

gen dazu vorzunehmen (Zahlungsanordnungen) sowie andere buchungspflichtige Vorgänge in die Bücher einzutragen (Buchungsanordnungen).

- Kassenanordnungen können als
  - **Einzelanordnung** über **einmalige** oder **wiederkehrende** Zahlungen für einen Einzahlungspflichtigen oder einen Empfangsberechtigten sowie für Einzelbuchungen

    oder als
  - **Sammelanordnung** über **einmalige** oder **wiederkehrende** Zahlungen für mehrere Einzahlungspflichtige oder mehrere Empfangsberechtigte sowie für mehrere Buchungen

  erteilt werden.[1]

  In ihrer Form unterscheidet man die Kassenanordnung nach der
  - förmlichen

    und
  - allgemeinen Kassenanordnung.

  Die **förmliche** Kassenanordnungen werden auf durch das BMF vorgeschriebenen Druckbilden erteilt. Sie ist von dem jeweils zuständigen Anordnungsbefugten des Mittelbewirtschafters zu unterzeichnen. Bei der allgemeinen Kassenanordnung ist bereits die Anordnung durch das BMF in bestimmten Zahlungsfällen erteilt.

- Kassen**anweisungen** dagegen sind Weisungen an die Kassen, nicht buchungspflichtige Vorgänge aufzuzeichnen. Sie sind ebenfalls auf vorgeschriebenen Vordrucken des BMF zu erteilen.

1 Nr. 1.1 der Anlage zur VV Nr. 2.6 zu § 34 BHO.

Im Einvernehmen mit dem Bundesrechnungshof kann das BMF bestimmen, dass Kassenanordnungen und Kassenanweisungen auch in anderer Form als durch die vorgeschriebenen Vordrucke erteilt werden können.[2]

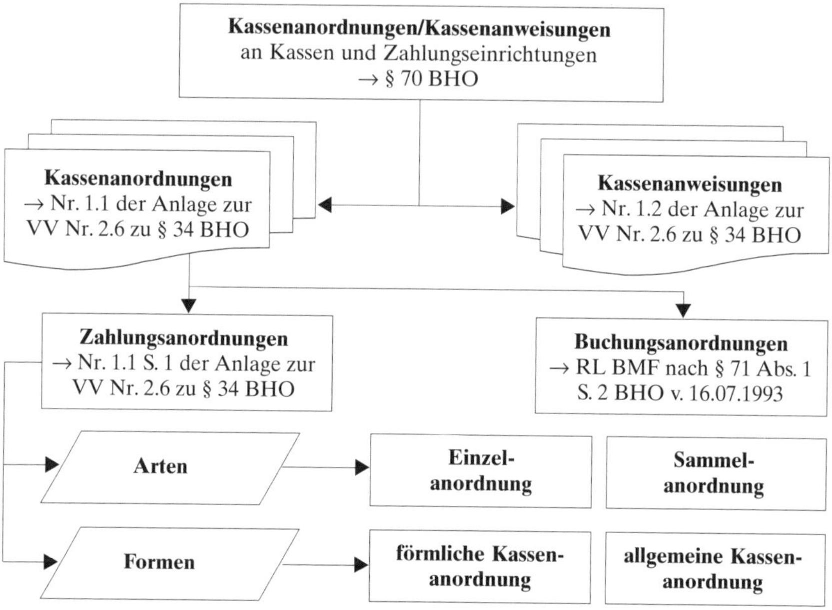

Abbildung 30a: Bewirtschafterbelege

III. Die Belege für Strukturmaßnahmen und Belege zur Mittelverteilung

1. Belege für Strukturmaßnahmen

Die Belege für Strukturmaßnahmen umfassen die Belege der A- und B-Klasse. Die A-Klasse der Bewirtschafterbelege werden durch die Belege A01 und A02 dargestellt. Diese Belege werden ausschließlich von der Systempflege für Strukturmaßnahmen des Bewirtschafters genutzt und stehen dem Bewirtschafter selbst nicht zur Verfügung. Allerdings wird die Systempflege auf Veranlassung des Bewirtschafters tätig. Mit diesen Belegen veranlasst das System etwa die erstmalige Vergabe einer Bewirtschafternummer und die Anknüpfung an eine bereits bestehende Bewirtschafterstruktur.

2 Nr. 1.2 u. 1.3 der Anlage zur VV Nr. 2.6 zu § 34BHO.

Für Strukturmaßnahmen werden aber auch die Belege der **Klasse B** eingesetzt. Es handelt sich um die Belege B01 und B02. Sie werden vom Bewirtschafter genutzt, um etwa ein Sachbuchkonto weiter zu untergliedern – B01 – *(s. Abb. 31)* oder um ein Deckungsausgleichskonto einzurichten – B02 – *(s. Abb. 32)*.

1.1 Beleg B 01 „Anweisung zur Einrichtung, Änderung, oder Stilllegung eines Sachbuchkontos"

Mit der Anweisung B 01 kann ein **Titelkonto** in Objektkonten oder ein bereits bestehendes Objektkonto weiter in Unterobjektkonten unterteilt werden. Für die Einrichtung solcher weiteren Untergliederungsformen ist als Steuerungselement der Verarbeitungsschlüssel 01100 einzutragen, zu der die neue Unterteilung vorgenommen werden soll.

Als **Kurzbezeichnung** kann der Bewirtschafter einen beliebigen, bis zu 9-stelligen Begriff eintragen. Zweckmäßigerweise sollte diese Kurzbezeichnung in der Satzart B12 ab Position 1 des Belegs wiederholt werden, um dem System zu ermöglichen, die Bezeichnung im Dialogverfahren anzuzeigen. Die Ausfüllung der weiteren, dem Schrägstrich folgenden Stellen bleibt dem Bewirtschafter überlassen. Er kann einen Text nach seinem Belieben auswählen.

Die Angaben der **laufenden Nummer** in der Satzart B01 eröffnet dem Bewirtschafter die Möglichkeit, für die neu einzurichtenden Sachbuchkonten eine Sortierreihenfolge in Listen und Übersichten sowie in evtl. Bildschirmanzeigen zu bestimmen. Sinnvollerweise sollten die laufenden Nummern mit Lücken versehen werden, um ggf. später weitere Sachbuchkonten „einschieben" zu können, ohne die folgenden Nummern ändern zu müssen.

Beispiel:
→ Objekt 1: lfd. Nr. 001
→ Objekt 2: lfd. Nr. 005
→ Objekt 3: lfd. Nr. 010

Soll zu einem späteren Zeitpunkt ein **weiteres Objektkonto** eingerichtet werden, das in der Sortierfolge an dritter Stelle stehen soll, so ist das durch die Vergabe der lfd. Nr. 007 realisierbar.

Falls das einzurichtende Sachbuchkonto in einen Deckungskreis eingebunden werden soll, ist in der Satzart 503 als Deckungszeichen „1" **(gegenseitig deckungsfähig)** einzutragen. Sonstige Deckungskennzeichen ergeben sich aus dem Verzeichnis auf der Rückseite des Belegs (*s. Abbildung 31*).

Anweisende Stelle
Standortverwaltung Hochdorf

An die Bundeskasse: **Kiel**

Eingangsstempel der Kasse

B01

1 Belegnummer der Kasse

L

Anweisung zur Einrichtung, Änderung oder Stilllegung eines Sachbuchkontos

2 Belegnummer des Bewirtschafters (Tag, Monat, Jahr, Lfd. Nr.): 1 5 0 1 3 0 0 2

3 Verarbeitungsschlüssel: 0 1 1 0 0 (bitte ergänzen)

4 Bewirtschafternummer: 0 3 1 0 4 5 6 7

Haushaltsjahr: 2003

5 Haushaltsstelle/Objektnummer: 1 4 1 2 5 1 7 0 1 7 (Objektnummer)

6 Satzart	7 Kurzbezeichnung	8 Laufende Nummer
B 0 1	ZUWEKONTO	0 0 1

503 — 7 Deckungskennzeichen: 1

B 1 2 — 7 Zweckbestimmung (Zeile 1): ZUWEKONTO/1412 517 01 ZUWEI SUNGSKONTO

B 3 2 — 7 Zweckbestimmung (Zeile 2): AUS DIESEM KONTO KEINE ZAHL UNGEN LEISTEN

B 5 2 — 7 Zweckbestimmung (Zeile 3):

B 7 2 — 7 Zweckbestimmung (Zeile 4):

5 9 5 — 7 Bewirtschafternummer (ursprüngliche/folgende): — 8 Haushaltsstelle/Objektnummer (ursprüngliche/folgende): (Objektnummer)

9 Mehrzweckfeld:

5 9 6 — 7: 1 — 8 Zuweisungsbetrag Euro: - - - - - - 1 5 0 0 0 0 Cent: 0 0

Die Anweisung ist, wie angegeben, auszuführen.

15.01.03 gez. Taube

Datum, Unterschrift

Vermerke der Kasse

Bearbeitungszeichen:

Daten erfasst: Daten geprüft:

Konto: Zuweisungskonto im Deckungskreis

Eintragungen auf der Rückseite:
Verzeichnis der Bearbeitungsschlüssel für den Vordruck B 01:
Anweisung zur:

• Einrichtung	01100
• Stilllegung	01200
• Änderung	01300
• Reaktivierung	01400

eines Sachbuchkontos

Anweisung zur

• Abschließung von Sachbuchkonten und Neueinrichtung von Nachfolgekonten ohne Übertragung der Bestände	01310
• Löschung aller nachgeordneten Konten eines Sachbuchkontos	01900

Verzeichnis der Deckungskennzeichen
(Satzart 503, Feld 7)
1 = Das Konto ist gegenseitig deckungsfähig.
2 = Das Konto ist einseitig empfangend deckungsfähig
3 = Das Konto ist einseitig abgebend deckungsfähig
4 = Das Konto ist nicht deckungsfähig

Abbildung 31: Beispiel für die Einrichtung von Sachbuchkonten bei Kapitel 1412 Tit. 517 01 (Bewirtschaftung der Grundstücke …)

1.2 Beleg B 02 „Anweisung zur Einrichtung , Änderung oder Stilllegung eines Deckungsausgleichskontos“

Nur der Titelverwalter kann den Strukturbeleg B 02 einsetzen., denn die Einrichtung, Änderung oder Stilllegung eines Deckungsausgleichskontos ist nur auf *der* **Mittelverwenderebene** bei gegenseitig deckungsfähigen Sachbuchkonten möglich.

Ebenso wie bei dem Beleg B 01 ist auch hier bei einer **Neueinrichtung** eines Deckungsausgleichskontos der Verarbeitungsschlüssel 01100 anzuwenden. Weil das System jedoch erst noch die Nummer des Deckungsausgleichskontos zu vergeben hat, entfällt ein Eintrag an dieser Stelle.

Die einzurichtenden Deckungskreise sind **aufsteigend** zu nummerieren. Soll der Deckungskreis mehr als neun Suchbuchkonten umfassen und der Beleg B 02 deshalb nicht ausreichen, können weitere Belege B 02 verwendet werden, die

Anweisende Stelle

Bundeswehrverwaltungsschule II
12527 Berlin

An die Bundeskasse Kiel

Eingangsstempel der Kasse

B02

1 Belegnummer der Kasse

L

Anweisung zur Einrichtung, Änderung oder Stilllegung eines Deckungsausgleichskontos

2 Belegnummer des Bewirtschafters (Tag | Monat | Jahr | Lfd. Nr.): 1 8 0 1 X 0 0 4

3 Verarbeitungsschlüssel: 0 1 1 1 0 0 (▲ bitte ergänzen)

4 Bewirtschafternummer

5 Deckungsausgleichskontonummer 4.)

Haushaltsjahr 200X

6 Satzart	7 Deckungskreis-Nr. 1.)	8 Bezeichnung des Kontos
B07	01	Dienstreisen

6 Satzart	7 Lfd.-Nr. 3.)	8 2.)	9 Stilllegungskennzeichen	10 Haushaltsstelle/Objektnummer (▲ Objektnummer)
513	001			02651531
523	009			02651549
533	102			02651556
543	400			02651564
553	499			02651572
563				
573				
583				
593				

Die Anweisung ist, wie angegeben, auszuführen.

Berlin, 18.01.XX *Sperling*

Datum, Unterschrift

Vermerke der Kasse

Bearbeitungszeichen:

Daten erfasst: Daten geprüft:

Eintragungen auf der Rückseite:

Verzeichnis der Bearbeitungsschlüssel für den Vordruck B 02:
Anweisung zur:

• Einrichtung	01100
• Stilllegung	01200
• Änderung	01300

eines Deckungsausgleichskontos

Verzeichnis der Stilllegungskennzeichen (Satzart 513, Feld 9 usw.)

0 = Das Mitgliedskonto ist neu anzulegen.
Das Mitgliedskonto ist zu ändern.
2 = Das Mitgliedskonto ist stillzulegen.

Abbildung 32: Beispiel für die Einrichtung eines Deckungsausgleichskontos mit Beleg B 02

dann miteinander zu verbinden sind. In diesem Falle ist auf allen Belegen die gleiche Deckungskreisnummer zu vergeben. In analoger Anwendung der Verfahrensweise zu Beleg B 01 kann der Bewirtschafter durch das Festlegen der laufenden Nummer in den Satzarten 513 bis 593 die Sortierfolge im Deckungskreis und bei späteren Auswertungen bestimmen.

Der Verarbeitungsschlüssel 01300 lässt eine Vielzahl von **Änderungsmöglichkeiten** innerhalb eines Deckungskreises zu. Zunächst ist über diesen Schlüssel die Änderung von **Stammdaten** möglich. Er lässt aber auch die Erweiterung eines Deckungskreises durch das Hinzufügen weiterer Konten zu. Darüber hinaus können **Mitgliedskonten** eines Deckungskreises aus ihm entfernt werden, die dann als Einzelkonten weiterbestehen. Bei der Herausnahme von Mitgliedskonten ist jedoch darauf zu achten, dass das herauszunehmende Konto keinen *Negativsaldo* aufweist, oder durch die Herausnahme eines Mitgliedskontos die Summe der verbleibenden Konten des Deckungskreises nicht in eine *negative Verfügbarkeit* gerät.

Die Verwendung des Verarbeitungsschlüssels 12000 bewirkt ein **Ruhen** des gesamten Deckungskreises. Die Anwendung der gegenseitigen Deckungsfähigkeit ist mithin nicht mehr möglich. Alle Mitgliedskonten des bis dahin existierenden Deckungskreises bestehen als Einzelkonten weiter, so dass die automatische Verfügbarkeitskontrolle nunmehr über jedes einzelne Konto ausgeführt wird. Daraus folgt, dass die Stilllegung eines Deckungskreises über den Verarbeitungsschlüssel 12000 nur dann möglich ist, wenn keines der Mitgliedskonten eines Deckungskreises eine negative Verfügbarkeit aufweist. Bei der Stilllegung des Deckungskreises über den Verarbeitungsschlüssel 12000 ist nur der Kopfteil des Belegs B 02 auszufüllen, soweit es um die Angabe der Deckungsausgleichskontonummer geht (*s. Abbildung 32*).

Der Titelverwalter wird über die Einrichtung des Kontos durch ein Stammblatt für Haushaltsstellen/Objekte (N 03) und ein Verzeichnis der nachgeordneten Objekte unterrichtet.

Wird in der Satzart 596 ein **Zuweisungsbetrag** eingetragen oder wird er mit 0,00 € angegeben, erfolgt bei der Kontoeröffnung automatisch ein Kontoauszug erstellt.

Bei einer Eintragung in dieser Satzart löst das System neben der beabsichtigten Strukturmaßnahme gleichzeitig einen Geschäftsvorfall der **Mittelverteilung** aus, der sonst mit einem gesonderten Beleg E 02 einzuleiten wäre und nunmehr entbehrlich ist.

Der Titelverwalter wird über die Einrichtung des Deckungsausgleichskontos durch ein **Stammblatt für Deckungsausgleichskonten** (N 06) unterrichtet. In diesem Stammblatt sind die Kontonummer und eine Zusammenstellung aller zum Deckungskreis gehörenden Konten enthalten.

2. Belege im Zuweisungsverfahren

2.1 Belege der E-Klasse

Die Bewirtschafterbelege der Klasse E umfassen die Belege E 01 bis E 05. Die Belege der E-Klasse können nur für Geschäftsfälle der **Mittelverteilung** angewendet werden. Deshalb werden sie überwiegend vom Mittelverteiler eingesetzt. Ausnahmsweise setzt der Titelverwalter diese Belegart ein, wenn er seine Sachbuchkonten weiter unterteilt hat, wenn er also über eigene Mittelverteilerkonten verfügt.

Auf der Ebene des Titelverwalters, also auf der untersten Ebene der Mittelverwendung, dient der Beleg E 04 auch zur **Verlagerung verfügbarer Mittel.**

2.2 Beleg E 01 „Anweisung zur Zuweisung von Verpflichtungsermächtigungen"

Verpflichtungsermächtigungen sind keine Ausgabebewilligungen, sondern Rechte, sich für **künftige Haushaltsjahre** zu verpflichten. Es handelt sich mithin um Ermächtigungen zum Eingehen von Verpflichtungen, die erst in künftigen Haushaltsjahren zu Ausgaben führen (können). Sie unterliegen der Buchführungpflicht.

Mit dem Beleg E 01 werden Verpflichtungsermächtigungen an den nachgeordneten Bereich bzw. auf eigene Objektkonten des Bewirtschafters zugewiesen. Mit einem Beleg können bis zu fünf Beträge zugewiesen werden. Dabei ist stets das Fälligkeitsjahr anzugeben, für das das Recht besteht.

2.3 Beleg E 02 „Anweisung zur Zuweisung von Haushaltsmitteln" (s. Abbildung 33)

Die Zuweisung (weitere Verteilung der Haushaltsmittel) aus einem Sachbuchkonto (Titel- oder Objektkonto) auf gleichlautende Sachbuchkonten unmittelbar nachgeordneter Bewirtschafter (Mittelverteiler oder Titelverwalter) erfolgt mit **Kassenanweisung**.[3] Bei dieser Kassenanweisung handelt es sich um den Beleg E 02.

Bei einer **erstmaligen Zuweisung** mit diesem Beleg wird gleichzeitig bei dem nachgeordneten Bewirtschafter das entsprechende Sachbuchkonto (Titel- oder Objektkonto) eröffnet. In diesem Falle ist der Verarbeitungsschlüssel 31000 zu verwenden. In der Satzart 103 ist dann unter dem Zuweisungsbetrag in dem folgenden Feld die Bewirtschafternummer des nachgeordneten Bewirtschafters einzutragen.

Im Eigenbereich des Bewirtschafters erfüllt der Beleg E 02 eine weitere Funktion. Es können Haushaltsmittel von einem Titelkonto auf mit ihm korrespondierende Objektkonten oder von Objektkonten auf entsprechende Unterobjektkonten verteilt werden. In dieser Konstruktion ist der Verarbeitungsschlüssel 32000 einzutragen. In der Satzart 103 ist in diesem Falle die Objekt- oder Unterobjektkontonummer zu vermerken.

In beiden Fällen ist im Kopfteil des Belegs das abgebende Sachbuchkonto anzugeben.

Bei der Mittelverteilung an den nachgeordneten Bereich führt das System eine automatische **Verfügbarkeitskontrolle** durch, d.h. die Bewirtschaftungsmaßnahme wird nur dann ausgeführt, wenn das abgebende Sachbuchkonto über genügend Haushaltsmittel verfügt.

Bei der Verteilung im Eigenbereich des Bewirtschafters gilt die weitere Voraussetzung, dass vor dieser Maßnahme die **nachgeordneten Objekt- oder Unterobjektkonten** mit dem Beleg B 01 eingerichtet worden sind. Das System führt hier eine automatische Existenzprüfung durch.

2.4 Beleg E 03 „Anweisung zum Rückruf von Haushaltsmitteln"

Der Beleg E 03 dient dem Rückruf noch verfügbarer Haushaltsmittel von Sachbuchkonten nachgeordneter Bewirtschafter (Mittelverteiler nachgeordneter Mittelverteilerebenen bzw. Titelverwalter). Er kann jedoch innerhalb eines Bewirtschafterbereichs eingesetzt werden, um Haushaltsmittel von nachgeordneten Objektkonten zurückbuchen zu lassen.

---

3 VV Nr. 1.2 zu § 34 BHO.

Anweisende Stelle
BM Verteidigung
- H I 1 -
53003 Bonn

Eingangsstempel der Kasse

E02

1 Belegnummer der Kasse

L

An die Bundeskasse **Berlin**

Anweisung zur Zuweisung von Haushaltsmitteln

☒ an nachgeordnete Bewirtschafter

☐ auf eigene Objektkonten des Bewirtschafters

2 Belegnummer des Bewirtschafters (Tag Monat Jahr Lfd. Nr.): 1 0 0 1 3 0 0 8

3 Verarbeitungsschlüssel: 3 1 0 0 0 (▲ bitte ergänzen)

4 Bewirtschafternummer: 0 1 0 1 0 3 9 3

Haushaltsstelle (Epl., Kap., Titel): **1404 / 525 01**

Haushaltsjahr: **2003**

5 Haushaltsstelle/Objektnummer: 1 4 0 4 5 2 5 0 1 9 (▲ Objektnummer)

Empfänger/Angaben zur Zuweisung: **BWVS II, Berlin**

6 Satzart: 1 0 3

7 Betrag Euro , Cent: - - - - - - - 5 0 0 0 | 0 0

8 Bewirtschafternummer/Objektnummer: 0 3 1 3 5 3 9 3 (▲ Bewirtschafternummer/Objektnummer)

H 0 2

7 Text zur Erläuterung der Buchung im Kontoauszug: Z U W E I S U N G

Empfänger/Angaben zur Zuweisung

6 Satzart: 1 0 3

7 Betrag Euro , Cent

8 Bewirtschafternummer/Objektriummer (▲ Bewirtschafternummer/Objektnummer)

H 0 2

7 Text zur Erläuterung der Buchung im Kontoauszug

Empfänger/Angaben zur Zuweisung

6 Satzart: 1 0 3

7 Betrag Euro , Cent

8 Bewirtschafternummer/Objektnummer (Bewirtschafternummer/Objektnummer)

H 0 2

7 Text zur Erläuterung der Buchung im Kontoauszug

Die Anweisung ist, wie angegeben, auszuführen.

Bonn, 12.01.2003 *Meier*

Datum, Unterschrift

Vermerke der Kasse

Bearbeitungszeichen:

Daten erfasst: Daten geprüft:

3 1 2 6 **4** Z-E02 1/02 Anweisung zur Zuweisung von Haushaltsmitteln Ni 2131 1497 02

Eintragungen auf der Rückseite:

Verzeichnis der Bearbeitungsschlüssel für den Vordruck E 02:

Anweisung zur Zuweisung von Haushaltsmitteln
- an nachgeordnete Bewirtschafter 31000
- Objektkonten des Bewirtschafters 32000

Abbildung 33: Beispiel für die Zuweisung von Haushaltsmitteln Beleg E 02

Für den Rückruf verfügbarer Haushaltsmittel ist der Verarbeitungsschlüssel 30600, für den Rückruf noch verfügbarer Verpflichtungsermächtigungen ist der Verarbeitungsschlüssel 34600 einzugeben.

Wird in der Satzart 100 kein Rückrufdatum eingesetzt, erfolgt der Rückruf unverzüglich. Erfolgt eine Terminierung, versucht das System, den Rückruf bis zu diesem Datum auszuführen. Gelingt dies nicht, wird der befristete Rückruf mangels fehlender/verfügbarer Haushaltsmittel/Verpflichtungsermächtigungen zurückgewiesen. Die Meldung darüber erfolgt in einem Fehlerprotokoll.

Durch eine machbare Terminierung des Rückrufs wird der nachgeordnete Bewirtschafter in die Lage versetzt, durch geeignete Maßnahmen in seinem Bereich die erforderlichen Haushaltsmittel bereitzustellen, in dem er ggf. selbst einen Rückruf innerhalb seiner eigenen nachgeordneten Sachbuchkonten initiiert.

Im Kopfteil des Belegs E 03 wird das Sachbuchkonto eingetragen, auf das der Rückruf geschehen soll. In der Satzart 105 ist das abgebende Sachbuchkonto mit Bewirtschafternummer und Haushaltsstelle oder Objektkontonummer einzutragen.

Je nach Rückruffall können sich folgende Situationen ergeben:

Rückruf von	Kopfteil des Belegs Bew.-Nr.:	HHSt./Obj.-Nr.:	Satzart 105 Bew.-Nr.:	HHSt./Obj.-Nr.:
Nachgeordnetem Bewirtschafter	010 23 456	1412519113	030 32 345	1412519113
Eigenem nachgeordneten Objektkonto	030 32 345	1412519113	030 32 345	02256874

Abbildung 34: Rückruf von Haushaltsmitteln

Aus dieser Konstellation ist erkennbar, dass bei einem Rückruf von Haushaltsmitteln von einem nachgeordneten Bewirtschafter die Angabe der Haushaltsstelle (Titelkontonummer) /Objektkontonummer im Kopfteil des Belegs und in der Satzart 105 identisch sind und der Rückruf von einem eigenen Objektkonto die Bewirtschafternummer sowohl im Kopfteil des Belegs als auch in der Satzart 105 gleich sind.

Wenn ein Bewirtschafter seine Sachbuchkonten über mehr als 2 Ebenen verteilt hat, hat er die Möglichkeit, einen mehrstufigen Rückruf von dem entsprechenden Sachbuchkonto der untersten Ebene bis auf seine Ebene mit nur einem Rückrufbeleg auszuführen. Ein einzelnes Vorgehen je Kontenstufe ist mithin entbehrlich.

2.5 Beleg E 04 „ Anweisung zur Zuweisung von Haushaltsmitteln auf Grund eines Deckungsvermerks /Anweisung zur Verlagerung der Verfügbarkeit“ (Abb. 36)

Der Beleg E 04 lässt die horizontale Verschiebung von Haushaltsmitteln zwischen zwei Sachbuchkonten verschiedener Kontenbereiche eines Bewirtschafters zu.

Voraussetzungen:
- Die erforderliche Deckungsfähigkeit ist erlaubt.
- Der übergeordnete Mittelverteiler beider betroffenen Kontenbereiche ist identisch.
- Die beteiligten Sachbuchkonten gehören einer Kontoebene an.

Diese Voraussetzungen werden vom System selbständig abgeprüft. Es liegt jedoch in der Entscheidung des Bewirtschafters, diese Bewirtschaftungsmaßnahme überhaupt durchzuführen.

Im Kopfteil des Belegs ist das abgebende Sachbuchkonto, das „deckungspflichtige“ Sachbuchkonto anzugeben. In der Satzart 105 wird das empfangende, das „deckungsberechtigte“ Sachbuchkonto eingetragen. Wenn die Bewirtschaftungsmaßnahme durchgeführt worden ist, erscheinen die selbst zugewiesenen Haushaltsmittel auf dem deckungspflichtigen Sachbuchkonto als Solländerung-minus und auf dem deckungsberechtigten Sachbuchkonto als Solländerung-plus.

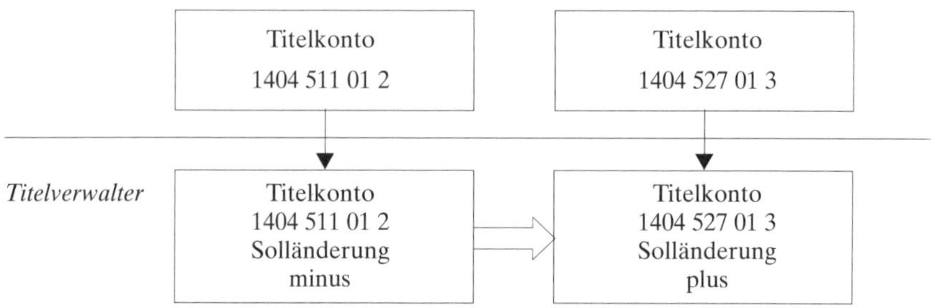

Abbildung 35: Beispiel Eigenzuweisung

Die in diesem Beispiel vorgestellte Bewirtschaftungsmaßnahme mit der Kassenanweisung E 04 ist unter der Voraussetzung möglich, dass zwischen den vorgenannten **Titelkonten eine Deckungsfähigkeit erlaubt** ist. Im beispielgebenden Fall sind beide Titel im Rahmen des § 5 Haushaltsgesetz 2004 gegenseitig deckungsfähig, weil sie flexibilisiert bewirtschaftet werden können.

Eine weitere Voraussetzung ist, dass der übergeordnete Bewirtschafter eine **Solländerung** in seinem nachgeordneten Bereich zugelassen hat. Dies kann nicht von vornherein unterstellt werden, weil sich in vielen Fällen schon der Mittelverteiler 1 eine evtl. Solländerung zwischen deckungsfähigen Titeln vorbehalten hat.

In diesem Beispiel sind die sonstigen Voraussetzungen erfüllt.
- Die beiden beteiligten Sachbuchkonten gehören einer Ebene an.
- Beide Konten gehören zum Bereich eines Bewirtschafters.
- Der übergeordnete Mittelverteiler beider Kontenstränge ist identisch.

Der Beleg E 04 erlaubt also unter den o.g. Voraussetzungen die **vertikale und horizontale Verlagerung von Haushaltsmitteln**.

Unter Verwendung des Bearbeitungsschlüssels 50008 (s. Abb. 36) erlaubt die Kassenanweisung E 04 auch die Verlagerung von Verfügbarkeiten zwischen zwei Sachbuchkonten. So können etwa Einzahlungen den Verfügbarkeitsrahmen eines Ausgabetitels erweitern. Dies kann der Fall sein, wenn z.B. ein Haushaltsvermerk lautet: *Mehreinnahmen (bei einem Einnahmetitel X) dienen der Verstärkung der Ausgaben (bei einem Ausgabetitel Y)*. In einem solchen Falle kann der Bewirtschafter die verfügbaren „Mehr"-Einnahmen auf den entsprechenden Ausgabetitel verlagern, um sie dort zusätzlich zu den bereits zugewiesenen Haushaltsmitteln zu verausgaben.

Mit dem Vordruck E 04 können Titelverwalter auch aus haushaltswirtschaftlichen Gründen gesperrte Mittel aus einzelnen Titeln abziehen und auf ein Sperrkonto übertragen, um so zu verhindern, dass ggf. irrtümlich über gesperrte Mittel anderweitig verfügt wird.

Wie den Verarbeitungsschlüsseln auf den Rückseiten der Belege E 03 und E 04 zu entnehmen ist, können diese Kassenanweisungen auch auf Geschäftsvorfälle der Verpflichtungsbuchungen eingesetzt werden.

2.6 Beleg E 05 „Sammelanweisung zur Zuweisung von Haushaltsmitteln"

Der Beleg E 05 ist eine Sammelanweisung und kann als Endlosformular nach Anforderung durch den Bewirtschafter bei der Bundeskasse mit Daten der Mittelzuweisung bedruckt werden.

Der Mittelverteiler erhält auf dem Formular getrennt nach nachgeordneten Bewirtschaftern alle auf diese nachgeordneten Bewirtschafter entfallenden

Anweisende Stelle

Standortverwaltung Hochdorf

An die Bundeskasse **Kiel**

Eingangsstempel der Kasse

E04

1 Belegnummer der Kasse

L

Anweisung zur Zuweisung

[X] von Haushaltsmitteln

[ ] von Verpflichtungsermächtigungen

auf Grund eines Deckungsvermerks

2 Belegnummer des Bewirtschafters (Tag Monat Jahr Lfd. Nr.): 2 9 1 0 3 0 0 9

3 Verarbeitungsschlüssel: 2 9 0 0 0

Anweisung zur

[ ] Verlagerung einer Verfügbarkeit

[ ] Buchung auf einem vorläufigen Deckungs- oder Sperrkonto

Abgebendes Sachbuchkonto

4 Bewirtschafternummer: 0 3 1 0 4 5 6 7

5 Haushaltsstelle/Objektnummer: 1 4 0 4 5 2 7 0 1 5

▲ Objektnummer

Abgebende Haushaltsstelle (Epl., Kap., Titel): 1404 527 01

Haushaltsjahr: 2003

Begründung der Maßnahme

Verstärkung bei Kap 1404
Tit. 511 01 im Rahmen der
flex. Bewirtschaftung
gem. § 5 Abs 2 Nr. 2
Haushaltsgesetz 2003

6 Satzart: 1 0 0

7 Betrag Euro , Cent: 2 0 0 0 0

8 Datum

9 Bezugsbelegnummer

105

7 Fälligkeit Jahr

Empfangendes Sachbuchkonto

8 Bewirtschafternummer: 0 3 1 0 4 5 6 7

9 Haushaltsstelle/Objektnummer: 1 4 0 4 5 1 1 0 1 7

▲ Objektnummer

Falls verschieden:
Empfangende Haushaltsstelle (Epl., Kap., Titel): 1404 511 01

H02

7 Text zur Erläuterung der Buchung im Kontoauszug: + + D J + + F L E X . T I T E L G E M P A R A

H12

7 Text zur Erläuterung der Buchung im Kontoauszug: 5 (2) 2 H G 2 0 0 3

Die Anweisung ist, wie angegeben, auszuführen.

29.10.03 *gez. Meise*

Datum, Unterschrift

Vermerke der Kasse

Bearbeitungszeichen:

Daten erfasst: Daten geprüft:

Eintragungen auf der Rückseite:	
Verzeichnis der Bearbeitungsschlüssel für den Vordruck E 04:	
Anweisung zur **Zuweisung**	
• von Haushaltsmitteln	29000
• von Verpflichtungserm.	24000
Anweisung zur	
• Verlagerung einer Verfügbarkeit	50008
• Buchung auf einem vorläufigen **Deckungs**- oder **Sperrkonto**	29000

Abbildung 36: Beispiel für eine Eigenzuweisung von Haushaltsmitteln auf Grund eines Deckungsvermerks Beleg E 04

Sachbuchkonten aufgelistet und kann nun seinerseits den Beleg E 05 um die jeweiligen Zuweisungsbeträge komplettieren und sendet den ergänzten Beleg zur Erfassung an die für ihn zuständige Bundeskasse.

IV. Die Belege für Maßnahmen der Mittelverwendung

1. Allgemeines

Die Maßnahmen der **Mittelverwendung** umfassen in erster Linie die Anordnung des Titelverwalters

- zur Buchung eingegangener Verpflichtungen zu Lasten von Verpflichtungsermächtigungen,
- zur Festlegung von Haushaltsmitteln,
- zur Leistung von Auszahlungen zu Lasten seiner Titel- oder Objektkonten,
- zur Annahme von Einzahlungen zu Gunsten seiner Konten,
- zur Aufhebung der Buchung eingegangener Verpflichtungen und Festlegungen,
- zur Aufhebung noch nicht ausgeführter Annahme- oder Auszahlungsanordnungen und
- zur Umbuchung bereits gebuchter Zahlungen.

Bei Bewirtschaftungsmaßnahmen dieser Art kommen Belege der F-Klasse zur Anwendung. Die F-Klasse der Bewirtschafterbelege umfassen die Belege F 01, F 02, F 05, F 07, F 09, F 11, F 14, F 22, F 23, F 31, F 32, und F 41 einschließlich ihrer Unterarten.

2. Belege zur Buchung eingegangener Verpflichtungen

2.1 Buchung eingegangener Verpflichtungen (→ § 71 Abs. 1 Satz 2 BHO; Nr. 1 der Richtlinie des BMF nach § 71 Abs. 1 S. 2 BHO)

Grundsätzlich sind alle bei der Bewirtschaftung von Bundesmitteln eingegangenen Verpflichtungen, die zu der Höhe nach hinreichend bestimmbaren Ausgaben des Bundeshaushalts im laufenden Haushaltsjahr oder in künftigen Jahren führen können, bei den jeweiligen **Titeln**, bei denen die Ausgaben zur Erfüllung dieser Verpflichtungen zu leisten sein werden, zu buchen. Gleiches gilt bei der Veränderung bereits gebuchter Verpflichtungen.

Ausnahmen zu dieser Buchungspflicht bestehen nur, soweit die Verwaltungsvorschrift Nr. 5 zu § 38 BHO dies für laufende Geschäfte zulässt. Ausnahmen dieser Art sind z.B. Verpflichtungen zur Leistung von Ausgaben der Hauptgruppe 4 (Personalausgaben) oder Verpflichtungen zur Leistung von Ausgaben der Gruppen 511 bis 513, 516 bis 518, 523 bis 525, 527 und 532.

Ist eine Verpflichtung, die der Buchungspflicht unterliegt, eingegangen worden, oder verändert sich die Höhe oder die Fälligkeit einer bereits gebuchten Verpflichtung, ist der Kasse eine **Buchungsanordnung** zu übersenden. Soweit für eine Verpflichtung eine Verpflichtungsermächtigung in Anspruch genommen wird, ist dies in der Buchungsanordnung anzugeben. Gleiches gilt bei Veränderungen oder bei Wegfall bereits gebuchter Verpflichtungen.

Wird durch eine Leistung von Ausgaben eine Verpflichtung zu Lasten einer Ausgabe des laufenden Haushaltsjahres vermindert oder aufgehoben (ggf. Abwicklung einer Festlegung), ist dies in der Kassenanordnung für die Auszahlung anzugeben.[4]

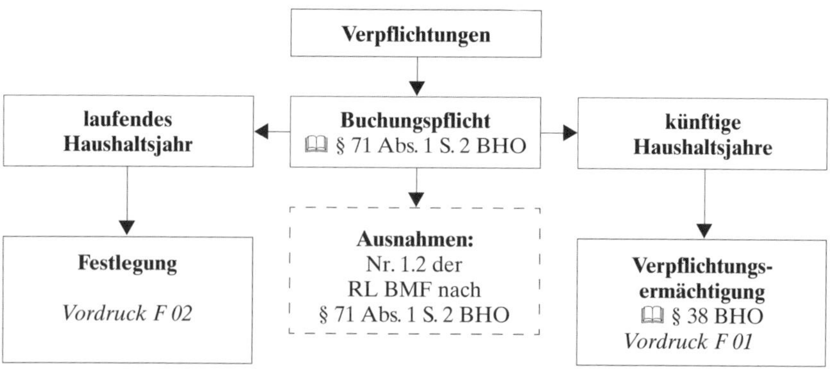

Abbildung 37: Buchung eingegangener Verpflichtungen

4 Nr. 2 der RL des BMF nach § 71 Abs. 1 Satz 2 BHO.

2.1.1 Beleg F 01 „Anordnung zur Buchung eingegangener Verpflichtungen“

Mit dem Beleg F 01 ordnet der Titelverwalter an, für in der Zukunft liegende Haushaltsjahre rechtsgültige, etwa durch Vertrag eingegangene Verpflichtungen auf einem seiner Titel- oder Objektkonten zu buchen. Dabei wird zwischen der Verpflichtung zu Lasten einer erteilten Verpflichtungsermächtigung und der Verpflichtung aus laufenden Geschäften (Ausnahme Nr. 1.2 der RL des BMF nach § 71 Abs. 1 S. 2 BHO) unterschieden.

Diese Unterscheidung wird in der Satzart 120, Feld 10 („Zu Lasten einer VE“) getroffen. Wenn die Buchung zu Lasten einer erteilten VE erfolgen soll, ist hier die Ziffernkennzeichnung „9“ anzubringen.

Ebenfalls in der Satzart 120, Feld 10 (Fälligkeit Jahr) ist das Fälligkeitsjahr der Verpflichtung einzutragen. Wird beim Jahresabschluss das Jahr der Fälligkeit erreicht, erfolgt die Umwandlung der Buchung in eine Festlegung. Erreicht die Verpflichtung das Fälligkeitsjahr noch nicht, tritt der automatische Übertrag der Verpflichtung in die VE-Struktur des neuen Haushaltsjahres als Belastung aus Vorjahren ein.

Zum Jahresende noch nicht ausgenutzte Verpflichtungsermächtigungen werden nicht in das folgende Jahr übertragen.[5] Wird in dem Beleg F 01 das aktuelle Haushaltsjahr angegeben, wandelt das System die Verpflichtung automatisch in eine Festlegung um.

2.1.2 Beleg F 02 „Anordnung zur Festlegung/zur Aufhebung einer Festlegung“ (*s. Abb. 38)*

Mit dem Beleg F 02 ordnet der *Titelverwalter* an, auf Grund einer bestehenden rechtsgültigen Verpflichtung festgelegte Haushaltsmittel auf eines seiner Titel- oder Objektkonten für das **laufende Haushaltsjahr** zu Lasten der verfügbaren **Ausgabemittel** zu buchen, um damit sicher zu stellen, dass bei Leistung der Forderung zum Fälligkeitszeitpunkt Haushaltsmittel im ausreichenden Maße zur Verfügung stehen.

Mit dieser Bewirtschaftungsmaßnahme werden also bis dahin **verfügbare Mittel gebunden**. Mit der späteren Zahlung wird solch eine Bindung in Anspruch genommen, ohne dass die zu diesem Zeitpunkt noch weiter verfügbaren Haushaltsmittel belastet würden.

Es ist aber erforderlich, bei der späteren Anordnung zur Auszahlung den entsprechenden Verarbeitungsschlüssel zu verwenden, der den gewünschten Buchungsvorgang steuert, die Auszahlung von den zuvor festgelegten Haushaltsmitteln vorzunehmen, statt die frei verfügbaren Haushaltsmittel dieses Sachbuchkontos zu belasten.

5 VV Nr. 5 S. 1 zu § 16 BHHO.

Anordnende Stelle

Standortverwaltung
Hochdorf

An die **Bundeskasse** Kiel

Eingangsstempel der Kasse

F02

1 Belegnummer der Kasse

Anordnung

☒ zur Festlegung

☐ zur Aufhebung einer Festlegung

von Haushaltsmitteln

2 Belegnummer des Bewirtschafters (Tag Monat Jahr Lfd. Nr.)	0 3 0 6 3 0 2 6
3 verarbeitungsschlüssel	4 1 0 0 0
4 Bewirtschafternummer	0 3 1 0 4 5 6 7
5 Haushaltsstelle	1 4 0 4 5 1 1 0 1 7
6 Objektnummer	0 2 6 5 1 1 5 4

▲ Objektnummer

Haushaltsjahr
2003

Betrag in Buchstaben in Euro 1)
Sechshundert €

Satzart	Feld	Eintrag
1 0 0	7 Betrag (Euro ~ Cent)	6 0 0 0 0
2)	8 Fälligkeitsdatum	0 7 0 3
	9 BezugsWegnummer	

Angaben zur eingegangenen Verpflichtung
Ergänzung Bürobedarf
III. Quartal 03
Fa B. Stell

Satzart	Feld	Eintrag
H 0 2	7 Text zur Erläuterung der Buchung im Kontoauszug	B . S T E L L 3 . Q U A R T
H 1 2	7 Text zur Erläuterung der Buchung im Kontoauszug	
H 8 2	7 Mehrzweckfeld	

1) Eintrag unter 500 € entbehrlich

2) Terminangabe kann auf Angabe des Monats und des Jahres beschränkt bleiben

Die Anordnung ist, wie angegeben, auszuführen.

03.06.2003 *gez. Meise*

Datum, Unterschrift des Anordnungsbefugten

Vermerke der Kasse

Bearbeitungszeichen:

Daten erfasst: Daten geprüft:

IVNI 2131 1801 02

Eintragungen auf der Rückseite:

Verzeichnis der Bearbeitungsschlüssel für den Vordruck F 02:

Anordnung

• zur Festlegung	41000
• zur Aufhebung einer Festlegung von Haushaltsmitteln	40500

Abbildung38: Beleg F 02 „Anordnung zur Festlegung/zur Aufhebung einer Festlegung

Mit dem Beleg F 02 kann eine bereits angeordnete Festlegung von Haushaltsmitteln auch wieder aufgehoben werden. Die **Aufhebung einer Festlegung** hat die Wirkung, dass die zuvor gebundenen Haushaltsmittel wieder frei werden und wieder zur allgemeinen Bewirtschaftung zur Verfügung stehen.

Die gesamten Festlegungen eines Kontos werden summiert. Bei späterer Ausbuchung eines festgelegten Betrages durch Auszahlung oder Aufhebung der Festlegung wird der Gesamtbetrag der Festlegungen dieses Kontos entsprechend reduziert. Beim Jahresabschluss noch festgelegte Restbeträge werden automatisch auf das entsprechende Sachbuchkonto des folgenden Haushaltsjahres übertragen.

3. Leistung und Buchung von Auszahlungen

3.1 Beleg F 05 „Anordnung zur Leistung einer einmaligen Auszahlung, Abschlagsauszahlung, Schlussauszahlung usw." (s. Abb. 39)

Der Beleg F 05 ist für eine Vielzahl von Auszahlungen einzusetzen. Die zu verwendenden Bearbeitungsschlüssel dieses Belegs lassen die Variationsbreite der Einsatzmöglichkeiten erkennen.

Die einzelnen Positionen des fünfstelligen Verarbeitungsschlüssels:

• Position 1:	5	=	Anordnung zur Auszahlung
• Position 2:	1	=	Zahlungsweg unbar
	2	=	Auslandszahlung
	4	=	Zahlungsweg bar
• Position 2 u. 3:	42 oder 43	=	Zahlungsweg postbar
	44 oder 45	=	Zahlungsweg Verrechnung
• Position 3	0, 2 oder 4	=	Auszahlung unter Inanspruchnahme des verfügbaren Restes
	1, 3 oder 5	=	Auszahlung unter Inanspruchnahme einer vorangegangenen Festlegung

• Position 4	0	=	Einzelauszahlung
	1	=	Abschlagsauszahlung
	2	=	Schlussauszahlung
• Position 5	0	=	fester Wert

3.1.1 Die Eintragungen im Einzelnen

- Bundeskasse, Zahlstelle:
  Die Angabe der für den Bewirtschafter zuständigen Bundeskasse ist stets erforderlich.
  Soll die Zahlung bar durch eine Zahlstelle erfolgen, so ist auch deren Bezeichnung einzutragen.
- Bezeichnung des Geldinstituts mit Ortsangabe:
  Die Angaben sind bei unbaren Zahlungen immer erforderlich. Es genügt allerdings die Kurzangabe des Kreditinstituts.
- Betrag in Buchstaben:
  Die Wiedergabe des Betrages in Buchstaben kann unterbleiben, wenn der Betrag 500 Euro nicht übersteigt.
- Zahlungsart:
  Die gewählte Zahlungsart ist durch Ankreuzen des vorgesehenen Teilfeldes zu markieren. Es ist jeweils nur eine Zahlungsart möglich.
- Begründung der Ausgabe, Hinweis auf begründende Unterlagen:
  Die Ausgabe sollte kurz, aber dennoch deutlich erklärt werden. Auf begründende Unterlagen (z.B. D-/S-Belege) ist an dieser Stelle hinzuweisen.
- Satzart H 22 – Felder 7 u. 8:
  Der Empfangsberechtigte ist eindeutig zu bezeichnen, um Verwechslungen zu vermeiden.
  Soll dieser Text auch als Buchungstext im Kontoauszug erscheinen, so bleibt das Feld 7 in der Satzart H 12 unausgefüllt.
- Satzart H 22 – Felder 9 u. 10 (Anschrift):
  Nur bei Barauszahlung durch die Post und bei Auslandszahlungen ist die Anschrift vollständig anzugeben.
- Satzart H 01 – Felder 8 u. 9 (Bankleitzahl/Girokontonummer):
  Bei unbaren Zahlungen sind diese Felder immer auszufüllen. Die Kontonummer des Empfangsberechtigten wird *linksbündig* und *zusammenhängend* (ohne Leerstellen), *nur mit Ziffern* (ohne Schräg- und Bindestriche) eingetragen.
- Satzart 100 – Feld 7 (Betrag):
  Der auszuzahlende Betrag ist *rechtsbündig* einzutragen. Lautet der Centbetrag auf Null, so sind zwei Nullen einzusetzen. Nicht benötigte Schreibstellen sind durch einen waagerechten Strich zu entwerten.

Soll die Zahlung in einer fremden Währung erfolgen, ist das gesamte Betragsfeld zu entwerten.

- Satzart 100 – Feld 8 (Fälligkeitsdatum):
  In jedem Falle, auch bei sofort fälliger Zahlung, ist hier ein Fälligkeitsdatum einzutragen.
  Soll die Kasse die Zahlung unverzüglich ausführen oder ist der Fälligkeitszeitpunkt bereits überschritten, *wird der Tag der Anordnung angegeben.* Soll die Zahlung zu einem späteren Zeitpunkt erfolgen, ist das Fälligkeitsdatum anzugeben. Hierfür ist der Titelverwalter verantwortlich.
  Die Darstellung erfolgt in der Form *TTMMJJ* (z.B. 120705 = 12. Juli 2005)
  Soll die Zahlung dem Empfangsberechtigten zu einem bestimmten Termin auf seinem Konto bereitgestellt werden (sog. Terminzahlungen), ist hier die Ziffer 1 als Kennung einzusetzen.
- Satzart 100 – Feld 9 (Belegnummer der Festlegung):
  Erfolgt die Auszahlung aus einer zuvor vorgenommen Festlegung heraus, so kann hier die Belegnummer der Festlegung eingetragen werden. Sie kann der Zweitschrift der zuvor erteilten Anordnung zur Festlegung oder dem Kontoauszug entnommen werden.
- Satzart 100 – Feld 7 (Angabe über den Zweck der Zahlung):
  Hier ist der Text einzutragen, der auf dem Girokontoauszug des Empfängers als Erläuterung der Zahlung erscheinen soll.
- Satzart H 02 – Felder 7 (Text zur Erläuterung der Buchung im Kontoauszug, Angaben zur Abschlagsauszahlung):
  Hier ist zwischen den einzelnen Fällen der Anordnung zu unterscheiden:
  - einmalige Auszahlung
  - Abschlagsauszahlung und Schlussauszahlung
  - Auszahlung im Subsystem Darlehnsabwicklung

Zusammen mit dem Feld 7 der Satzart H 12 stehen dem Bewirtschafter zur Erläuterung der Maßnahme in *seinem* Kontoauszug insgesamt 50 Schreibstellen zur Verfügung. Innerhalb der jeweiligen Satzart ist der Text durchgehend zu schreiben, also ohne Trenn- oder Verbindungszeichen.

Beispiel:

Beleg Satzart H 12 (Feld 7)															**Kontoauszug**
R	**E**	**I**	**S**	**E**	**K**	**O**	**S**	**T**	**E**	**N**	**V**	**E**	**R**	**G**	**REISEKOSTENVERGÜTUNG**
U	**E**	**T**	**U**	**N**	**G**										

Dagegen sind bei dem Übergang von der Satzart H 02 auf die Satzart H 12 die Trennregeln zu beachten.

Anordnende Stelle
Standortverwaltung Hochdorf

Eingangsstempel der Kasse
F05

1 Belegnummer der Kasse

L

An die Bundeskasse: Kiel

über die Zahlstelle:

Anordnung zur Leistung einer
☒ **einmalige Auszahlung**
☐ **Abschlagsauszahlung**
☐ **Schlußauszahlung**
Anordnung zur Aufhebung der
☐ **Auszahlungsanordnung**

Haushaltsjahr: 200X

2 Belegnummer des Bewirtschafters (Tag Monat Jahr Lfd. Nr.): 1 2 0 7 X 0 1 9
3 Verarbeitungsschlüssel: 5 1 1 0 0
4 Bewirtschafternummer: 0 3 1 0 4 5 6 7
5 Haushaltsstelle: 1 4 0 4 5 1 1 0 1 7
6 Objektnummer: 0 2 6 5 1 1 5 4
▲ Objektnummer

x 1) Angaben können bei Unbarzahlungen unterbleiben
x 2) Angaben ab 500 €

Satzart H 2 2 — 7 Name/Bezeichnung des Empfangsberechtigten: F A . B . S T E L L B U E R O B E D A R F
x 1) 8
9 Straße/Postfach
10 LKZ — PLZ — Ort

Bezeichnung des Geldinstituts mit Ortsangabe: Volksbank Tiefstadt
H 0 1 — 8 Bankleitzahl: 0 1 2 7 8 3 9 3 — 9 Giro-Kontonummer: 4 3 0 6 3 0 1 4 2 0

x 2) Betrag in Buchstaben in Euro (oder Fremdwährung): Fünfhunderfünfundvierzig €

1 0 0 — 7 Betrag (Euro | Cent): - - - - - - - - - 5 4 5 | 1 3
8 Fälligkeitsdatum: 2 4 0 7 0 X
Kz. Gutschrift auf dem Empfängerkonto: ☐
9 Belegnummer der Festlegung: 0 3 0 6 3 0 2 6

Zahlungsart: ☒ unbar ☐ bar ☐ Verrechnung

H 3 2 — 7 Angabe über den Zweck der Zahlung auf dem Überweisungsträger: R E C H N . N R 4 7 / 0 3
(Verwendungszweck)

Begründung der Ausgabe, Hinweis auf begründende Unterlagen:
Ergänzung Büromaterial
3. Quartal 0X
/

H 0 2 — 7 Text zur Erläuterung der Buchung im Kontoauszug, Angaben zurAbschlagszahlung (Schreibstellen 1 bis 9): E R G . B U E R O M A T 3 Q U A R T . 0 X

H 1 2 — 7 Text zur Erläuterung der Buchung im Kontoauszug

1 0 4 — 10 Von den festgelegten Mitteln abzubuchender Betrag (Euro | Cent): - - - - - - 6 0 0 | 0 0

H 8 2 — 7 Mehrzweckfeld

Sachlich richtig — Rechnerisch richtig
gez. Fink *gez. Star*
Unterschriften

Die Anordnung ist, wie angegeben, auszuführen.
12.07.0X *gez. Meise*
Datum, Unterschrift des Anordnungsbefugten

Zahlungsnachweis
Der angeordnete Betrag wurde ausgezahlt, Datum
unbar ☐ bar ☐ Verrechnung ☐ — 1. Unterschrift — 2. Unterschrift

Quittung
Betrag erhalten:
Datum, Unterschrift

Vermerke der Kasse
Bearbeitungszeichen:
Daten erfasst: Daten geprüft:

Eintragungen auf der Rückseite:

Auszug aus dem Verzeichnis der Bearbeitungsschlüssel für den Vordruck F 05

Anordnung zur Leistung einer **unbaren**	
• **Auszahlung** ohne vorangegangene Festlegung	51000
• **Auszahlung** mit vorangegangener Festlegung	51100
• **Abschlagsauszahlung** ohne vorangegangene Festlegung	51010
• **Abschlagsauszahlung** mit vorausgegangener Festlegung	51110
• **Schlussauszahlung** ohne vorausgegangene Festlegung	51020
• **Schlussauszahlung** mit vorausgegangener Festlegung	51120
Anordnung zur Leistung einer **baren**	
• **Auszahlung** ohne vorangegangene Festlegung	54000
• **Auszahlung** mit vorangegangener Festlegung	54100
• **Abschlagsauszahlung** ohne vorangegangene Festlegung	54010
• **Abschlagsauszahlung** mit vorangegangener Festlegung	54110
• **Schlussauszahlung** ohne vorangegangene Festlegung	54020
• **Schlussauszahlung** mit vorangegangener Festlegung	54120
Anordnung zur Leistung einer **postbaren** Zahlung der vorgen. Fälle:	54200 bis 54320
Anordnung zur Leistung einer **verrechnungsweisen** Zahlung der vorgen. Fälle:	54400 bis 54520
Anordnung zur Leistung einer	
• **Auszahlung** aus einem Einnahmetitel	51000
Anordnung zur **Aufhebung**	
• der **Auszahlungsanordnung**	50500

Abbildung 39: Beleg F 05 „Anordnung zur Leistung einer einmaligen Auszahlung, Abschlagsauszahlung, Schlussauszahlung usw."

Sollen spätere Auswertungen nach einer *Textinformation* vorgenommen werden, so ist diese Textinformation hier einzutragen. Der Text darf dann einschließlich etwaiger Leerzeichen nur 11 Textstellen umfassen und ist am Anfang und am Ende jeweils durch zwei „+"-Zeichen zu begrenzen.

Beispiel:

Beleg **Satzart H 12 (Feld 7)**													
+	+	T	E	L	.	–	G	E	B	.	+	+	

3.1.2 Besonderheiten bei Abschlagsauszahlungen oder Schlussauszahlungen

Bei dem Beleg F 05 sind bei Abschlags- und Schlussauszahlungen *im Feld 7 der Satzart H 12* zusätzlich folgende Verarbeitungsschlüssel zu verwenden:

- Schreibstelle 1:
  A = Kennung für Abschlagsauszahlung
  S = Kennung für Schlussauszahlung
- Schreibstelle 2 – 4:
  001 – 999 = laufende Nummer des Abschlags
  000 = Schlussauszahlung
- Schreibstelle 5 – 9 = eine vom Bewirtschafter frei zu vergebende **Abschlagskontrollnummer**. Die Abschlagskontrollnummer soll sicherstellen, dass eine Reihe von Abschlagszahlungen einer bestimmten Maßnahme zugeordnet werden können.

Bis zur Abwicklung einer Maßnahme ist jede Zahlung mit dieser Abschlagskontrollnummer zu versehen.

Beispiel:

Abschlagsauszahlungen

1. Abschlag (Verarbeitungsschlüssel 51010)
   Satzart H 02, Feld 7, 1.–9. Schreibstelle

A	**0**	**0**	**1**	**9**	**9**	**0**	**0**	**1**

2. Abschlag (Verarbeitungsschlüssel 51010)
   Satzart H 02, Feld 7, 1.–9. Schreibstelle

A	**0**	**0**	**2**	**9**	**9**	**0**	**0**	**1**

Abschlagsabwicklung
Schlussauszahlung (Verarbeitungsschlüssel 51020)
Rückforderung bei Überzahlung – **Beleg F 22** – (Verarbeitungsschlüssel 53120)

keine Schlusszahlung/keine Rückforderung (Anordnungsbetrag: 0,00 €)
(Verarbeitungsschlüssel 54420)
Satzart H 02, Feld 7, 1.–9. Schreibstelle

S	**0**	**0**	**0**	**9**	**9**	**0**	**0**	**1**

Verwahrungen und Vorschüsse, deren Abwicklung ähnlich der der Abschläge zu überwachen ist, erhalten vergleichbare Kennzeichnungen in der Satzart H 02. In der Position 1 wird dabei ein *V* (für Vorschuss) und ein *W* (für Verwahrung) eingetragen. Ebenso werden die Schreibstellen 5–9 mit deutlichen Vorschuss- oder Verwahrungsnummern gekennzeichnet.

- Satzart H 12 – Felder 7 (Text zur Erläuterung im Kontoauszug)
  Für einen fortlaufenden Text stehen dem Bewirtschafter im Feld 7 25 Schreibstellen zur Verfügung. Verzichtet er auf das Ausfüllen dieses Feldes, erscheint in seinem Kontoauszug automatisch der Inhalt der ersten 25 Stellen des Feldes 7 der Satzart H 32 (Verwendungszweck)
- Satzart 104 – Feld 10 (Von den festgelegten Mitteln abzubuchender Betrag)
  Ist der Auszahlung eine Festlegung vorausgegangen und weicht der Auszahlungsbetrag vom Festlegungsbetrag nach unten oder oben ab, so ist hier der Betrag einzutragen, der vom Bestand der Festlegungen auf dem Konto abgebucht werden soll.

  Beispiel:
  Festlegungsbetrag: 500,00 €, Auszahlungsbetrag 480,00 €, abzubuchender Betrag: 20,00 €.
  Stimmen Auszahlungsbetrag und Festlegungsbetrag überein, bleibt dieses Feld frei.

3.1.3 Besonderheit bei baren Auszahlungen an mehrere Empfangsberechtigte

Weil die Verarbeitung von baren Auszahlungen an mehrere Zahlungsempfänger durch das System mittels einer Sammelanordnung derzeit nicht möglich ist, ist es gestattet, für eine Mehrzahl von Empfangsberechtigten barer Auszahlungen **manuelle Auszahlungslisten** zu fertigen, auf denen die Zahlungsempfänger jeweils den Zahlungsbeweis zu erbringen haben.

Die Auszahlungslisten verbleiben bei dem Titelverwalter. In der Satzart H 22 wird als Empfangsberechtigter der erste Zahlungsempfänger der Auszahlungsliste mit dem Zusatz „u.a.“ eingetragen.

In der Satzart H 02 (Erläuterung im Kontoauszug) ist der Grund der Zahlung und die Anzahl der Empfangsberechtigten anzugeben (z.B. *„TG MONAT JULI 03 ZEHN EMPFAENGER“*)

Im Feld „Quittung“ wird auf die Zahlungsbeweise in der Auszahlungsliste (z.B. Betrag erhalten: *„s. Auszahlungliste“*) verwiesen.

- **Beleg F 07 „Sammelanordnung (A) zur Leistung von Auszahlungen“**
  (*s. Abb. 41 und 41a*)

Der Beleg F 07 (Abb. 41) stellt eine Sammelanordnung dar und ist nur gemeinsam mit seiner Anlage, dem Vordruck F 07 A (Abb. 41a), zu verwenden. Der Beleg F 07 kann nur im Giroverkehr eingesetzt werden, wenn **mehrere Empfänger** Zahlungen **aus einem Sachbuchkonto** erhalten.

Sehr häufig findet der Vordruck bei Zahlungen an einen größeren Personenkreis Anwendung, etwa bei Teilnahme an bestimmten Veranstaltungen (Lehrgängen, Übungen usw.).

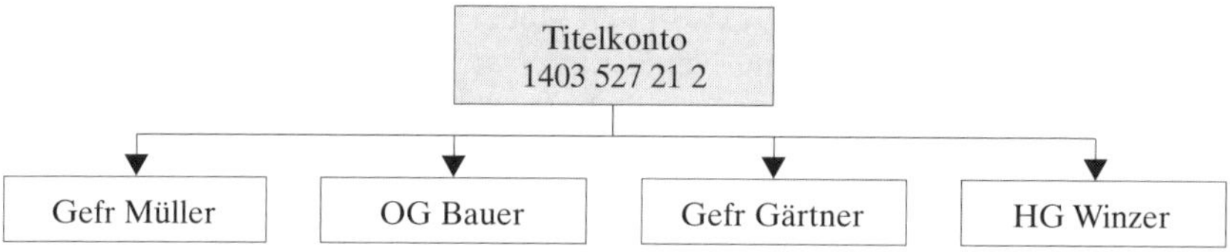

Abbildung 40: Zahlung an mehrere Empfangsberechtigte

Weil der Text im Verwendungszweck der Satzart H 32 meist für alle Fälle gleich ist, reicht es aus, wenn der Bewirtschafter diesen Text im Anlageblatt F 07 A einmal angibt. Das System übernimmt dann automatisch den Text des Verwendungszwecks für alle weiteren Empfänger. Erscheint in einer der Folgezeilen ein anderer Text, so wird dieser automatisch auf die weiter folgenden Zeilen übernommen.

Beispiel:

Gefr Müller AVG Übung Grosser Baer	Text im Kontoauszug: AVG Übung Grosser Baer
OG Bauer *H 32 leer*	Text im Kontoauszug: AVG Übung Grosser Baer
Gefr Gärtner AVG TrÜbPlatz Calau	Text im Kontoauszug: AVG TrÜbPl Calau
HG Winzer *H 32 leer*	Text im Kontoauszug AVG TrÜbPl Calau

Die Anzahl der Anlagen ist im Feld der Feststellungsvermerke anzugeben und ist Bestandteil der sachlichen Feststellung.

Anordnende Stelle

Panzerbataillon 47
Hochdorf

Eingangsstempel der Kasse | 1 Belegnummer der Kasse

F07 L

An die Bundeskasse: Kiel

über die Zahlstelle:

Sammelanordnung (A)
zur Leistung von Auszahlungen

für mehrere Empfangsberechtigte
aus derselben Haushaltsstelle oder demselben Objekt

Haushaltsjahr: 2003

2 Belegnummer des Bewirtschafters (Tag Monat Jahr 1-fd- Nr-): 1 5 0 7 3 0 4 3

3 Verarbeitungsschlüssel: 5 5 0 0 0

4 Bewirtschafternummer: 0 3 1 1 0 5 4 5

5 Haushaltsstelle: 1 4 0 3 5 2 7 2 1 2

6 Objektnummer:

A Objektnummer

Betrag in Buchstaben in Euro

Satzart 100

7 Betrag (Euro i Cent): - - - - - - - - 1 6 4 5 6

8 Fälligkeitsdatum

Kz. Gutschrift auf dem Empfängerkonto

9 Belegnummer der Festlegung

Begründung der Ausgabe,
Hinweis auf begründende Unterlagen

Aufwandsvergütung
Übung "Großer Bär" u.
TrÜbPl Calauer Heide
nach Anlageblatt

H 0 2 — 7 Text zur Erläuterung der Buchung im Kontoauszug: A V G G R O S S E R B A E R

H 1 2 — 7 Text zur Erläuterung der Buchung im Kontoauszug: A V G T R U E B P L C A L A U

1 0 4 — 10 Von den festgelegten Mitteln abzubuchender Betrag: Euro | Cent

H 8 2 — 7 MehrzwecMeld

Sachlich richtig	Rechnerisch richtig
einschließlich Anlagen FO7A, Blattnr. 01 bis –	
gez. Feld	*gez. Maus*
Unterschriften	

Zahlungsnachweis
Der angeordnete Betrag wurde ausgezahlt, Datum
☐ unbar ☐ Verrechnung
1. Unterschrift 2. Unterschrift

Die Anordnung ist, wie angegeben, auszuführen.
15.07.03 *gez. Knete*
Datum, Unterschrift des Anordnungsbefugten

Vermerke der Kasse
Bearbeitungszeichen:
Daten erfasst: Daten geprüft:

3141 Z-F07 1/02 Sammelanordnung (A) zur Leistung von Auszahlungen YNI 2131 1368 02

– 2 (Anlage) –

Anordnende Stelle
Panzerbataillon 47
Hochdorf

F07A

Sammelanordnung (A)
zur Leistung von Auszahlungen
Anlage

Blattnummer: 01

Haushaltsjahr: 2003

Datum: 15.07.03

6 Satzart	7 Name/Bezeichnung des Empfangsberechtigten
H62	GEF ALFR. MUELLER 1. KP

Bezeichnung des Geldinstitutes mit Ortsangabe		8 Bankleitzahl	9 Girokontonummer
Sparkassen Auhausen	H01	00134578	3605600701

	7 Betrag (Euro i Cent)
100	-----------4114
H32	7 Angabe über den Zweck der Zahlung auf dem Überweisungsträger (Verwendungszweck): AVG UEBUNG GROSSER BAER

6 Satzart	7 Name/Bezeichnung des Empfangsberechtigten
H62	OG BERT BAUER 1. KP

Bezeichnung des Geldinstitutes mit Ortsangabe		8 Bankleitzahl	9 Girokontonummer
Volksbank Tiefheim	H01	01378543	7071412387

	7 Betrag (Euro i Cent)
100	-----------4114
H32	7 Angabe über den Zweck der Zahlung auf dem Überweisungsträger (Verwendungszweck):

6 Satzart	7 Name/Bezeichnung des Empfangsberechtigten
H62	GEFR. GERT GAERTNER 1. KP

Bezeichnung des Geldinstitutes mit Ortsangabe		8 Bankleitzahl	9 Girokontonummer
Volksbank Tiefheim	H01	01378543	7077765432

	7 Betrag (Euro i Cent)
100	-----------4114
H32	7 Angabe über den Zweck der Zahlung auf dem Überweisungsträger (Verwendungszweck): AVG TRUEBPL CALAU

6 Satzart	7 Name/Bezeichnung des Empfangsberechtigten
H62	HG WERNER WINZER 1. KP

Bezeichnung des Geldinstitutes mit Ortsangabe		8 Bankleitzahl	9 Girokontonummer
Raiffeisenbank Calau	H01	01231231	47894789

	7 Betrag (Euro i Cent)
100	-----------4114
H32	7 Angabe über den Zweck der Zahlung auf dem Überweisungsträger (Verwendungszweck):

Verrnerke der Kasse

Bearbeitungszeichen:	
Daten erfasst:	Daten geprüft:

Eintragungen auf der Rückseite (zu Abb 41)**:**

Verzeichnis der Bearbeitungsschlüssel für den Vordruck F 07

Sammelanordnung (A) zur Leistung von Auszahlungen

- ohne vorangegangene Festlegung 55000
- mit vorangegangener Festlegung 55100

Abbildung 41: Beleg F 07 „Sammelanordnung (A) zur Leistung von Auszahlungen für mehrere Empfangsberechtigte aus derselben Haushaltsstelle oder demselben Objekt (S. 169)

Abbildung 41a: Vordruck F 07 A „Sammelanordnung (A) zur Leistung von Auszahlungen – Anlage – (S. 170)

- **Beleg F 11 „Sammelanordnung (B) zur Leistung von Auszahlungen"** (*s. Abb. 43 und 43a*)

Der Beleg F 11 (Abb. 43) stellt eine Sammelanordnung dar und ist nur gemeinsam mit seiner Anlage, dem Vordruck F 11 A (Abb. 43a) zu verwenden. Der Beleg F 11 deckt den Zahlungsfall ab, wenn *ein* Empfänger aus mehreren Sachbuchkonten Zahlungen erhält.

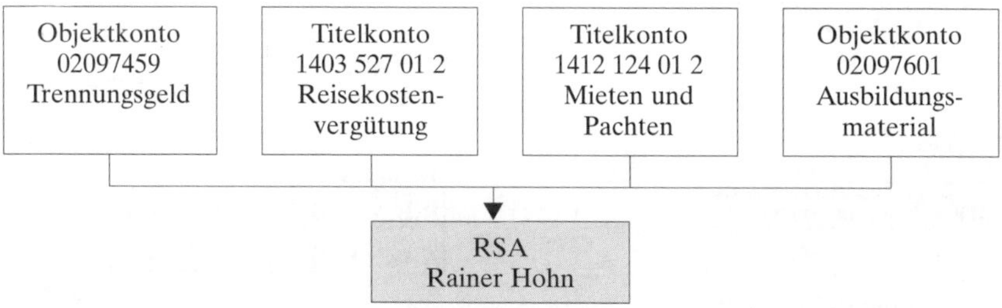

Abbildung 42: Zahlung aus mehreren Sachbuchkonten

Eine *besondere Version* der Anwendung dieses Vordrucks liegt dann vor, wenn zwar aus *einem Sachbuchkonto* mehrere Zahlungen *an einen Empfangsberechtigten* gezahlt werden, jede dieser Zahlungen aber eine abweichende Textinformation enthält.

Anordnende Stelle

Standortverwaltung Hochdorf

Eingangsstempel der Kasse

F11

1 Belegnummer der Kasse

L

An die Bundeskasse: **Kiel**

über die Zahlstelle:

Sammelanordnung (B) zur Leistung einer Auszahlung

für einen Empfangsberechtigten aus unterschiedlichen Haushaltsstellen oder Objekten

2 Belegnummer des Bewirtschafters (Tag Monat Jahr Lfd. Nr.): 1 4 | 0 5 | 3 | 0 3 1

3 Verarbeitungsschlüssel: 5 6 0 1 0

4 Bewirtschafternummer: 0 3 1 0 4 5 6 7

Haushaltsjahr: **2003**

Erste betroffene Haushaltsstelle (Epl., Kap., Titel): **1404 / 453 01**

1) Angaben können bei unbaren Zahlungen unterbleiben

Satzart H 2 2

7 Name/Bezeichnung des Empfangsberechtigten: R S A R A I N E R H O H N

8 (1))

9 Straße/Postfach

10 LKZ | PLZ | Ort

Bezeichnung des Geldinstitutes mit Ortsangabe: **Volksbank Dahmestadt**

H 0 1

8 Bankleitzahl: 0 0 4 0 0 3 2 1

9 Giro-Kontonummer: 1 2 3 4 5 6 7 8 9 0

Betrag in Buchstaben in Euro

1 1 0

7 Betrag (Euro | Cent): - - - - - - - - 2 6 8 | 4 3

8 Fälligkeitsdatum

Kz- Gutschrift auf dem Empfängerkonto

Zahlungsart: [X] unbar [ ] bar [ ] Verrechnung

Begründung der Ausgabe, Hinweis auf begründende Unterlagen:

RKV Dienstantritt

TG 04 /03

Erstattung U-Pauschale

Erstattung Auslagen U.- mat.

7 Angaben über den Zweck der Zahlung auf dem Überweisungsträger (Verwendungszweck)

H 3 2 R K V D A / T G 0 4 / U - P A U S C H / U . . - M A T

H 8 2 7 Mehrzweckfeld

Sachlich richtig – Rechnerisch richtig

einschließlich Anlagen FI 1 A, Blattnr. 01 bis ______

gez. Turm *gez. Burg*

Unterschriften

Die Anordnung ist, wie angegeben, auszuführen.

14.05.2003 *gez. Burgvogt*

Datum, Unterschrift des Anordnungsbefugten

Zahlungsnachweis

Der angeordnete Betrag wurde ausgezahlt, Datum

unbar [ ] bar [ ] Verrechnung [ ]

1. Unterschrift 2. Unterschrift

Quittung

Betrag erhalten:

Datum, Unterschrift

Vermerke der Kasse

Bearbeitungszeichen:

Daten erfasst: Daten geprüft:

Eintragungen auf der Rückseite:

Verzeichnis der Bearbeitungsschlüssel für den Vordruck F 11

Sammelanordnung (B) zur Leistung von **unbaren** Auszahlungen	
• ohne vorangegangene Festlegung	56010
• mit vorangegangener Festlegung	56110
Sammelanordnung (B) zur Leistung von **baren** Auszahlungen	
• ohne vorangegangene Festlegung	56040
• mit vorangegangener Festlegung	56140
Sammelanordnung (B) zur Leistung von **postbaren Auszahlungen**	
• ohne vorangegangene Festlegung	56020
• mit vorangegangener Festlegung	56120
Sammelanordnung (B) zur Leistung von **verrechnungsweisen Auszahlungen**	
• ohne vorangegangene Festlegung	56050
• mit vorangegangener Festlegung	56150

Abbildung 43: Vordruck F 11 „Sammelanordnung (B) zur Leistung von Auszahlungen für einen Empfangsberechtigten aus verschiedenen Haushaltsstellen oder Objekten“

Anordnende Stelle

Standortverwaltung
Hochdorf

F11A

Sammelanordnung (B)
zur Leistung von Auszahlungen

Anlage

Blattnummer: 01

Haushaltsjahr: 2003

Datum: 14.05.03

6 Satzart: 0 0 1	10 Haushaltsstelle: 1 4 0 4 4 5 3 0 1 3	11 Objektnummer: 0 2 0 9 7 5 4 7	
100	7 Betrag Euro i Cent: - - - - - - - 2 1 1 | 0 0	AObjektnummer 9 Belegnummer der Festlegung	
H02	7 Text zur Erläuterung der Buchung im Kontoauszug, Angaben zur Abschlagszahlung (Schreibstellen 1 bis 9)		
H12	7 Text zur Erläuterung der Buchung im Kontoauszug: TG APRIL 03 HOHN		
104	10 Von den festgelegten Mitteln abzubuchender Betrag Euro | Cent		

6 Satzart: 0 0 1	10 Haushaltsstelle: 1 4 0 4 5 2 7 0 1 2	11 Objektnummer: 0 2 6 5 1 5 3 1	
100	7 Betrag Euro i Cent: - - - - - - - - 3 1 | 1 3	AObjektnummer 9 Belegnummer der Festlegung	
H02	7 Text zur Erläuterung der Buchung im Kontoauszug, Angaben zur Abschlagszahlung (Schreibstellen 1 bis 9)		
H12	7 Text zur Erläuterung der Buchung im Kontoauszug: RKV DA REISE HOHN 01.04.		
104	10 Von den festgelegten Mitteln abzubuchender Betrag Euro | Cent		

6 Satzart: 0 0 1	10 Haushaltsstelle: 1 4 1 2 1 2 4 0 1 2	11 Objektnummer	
100	7 Betrag Euro i Cent: 7 | 5 0	AObjektnummer 9 Belegtiummer der Festlegung	
H02	7 Text zur Erläuterung der Buchung im Konloauszug, Angaben zur Abschlagszahlung (Schreibstellen 1 bis 9)		
H12	7 Text zur Erläuterung der Buchung im Kontoauszug: ERST. U-PAUSCHALE		
104	10 Von den festgelegten Mitteln abzubuchender Betrag Euro | Cent		

6 Satzart: 0 0 1	10 Haushaltsstelle: 1 4 0 4 5 2 5 0 1 2	11 Objektnummer: 0 2 0 9 7 6 0 1	
100	7 Betrag Euro i Cent: 1 8 | 8 0	AObjektnummer 9 Belegnummer der Festlegung	
H02	7 Text zur Erlauten,ing der Buchung im Kon.toauszug, Angaben zur Abschlagszahlung (Schreibstellen 1 bis 9)		
H12	7 Text zur Erläuterung der Buchung im Kontoauszug: ERST. AUSL. U.-MAT.		
104	10 Von den festgelegten Mitteln abzubuchender Betrag Euro | Cent		

Vermerke der Kasse

Bearbeitungszeichen:	
Daten erfasst:	Daten geprüft:

3147 Z-F1I1A 1/02 Anlage

Abbildung 43a: Vordruck F 11 A – Anlage–

- **Belege F 31 und F 32 „Anordnung/Sammelanordnung zur Leistung oder Änderung einer wiederkehrenden Auszahlung** (*s. Abb. 44*):

Die Belege F 31 und F 32 mit F 32 A werden für **wiederkehrende Auszahlungen** verwendet. Wiederkehrende Auszahlungen sind solche, die ihrem Wesen nach
- in bestimmten Zeitabständen und
- in bestimmten Teilbeträgen (Raten)

zu leisten sind.

Bei Anwendung des entsprechenden Verarbeitungsschlüssels wird festgelegt, ob das System einen Stammdatensatz für wiederkehrende Auszahlungen anlegt, ändert oder stilllegt.

Jede Einrichtung einer wiederkehrenden Zahlung führt zur Sollstellung in Höhe der im laufenden Haushaltsjahr insgesamt zu zahlenden Beträge, so dass die zur Verfügung stehenden Haushaltsmittel auf dem entsprechenden Sachbuchkonto um den jeweiligen Jahresauszahlungsbetrag gemindert werden.

Bei jeder Auszahlung wird der Restsollbetrag um den Auszahlungsbetrag gemindert, wodurch die „freien“ verfügbaren Haushaltsmittel nicht berührt werden.

Reicht eine wiederkehrende Auszahlung über das Haushaltsjahr hinaus, erfolgt für das neue Haushaltsjahr automatisch die Sollstellung für den neuen Jahresauszahlungsbetrag (Mittelbindung).

Sobald ein Stammsatz für wiederkehrende Zahlungen (WAZ) eingerichtet ist, löst das System automatisch zu den vorgegebenen Fälligkeitsterminen die Ratenzahlungen aus.Wird bei terminierten wiederkehrenden Auszahlungen der letzte Zahlungstermin erreicht, so wird der Stammdatensatz vom System automatisch stillgelegt.

Bei einer Eintragung von „999999“ im Feld „letzte Zahlung“ (Satzart 108, Feld 10) erfolgen die Zahlungen bis auf weiteres und die Stilllegung ist vom Titelverwalter zu veranlassen.

In der Satzart 107, Felder 8 und 9 können für die erste und/oder letzte Rate abweichende Beträge festgesetzt werden. In der Satzart 108, Feld 9 ist der Turnus der Zahlungen anzugeben. Die monatliche Zahlung erhält die Kennzeichnung 01, die vierteljährliche mithin die 03. Zulässig sind die Angaben 01, 02, 03, 04, 06 und 12.

Anordnende Stelle
Standortverwaltung Hochdorf

An die Bundeskasse **Kiel**

Eingangsstempel der Kasse

F31

1 Belegnummer der Kasse

Anordnung zur Leistung oder Änderung einer wiederkehrenden Auszahlung

(für einen Empfangsberechtigten aus einer Haushaltsstelle oder einem Objekt)

2 Belegnummer des Bewirtschafters (Tag, Monat, Jahr, Lfd. Nr.): 3 1 1 0 4 1 1 6

3 Verarbeitungsschlüssel: 0 1 1 0 0

4 Bewirtschafternummer: 0 3 1 0 4 5 6 7

5 Haushaltsstelle: 1 4 0 4 5 1 1 0 1 7

6 Objektnummer: ▲ Objektnummer

Haushaltsjahr: **2004**

Satzart 106 — 7 Stammnummer der wiederkehrenden Auszahlung — 8 O-Nr.: 0 1

H22 — 7 Name/Bezeichnung des Empfangsberechtigten: KYRITZER NACHRICHTEN
8
9 Straße/Postfach: IM FELD 1
10 LKZ — PLZ: 00123 — Ort: KYRITZ

Bezeichnung des Geldinstitutes des Empfangsberechtigten: **Sparkasse Kyritz**

H01 — 8 Bankleitzahl: 12345678 — 9 Girokontonummer: 9876543210 — 10 Z.art: 0

Teilbetrag in Buchstaben in Euro

107 — 7 Teilbetrag (Rate)/Rückforderungsbetrag (Euro, Cent): - - - - - - - - 30 00
8 abweichender erster Betrag (Euro, Cent): - - - - - - - - 60 00
9 abweichender letzter Betrag (Euro, Cent):

Gültigkeit der Anordnung
vom **01.12.04** bis ☒ bis auf weiteres

108 — 7 erste Zahlung (Zahlungstag) (Tag, Monat, Jahr): 05 12 04 — 8 Kz. Gutschrift auf dem Empfängerkonto — 9 Turnus: 01
10 letzte Zahlung (Monat, Jahr): 99 9999

Begründung der Ausgabe, Hinweis auf begründende Unterlagen
Abonnement Kyritzer Nachr. zur dienstlichen Auswertung
007 / D 14

H32 — 7 Angabe über den Zweck der Zahlung auf dem Überweisungsträger (Verwendungszeck): ABONNEMENT TAGE SZEITUNG

H02 — 7 Text zur Erläuterung der Buchung im Kontoauszug: ABO KYR NACHR A B NOV 04

H42 — 7 Forderungsberechtigter (falls abweichend vom Empfangsberechtigten)

H82 — 7 Mehrzweckfeld

Sachlich richtig — Rechnerisch richtig
gez. Hohn — *gez. Pfahl*
Unterschriften

Die Anordnung ist, wie angegeben, auszuführen.
31.10.04 *gez. Knete*
Datum, Unterschrift des Anordnungsbefugten

Vermerke der Kasse
Bearbeitungszeichen:
Daten erfasst: — Daten geprüft:

3164 Z-F31 1/02 Anordnung zur Leistung oder Änderung einer wiederkehrenden Auszahlung

Eintragungen auf der Rückseite:

Verzeichnis der Bearbeitungsschlüssel für den Vordruck F 31

Anordnung zur	
• **Einrichtung**	01100
• **Änderung**	01300
eines Stammsatzes für wiederkehrende Auszahlungen	
Anordnung zur **Stilllegung** eines Stammsatzes für eine wiederkehrende Auszahlung **mit sofortiger Wirkung**	
• ggf. mit Anordnung zur masch. Berechnung und Rückannahme überzahlter Beträge	01200
• mit Anordnung zur Rückannahme eines vom TV berechneten überzahlten Betrages	01240
• ggf. mit Anordnung zur masch. Berechnung und Rücknahme sämtlicher aus diesem Stammsatz geleisteter Zahlungen	01250
Verzeichnis der Schlüssel für die Zahlungsarten	
• unbare Zahlung	0 (oder leer)
• postbare Zahlung	1
• Auslandszahlung	2

Abbildung 44: Vordruck F 31 „Anordnung zur Leistung oder Änderung von wiederkehrenden Auszahlungen“ (für einen Empfangsberechtigten aus einer Haushaltsstelle oder einem Objekt)

4. Verfügbarkeitskontrolle

- **Beleg E 08 „Anordnung zur einmaligen Aufhebung der Verfügbarkeitsprüfung“** (*s. Abb. 45*)

Alle Maßnahmen der Mittelverteilung und der Mittelverwendung, insbesondere also auch Bewirtschaftungsmaßnahmen, die mit Belegen der F-Klasse veranlasst, die mithin zu einer **Verminderung der verfügbaren Haushaltsmittel** führen, unterliegen der maschinellen Verfügbarkeitskontrolle durch das System.

Die beabsichtigten Bewirtschaftungsmaßnahmen werden also zurückgewiesen, wenn die verfügbaren Mittel auf diesem Sachbuchkonto nicht ausreichen.

Davon sind Konten ausgenommen, die sich auf die sog. **Soll=Ist-Fälle** beziehen (z.B. allg. Ausgabebewilligung). Die Bewirtschaftung von Haushaltsstellen als Soll=Ist-Fall ist eine verfahrenstechnische Möglichkeit, die Verfügbarkeitskontrolle generell aufzuheben, weil Ausgaben dieser Art zumeist in Erfüllung eines gesetzlichen oder tarifvertraglichen Anspruchs zu leisten sind und dessen Einlösung nicht vom Vorhandensein von Haushaltsmitteln abhängig gemacht werden kann. Die Bewirtschaftung der Soll=Ist-Fälle kann allerdings nur von der obersten Bundesbehörde veranlasst werden.

Muss in einem begründeten Ausnahmefall trotz fehlender Haushaltsmittel gezahlt werden, kann der Titelverwalter, um ggf. Rechtsfolgen aus einem Zahlungsverzug zu vermeiden, die Verfügbarkeitskontrolle einmalig für dieses Zahlungsfall **aufzuheben**.

Neben der Auszahlungsanordnung ist von ihm eine weitere Anordnung mit Beleg E 08 zur Aufhebung einer einmaligen Verfügbarkeitskontrolle auszufertigen. Die Aufhebung der einmaligen Verfügbarkeitskontrolle ist schlüssig zu begründen, z.B. „Die Zuweisung weiterer Haushaltsmittel wurde durch WBV X fernmündlich am … zugesagt.“

Anordnende Stelle
Kreiswehrersatzamt
Hochdorf

An die Bundeskasse: Kiel

Eingangsstempel der Kasse

E08

Belegnummer der Kasse

Anordnung zur einmaligen Aufhebung der Verfügbarkeitsprüfung

(Diese Anordnung ist mit der dazugehörenden Auszahlungsanordnung zu verbinden)

Belegnummer der Auszahlungsanordnung (Tag, Monat, Jahr, Lfd. Nr.): 1 4 0 7 3 0 4 2

Bewirtschafternummer: 0 3 1 0 8 7 6 5

Haushaltsstelle/Objektnummer: 0 2 4 4 9 7 6 2

▲ Objektnummer

Haushaltsstelle (Epl., Kap., Titel)	Haushaltsjahr
1404/525 11	2003

Gesamtbetrag der Auszahlungsanordnung (Euro, Cent): 4 3 3 5 , 3 5

Fälligkeitsdatum der Auszahlungsanordnung:

Begründung zur Aufhebung der Verfügbarkeitsprüfung

Fernmündliche Zusage WBV X v. 13.07.03 auf Zuweisung weiterer HHM
in Höhe von 5.000,00 € auf Zuweisungskonto 02538160

Die Anordnung ist, wie angegeben, auszuführen.

14.07.03 gez. Muster

Datum, Unterschrift des Anordnungsbefugten

Vermerke der Kasse

Bearbeitungszeichen:

Die Auszahlungsanordnung wurde mit besonderem Programm erfasst

3130 ■ Z-E08 1/02 Anordnung zur einmaligen Aufhebung der Verfügbarkeitsprüfung

Abbildung 45: Vordruck E 08 „Anordnung zur Aufhebung einer einmaligen Verfügbarkeitskontrolle"

V. Annahme und Buchung von Einzahlungen, Durchführung von Umbuchungen u.Ä.

1. Allgemeines

Die Maßnahmen der Mittelverwendung umfassen auch die Anordnung des Titelverwalters zur **Annahme** von Einzahlungen zu Gunsten seiner Sachbuchkonten. Als Zahlung ist sowohl jede **Auszahlung** als auch jede **Einzahlung** gem. § 71 Abs. 1 BHO nach der im Haushaltsplan oder einer sonst vorgesehenen Ordnung zu buchen.

Zu den Bewirtschaftungsmaßnahmen in diesem Sinne sind z.B. auch Anordnungen zur Umbuchung von Ein- oder Auszahlungen zu rechnen. Bei Bewirtschaftungsmaßnahmen dieser Art kommen ebenfalls Belege der F-Klasse zur Anwendung. Hierzu zählen in erster Linie die Belege F 14, F 22, F 23, F 25, F 41, F 42 und F 09 einschließlich ihrer Unterarten.

2. Einzahlungen

Nach § 34 Abs. 1 BHO sind Einnahmen **rechtzeitig** und **vollständig** zu erheben. Die dem Bund zustehenden Einnahmen sind bei Fälligkeit zu erheben, unabhängig davon, ob sie im Haushaltsplan überhaupt oder in entsprechender Höhe veranschlagt sind. Über eine Forderung mit Fälligkeit im laufenden Haushaltsjahr ist der Bundeskasse unverzüglich, damit grundsätzlich vor der Einzahlung, eine Kassenanordnung zu erteilen, sobald die Forderung betragsmäßig feststeht.[6]

2.1 Haushaltseinnahmen

Haushaltseinnahmen sind solche Einnahmen, die grundsätzlich auf Einnahmetitel anzunehmen sind, die nach der Ordnung des Haushaltsplans eingerichtet sind. In einigen Fällen gestattet der Haushaltsplan bzw. das Haushaltsgesetz in Abweichung vom Bruttonachweis (§ 35 BHO), die Einzahlung auf einem Ausgabetitel anzunehmen.

Dabei ist zwischen folgenden Fällen zu unterscheiden:

2.2 Rückzahlungen als Einnahmen

Bei Rückzahlungen zuviel geleisteter Ausgaben (Rückeinnahmen) handelt es sich um Korrekturzahlungen auf Grund von Überzahlungen, Doppelzahlungen

---

6 VV Nr. 3.1 zu § 34 BHO.

oder wegen nachträglicher Änderung der Berechnungsgrundlagen von bereits geleisteten Ausgaben. Die Regelungen des § 9 des jeweils aktuellen Haushaltsgesetzes sind dabei zu beachten.

2.3 Erstattungen als Einnahmen

Erstattungen sind Einzahlungen, die im Zusammenhang mit einer Ausgabe stehen und für die im Haushaltsplan kein Einnahmetitel vorgesehen ist. Solche Einzahlungen fließen dem Ausgabetitel zu, wenn dessen Zweckbestimmung über einen Haushaltsvermerk gem. Nr. 5.5.3 HRB (VV-HB) eine solches Verfahren zulässt *(z.B. Erstattungen fließen den Ausgaben zu.)* oder wenn das Haushaltsgesetz eine entsprechende Regelung enthält.

2.4 Beiträge Dritter

Beiträge Dritter sind Leistungen, mit denen sich Dritte an den Kosten des Bundes beteiligen. Sie sind bei dem jeweiligen Ausgabetitel zu buchen, wenn dessen Zweckbestimmung den Haushaltsvermerk *„Einzahlungen (z.B. aus Schadensersatzleistungen) fließen den Ausgaben zu"* enthält, oder das jeweils aktuelle Haushaltsgesetz eine entsprechende Regelung enthält (vgl. § 6 HG 2004).

Im HKR-Verfahren werden eingegangene Verpflichtungen zu Lasten eines Mittelansatzes (Festlegungen) für das laufende Haushaltsjahr nicht nur durch die Bundeskasse auf Grund einer Kassenanordnung des Bewirtschafters gebucht, sondern es wird vor der Buchung auch maschinell geprüft, ob Mittel in der angegebenen Höhe **überhaupt verfügbar** sind, d.h. ob der Titelverwalter keine höheren Verpflichtungen eingegangen ist, als ihm Mittel aus dem Haushaltsansatz und aus **Beiträgen und Erstattungen Dritter** zur Verfügung stehen. Gleiches gilt für die Erteilung von Auszahlungsanordnungen.

Die Verfügbarkeitskontrolle setzt daher voraus, dass die verfügbaren Mittel über den Haushaltsansatz hinaus **um die Beiträge und Erstattungen Dritter erhöht werden können**, sobald deren Höhe feststeht und eine Ausnahmeanordnung hierfür erteilt werden kann.

Für diese Ausnahmefälle ist für die Annahmeanordnung über Beiträge Dritter ein besonderer Verarbeitungsschlüssel 53010 „mit Erhöhung der verfügbaren Mittel" vorgesehen, der nicht erst eine Erhöhung der verfügbaren Mittel zum Zeitpunkt des tatsächlichen Zahlungseingangs zulässt, sondern bereits zum Zeitpunkt der Buchung die Erhöhung der Mittel unabhängig vom tatsächlichen Zahlungseingang gestattet.[7]

7 VerfR TV HKR Nr. 5.4.

Diese abweichende Form der Mittelbewirtschaftung wird dann angewandt werden, wenn aus rechtlichen Gründen vor **Zahlungseingang bereits Leistungen erbracht** werden müssen. Ein entsprechender Haushaltsvermerk findet sich im Kapitel 02 des Einzelplans 14.

Titel Funktion	**Zweckbestimmung**	**Soll 2004 1000 €**	**Soll 2003 1000 €**	**Ist 2002 1000 €**
537 01 - 032	Hilfsmaßnahmen bei Katastrophen, größeren Unglücksfällen und Notfällen einschließlich sonstiger Hilfsmaßnahmen (Kap 0502 Tit. 981 01) sowie Unterstützungsleistungen	–	–	4680

Haushaltsvermerk:
1. Ausgaben für die Wiederbeschaffung oder -herstellung der beweglichen Sachen, die aus Anlass von Hilfsmaßnahmen und Unterstützungsmaßnahmen abgegeben, verwendet bzw. verbraucht worden sind, dürfen bis zur Höhe der in diesem Haushaltsjahr zu erwartenden Einnahmen bei folgenden Titeln geleistet werden: Titelgruppe 01. Für erbrachte Leistungen gilt Entsprechendes.
2. Falls Ausgaben auf Grund zu erwartender Einnahmen geleistet wurden und diese Einnahmen im laufenden Haushaltsjahr nicht eingehen, dürfen diese Einnahmen, soweit sie in den folgenden Haushaltsjahren eingehen, nicht mehr zur Leistung von Ausgaben verwendet werden.

Abbildung 46: Leistung von Ausgaben auf Grund zu erwartender Einnahmen

2.5 Sonstige Einzahlungen

Sonstige Einzahlungen sind solche, die neben dem Haushaltsplan eingehen und nach einer sonst vorgesehenen Ordnung zu buchen sind. Dabei kann es sich z.B. um den Eingang von S-Mitteln oder Verwahrungszahlungen handeln.

2.6 Einmalige Einnahmen

Einmalige Einnahmen sind solche, die ihrem Wesen nach in einer Summe bei Fälligkeit zu erheben sind.[8] Ist keine Fälligkeit vereinbart oder besteht sie nicht auf gesetzlicher Basis, ist der Bund verpflichtet, die Einnahme sofort zu verlangen.

Entstehen Ansprüche nicht unmittelbar durch Rechtsvorschriften, sind unverzüglich durch geeignete Maßnahmen die notwendigen Voraussetzungen für ihr

8 § 34 Abs. 1 BHO.

Entstehen zu schaffen. Ausnahmen hiervon sind nur bei Vorliegen der gesetzlichen Voraussetzungen der §§ 58 u. 59 BHO zulässig.[9]

Der Schuldner ist grundsätzlich in Verzug zu setzen, wenn dies nicht bereits auf gesetzlicher oder vereinbarungsmäßiger Basis geschehen ist, mit der Folge, dass ihm gegenüber grundsätzlich der Verzugsschaden geltend zu machen ist.[10]

2.7 Wiederkehrende Einnahmen

Wiederkehrende Einzahlungen sind solche, die ihrem Wesen nach in bestimmten regelmäßigen Zeitabständen in grundsätzlich gleichbleibenden Teilbeträgen (Raten) zu erheben sind. Das HKR-Verfahren gestattet, dass bei solchen Einnahmen sowohl die erste als auch die letzte Rate **abweichende Beträge** zulassen können.

Typische Einzahlungen dieser Art sind etwa Mietzahlungen oder Stundungsbeträge in Ratenzahlweise.

3. Die Eintragungen im Einzelnen

- Bundeskasse, Zahlstelle:
  Die Angabe der für den Bewirtschafter zuständigen Bundeskasse ist stets erforderlich. Soll die Einzahlung bar über eine Zahlstelle erfolgen, so ist auch deren Bezeichnung einzutragen.
- Bezeichnung des Geldinstituts mit Ortsangabe nur bei Lastschrifteinzug (LSE):
  Die Kontonummer des Einzahlungspflichtigen wird *linksbündig* und *zusammenhängend* (ohne Leerstellen), *nur mit Ziffern* (ohne Schräg- und Bindestriche) eingetragen. Es genügt allerdings die Kurzangabe des Kreditinstituts.
- Betrag in Buchstaben:
  Die Wiedergabe des Betrages in Buchstaben kann unterbleiben, wenn der Betrag 500 Euro nicht übersteigt.
- Zahlungsart:
  Die gewählte Zahlungsart ist durch Ankreuzen des vorgesehenen Teilfeldes zu markieren. Es ist jeweils nur eine Zahlungsart möglich.
- Begründung der Einnahme, Hinweis auf begründende Unterlagen:
  Die Einnahme sollte kurz, aber dennoch deutlich erklärt werden. Auf begründende Unterlagen (z.B. D-/S-Belege) ist an dieser Stelle hinzuweisen.

---

9 U-Blatt BwVerw 7/99 (Geyer/Westermeier) Ausnahmen vom Grundsatz des § 34 Abs. 1 BHO.

10 VV Nr. 4 zu § 34 BHO.

- Satzart H 22 – Felder 7 u. 8:
  Der Einzahlungspflichtige ist eindeutig zu bezeichnen, um Verwechslungen zu vermeiden. Soll dieser Text auch als Buchungstext im Kontoauszug erscheinen, so bleibt das Feld 7 in der Satzart H 12 unausgefüllt.
- Satzart 101 – Feld 7 (Kassenzeichen):
  Bei Teilnahme am Zahlungsüberwachungsverfahren (ZÜV) ist hier das Kassenzeichen aus dem Überweisungsträger einzutragen. Bei Bareinzahlungen, die von einer Zahlstelle überwacht werden, bleibt dieses Feld frei.
- Satzart 100 – Feld 7 (Betrag):
  Der einzuzahlende Betrag ist *rechtsbündig* einzutragen. Lautet der Centbetrag auf Null, so sind zwei Nullen einzusetzen. Nicht benötigte Schreibstellen sind durch einen waagerechten Strich zu entwerten. Soll die Einzahlung in fremder Währung erfolgen, ist das gesamte Betragsfeld zu entwerten.
- Satzart 100 – Feld 8 (Fälligkeitsdatum):
  In jedem Fall ist das Fälligkeitsdatum anzugeben. Hierfür ist der Titelverwalter verantwortlich. Es muss mit dem kalendermäßigen Fälligkeitsdatum aus der Zahlungsaufforderung übereinstimmen. Die Darstellung erfolgt in der Form TTMMJJ (z.B. 121103 = 12. November 2003)
- Satzart 100 – Feld 9 (Buchungsplatz):
  Dieses Feld ist nur für das ZÜV vorgesehen. Es ist nur ein Eintrag erforderlich, wenn der Titelverwalter eine maschinell erstellte Sollstellung aufheben will. Die Buchungsplatz-Nummer ergibt sich aus dem ZÜV-Kontoauszug.
- Satzart 32 – Feld 7 (Angabe über den Zweck der Zahlung bei LSE):
  Hier ist der Text einzutragen, der auf dem Girokontoauszug des Empfängers als Erläuterung der Zahlung erscheinen soll.
- Satzart H 02 – Felder 7 (Text zur Erläuterung der Buchung im Kontoauszug, Angaben zur Abschlagsauszahlung):
  Hier ist zwischen den einzelnen Fällen der Anordnung zur Annahme einer
  - einmaligen Einzahlung
    und der Anordnung zur Annahme einer
  - Rückzahlung zu einer Abschlags- oder Schlussauszahlung

  zu unterscheiden.
- Zusammen mit dem Feld 7 der Satzart H 12 stehen zur Erläuterung der Buchung im Kontoauszug des Bewirtschafters 50 Schreibstellen zur Verfügung.
  Sollen später Auswertungen nach einer Textinformation vorgenommen werden, so ist diese hier einzutragen und auf 11 Zeichen einschließlich etwaiger Leerstellen begrenzt. Anfang und Ende einer solchen Textinformation ist durch ein zweifachen „+“-Zeichen zu begrenzen.

Beispiel: ++Erstattung++

- Satzart H 02, Feld 7 *(Rückzahlung zu einer Abschlags- oder Schlussauszahlung):*

Schreibstelle 1:	*A* bei Rückzahlung zu einer Abschlagsauszahlung *S* bei Rückzahlung zu einer Schlusszahlung
Schreibstelle 2-4:	Einzutragen sind – die laufende Nummer des Abschlags, zu dem zurückzuzahlen ist (z.B. 002) – drei Nullen im Falle einer Schlusszahlung
Schreibstelle 5-9:	Abschlagskontrollnummer Hier ist die bei der ersten Abschlagszahlung vergebene Kontrollnummer einzutragen.
Schreibstelle 10-25:	Stellen für individuelle Textinformationen im Kontoauszug des Bewirtschafters

4. Einzahlungen im Zahlungsüberwachungsverfahren (ZÜV)

Mit Rundschreiben vom 28.2.2003 erinnert das BMF daran, Haushaltseinnahmen ab 1.11.2000 nur noch im Zahlungsüberwachungsverfahren des Bundes (ZÜV) abzuwickeln.

Das BMF forderte in seinem Rundschreiben darüber hinaus alle Bewirtschafter auf, die am HKR-Verfahren beteiligt sind, bereits gebuchte Forderung bis zum 1.7.2003 in das Zahlungsüberwachungsverfahren zu überführen.

Das Zahlungsüberwachungsverfahren wird im Abschnitt T ausführlicher behandelt.

5. Die Belege im Einzelnen

5.1 Beleg F 22 „Anordnung zur Annahme einer Einzahlung oder Aufhebung der Annahmeanordnung (s. Abb. 47)

Zur Annahme einer einmaligen Einzahlung sind grundsätzlich die Belege F 14 und F 22 zu verwenden. An dieser Stelle wird zunächst ausschließlich auf den Beleg F 22 eingegangen, weil sich die auf eine Einzahlung beziehenden Eintragungen auf dem Beleg F 14 grundsätzlich nicht von denen auf dem Beleg F 22 unterscheiden.

Gleichzeitig mit der Buchung dieses Belegs durch die Bundeskasse erfolgt die Sollstellung des anzunehmenden Betrages im Sachbuchkonto. Bei Eingabe des entsprechenden Kassenzeichens wird gleichzeitig ein Zahlungsüberwachungskonto als Vorkonto zum Sachbuchkonto eingerichtet.

Anordnende Stelle

BerGebMarRgt 7
Teltow / Fläming

An die Bundeskasse **Halle**

über die Zahlstelle

Eingangsstempel der Kasse

F22

1 Belegnummer der Kasse

2 Belegnummer des Bewirtschafters (Tag Monat Jahr Lfd. Nr.): 0 2 1 1 3 0 9 4

3 Verarbeitungsschlüssel: 5 3 1 2 0

4 Bewirtschafternummer: 0 3 1 2 3 4 5 6

5 Haushaltsstelle: 1 4 0 3 4 5 3 0 1 5

6 Objektnummer: 0 2 1 1 6 7 5 2

▲ Objektnummer

Anordnung zur

☒ Annahme einer Einzahlung

☐ Aufhebung der Annahmeanordnung

Haushaltsjahr
2003

Satzart **101** — 7 Kassenzeichen: 0 2 1 3 3 1 2 9 6 7 8 4 — 8 Kz.-Mahnverfahren (1 2 3 4 5): 5 1 0 0 0

H22 — 7 Name/Bezeichnung des Einzahlungspflichtigen: O L T A N D Y G W E H R E

8

9 Straße/Postfach

10 LKZ — PLZ — Ort

Bezeichnung des Geldinstitutes mit Ortsangabe: **Bankverein Teltow**

H01 — 8 Bankleitzahl: 4 3 3 4 7 2 5 6 — 9 Girokontonummer: 1 2 3 4 5 9 8 7 6 1 — LSE: 1

Betrag in Buchstaben in Euro

100 — 7 Betrag (Euro, Cent): - - - - - - - - - 2 1 1 6

8 Fälligkeitsdatum: 1 6 1 1 0 3

9 Buchungsplatz

10 Bezugsbelegnummer: 0 4 0 4 3 0 2 7

Zahlungsart
☐ unbar ☒ bar ☐ Verrechnung

Begründung der Einnahme, Hinweis auf begründende Unterlagen

Rückzahlung überz. UKV
(Mietentsch.)
s. Umzugsabrechnung v. 04.04.03
1404/45301 lfd. Nr. 27

H32 — 7 Angabe über den Zweck der Zahlung bei Lastschrifteinzug

H02 — 7 Text zur Erläuterung der Buchung im Kontoauszug, Angaben zur Abschlagszahlung (Schreibstellen 1 bis 9)

H12 — 7 Buchungstext/Einzahlender (falls abweichend vom Einzahlungspflichtigen)

H82 — 7 Mehrzweckfeld

Sachlich richtig — Rechnerisch richtig

Wolf *Schaf*

Unterschriften

Die Anordnung ist, wie angegeben, auszuführen.

02.11.03 *Ziege*

Datum, Unterschrift des Anordnungsbefugten

Zahlungsnachweis
Der angeordnete Betrag wurde angenommen, Datum
unbar ☐ bar ☐ Verrechnung ☐
104120
1. Unterschrift — 2. Unterschrift

Annahmevermerk der Bundeskasse oder der Zahlstelle

Betrag erhalten:

Datum, Unterschrift

Vermerke der Kasse

Bearbeitungszeichen: — Datum der Einzahlung

Daten erfasst: — Daten geprüft:

3160 Z-F22 1/02 Anordnung zur Annahme einer Einzahlung oder Aufhebung der Annahmeanordnung

Eintragungen auf der Rückseite:

Verzeichnis der Bearbeitungsschlüssel für den Vordruck F 22

Anordnung zur Annahme einer **Einzahlung** zu einem Einnahmetitel	53100
• von **Erstattungen**	53100
• von **Beiträgen Dritter**	53110
• von **Rückeinnahmen** zu einem Ausgabetitel	53120
Anordnung zur Aufhebung der zum Soll gestellten	
• **Annahmeanordnung** zu einem ZÜV-Konto	58600
• **Annahmeanordnung** zu einem Ausgabetitel	58620
• **Annahmeanordnung** zu einem Einnahmetitel	58620

Abbildung 47: Beleg F 22 „Anordnung zur Annahme einer Einzahlung/ zur Aufhebung der Annahmeanordnung“

Mit der Sollstellung wird gleichzeitig der vorgefertigte Einzahlungsbeleg K 05 *(s. Abb. 47a)* für und durch die Bundeskasse ausgefertigt. Sobald die Zahlung tatsächlich eingeht wird dieser Beleg vervollständigt und von der Kasse erfasst. Dadurch wird die Summe der Ist-Einzahlungen erhöht und in der Sollstellung gegengebucht, wodurch die vorangegangene Sollstellung aufgehoben wird. Durch die Buchung von Sollstellungen im Sachbuchkonto (Titel- oder Objektkonto) wird dem Bewirtschafter über den Kontoauszug der jederzeitige Überblick über erledigte und unerledigte Zahlungseingänge gewährt.

Abwicklung von Abschlägen: Außerhalb des HKR Verfahrens ist die Abwicklung von Abschlagszahlungen, wenn sie zu keiner weiteren Auszahlungen bei der Schlussauszahlung führen, durch eine sogenannte Nullzahlung abzurechnen. Im HKR-Verfahren entfällt im Falle einer Überzahlung diese „Null-Zahlung“.

Im Falle einer während der Abschlagszahlung erfolgten Überzahlung genügt die Ausfertigung einer Anordnung zur Annahme einer Einzahlung mit Beleg F 22. Der überzahlte Betrag ist auf dem Ausgabetitel mit dem Verarbeitungsschlüssel 53120 anzunehmen. Gleichzeitig ist in der Satzart H 02 die Kennung „S“ für Schlusszahlung mit der entsprechenden Abschlagsnummer einzutragen.

Bundeskasse

Eingangsstempel der Kasse

K05

1 Belegnummer der Kasse

Datum

Blatt

Beleg zur Annahme einer Einzahlung

2 Belegnummer des Buchhalters

Tag | Monat | Jahr | Lfd. Nr.

3 Verarbeitungs-schlüssel

6 3 0

4 Bewirtschafter-nummer

Haushaltsjahr

5 Haushaltsstelle

6 Objektnummer

6 Satzart

H 2 2

7 Name/Bezeichnung des Einzahlungspflichtigen

Betrag in Buchstaben in Euro (oder Fremdwährung)

1 1 0

7 Eingezahlter Betrag Euro Cent

Zur Annahme angeordneter Betrag Euro Cent

Angaben zur Einzahlung

8 Fälligkeitsdatum

9 Bezugsbelegnummer

10 Datum der Einzahlung

Haushaltsstelle (Epl., Kap., Titel)

Nur bei einer Änderung des Betrags der Annahmeanordnung im Rahmen der Kleinbetragsregelung ausfüllen:

H 0 2

7 Text zur Erläuterung der Buchung im Kontoauszug

Betrag der Änderung in Buchstaben in Euro (oder Fremdwährung)

H 1 2

7 Text zur Erläuterung der Buchung im Kontoauszug

Nur bei einer Änderung des Betrags der Annahmeanordnung ausfüllen:

9 Verarbeitungsschlüssel

5 8 0

10 Betrag der Änderung

Euro Cent

Begründung der Änderung

1 0 4

7 Mehrzweckfeld

H 8 2

Für die Richtigkeit der Eintragung und Änderung

Ort, Datum

Unterschrift

Vermerke der Kasse

Bearbeitungszeichen:

Daten erfasst: Daten geprüft:

3174 2 Z-K05 1/02 Beleg zur Annahme einer Einzahlung

NI 2131 3378 02

Abbildung 47a: Beleg K 05

5.2 Beleg F 23 u. F 23 A „Sammelanordnung (B) zur Annahme einer Einzahlung / Anordnung zur Aufhebung der Annahmeanordnung" (s. Abb. 48 und 48a)

Der Beleg F 23 mit seiner Anlage F 23 A dient als Sammelanordnung zur Annahme einer Einzahlung eines Einzahlungspflichtigen, der auf mehrere, aber höchstens 48 Sachbuchkonten einzuzahlen hat.

Bezüglich seiner Funktion ist er analog der Sammelanordnung (B) zur Leistung von Auszahlungen F 11 (s. Buchst D, Nr. 3.1.3 dieses Abschnitts) anzuwenden.

5.3 Beleg F 41 „Anordnung zur Annahme oder Änderung einer wiederkehrenden Einzahlung" (s. Abb. 49)

Der Beleg F 41 dient der Annahme wiederkehrender Einzahlungen. Wiederkehrende Einzahlungen sind solche, die ihrem Wesen nach in bestimmten regelmäßigen Zeitabständen in grundsätzlich gleichbleibenden Teilbeträgen (Raten) zu erheben sind.

Grundsätzlich sind die Eintragungen sinngemäß vorzunehmen, wie sie allgemein unter Buchst. D. lfd. Nr. 3.1.3 (Vordruck F 31 u. F 32) in diesem Abschnitt beschrieben sind. Daneben sind bei wiederkehrenden Einzahlungen folgende Besonderheiten zu beachten:

- Gültigkeitsdauer der Anordnung:
  Einzutragen ist der gesamte gesetzliche oder vertragliche Forderungszeitzeitraum. Der Eintrag lautet entweder TTMMJJ (Beginn) bis einschließlich TTMMJJ (Ende des Forderungszeitraums)

  Beispiel:
  Mietvertrag v. 01.07.2003 bis 31.12.2004
  Eintrag: 010703 bis 311204
  oder
  TTMMJJ (Beginn) bis auf Weiteres. In diesem Falle ist in der Satzart 108, Zeile 10, die Kennung 999999 einzutragen.

- Satzart 107, Feld 7 (Teilbetrag):
  Der anzunehmende Teilbetrag ist rechtsbündig einzutragen. In den Feldern 8 und 9 können die von den „Normal"raten abweichenden erste und letzte Rate eingetragen werden.
  Selbstverständlich kann ein abweichender letzter Betrag nur bei einer befristeten wiederkehrenden Einzahlung eingetragen werden.

- Satzart 108, Feld 7 (erste Zahlung):
  Der eingetragene Zahlungstag (TTMMJJ) ist der erste Tag der Sollstellung. Alle weiteren Sollstellungen erfolgen turnusgemäß am gleichen Tag des entsprechenden Zahlungsmonats.

Anordnende Stelle

Standortverwaltung Hochdorf

Eingangstempel der Kasse

F23

1 Belegnummer der Kasse

L

An die Bundeskasse: **Kiel**

über die Zahlstelle:

[X] Sammelanordnung (B) zur Annahrne einer Einzahlung
durch einen Einzahlungspflichtigen zu unterschiedlichen Haushaltsstellen oder Objekten

[ ] Anordnung zur Aufhebung derAnnahmeanordnung

2 Belegnummer des Bewirtschafters (Tag Monat Jahr Lfd. Nr.): 1 2 0 7 5 0 6 6

3 Verarbeitungsschlüssel: 5 7 1 0 0

4 Bewirtschafternummer: 0 3 1 0 4 5 6 7

Haushaltsjahr: **2005**

Erste betroffene Haushaltsstelle (Epl., Kap.- Titel): **1412 / 517 01**

Satzart 101 — 7 Kassenzeichen: 1 0 0 1 2 3 4 1 2 3 4 5 — 8 Kz.-Mahnverfahren (1 2 3 4 5): 0 1 1 0 1

H 2 2 — 7 Name/Bezeichnung des Einzahlungspflichtigen: S P O R T V E R E I N H O C H D O R F E . V .

8: 1

9 Straße/Postfach: I M L E R C H E N F E L D 2 7

10 LKZ: 1 4 3 — PLZ: 3 3 — Ort: H O C H D O R F

Bezeichnung des Geldinstituts mit Ortsangabe: **Sparkasse Hochdorf**

H 0 1 — 8 Bankleitzahl: 0 0 1 2 4 4 2 4 — 9 Girokontonummer: 9 9 9 8 8 8 7 6 5 4 — LSE: 1

Betrag in Buchstaben in Euro: **Siebenhundertdreiundachzig Euro**

1 00 — 7 Betrag (Euro, Cent): - - - - - - - - 7 8 3 | 1 4

Zahlungsart: [X] unbar [ ] bar [ ] Verrechnung

10 Fälligkeitsdatum: 0 1 0 8 0 5

11 Bezugsbelegnummer:

Begründung der Ausgabe, Hinweis auf begründende Unterlagen:

Erstattung Mitbenutzung
Sporthalle (Mitben. vertr. 047)
Schadensersatzleistung wg.
Eingangstür Sporthalle

H 3 2 — 7 Angabe über den Zweck der Zahlung bei Lastschrifteinzug: M I T B E N . S P O R T H .
S C H A D E N S E R S .

Anzahl der begründenden Unterlagen

H 4 2 — 7 Einzahlender (falls abweichend vom Einzahlungspflichtigen)

Sachlich richtig — Rechnerisch richtig
einschließlich Anlagen F23A, Blattrnr. 01 bis -
gez. Taube *gez. Sperling*
Unterschriften

H 8 2 — 7 Mehrzweckfeld

Die Anordnung ist, wie angegeben, auszuführen.
12.07.05 *gez. Meise*
Datum, Unterschrift des Anordnungsbefugten

Zahlungsnachweis
Der angeordnete Betrag wurde angenommen, Datum
unbar [ ] bar [ ] Verrechnung [ ]
1. Unterschrift 2. Unterschrift

Annahmevermerk der Bundeskasse oder der Zahlstelle
Betrag erhalten:
Datum, Unterschrift

Vermerke der Kasse
Bearbeitungszeichen: — Datum der Einzahlung
Daten erfasst: — Daten geprüft:

Eintragungen auf der Rückseite:

Verzeichnis der Bearbeitungsschlüssel für den Vordruck F 23

Sammelanordnung (B) zur Annahme	
einer **Einzahlung** zu einem Einnahmetitel	57100
• von **Erstattungen**	57100
• von **Beiträgen Dritter**	57110
• von **Rückeinnahmen** zu einem Ausgabetitel	57120
Anordnung zur Aufhebung der zum Soll gestellten	
• **Annahmeanordnung** zu einem ZÜV-Konto	58600
• **Annahmeanordnung** zu einem Ausgabetitel	58620
• **Annahmeanordnung** zu einem Einnahmetitel	58620

Abbildung 48: Beleg F 23 „Sammelanordnung (B) zur Annahme einer Einzahlung"

Für den ersten Tag der Zahlung kann auch ein zurückliegendes Datum angegeben werden; der früheste Termin ist jedoch der 01.01. des laufenden Jahres.

- Satzart 108, Feld 9 (Turnus):
  Hier ist ein Schlüssel für den zeitlichen Abstand der einzelnen Zahlungen in Monaten anzugeben.
  Eine monatliche Zahlung erhält mithin die Angabe „01"; eine vierteljährliche Zahlung die Kennung „03" oder die jährliche Zahlung den Eintrag „12".

5.4 Beleg F 42 und F 42 A „Sammelanordnung (B) zur Annahme oder Änderung einer wiederkehrenden Einzahlung"

Die Einzahlung eines Einzahlungspflichtigen auf mehrere Sachbuchkonten ist mit dem Beleg F 42 abzuwickeln. Für diesen Vordruck gelten sinngemäß die Erläuterungen und Ausfüllhinweise zu den Vordrucken F 22 und F 41 mit Ausnahme der Satzart 107, Feld 7 (turnusmäßiger Gesamtbetrag). Einzutragen ist der turnusmäßige Gesamtbetrag, der sich aus der Summe der Beträge der turnusmäßigen Raten aus der zugehörigen Anlage 42 A ergibt.

Anordnende Stelle

Standortverwaltung Hochdorf

F23A

Sammelanordnung (B)
zur Annahme von Einzahlungen

Anlage

Blattnummer: **01**

Kassenzeichen

Haushaltsjahr: **2005**

Datum: **12.07.05**

	6 Satzart	10 Haushaltsstelle	11 Objektnummer	12 Buchungsplatz
	0 0 1	1 4 1 2 5 1 7 0 1 4	0 2 2 5 7 6 8 9	
100	7 Betrag Euro i Cent A Objektnummer	- - - - - - - - - 6 0 0 0		
H02	7 Text zur Erläuterung der Buchung im Kontoauszug, Angaben zur Abschlagszahlung (Schreibstellen 1 bis 9)	M I T B E N . - V E R T R A G 0 4 7		
H12	7 Text zur Erläuterung der Buchung im Kontoauszug			

	6 Satzart	10 Haushaltsstelle	11 Objektnummer	12 Buchungsplatz
	0 0 1	1 4 1 2 5 1 9 1 1 3	0 2 7 8 3 1 2 0	
100	7 Betrag Euro i Cent A Objektnummer	- - - - - - - - 7 2 3 1 4		
H02	7 Text zur Erläuterung der Buchung im Kontoauszug, Angaben zur Abschlagszahlung (Schreibstellen 1 bis 9)	S C H A D E N S E R S . E I N G A N G S T U E R		
H12	7 Text zur Erläuterung der Buchung im Kontoauszug	S P O R T H A L L E		

	6 Satzart	10 Haushaltsstelle	11 Objektnummer	12 Buchungsplatz
	0 0 1			
100	7 Betrag Euro i Cent A Objektnummer			
H02	7 Text zur Erläuterung der Buchung im Kontoauszug, Angaben zur Abschlagszahlung (Schreibstellen 1 bis 9)			
H12	7 Text zur Erläuterung der Buchung im Kontoauszug			

	6 Satzart	10 Haushaltsstelle	11 Objektnummer	12 Buchungsplatz
	0 0 1			
100	7 Betrag Euro i Cent A Objektnummer			
H02	7 Text zur Erläuterung der Buchung im Kontoauszug, Angaben zur Abschlagszahlung (Schreibstellen 1 bis 9)			
H12	7 Text zur Erläuterung der Buchung im Kontoauszug			

Vermerke der Kasse

Bearbeitungszeichen:	
Daten erfasst:	Daten geprüft:

Abbildung 48a: Beleg F 23 A (Anlage zur Sammelanordnung (B) zur Annahme einer Einzahlung)

Anordnende Stelle: **Standortverwaltung Hochdorf**

Eingangsstempel der Kasse

F41

1 Belegnummer der Kasse

An die Bundeskasse: **Kiel**

Anordnung zur Annahme oder Änderung einer wiederkehrenden Einzahlung

2 Belegnummer des Bewirtschafters (Tag, Monat, Jahr, Lfd. Nr.): 0 2 0 4 3 0 0 1

3 Verarbeitungsschlüssel: 0 1 1 0 0

4 Bewirtschafternummer: 0 3 1 0 4 5 6 7

Haushaltsjahr: **2003**

5 Haushaltsstelle: 1 4 1 2 5 1 9 1 1 8

6 Objektnummer: 3 4 7 1 4 8 2 4

▲ Objektnummer

Satzart **101** — 7 Kassenzeichen: 1 0 0 2 0 3 4 5 0 6 7 0 — 8 O-Nr.: 0 1 — 10 Kz.-Mahnverfahren (1 2 3 4 5): 1 2 1 0 0

H22 — 7 Name/Bezeichnung des Einzahlungspflichtigen: A N D Y G W E H R E H G

8

9 Straße/Postfach

10 LKZ — PLZ — Ort

Bezeichnung des Geldinstituts des Einzahlenden: **Bankhaus Birne**

H01 — 8 Bankleitzahl: 1 7 4 1 2 6 0 6 — 9 Girokontonummer: 9 8 7 6 5 4 3 2 1 0 — LSE: 1

Teilbetrag in Buchstaben in Euro

107 — 7 Teilbetrag (Rate) Euro, Cent: - - - - - - - 1 0 0 | 0 0

8 abweichender erster Betrag Euro, Cent

9 abweichender letzter Betrag Euro, Cent: - - - - - - 1 5 0 | 0 0

Gültigkeit der Anordnung vom **01.05.XX** bis **31.08.XX** ☐ bis auf weiteres

108 — 7 erste Zahlung (Zahlungstag) Tag, Monat, Jahr: 0 1 0 5 0 3 — 9 Turnus: 0 1

10 letzte Zahlung Monat, Jahr: 0 1 0 8 0 4 — 11 gültig ab Tag, Monat, Jahr — 1.)

Begründung der Einnahme, Hinweis auf begründende Unterlagen:
Schadensersatzleistung
Instands. Eing.-tür
4. Kompanie

Anlagen

H32 — 7 Angabe über den Zweck der Zahlung bei Lastschrifteinzug: S C H A D E N S E R S A T Z / E I N G . - T U E R

H02 — 7 Text zur Erläuterung der Buchung im Kontoauszug: S C H A D E N S E R S . - L E / I S T U N G 4 . / -

H42 — 7 Einzahlender (falls abweichend vom Einzahlungspflichtigen)

H82 — 7 Mehrzweckfeld

Sachlich richtig: **Hirsch** — Rechnerisch richtig: **Hase**

Unterschriften

1.) nur bei Änderung der KaAO

Die Anordnung ist, wie angegeben, auszuführen.
02.04.03 **Fuchs**
Datum, Unterschrift des Anordnungsbefugten

Vermerke der Kasse
Bearbeitungszeichen:
Daten erfasst: Daten geprüft:

3168 Z-F41 1/02 Anordnung zur Annahme oder Änderung einer wiederkehrenden Einzahlung

Abbildung 49: Beleg F 41 „Anordnung zur Annahme oder Änderung einer wiederkehrenden Einzahlung“ (Fortsetzung nächste Seite)

Eintragungen auf der Rückseite:

Verzeichnis der Bearbeitungsschlüssel für den Vordruck F 41

Anordnung zur Annahme einer wiederkehrenden **Einzahlung**

• für ein neu zu **eröffnendes** ZÜV-Konto	01100
• für ein bereits **bestehendes** ZÜV-Konto	01302
Anordnung zur **Änderung** von **Stammdaten** eines ZÜV-Kontos	01300
Anordnung zur **Änderung** und **Stilllegung** einer wiederkehrenden **Einzahlung**	01301

5.5 *Beleg F 09 „Anordnung zur Umbuchung einer Auszahlung/ einer Einzahlung (s. Abb. 50)*

Zur Richtigstellung von Verwechslungen von Sachbuchkonten, bei Falschkennung von Abschlags- oder Schlussauszahlungen, bei Vergabe einer unzutreffenden Abschlagskontrollnummer oder einer fehlerhaften Textinformation wird im HKR-Verfahren der Beleg F 09 eingesetzt.

Nach § 12 Abs. 3 des jeweiligen Haushaltsgesetzes ist die Berichtigung einer Sachbuchkontoverwechslung allerdings nur bis zum Abschluss der Bücher möglich.

Es ist zu beachten, dass nur eine erfolgte **Istbuchung** umgebucht werden kann. Dagegen kann eine mit dem Beleg F 22 erfolgte Sollstellung *nicht* umgebucht werden.

Der Beleg F 09 unterscheidet zwischen dem abgebenden und dem empfangenden Sachbuchkonto. Bei dem **abgebenden** Sachbuchkonto handelt es sich immer um das Konto der ursprünglichen Buchung; bei dem **empfangenden** handelt es sich mithin immer um das letztlich zutreffende Konto.

Weiter ist von Bedeutung, dass der Beleg F 09 nur bei **gleicher Bewirtschafternummer** beider beteiligten Sachbuchkonten verwendet werden kann. In den Feldern, die für das abgebende Sachbuchkonto vorgesehen sind, werden die Eintragungen vorgenommen, die für die ursprüngliche aber unzutreffende und jetzt zu berichtigende Buchung angegeben wurden. In den für das empfangende Sachbuchkonto sind die Angaben einzutragen, die eigentlich ursprünglich dort hätten angebracht werden müssen.

Anordnende Stelle

Standortverwaltung Hochdorf

An die Bundeskasse **Kiel**

Eingangsstempel der Kasse

1 Belegnummer der Kasse

F09

2 Belegnummer des Bewirtschafters (Tag, Monat, Jahr, Lfd. Nr.): 1 0 1 1 4 0 1 9

3 Verarbeitungsschlüssel: 6 8 5 0 0

Anordnung zur Umbuchung

☒ einer Auszahlung

☐ einer Einzahlung

Haushaltsjahr: **2004**

Abgebendes Sachbuchkonto

4 Bewirtschafternummer: 0 3 1 0 4 5 6 7

5 Abgebende Haushaltsstelle:

6 Abgebende Objektnummer: 0 2 6 3 6 7 3 7

▲ Objektnummer

Empfangsberechtigter/Einzahlungspflichtiger

Name: **Buchhandlung Schott**

Straße: **Ahornweg 7**

PLZ, Ort: **00123 Kyritz**

Begründung der Umbuchung, Hinweis auf begründende Unterlagen

Rechnung über Fachbuch "Haushalt" wurde am 09.09.03 irrtümlich falscher Objekt-nummer zugeordnet.

Anlagen

Satzart

100 — 7 Betrag: Euro - - - - - - - - - - 51, Cent 67

8 Buchungsdatum: 0 9 0 9 0 4

9 Bezugsbelegnummer: 0 9 0 9 4 0 6 4

H02 — 7 Text zur Erläuterung der Buchung im Kontoauszug, Angaben zur: F E H L B U C H U N G I M

Abschlagszahlung (Schreibstellen 1 bis 9): B A 0 0 1

Umzubuchen nach:

Empfangendes Sachbuchkonto

105 — 8 Bewirtschafternummer: 0 3 1 0 4 5 6 7

9 Empfangende Haushaltsstelle:

10 Empfangende Objektnummer: 0 2 6 3 6 7 4 7

▲ Objektnummer

H02 — 7 Text zur Erläuterung der Buchung im Kontoauszug, Angaben zur: K A U F F A C H B H H S

Abschlagszahlung (Schreibstellen 1 bis 9): K A A O V 0 9 0 9

Sachlich richtig: *gez. Hohn* — Rechnerisch richtig: *gez. Pfahl*

Unterschriften

Die Anordnung ist, wie angegeben, auszuführen.

10.11.04 *gez. Knete*

Datum, Unterschrift des Anordnungsbefugten

Vermerke der Kasse

Bearbeitungszeichen:

Daten erfasst: Daten geprüft:

3144 6 Z-F09 1/02 Anordnung zur Umbuchung einer Auszahlung/einer Einzahlung

Abbildung 50: Beleg F 09 „Anordnung zur Umbuchung einer Auszahlung / einer Auszahlung“ ((Fortsetzung nächste Seite)

Eintragungen auf der Rückseite:
Verzeichnis der Bearbeitungsschlüssel für den Vordruck F 09
Anordnung zur Umbuchung
- einer **Auszahlung** 68500
- einer **Einzahlung** 68510

6. Zusammenfassung wichtiger HKR-Bewirtschafter-Belege

A
Einrichtung Bewirtschafter und Systempflege
A 01 und A 02

B
Einrichtung von Konten
B 01 – Sachbuchkonten und

E
Mittelverteilung
E 01 – Zuweisung – Verpflichtungsermächtigungen (VE)
E 02 – Zuweisung – Haushaltsmittel
E 03 – Rückruf Haushaltsmittel bzw. VE
E 04 – Zuweisung aufgrund eines Deckungsvermerk
- Haushaltsmittel bzw. VE
- Verfügbarkeitsverlagerung

E 05 – Sammelzuweisung

M
Mittelverwendung bei allgemeiner Kassenanordnung
M 02 – Annahme und Buchung einer Einzahlung
M 03 – Leistung und Buchung einer Auszahlung
M 22 – Annahme und Buchung einer Einzahlung

G
Anforderungsbelege
G 01 – Anforderung von Listen usw.
G 04 – Anforderung von Informationen zu einem Sachbuchkonto
G 05 – Anforderung von Listen für die Rechnungsprüfung

VI. Das Dialogverfahren (Anwendungsprogramm HICO)

1. Allgemeines

Im **Belegverfahren** besteht für den Mittelverteiler und den Titelverwalter (Bewirtschafter) nur die Möglichkeit, mit der für ihn zuständigen Bundeskasse und der zentralen Datenbank des Bundesamtes für Finanzen (BfF) in schriftlicher Form, in Papierform in Gestalt von Anweisungen, Anordnungen und Anforderungen oder über zugelassene Datenträger, z.B. Magnetbänder, Disketten etc. zu kommunizieren.

Die Reaktionen der Bundeskasse und des BfF erfolgen daraufhin ebenfalls in Papierform in Gestalt von Kontoauszügen, Stammblättern und Listen.

Im **Dialogverfahren** dagegen tritt der Bewirtschafter mit der zentralen Datenbank des BfF in direkten Kontakt. Er hat damit **direkten Zugriff** auf seine gesamten Bewirtschafterdaten. Die Verbindung wird im Wege der Datenfernübertragung zum Rechner hergestellt.

Die Voraussetzung dazu ist, dass auf Seiten des Bewirtschafters ein Dialoggerät und ein Arbeitsplatzdrucker vorhanden ist, mit dem ihm die Möglichkeit gegeben ist, Bildschirmausdrucke aller denkbaren Geschäftsvorfälle einschließlich der Ausdrucke ausgewählter Sachbuchkonten anzufertigen.

Ferner hat er dafür Sorge zu tragen, dass das Steuerungssystem seiner Steuereinheit die Daten für die Datenfernübertragung auch richtig zur Verfügung stellt, d.h. er hat die vorgegebenen Daten-Standarts des BfF zu beachten.

Für den Zugang zum Rechenzentrum gelten die für alle Nutzer gültigen und zu beachtenden Zugangsnormen (**Benutzerkennung** = USERID *und* **individuelles Kennwort** = Password).

Im Dialogverfahren werden die vom Bewirtschafter eingegebenen Daten mit den von den Bundeskassen eingehenden Daten verarbeitet und im Ergebnis bereitgestellt.

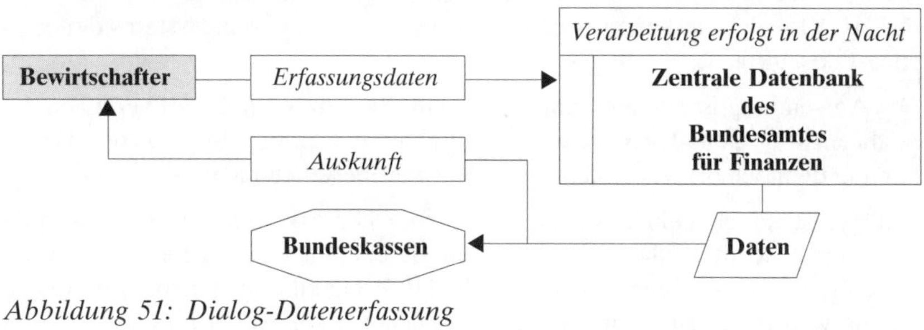

Abbildung 51: Dialog-Datenerfassung

Der Zugang in das Dialogverfahren erfolgt auf der Betriebssystemebene mit automatischer Überleitung zum Anwenderprogramm HICO.

Das Trägersystem bedient sich des IBM-Produkts CICS.

C ustomer = Anwender
I nformations = Informations
C ontrol = Kontroll
S ystem = System

Der Begriff **HICO** erklärt sich aus den Anfangsbuchstaben folgender Worte:

H = HKR (Haushalts-, Kassen- und Rechnungswesen)
I = Informationssystem
C = Communication
O = Online

Der Einstieg zu den Anwendung ist geschützt. Die Verwendung der **Benutzerkennung (USERID)** in Verbindung mit einem **individuellen Kennwort (HICO-Passwort)** eröffnen das Hauptmenü, das die Auswahl der Einzelanwendungen zulässt. Der Ausstieg aus dem Programm ist in umgekehrter Reihenfolge möglich.

Bundesamt für Finanzen	Terminal -	T5301G81
53221 Bonn	System	NMTMAI
Telefon (01888) xxxxx	Zeit	09.45.34
Telefax (01888) xxxxx	Datum	05/03/05
E-Mail ZAS (a) bff.bund.de		

Bitte geben Sie Ihre Benutzerkennung (USERID) und Ihr Kennwort (PASSWORD) fuer den Zugang zum Rechnersystem ein und druecken Sie auf die Freigabetaste.

USERID ==> F 1 /F13 = Hilfe
PASSWORD==> F12 /F24 = Verbindung zum BfF trennen

Abbildung 52: Anmeldung

Nach Rückkehr aus den Einzelanwendungen über das Hauptmenü verlässt man das HICO-Programm und erreicht über die Ebene des Trägersystems den Einstiegsbildschirm.

Die Anwendung ist immer **ordnungsgemäß über diese Stufen zu verlassen**. Es reicht nicht aus, das Dialog-Gerät auszuschalten, weil bei einer solchen Handhabung dennoch die Verbindung zum Rechner bestehen bleibt.

Selbstverständlich sieht das System bei einer Direktverbindung zur zentralen Datenbank **Schutzmaßnahmen** bei allen Beteiligten vor, um keine Daten an unbefugte Dritte gelangen zu lassen. Alle HKR-Daten, auch personenbezogene Daten, werden im BfF sowohl vor Lese- als auch vor Änderungszugriffen geschützt. Demzufolge hat der Bewirtschafter nur Zugriff zum Lesen **eigener Dateien**. Dieser Zugriff wird über das HICO-Passwort ermöglicht. Der Bewirtschafter sollte dieses Passwort allerdings regelmäßig ändern.

Der **Datenschutz** sollte auf der Anwenderseite deshalb folgende Maßnahmen berücksichtigen:

- ordnungsgemäße Beendigung der HICO-Anwendung bei Verlassen des Dialoggerätes, um unbefugte Zugriffsmöglichkeiten Dritter auszuschließen,
- keine schriftliche Aufzeichnung von Passwörtern,
- keine sprechenden Namen für ein Passwort verwenden.

2. Der Bewirtschafter-Dialog

Das Dialog-Verfahren lässt sich hinsichtlich seiner Funktion in drei Bereiche aufgliedern:

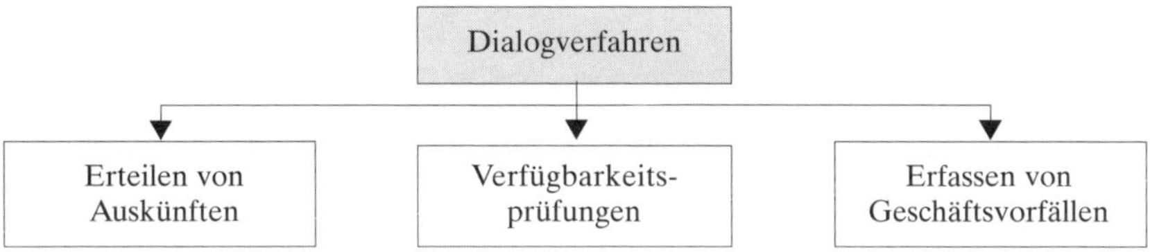

Abbildung 53: Der Bewirtschafterdialog

Das Dialogverfahren bietet über seine Menüsteuerung eine Benutzeroberfläche an, die es dem Anwender erleichtert, die jeweilige Funktionen auszuführen. Hinzu kommt eine **Bedienerführung** mit Hinweisen auf jedem angezeigten Bildschirm, die Anwender in die Funktionen leiten, die in der angewählten Anwendung möglich sind.

Bei Anwahl **„Verfügbarkeitsprüfung"** etwa werden *vor* einer Buchung Berechnungen durchgeführt, die sowohl die aktuellen Kontostände als auch die eingegebenen Daten berücksichtigen, d.h. es wird dargestellt, ab welchem vorgesehenen Zahlungsfall die verfügbaren Mittel überschritten werden. Das Dialog-Verfahren bietet also **unmittelbare Entscheidungshilfen** bei der Bewirtschaftung der Mittel.

Die Möglichkeit, vor dem Buchen von Auszahlungen und Festlegungen eine Verfügbarkeitsprüfung durch das System durchführen zu lassen, gibt dem Bewirtschafter die Gelegenheit, rechtzeitig geeignete Maßnahmen durchzuführen, z.B. **Mittelanforderungen** an seinen unmittelbar übergeordneten Mittelverteiler zu richten, nicht benötigte Festlegungen aufzuheben, Eigenzuweisungen im Rahmen von Deckungsvermerken vorzunehmen oder in dringenden Ausnahmefällen mit dem Zusatzbeleg E 08 die einmalige Verfügbarkeitskontrolle aufzuheben.

Die Geschäftsvorfälle im Dialog-Verfahren abzuwickeln, bietet dem Bewirtschafter folgende **wesentliche Vorteile**:

- bei der Erfassung unterstützt das System durch Plausibilitätsprüfungen mit sofortiger Fehleranzeige und
- die Postlaufzeiten zur Bundeskasse und die Bearbeitungszeiten innerhalb der Bundeskasse entfallen.

Der Bewirtschafter kann schon am folgenden Tag die Verarbeitung seiner Eingaben überprüfen. Die Verarbeitung der Daten erfolgt gemeinsam mit den Sendedateien der Bundeskassen nach Ablauf der HICO-Betriebszeit in der Nacht. Daraus folgt, dass der Anwender während der gesamten Betriebszeit Belege erfassen, berichtigen oder löschen kann.

2.1 Auskunftssystem

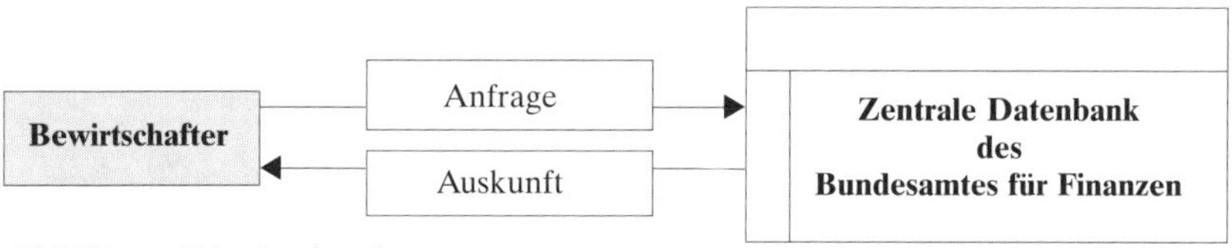

Abbildung 54: Auskunftssystem

Über das Auskunftssystem hat der Anwender z.B. die Möglichkeit, Informationen über die jeweils aktuellen Stände seiner eigenen Sachbuchkonten, zu einzelnen ausgewählten Geschäftsvorfällen sowie als Mittelverteiler Erkenntnisse zu summarischen Ergebnissen seines nachgeordneten Bereichs zu erhalten.

Die Antwort des Systems besteht hier in einer simplen **Präsentation von Kontenergebnissen**. Eine Veränderung von Daten kann *nicht* erfolgen, weil das Auskunftssystem nur als ein **Lesezugriff** auf die Dateien ausgeführt werden kann.

Nach der erfolgreichen Anmeldung wird ein weiterer Bildschirm angezeigt, von dem ein gewünschtes Sachbuchkonto, eine Strukturübersicht oder eine Titel-/Objektübersicht, eine kontenübergreifende Suche nach Einzelbuchungen oder die Einzelanzeige von TV-Konten aufgerufen werden können *(s. Abb. 55)*.

Will der Bewirtschafter **seinen vollständigen Kontenplan** aufgezeigt bekommen, wählt er in der Anwendung die Auswahl der „Titel-Objektübersicht" an. Er erhält seine Sachbuchkonten aufsteigend nach Kontonummern sortiert mit Angabe zu seinem aktuellen Kontenstatus (aktiv oder passiv) angezeigt. Ebenso wird das Verhältnis des angezeigten Sachbuchkontos zu über- oder untergeordneten Konten oder die Einbindung in Deckungskreise erfasst.

Code im Grundmenü 1

```
-030 14 851 ----------------HICO ---------28.01.04 ----------------------- 06.40 - M 007

                              Auswahl Sachbuchkonten

Code 1:   einzelnes Sachbuchkonto mit allen zugehörigen
          Informationen
Code 2:   Strukturübersicht  (ohne Beträge)
                    mit Zugriff auf weiterführende Informationen
Code 3:   Titel-/Objektübersicht Zusammenstellung (mit Beträgen)
                    mit direktem Zugriff auf die Buchungssätze
Code 4:   Einzelanzeige von TV-Konten
Code 5:   Suche nach Einzelbuchungen (einseitige Anforderung) Code 6:
          Suche nach Einzelbuchungen (zweiseitige Anforderung)

                                          bitte Code eingeben ==> 1

------------------------------------------------------------------------------------------
PF1: Info    PF3: retour    PF4: Anfang
```

Abbildung 55: Code im Grundmenü 1

2.2 Informationsabruf aus einem Sachbuchkonto – Code 1 – (s. Abb. 55)

Bei einer Anfrage ist die Übersicht über die Sachbuchkonten (Titel- und Objektkontenübersicht) aufzurufen. Nachdem der Anwender die Haushaltsstelle oder Objektkontonummer eingegeben hat erscheint auf dem Bildschirm eine summarische Übersicht über die Kontenstände *(s. Abb. 56)*.

```
-030 14 851 -------------------------------------- HICO -----------------------------28.01.04 --- 06.40 - M 007
                                          Sachbuchkonto 2004
HHSt./Objekt:  02245678                   lfd.Obj-Nr. 105        Überg.Kto.:       01034567 / 02245678
Bewirtsch.Grdst./1412 517 01  Zu-/Abwasser                                         Deckungs-Kz:      1
                                                letzte Buchung:                          25.01.04
                                                Deckungsausgl.-Konto:                  99 72 8765
                                                Haushaltsstelle:                     1412 517 01 2

Ansatz/erh. Zuweisungen     :        0,00
Solländerungen              :        0,00   Soll                        :         0,00
gegeb. Zuweis.              :        0,00   nicht vert. Mittel          :         0,00

Änd. bei Nachg.             :        0,00   Rechnungssoll               :         0,00

Festlegungen                :        0,00   verfügb. Deckungskreis      :  5.637,18
Anordnungen                 :        0,00   verfügbare
Zahlungen                   :   15.034,13   Restmittel                  : 15.034,13-

                                            Buchungssätze       :                (ja=1)
Annahmeanordng.             :     145,00 -  Deckungsausgleichskonto?             (ja=3)
Einzahlungen

------------------------------------------------------------------------------------------
PF 1: info     PF 3: neues Konto     PF 4: Anfang   PF 5: Start     PF 7: -          PF 8: +
```

Abbildung 56: Beispiel für eine Auskunft über ein Sachbuchkonto

Ausgehend von dieser Übersicht können alle Buchungsvorgänge des Kontos ab Beginn des Haushaltsjahres oder ab oder zu einem gewünschten, anzugebenden Datum angezeigt werden.

Das sog. „Blättern“ im Konto erfolgt über die festgelegten **Funktionstasten**, ihre Funktionsweise wird jeweils auf dem unteren Bildschirmrand dargestellt (Bedienerhinweise).

Von dieser Darstellungsform ausgehend können etwa verschiedene Eigenschaften des Kontos nach
- der Art der Geschäftsvorfälle,
- dem Buchungszeitraum/-tag,
- der Höhe des Betrages,
- bestimmten Textinformationen (z.B. ++Erstattungen++),
- Abschlagskontrollnummern oder,
- Wiederkehrende Auszahlungen (WAZ),

aufbereitet werden *(s. Abb. 57)*.

```
-010 34567 ------------------------------------------ HICO -------------------11.05.04 --- 10.45 - M 007
-030 14 851
                HHSt./Objekt:   02245678              Haushaltsjahr: 2004
                lfd.Obj-Nr. 105          Überg.Kto.: / 02245678

erhaltene Zuweisungen                    (ja=1)   Rückrufe durch übergeo. Konto      (ja=2)
Solländerungen                           (ja=3)   Festlegungen                       (ja=4)
Annahme-, Auszahlungsanordng.            (ja=5)   Ein-,Auszahlungen,Umbuchungen      (ja=6)
sonstige Geschäftsvorfälle               (ja=8)            bitte Code eingeben       ➔ _
                            nur bei Code 5/6:     Annahmeanordnung/Einzahlung (e)
                                                  Auszahlungsanordnung (a)           ➔ _
                                                  ohne WAZ intern (j)                ➔ _

Datum (ttmmjj) von ➔ _________Datum (ttmmjj) bis ➔ _________
festes Datum (j)    ➔ _
Beleg-/Bezugsbelegnummer (5 oder 8-stellig)      ➔ _________
Betrag von ➔                               Betrag bis ➔
  fester Betrag (j) ➔ _
  ++-Information (ohne ++)      ➔ ___________________    Kleinschreibung
  Buchungstext                  ➔ ___________________    berücksichtigen➔ n
  WAZ-Kennung                   ➔ _________
  Abschlagskontrollnummer       ➔ _________         kurz/lang anzeigen (k/l) ➔ _
--------------------------------------------------------------------------------------------------
PF 1: Info        PF3: retour      PF4: Anfang
```

Abbildung 57: Beispiel für weitere Auskunftsdaten innerhalb eines Sachbuchkontos

Eine weitere Gebrauchsmöglichkeit ist die summarische Auflistung der nachgeordneten Konten. Wurde etwa ein ausgewähltes Sachbuchkonto (Titelkonto) weiter in Objektkonten untergliedert, so zeigt diese Anwendung die vollständige Ausfächerung in die nachgeordneten Konten mit ihren Bestandssummen an *(s. Abb. 58)*.

```
-010 34567 ------------------------------------------ HICO ---------------------------- 28.09.04 --- 09.45 - M 017
-030 14 851

                 HHSt.-/Obj.:  0002245678        nachgeordneter Bereich

   Nachgeord.  :                Gesamt
   Kurzbez.    :

   erh. Zuw.   :                     0,00
   Solländ.    :                     0,00
   Soll        :                     0,00

   geg. Zuw.   :                     0,00
   Sollä.Nach. :                 3.600,00
   Festlegung  :                 3.600,00
   Anordnung   :                   550,50
   Ist         :               153.450,16
   verfügbar   :               154.000,66 -
---------------------------------------------------------------------------------------------------------------
   PF 1: Info   PF3: retour    PF4: Anfang    PF7: -    PF8: +
```

Abbildung 58: Beispiel für eine summarische Darstellung eines nachgeordneten Sachbuchkontos

Die Anwendung bietet weiter Informationen über eingerichtete **Deckungsausgleichskonten** an. Das System stellt dem Anwender alle Mitgliedskonten des Deckungskreises in der von ihm bestimmten Sortierfolge mit den jeweiligen Bestandssummen vor. Das Deckungsausgleichskonto befindet sich am Ende der Auflistung *(s. Abb. 59)*. Es kann aber vom Anwender auch direkt über eine Funktionstaste gem. Bedienerhinweis angesteuert werden.

```
-010 34567 ------------------------------------------ HICO --------------------------- 11.05.04 --- 10.45 - M 027
-030 14 851
                              Haushaltsjahr:       2004

                      Deckungsausgleichskonto:  99 75 1642

   Zweckbestimmung:  BEWIRTSCHAFTUNG DER GRUNDSTÜCKE UND GEBÄUDE

   Fäll.-Jahr    :
   erh. Zuw.     :       150.000,00
   Solländ.      :             0,00

   Festleg.      :        20.000,00
   Anordnung     :        15.365,50
   Ist           :       105.543,14
   Verpflichtungen zu
   Lasten VE     :             0,00
   verfügbarer
   Rest:         :         9.091,36

---------------------------------------------------------------------------------------------------------------
   PF 1: Info   PF3: retour    PF4: Anfang    PF5: Mitgliederauswahl         PF7: -   PF8: +
```

Abbildung 59: Beispiel für die Darstellung eines Deckungsausgleichskontos

In einem Folgebildschirm besteht die Möglichkeit zum Aufruf der Mitgliedskonten eines Deckungskreises. Die Auswahl kann dabei begrenzt werden. Bei der ausgewählten Begrenzung bezieht sich der dann aufgezeigt Gesamtstand auf die durch die Begrenzung ausgewählten Konten des Deckungskreises.

Nach Eingabe der entsprechenden Stammnummer kann der Titelverwalter Informationen über wiederkehrende Zahlungen und über die gespeicherten Stammsätze erhalten.

Ausgehend von der Übersicht über den Stand der Bewirtschaftung eines bestimmten ausgewählten Sachbuchkontos *(Beispiel s. Abb. 56)*, ist es dem Bewirtschafter erlaubt, auch Daten über dazugehörige **Abschläge**, soweit sie vorhanden sind, abzurufen. Für diese Anwendung besteht auch die Möglichkeit, über Cursorpositionierung und Bestätigung der PF5-Taste bestimmte Anwenderteile direkt aufzurufen (*s. Abb. 60*).

```
-010 34567 ----------------------------------------- HICO ---------------------------- 11.05.04 --- 11.05 - M 027
-030 14 851
                                         A b s c h l ä g e

                                   Haushaltsjahr   :      2004
                                   Sachbuchkonto   :      0002245678

                    Abschlagskontrollnummer           ➔    I____________

                    alle Abschläge anzeigen  (j)?     ➔    I_

-------------------------------------------------------------------------------------------------------------------
   PF 1: Info    PF3: retour      PF4: Anfang
```

Abbildung 60: Beispiel einer Darstellung für den Abruf von Abschlagsdaten aus einem Sachbuchkonto

Bei allen Anwendungen im Auskunftsverfahren ist die Angabe des **Haushaltsjahres** erforderlich, weil das System nicht nur die Daten des aktuellen Haushaltsjahres zur Verfügung stellt, sondern auch Daten des vorangegangenen Jahres und des Jahres –2 bis einschließlich Mai bereitstellen kann.

2.3 Strukturübersicht – Code 2 – (s. Abb. 55)

Diese Auswertung zeigt die **Kontenstruktur** des Anwenders ohne jedwede weitergehende Informationen in einer hierarchisch strukturierten Anordnung an. Bei dieser Anwendung lassen sich gleichzeitig bestehende Über- und Unterordnungsbeziehungen in mehrstufigen Kontenstrukturen abbilden.

Folgende Auswahlmerkmale können sowohl einzeln als auch zusammen verwendet werden:

- Einzelplan,

- Kapitel,
- Hauptgruppe/Obergruppe/Gruppe/Titelnummer,
- Titelgruppe,
- Einzelkonto,
- Konten, die von einem bestimmten Mittelverteiler zugewiesen werden,
- nur Konten mit einer VE-Struktur,
- alle Haushaltsstellen (oder nur Einnahme- bzw. Ausgabetitel),
- nur Konten der obersten oder der untersten Ebene des Anwenders

(s. Abb. 61)

```
-010 34567 ----------------------------------------- HICO --------------------------- 28.09.05 --- 09.05 - M 027
-030 14 851

                         ** Auswahl  Strukturübersicht  **

          Haushaltsjahr                                  → 2005
          Einzelplan                                     → |____
          Kapitel                                        →
          Hauptgruppe, Obergruppe, Gruppe, Titel         →
          Titelgruppe                                    →
          Konto                                          →

          übergeordneter Bewirtschafter                  →

          nur E-Titel (e), nur A-Titel (a)               →
          nur VE-Konten (v)                              →
          nur oberste- (o), nur unterste (u) Ebene       →
------------------------------------------------------------------------------------------------------------------
     PF 1: Info  PF3: retour  PF4: Anfang
```

Abbbildung 61: Bildschirmansicht der Auswahl Strukturübersicht

Die Zusammenstellung in dieser Auswertung ist aufsteigend wie folgt:

- Einzelplan
- Kapitel
- Titel
- lfd. Nr. (nur bei Objekten)
- Haushaltsstellen/Objekt-Nr.

-010 34567 -- HICO ----------------------------- 28.09.04 --- 10.05 - M 027
-030 14 851

S t r u k t u r ü b e r s i c h t Konto 1/0080

St	HHSt/Obj-Nr	St	VE	DA-Kto.	ü. Bew.	lnr.	Zweck	HHst. d. Obj.
01	02197776	1		99891509	01134642	000	TITELERS.	1401527034
01	02617352	1		99891509	01134642	002	ZUWEKTO	1401527034
01	02197238	1		99891509	01134642	010	BA 001	1401527034
01	02197784	1		99891509	01134642	090	BA 009	1401527034
01	02197792	1			01134642	102	BA 102	1401527034
01	02100094	1			01134642	020	BA 002	1402112012
01	02100190	1			01134642	060	BA 006	1402119994
01	02551826	1			01134642	180	BA 018	1403547815
01	02114871	1			01134642	001	TITELERS.	1404443341
01	02109095	1			01134642	002	ZUWEKTO	1404443341
01	02102257	1			01134642	010	BA 001	1404443341
01	02102265	1			01134642	020	BA 002	1404443341
01	02328110	1			01134642	040	BA 004	1404443341
01	02097459	1			01134642	010	BA 001	1404453013
01	02097513	1			01134642	070	BA 008	1404453013
01	02097547	1			01134642	110	BA 012	1404453013
01	02097554	1			01134642	120	BA 013	1404453013

PF 1: Info PF3: retour PF4: Anfang PF5: Start PF7: - PF8: + ➔ _|_____

Abbildung 62: Beispiel einer Strukturübersicht

Über eine entsprechende Cursorpositionierung und gleichzeitiger Betätigung der PF5-Taste können aus der in Abb. 8 gezeigten Auswertung **weitere Anwendungen** direkt aufgerufen werden. Dazu gehören beispielsweise:

- einzelne Sachbuchkonten mit allen Folgeaufrufen,
- Zweckbestimmung der vorliegenden Haushaltsstellen,
- Zweckbestimmung der vorliegenden Objekte,
- Aufruf der vorliegenden Deckungsausgleichskonten.

2.4 Einzelanzeige von TV-Konten – Code 4 – (Abb. 55)

Über diese Anwendung besteht die Möglichkeit, zahlreiche **statistische Auswertungen** wie etwa Monatsreihen über einzelne Sachbuchkonten oder Monatsergebnisse bestimmter Kontengruppen (z.B. Deckungsausgleichskonten) usw. zu erstellen.

Diese Anwendung ist auch über den Menüpunkt 6 (Unterpunkt 6) aufrufbar. Weiterer Aufschluss dazu wird über das Benutzer-Handbuch (BHB) angeboten, das über PF-Taste aufrufbar ist *(s. Abb. 63)*.

```
-030 14 851------------------------------------------ HICO --------------------------- 28.09.04 --- 14.05 - M 027
StOV Hochdorf                     Einzelanzeige der TV-Konten                     Drucker: keiner
                                      Haushaltsjahr 2004

HHStelle: 140451401   Objekt: ________   Buchungstag: 28092003   Opt.: A |   Bild:   BT
                          >> Alle Konten ab den Eingabewerten <<
Kz  Haushaltsstelle    Objekt           Objekttext              Ist bis Buchungstag
__  140451401          2263096          ZUWEKONTO                            0,00
__                     2263150          KFZINSPEK                        3.095,44
__                     2263168          KFZREIFEN                        1.832,53
__                     2263176          KFZUNFALL                            0,00
__                     2263207          PFLEGEKFZ                          702,99
__                     2263264          INSPFAH                              0,00
__                     2263272          SONST                              500,00
__                     2264299          FAHRADBE                             0,00

Kommando ➔                      (Hinweis: „?“ in Kz-Spalte informiert über Kennzeichen)

-------------------------------------------------------------------------------------------------------------
---------------------
Enter-PF 1: ---PF2---PF3:---PF4---PF5---PF6---PF7---PF8---PF9---PF10---PF11---PF12---
```

Abbildung 63: Beispiel einer Einzelanzeige eines TV-Kontos (Code 4)

2.5 Suche nach Buchungen (kontenübergreifende Suche) – Code 5/6 – (Abb. 55)

Mit dieser Anwendung können kontenübergreifend Buchungen nach einer Vielzahl verschiedenartiger zur Verfügung stehender Auswahlkriterien frei kombiniert ausgewählt werden. Diese Anwendung ist auch über den Menüpunkt 6 (Unterpunkt 6) aufrufbar. Weiterer Aufschluss dazu wird über das Benutzer-Handbuch (BHB) angeboten, das über PF-Taste aufrufbar ist *(s. Abb. 64a und 64b).*

```
-030 14 851----------------------------------------- HICO ---------------------------- 28.09.04 --- 14.25 - M 027
StOV Hochdorf                    Suche Einzelbuchungen (kompakt)              Drucker: keiner
                                 (letzter Buchungsstand 15.09.2004)
Auswertung        : ________ (Auswertungsname zum Lesen/Speichern, Liste mit ?)

Haushaltsjahr     : 2004     nur Buchungen in    : ___ (EUR)           Ausgabe in:   EUR
Datum von         : |_______ (TTMMJJJJ)  bis     : __________ (TTMMJJJJ)   fest: J   (J/N)
Betrag:           : _______________ EUR  bis     : ________________ EUR    fest: J   (J/N)
Einzelplan        : __       Kapitel             : __
Gruppe/Titel      : ______   (oder E/A, E=für Einnahme-/A=für Ausgabetitel)
HHSt./Objekt      : ______________
Belegnummer       : ________ Bezugbelegnr. ___________
VSL/Vorfall:      : _____   (?V, ?G)   bei Vorfall 5, 6    ,E=Einz./ A=Ausz.  :   _   (E/A)
A_S/V/W-Nummer    : _ ____ __ nur offene Abschläge/Verwahr./Vorsch.           :   _   (J/ )
Textinfo          : ________ (ohne ++)                   exakte Suche         :   J   (J/N)
Empfänger         : __________________________________
Kontonummer       : ______________ Bankleitzahl : _______________
WAZ-Kennung       : ________
Liste HKR621      : _ (A/Z/ )  Liste HKR621  nur  E=Einz.  oder  A=Ausz       :   _   (E/A)

Kommando ➔                 Hinweis: Dialog-Start = Start  /  File-Transfer  =  File
Enter-PF1---PF2---PF3---PF4---PF5---PF6---PF7---PF8---PF9---PF10---PF11---PF12---
      FHilf  BHB  Menue     Start  File                   Neu     AWSp
```

Abbildung 64a: Beispiel einer kontenübergreifenden Suche nach kompakten Einzelbuchungen (Code 5)

```
-030 14 851----------------------------------------- HICO ---------------------------- 11.05.04 --- 14.35 - M 029
StOV Hochdorf                        Suche Einzelbuchungen                    Drucker: keiner

Bitte geben Sie Ihre Auswahlbedingungen ein .......

Haushaltsjahr       ➔ 2004      ( letzter  Buchungstag  10.05.2004  )
Einzelplan          ➔ __        HHSt./Objekt    ➔  : __________
Kapitel             ➔ __
Gruppenbegriff      ➔ ______    ( E=fuer Einnahmetitel  /  A=fuer Ausgabetitel  )

Datum von           ➔ |_______ (TTMMJJJJ)   bis  ➔ __________ (TTMMJJJJ)     fest ➔   J
Betrag:             ➔ _______________ EUR   bis  ➔ _________________ EUR     fest ➔   J
nur Buchungen in    ➔ ___  (EUR )                        Beträge anzeigen in ➔ ___ ( EUR )

Verarbeitungsschlüssel ➔ ______   (  ?G fuer Auswahl nach Geschaeftsvorfall )
oder Geschaeftsvorfall            (  ?V fuer Auswahl nach Verarbeitungsschlüssel )
(Nur bei Code 5 oder 6 ) ➔ _      ( A    fuer Auszahlungsanordn./Auszahlungen )
                                  ( E    fuer Annahmeanordnungen/Einzahlungen )


Kommando ➔                Hinweis: (nächster Auswahlbildschirm mit +)
Enter-PF1---PF2---PF3---PF4---PF5---PF6---PF7---PF8---PF9---PF10---PF11---PF12---
      FHilf  BHB  Menue     Start  File          +  ▲       Neu     AWSp
```

Blättern zu Seite 2 der Auswahl

Abbildung 64b: Beispiel einer kontenübergreifenden Suche nach Einzelbuchungen (Code 6)

2.6 Verzeichnisse (Code im Grundmenü: 5)

Mit Eingabe des vorgenannten Codes erhält der Anwender den folgenden Auswahlbildschirm:

```
-030 14 851----------------------------------------- HICO --------------------------- 28.09.04 --- 14.35 - M 029

                                   V e r z e i c h n i s s e
                                   ---------------------------

              Code 1 :             Kontenplan

              Code 2 :             nachgeordnete Bewirtschafter

              Code 3 :             Anschriften der nachgeordneten Bewirtschafter


                                              Haushaltsjahr              → 2004

                                              bitte Code eingeben        → ▌

---------------------------------------------------------------------------------------------------------------
PF 3: retour
```

Abbildung 65: Kontenplan (Code 1)

Mit der Auswahl dieser Auswertung wird dem Anwender eine Anordnung aller eigenen Sachbuchkonten in aufsteigender Reihung nach Sachbuchkontonummer verfügbar gemacht *(s. Abb. 66).*

Mit der Taste PF 9/PF 10 ist eine direkte Verzweigung in die Sachbuchkonto möglich. Wegen eines damit verbundenen unnötigen und vermeidbaren Zeitaufwands ist es ratsam, über die Strukturübersicht die gewünschten Sachbuchkonten aufzurufen.

-030 14 851-- HICO ---------------------------- 29.09.04 --- 09.35 – M 029

Verzeichnisse

K o n t e n p l a n

HHSt/Obj.	Kontenstatus Zweckbest.	nachg. Struktur	DA- Konto	Bew. d. überg. HHSt/Obj.	überg. HHSt/Obj.
02 65 1250	aktiv	nein	nein	011 34 642	02 65 1250
	ZUWEKONTO/1404 514 01 ZUWEISUNGSKONTO AUS DIESEM KONTO KEINE ZAHLUNGEN LEISTEN				
02 65 1268	aktiv	nein	nein	011 34 642	02 65 1268
	BA-001---/1404 514 01 UEBRIGE AUSGABEN				
02 65 1276	aktiv	nein	nein	011 34 642	02 76 1276
	BA-102---/1404 514 01 VERSTAERKUNG AUS KAP: 1402 TITEL 125 01 BA 102				
02 65 1322	aktiv	nein	nein	011 34 642	02 65 1322
	ZUWEKONTO/1404 514 31 ZUWEISUNGSKONTO AUS DIESEM KONTO KEINE ZAHLUNGEN LEISTEN				>>>

PF3: retour PF 7: - PF 8: + PF 9: Haushaltsstellen PF 10: Objekte

Abbildung 66: Beispiel eines Kontenplans

Der Aufruf der Codes 2 und 3 ist nur durch den Mittelverteiler möglich. Bei dem Versuch der Anwendung durch den Titelverwalter reagiert das System mit einer Fehleranzeige.

2.7 Auswertungen (Code im Grundmenü: 6)

Mit der Eingabe des vorgenannten Codes erhält der Bewirtschafter folgenden Auswahlbildschirm:

-030 14 851-- HICO --------------------------- 26.09.04 --- 13.35 - M 029

** Auswertungen **

Code 1 :	Titel-/Objektübersicht (ZUS)
Code 2 :	Kontoauszug (TV)
Code 3 :	Fehler- und Hinweisprotokoll
Code 4 :	Geschäftsvorfälle der Mittelverteilung aus dem Bereich der Ausgabemittel und Verpflichtungsermächtigungen
Code 5 :	Abschläge
Code 6 :	Statistiken, Sonderauswertungen
Code 7 :	archivierte Belege Dialogerfassung
Code 8 :	Auswertung der verwendeten Deckungsvermerke
Code 9 :	Auswertung der verwendeten ++-Informationen

bitte Code eingeben ➔ ▌

PF 3: retour

Abbildung 67: Auswahlbildschirm Auswertungen

2.7.1 Titel-Objektübersicht – Zusammenstellung erfasster Daten (ZUS) – (Code 1)

Die Auswahl des Codes 1 eröffnet für den **Titelverwalter** je nach Befehl nachfolgende Aufbereitungen:

- die summarische Wiedergabe sämtlicher *eigener* Konten **auf der untersten Ebene**, mithin der Konten, die von ihm nicht weiter unterteilt wurden,
- die summarische Wiedergabe sämtlicher *eigener* Konten, **auf oberster Ebene**, mithin aller Konten, die von seinem Mittelverteiler mit Zuweisung der HHM eingerichtet wurden.

Sind auf der Ebene des Titelverwalters keine weiteren Untergliederungen von Sachbuchkonten vorgenommen worden, sind beide Auflistungen identisch. Durch eine Reihe von Auswahlmerkmalen kann die Auflistung begrenzt werden. Folgende **Selektionskriterien** können einzeln oder nebeneinander verwendet werden:

- Einzelplan,
- Kapitel,

- Hauptgruppe/Obergruppe/Gruppe/Titel,
- Titelgruppe,
- Deckungsausgleichskonto,
- Fälligkeitsjahr (Bei einem Aufruf von Verpflichtungsermächtigungen),
- Alle Titel (oder nur Einnahme- beziehungsweise Ausgabetitel).

Innerhalb dieser Ordnung erfolgt die Sortierung in folgender Art und Weise:
- Laufende Nummer im Deckungskreis (nur bei Anforderung von Deckungsausgleichskonten),
- Einzelplan,
- Kapitel,
- Titelgruppe,
- Titel,
- Lfd. Nummer (nur bei Objekten),
- Haushaltsstellen/Objektnummern.

Die Auswahl des Codes 1 eröffnet für den **Mittelverteiler** je nach Befehl nachfolgende Aufbereitungen:
- die summarische Wiedergabe aller *eigenen* Konten **auf oberster Ebene**, also der Konten, deren übergeordneter Bewirtschafter nicht mit der eigenen Bewirtschafternummer übereinstimmt,
- die summarische Auflistung sämtlicher *eigenen* Konten **auf unterster Ebene**, also solcher Konten, die nicht weiter bei dem **Anwender** unterteilt worden sind.

Sind auf der Ebene des Mittelverteilers keine weiteren Untergliederungen von Sachbuchkonten vorgenommen worden, sind beide Auflistungen übereinstimmend.

Darüber hinaus stellt diese Anwendung weitere Möglichkeit zur Auswertung der nachgeordneten Bereiche bereit:

Es besteht die Möglichkeit, sich **alle Konten des unmittelbar nachgeordneten Bewirtschafters** (Mittelverteiler oder Titelverwalter) auf dessen oberster Ebene in einer summarischen Auflistung bereitstellen zu lassen. Das sind die Sachbuchkonten, die von dem Anwender in seiner Eigenschaft als Mittelverteiler auch der unmittelbar nachgeordneten Bewirtschafterebene eröffnet worden sind. Für diese Auflistung ist die Eingabe der Bewirtschafternummer des nachgeordneten Bewirtschafters erforderlich. Zunächst wird nur der Gesamtstand angezeigt; durch Blättern können aber auch die einzelnen Sachbuchkonten eingesehen werden *(s. Abb. 68)*

```
-010 14 002------------------------------------------ HICO --------------------------- 26.09.04 --- 09.35 - M 029
 010 02 250  01004280              Titel - / Objektübersicht                              Blatt  1/214
                    nachgeordneter Bewirtschafter  ( Zusammenfassung )                    HHj 2003

HHSt.          :
Tgr/HHOb       :
DA/Kurzbez.    :                     Gesamt   /  /  / alle Titel

erh. Zuw.      :           183.667.817,18
Solländer.     :             2.118.048,08
Soll           :           185.785.865,26
geg. Zuw.      :           185.425.067,29
Sollä.Nach.    :             3.005.259,86
Festlegung     :             4.111.773,82
Anordnung      :             3.126.979,44 -
Ist            :         8.940.232.888,37 -
verfügbar      :         9.128.039.219,11
RR-Betrag      :                     0,00
Annahme-AO     :                     0,00
Ist Einz.      :
verf. DA       :
                                                               gewünschtes Blatt: _
-------------------------------------------------------------------------------------------------------------
PF 1: Info    PF3: retour    PF 4: Anfang    PF 5: Start          PF 7:  - PF 8:  +
```

Abbildung 68: Beispiel einer Sachbuchübersicht nachgeordneter Bewirtschafter

Eine weitere Möglichkeit besteht in der **summarischen Auflistung aller Konten sämtlicher unmittelbar nachgeordneten Bewirtschafter** auf deren oberster Sachbuchkontoebene durch Blättern über die PF 6-Taste. Selbstverständlich können hierbei nur die Konten angezeigt werden, die auch vom abfragenden Mittelverteiler auf der nachgeordneten Ebene eröffnet wurden.

Auch bei dieser Anwendung wird zunächst nur der **Gesamtstand** angezeigt. Das System erlaubt aber auch hier die Einzelkontoeinsicht durch Blättern.

Durch Eingabe der entsprechenden laufenden Nummern aus der Bewirtschafterstruktur kann der Anwender den Kreis der nachgeordneten Bewirtschafter auf das gewünschte Maß beschränken.

2.7.2 Kontoauszug (Titelverwalter) (Code 2)

Nur für den Titelverwalter, der am vorangegangenen Buchungstag einen Kontoauszug im HKR-Dialogverfahren HICO angefordert hat, steht diese Anwendung zur Verfügung. Nach der am Vortag durchgeführten Anforderung wird ein Kontoauszug bereitgestellt, der mit dem Kontostand „NEU“ des letzten Kontoauszugs beginnt, die seitdem gebuchten Bewirtschaftungsmaßnahmen auflistet und mit dem Kontostand „NEU“ dieses Auszugs endet.

Der im Dialog-Verfahren angeforderte Kontoauszug ist auch nur im Dialog einsehbar.

2.7.3 Fehlerprotokoll (Code 3)

Das mit Code 3 angeforderte Fehlerprotokoll bezieht sich unabhängig von der Art der Erfassung auf alle eingegebenen Belege. Dem Anwender bietet sich hierbei die Möglichkeit, alle Fehlermeldungen der letzten 25 Buchungstage einzusehen, um daraus ggf. Maßnahmen einer schnellen Berichtigung fehlerhafter Buchungen zu ergreifen *(s. Abb. 69)*.

```
-010 14 002---------------------------------------- HICO --------------------------- 11.05.04 --- 14.35 - M 027
 030 14 851                ** Fehler- und Hinweisprotokoll **  Bdat 09.05.04                Blatt  1/001
                           S a c h b u c h k o n t o                   HHj 2004
Beleg.-Nr.                 Bew.-Nr.    HHSt/Obj          VSL        F-Dat      Betrag

-------------------------i  ---------------i ---------------i  ---------i  -----------i ---------------------------------i

125 16 08093  001          030 14 851    1412 519 12 2  51000     15.05.04                          520,25
                                                        AUSZAHLUNGSANORDNUNG   OF.G
                      ANGEGEBENES SACHBUCHKONTO IST NICHT VORHANDEN

--------------------------------------------------------------------------------------------------------------------
PF 1: Info    PF3: retour    PF 4: Anfang    PF 5: Start           PF 7:  - PF 8:  +
```

Abbildung 69: Beispiel eines Fehlerprotokolls

2.7.4 Geschäftsvorfälle (Code 4)

Jeder Bewirtschafter hat mit Hilfe dieser Anwendung die Möglichkeit, die Protokolle seiner folgenden **Geschäftsvorfälle der letzten fünf Tage** einzusehen, unabhängig von der Art der Erfassung der gebuchten Belege:

- Erhaltene Zuweisungen,
- Erhaltene Zuweisungen – VE,
- Solländerungen mit Angabe der beiden betroffenen Konten,
- Solländerungen – VE mit Angabe der beiden betroffenen Konten,
- Rückrufe,
- Rückrufe – VE,
- Verlagerung der Verfügbarkeit mit Angabe der beiden betroffenen Konten.

```
-030 10 4567---------------------------------------- HICO --------------------------- 26.09.03 --- 14.35 - M 027
                              Geschäftsvorfälle AM und VE                                  Blatt  1/005
                         Haushaltsjahr 2003                 Buchungsdatum:  22.09.03
Text/Belegnr.            HHSt/Obj          F-Jahr                                   Betrag

125 16 08093  001        030 14 851   1412 519 12 2   51000

------------------------------------------------------------------------------------------------------------
MITTELRUECKRUF      02232562                  in Höhe von                      10.000,00 EUR
21093 124 00000                               DURCH Konto 010 01 280 / 02232562

------------------------------------------------------------------------------------------------------------

PF 1: Info    PF3: retour    PF 4: Anfang         PF 7:  - PF 8:  +
```

Abbildung 70: Beispiel eines Rückrufs von HHM durch WBV X von der StOV Hochdorf

2.7.5 Abschläge

Unter Verwendung des Codes 5 kann sich der Titelverwalter alle seine Abschläge anzeigen lassen. Auch in dieser Anwendung wird dem Nutzer zunächst ein Auswahlbildschirm angezeigt *(s. Abb. 71)*.

```
-030 10 4567---------------------------------------- HICO --------------------------- 26.09.04 --- 11.35 - M 017

                                        A b s c h l ä g e

                                   Haushaltsjahr   ➔ 2004

                                   Sachbuchkonto ➔ ____________

                            Abschlagskontrollnummer ➔ ______

                         alle Abschläge anzeigen (j) ➔ _

------------------------------------------------------------------------------------------------------------

PF 1: Info        PF 3: retour      PF 4: anfang
```

Abbildung 71: Beispiel eines Auswahlbildschirms – Auswertungen (Abschläge)

Entsprechend der im Auswahlbildschirm vorgenommen Eintragungen wird direkt in die Buchungssatzauswahl eines Abschlags, auf die Abschläge eines Sachbuchkontos oder auf einen weiteren Auswahlbildschirm verzweigt, der alle Abschläge anzeigt, die mit den ausgewählten Kriterien korrespondieren.

2.7.6 Statistiken – Sonderauswertungen (Code 6)

Mit dem Aufruf dieses Codes wird dem Anwender eine neue Auswahlmaske angezeigt, auf der die folgenden Anwendungsmöglichkeiten zur Verfügung gestellt werden:

- BLZ Bankleitzahlensuche,
- EAZ Einzelanzeigen der TV-Konten – nur für Titelverwalter,
- PRZ Prüfziffernberechnung,
- SUCH Suche nach Einzelbuchungen.

Beispielsweise besteht für den Titelverwalter mit der Anwendung EAZ die Chance, zahlreiche für ihn wichtige Auswertungen erstellen zu lassen. Solche Auswertungen können Monatsreihen über einzelne Sachbuchkonten oder Monatsergebnisse bestimmter Kontengruppen (z.B. Titelgruppen) oder ähnliche Aufstellungen sein. Der Anwender kann dazu weitere Erläuterungen aus dem Benutzerhandbuch abrufen, das über die PF 2 -Taste zu öffnen ist.

2.8 Verfügbarkeitsprüfungen (Code im Grundmenü: 3)

Über eine Verfügbarkeitsprüfung bietet das System dem Bewirtschafter Entscheidungshilfen bei seinen Bewirtschaftungsmaßnahmen an.

Mit dem Aufruf der Verfügbarkeitsprüfung werden vom aktuellen Kontostand ausgehend Berechnungen angezeigt, die unter Einbeziehung der aktuell eingegebenen Daten die entsprechenden Ergebnisse anzeigen. Hierdurch kann bereits vorab festgestellt werden, ob eine vorgesehene **Buchung** eines Belegs im Verarbeitungsprozess auch **Bestand haben wird**, d.h. ggf. auch wegen mangelnder verfügbarer Haushaltsmittel abgelehnt werden muss. In dem Fall, dass eine nicht ausreichende Verfügbarkeit angezeigt wird, hat der Mittelbewirtschafter die Möglichkeit, eventuell nicht mehr benötigte Festlegungen aufzuheben oder bei seinem zuständigen Mittelverteiler eine Einzelzuweisung zu beantragen. Für den Fall, dass ihm verbindlich eine Mittelzuweisung zugesagt wird, kann der Mittelbewirtschafter eine einmalige Aufhebung der Verfügbarkeitskontrolle anordnen.

Durch den Aufruf der Verfügbarkeitskontrolle wird keine Änderung der Bewirtschaftungsbestände herbeigeführt. Die den Berechnungen zu Grunde liegenden Bestände werden erst durch einen nächsten Schritt im Buchungsaufruf verändert.

3. Erfassung (Code im Grundmenü: 4)

3.1 Allgemeines

Über die Erfassung nimmt der Anwender viele Vorteile für sich in Anspruch, die das System dem Bewirtschafter bietet, z.B.

- **Zeitgewinn**
  Im Gegensatz zum herkömmlichen Belegverfahren entfallen die Postlaufzeiten zur Bundeskasse und die Bearbeitungszeiten in der Kasse.
- **Erleichtertes Erfassungsverfahren**
  Die Darbietung der jeweiligen Erfassungsmasken und das Angebot der über die PF-Tasten abrufbaren Hilfsfunktionen sowie der Zwang zur Erfassung der sog. Muss-Felder erleichtern die Erfassungsarbeit.
- **Problemlose Korrekturmöglichkeiten**
  Vor der Verarbeitung im Rechnersystem des BfF kann ein fehlerhafter Beleg jederzeit bequem und einfach geändert oder gelöscht werden.
- **Plausibilitätsprüfungen**
  Über die vorhandene Datenbasis werden bei jeder Erfassung eine Reihe von Plausibilitätsprüfungen durchgeführt. Beispielsweise wird geprüft, ob ein angegebenes Sachbuchkonto tatsächlich vorhanden ist oder die eingegebene Bewirtschafternummer in die Struktur eingebunden ist, oder ob die eingegebene Bankleitzahl über das in der Datenbasis vorhandene Bankleitzahlenverzeichnis eine Zuordnung zu dem angegebenen Kreditinstitut zulässt.

  Die eingegebenen und erfassten Daten werden *nicht* direkt verarbeitet, sondern fließen gemeinsam mit den von den Bundeskassen erfassten Daten in den täglichen Verarbeitungsprozess ein. Dieser **Verarbeitungsprozess** wird **erst nach dem Ende der HICO-Betriebszeit** gestartet; damit haben alle Anwender noch die Möglichkeit, nachträglich zu erfassen, zu korrigieren oder Belege zu löschen.

  Auch die im Dialogverfahren über die Plausibilitätskontrolle erfassten und nicht zurückgewiesenen Belege werden im Verarbeitungsprozess erneut und ggf. erweitert plausibilisiert, so dass es auch noch nach der Verarbeitung zu Fehlerprotokollen kommen kann.

3.2 Erfassung von Bewirtschaftermaßnahmen Mittelverteiler

E 01 Zuweisung von Verpflichtungsermächtigungen (VE),
E 02 Einzelzuweisung von Haushaltsmitteln (HHM), auch „Nullzuweisungen“ von ganzen Kontenketten, auch Verteilung eines Sachbuchkontos über verschiedene Bewirtschafterebenen,
E 03 Rückruf / Storno von HHM und VE,

E 04 Zuweisung von HHM und VE auf Grund eines Deckungsvermerks (ggf. ist das Einverständnis des MV 1 erforderlich),
E 4S Zuweisung von HHM und VE auf Grund eines Deckungsvermerks von *einem* Konto auf *viele* Konten oder von *vielen* Konten auf *ein* Konto,
E 05 Zuweisung von HHM und VE von ausgewählten Konten auf *einen* unmittelbar nachgeordneten Bewirtschafter
oder
von einem Konto auf diesem Konto unmittelbar nachgeordnete *eigene* Objektkonten
oder
von ausgewählten Konten auf unmittelbar nachgeordnete *eigene* Objektkonten (z.B. Zuweisungskonten)
E 06 Zuweisung von HHM *eines* Kontos auf bereits bestehende Konten aller nachgeordneten Bewirtschafter,
E 07 Rückruf von HHM und VE von allen Konten *eines* unmittelbar nachgeordneten Bewirtschafters
oder
von allen unmittelbar einem Sachbuchkonto nachgeordneten **eigenen** Objektkonten auf das unterteilte übergeordnete Sachbuchkonto
oder
von allen unmittelbar nachgeordneten Bewirtschaftern zu Gunsten **eines** Sachbuchkontos.

Titelverwalter *(s. Abb. 72)*
E 01 Zuweisung von VE auf eigene Objektkonten,
E 02 Zuweisung von HHM auf eigene Objektkonten,
E 03 Rückruf/Storno von HHM von eigenen Objektkonten,
E 04 Zuweisung von HHM auf Grund eines Deckungsvermerks (evtl. ist das Einverständnis des MV 1 erforderlich),
E 4S Zuweisung von HHM und VE auf Grund eines Deckungsvermerks von **einem** Konto auf **viele** Konten oder von **vielen** Konten auf **ein** Konto (Beleg z.B. zur Solländerung im Rahmen der flexiblen Bewirtschaftung),
E 05 Zuweisung von HHM von einem Konto auf alle nachgeordneten Konten bei einer eingerichteten Objektstruktur
oder
von ausgewählten Konten auf unmittelbar diesen Konten nachgeordnete Objektkonten,
E 07 Rückruf von HHM und VE von allen unmittelbar nachgeordneten Objektkonten auf das übergeordnete unterteilte Konto,
F 01 Buchung von Verpflichtungen,
F 02 Buchung von Festlegungen bzw. Aufhebung von Festlegungen,
F 09 Anordnung zu einer Textänderung (z.B. bei Verwendung sog. xx-Informationen,

F 19 Saldovortrag GESAMT-IST-VORJAHRE zum Ändern von Vorjahresbeträgen bei investiven Titeln,

F 20 Saldovortrag ABSCHLÄGE-VORJAHRE zum Nachbuchen von Abschlägen aus Vorjahren, wenn diese aus bestimmten Gründen beim Jahresabschluss nicht automatisch übertragen werden konnten,

F 21 Mittelausgleich innerhalb eines Deckungsausgleichskontos.

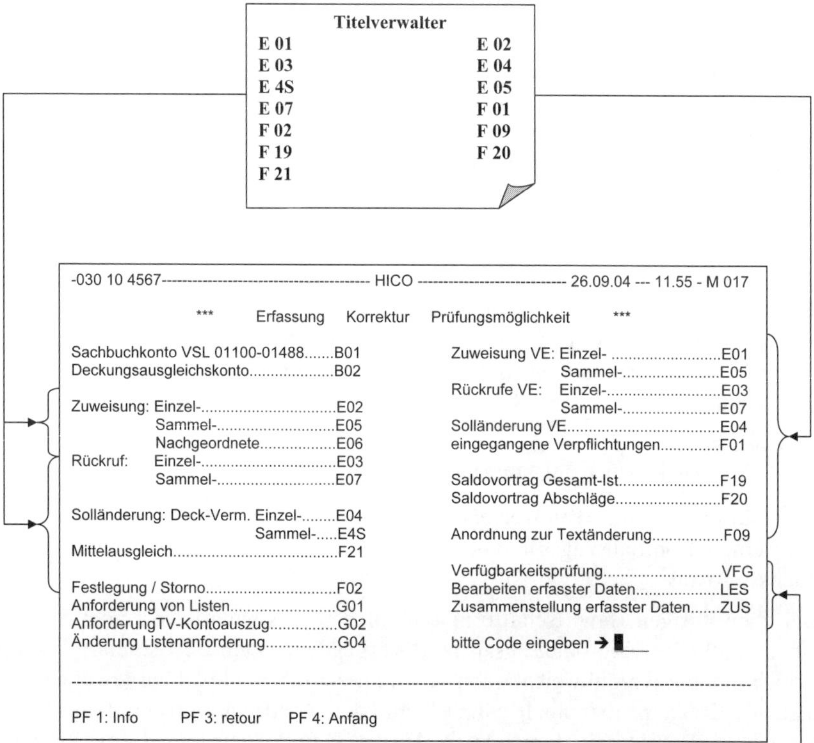

Abbildung 72: Erfassung von Bewirtschaftermaßnahmen durch den Titelverwalter

Mit der Anwendung der Codes „VFG", „LES" und „ZUS" haben sowohl Mittelverteiler als auch Titelverwalter Zugriffsmöglichkeiten, im System bestimmte Funktionen auszulösen:

VFG Verfügbarkeitsprüfungen (s. Ausführungen zu Nr. 1., Buchst. g),

LES Diese Anforderung erlaubt dem Anwender, seine eingegebenen Daten zu lesen, sie zu ändern oder sie gänzlich zu löschen. Mit Hilfe dieser Anwendung können die im Verlaufe dieses Erfassungstages eingegebenen Daten erneut bearbeitet werden,

ZUS Zusammenstellung der erfassten Daten
Alle bis dahin erfassten Daten werden über diese Anwendung in Summen nach Belegtypen und Belegnummern aufsteigend aufgelistet. Hieraus können einzelne Belege über die entsprechende Cursorpositionierung oder über die Betätigung der PF 5-Taste zur Nachbearbeitung (Korrektur / Löschen) aufgerufen werden.

3.3 Weitere Informationsmittel des HKR-Verfahrens

Neben den zahlreichen und in diesem Kapitel nur auszugsweise vorgestellten Informationsmöglichkeiten, die das Dialog-Verfahren bietet, gibt es weiterhin Verarbeitungsergebnisse des HKR-Verfahrens für alle Verfahrensbeteiligte in herkömmlicher, traditioneller Papierform.

3.3.1 Ausdruck von Stammblättern

Für jede Strukturmaßnahme, wie z.B. Vergabe von Bewirtschafternummern, Einrichtung von Deckungsausgleichskonten, Untergliederung eines Sachbuchkontos in Objekt- bzw. Unterobjektkonten, Einrichtung eines Stammsatzes für wiederkehrende Zahlungen usw. wird für den betroffenen Bewirtschafter bei der Bundeskasse bzw. beim Rechenzentrum ein Stammblatt ausgedruckt.

3.3.2 Ausdruck von Kontoauszügen

Jede Maßnahme der **Mittelverteilung** einschließlich eines Rückrufs löst selbsttätig einen Kontoauszug für das abgebende *und* für das empfangende Sachbuchkonto aus.

Bei allen übrigen Bewirtschaftermaßnahmen wird standardisiert vom System ein monatlicher Kontoauszugsabstand vorgegeben. Der Bewirtschafter kann jedoch einen davon abweichenden Kontoauszugsabstand wählen (zweiwöchig, täglich). Er kann aber auch gänzlich auf den Ausdruck von Kontoauszügen verzichten. Wurde seit dem letzten Ausdruck und dem gem. Kontoauszugsabstand nunmehr fälligen Ausdruck keine Bewirtschaftermaßnahme durchgeführt, wird kein Kontoauszug erstellt. Mit seinem Kontoauszug erhält der Bewirtschafter alle Informationen, die er zur Ausübung seiner Bewirtschaftungsbefugnis benötigt. Die Saldenstände des letzten Kontoauszugs ergänzt um die Anordnungsbeträge der Zweitschriften der Kassenanordnungen, die noch nicht im Kontoauszug berücksichtigt sind, ergeben den aktuellen Bewirtschaftungsstand, was eine manuelle HÜL-Führung entbehrlich macht.

3.3.3 Ausdruck von Listen

Zu bestimmten Terminen erstellt das System Listen für den Bewirtschafter. Zum **1. Arbeitstag** eines Monats wird eine Liste der nicht abgewickelten, offenen Abschläge für den Titelverwalter ausgedruckt.

Die Buchungen im Verwahrungs- und Vorschussbuch, die wie Abschläge behandelt werden, werden ebenfalls monatlich in Listenform zusammengestellt.

Zum **Monats- und Jahresabschluss** wird eine Titel- und Objektkontoübersicht erstellt, aus der der Bewirtschaftungsstand aller Konten ersichtlich ist. Zum Jahresabschluss erstellt das System eine Übersicht noch nicht erledigter Sollstellungen, was eine Neuanordnung solcher Geschäftsvorfälle zum Beginn des neuen Haushaltsjahres entbehrlich macht.

Bestehende und zum Jahresende noch nicht ausgeschöpfte **Festlegungen** werden automatisch in das neue Haushaltsjahr **vorgetragen**. Ebenso erfolgt eine Sollstellung (Mittelbindung) bei den wiederkehrenden Zahlungen, die über das Ende des Haushaltsjahres hinausreichen in Höhe des benötigten Jahresbetrages.

I. Die Haushaltsüberwachung

I. Allgemeines

Die Überwachung der Haushaltseinnahmen und der Haushaltsausgaben ist für den Bereich des Bundes durch das BMF in den VV Nr. 8 bis 10 zu § 34 BHO für die Bundesbehörden neu geregelt worden.

Unterliegt nach § 71 BHO eine Bewirtschaftungsmaßnahme der Buchungspflicht, ist Kassenanordnung zu erteilen. Sollen andere, nicht buchungspflichtige Vorgänge in die Bücher eingetragen werden, ist Kassenanweisung zu erteilen. In beiden Fällen sind die durch das BMF vorgegebenen Vordrucke und Druckbilder zu verwenden. Die Verfahrensrichtlinie des BMF für Mittelverteiler und Titelverwalter (VerfRiB MV/TV) sind dabei zu beachten.

Die auf Grund einer Kassenanordnung oder Kassenanweisung auf einem Sachbuchkonto durchgeführte Bewirtschaftungsmaßnahme führt grundsätzlich zur Erstellung eines Kontoauszugs, der nach den VerfRiB MV/TV automatisch, periodisch oder auf Anforderung bereitgestellt wird und u.a. auch der **Haushaltsüberwachung** dient (s. Abbildung 72).

Regelmäßig ist für alle im „Automatisierten Verfahren für das Haushalts-, Kassen- und Rechnungswesen des Bundes (HKR-Verfahren)“ zugewiesenen Konten ein täglicher Kontoauszug vorgesehen. Bei Konten, bei denen die Kontenbewegungen einen täglichen Kontoauszug entbehrlich machen, kann der Titelverwalter den Abstand für den periodischen Kontoauszug verlängern, höchstens jedoch auf einen Abstand von einem Monat.

Bei Mittel*verteilungs*maßnahmen des unmittelbar übergeordneten Mittelverteilers ist sofort ein Kontoauszug für den Mittelverteiler *und* den Titelverwalter zu erstellen.

Die Kontoauszüge enthalten alle wesentlichen Erkenntnisse, die eine ordnungsgemäße Überwachung der Bewirtschaftung sicherstellen, z.B.

- Stammangaben über den Kontoinhaber und das Konto
  - Bezeichnung und Anschrift des Kontoinhabers,
  - Sachbuchkontonummer,
  - Haushaltsstelle,
  - Titelgruppen- und Funktionsnummer
  - bei untergeordneten Unterobjektkonten die übergeordnete Objektkontonummer,

  - Deckungsausgleichskontonummer,
  - Zweckbestimmung,
- erstmalig zugewiesene Haushaltsmittel und Verpflichtungsermächtigungen.

Zusätzlich für den **Mittelverteiler**:
- jedes von einem übergeordneten Mittelverteiler eingerichtetes Titel- oder Objektkonto,
- jedes von ihm selbst durch Aufteilung eines Titelkontos eingerichtetes Objektkonto.

Zusätzlich für **Titelverwalter**:
- jedes für ihn durch den übergeordneten Mittelverteiler eingerichtetes Titel- oder Objektkonto,
- jedes von ihm selbst unterteilte Titel- oder Objektkonto.

Zum Nachweis der Bewirtschaftungsmaßnahmen, die Haushaltsmittel betreffen, und derjenigen, die Verpflichtungsermächtigungen betreffen, werden unterschiedliche Kontoauszüge erstellt.

II. Kontoauszüge der Verteilungsebene für Mittelverteiler/ Titelverwalter

Alle für die nachfolgenden Vorfälle erstellten Kontoauszüge ersetzen den jeweils vorherigen Kontoauszug.

1. Haushaltsausgaben von Sachbuchkonten des *Mittelverteilers*

Im Kontoauszug des Mittelverteilers werden alle Verteilungsmaßnahmen des **übergeordneten** Mittelverteilers nachgewiesen, z.B.
- Zuweisungen und Rückrufe.

Auch die *eigenen* Maßnahmen, z.B.
- Änderung des Verfügungsrahmens durch Inanspruchnahme eines Deckungsvermerks,
- Zuweisung und Rückruf von Haushaltsmitteln für jedes **unmittelbar nachgeordnete Sachbuchkonto**,
- die Summe aller Maßnahmen des übergeordneten Mittelverteilers,
- die Summe eigener Maßnahmen für jedes **unmittelbar nachgeordnete** Sachbuchkonto und deren Gesamtsumme sowie der Betrag der nicht verteilten Mittel,

- die Summe aller Maßnahmen auf der Titelverwalter-(verwendungs-)ebene sowie die noch verfügbaren Mittel für jedes *nachgeordnete* Sachbuchkonto und für den Kontoinhaber selbst

werden in den Kontoauszügen nachgewiesen.

2. Haushaltsausgaben von Sachbuchkonten des *Titelverwalters*

Im Kontoauszug des **Mittelverteilers** werden alle Verteilungsmaßnahmen des Bewirtschafters des unmittelbar übergeordneten Sachbuchkontos nachgewiesen, z.B.

- Zuweisungen und Rückrufe.

Auch die einzelnen Maßnahmen des Titelverwalters, z.B.

- Änderung des Verfügungsrahmens durch Inanspruchnahme eines Deckungsvermerks,
- Zuweisung und Rückruf von Haushaltsmitteln für jedes unmittelbar nachgeordnete Sachbuchkonto (bei Aufteilung von Titel- oder Objektkonten im Bereich des Titelverwalters),
- die Summe aller Maßnahmen des Bewirtschafters des übergeordneten Kontos,
- die Summe der Maßnahmen des Kontoinhabers für jedes unmittelbar nachgeordnete Sachbuchkonto (bei Aufteilung von Titel- oder Objektkonten im Bereich des Titelverwalters),
- die Summe der Maßnahmen auf der Verwendungsebene (Ebene des Titelverwalters) sowie die noch verfügbaren Mittel für jedes unmittelbar nachgeordnete Konto und deren Gesamtsumme (Aufteilung von Titel- oder Objektkonten im eigenen Bereich).

3. Verpflichtungsermächtigungen

Im Kontoauszug des **Mittelverteilers** werden Verpflichtungen gesondert von anderen Bewirtschaftungsmaßnahmen dargestellt.

3.1 Verpflichtungsermächtigungen bei Sachbuchkonten des Mittelverteilers

- die Summe der **Zuweisungen** und **Rückrufe** des Bewirtschafters des unmittelbar übergeordneten Kontos je Fälligkeitsjahr und deren Gesamtsumme,
- **nicht verteilte** Verpflichtungsermächtigungen je Fälligkeitsjahr und deren Gesamtsumme,
- die Summe der **Zuweisungen** und ***Rückrufe*** des Kontoinhabers selbst für jedes unmittelbar nachgeordnete Sachbuchkonto je Fälligkeitsjahr und deren Gesamtsumme,

/ 1503/

FACH 4 1 5
Bundeskasse Kiel

KONTOAUSZUG FUER TITELVERWALTER
- OBJEKTKONTOAUSZUG

* HKR718D *

DATUM: 04.03.04
AUSZUG / BL: 13/001

HAUSHALTSJAHR: 2004

SACHBUCHKONTO	
BEWIRTSCH. -NR.	HAUSHALTSST. /OBJEKT
031 04 567	02 09 7601

HAUSHALTSSTELLE : 1404 525 01 3
TITELGR. /FUNKT. : / 031
DECKUNGSFAEHIG :

LFD. OBJ - NR: 10

STANDORTVERWALTUNG HOCHDORF
TV 215
AHORNWEG 22

01234 HOCHDORF

ZWECKBESTIMMUNG
BA 001 ---------- /1404 525 01 AUS - UND FORTBILDUNGSMASS-
NAHMEN (OHNE I T)

DECKUNGSAUSGL.-
KONTONUMMER
99 92 9732

WAEHRUNG=EUR

ANSATZ / ERH ZUWEISUNGEN	SOLLAENDERUNGEN	VERFUEGBAR	ANSPRECHPARTNER B.D. BUNDESKASSE:
		9.393,11 -	HKR - VB Hr. Winzer / Hr. Weber Tel 494 / 3131 - - 3214 Fax 494 - 3567 Buchhaltung Fr. Schuster Tel 04431 /494-3032 Fax 494 - 3567

GESCHAEFTSVORF: BELEGNUMMER TEXT	BEZUG	FAELLIGK. / WERTST. BUCHUNGSDATUM	FESTLEGUNGEN	ANORDNUNGEN	I S T
ALTER KONTOSTAND			0,00	0,00	7.657,59
SAMMELAUSZ. (A) G 26024 203 52001 VORTRAGS-; PRUEFUNGSHONORAR	E 08-BELEG	02.03.04;04.03.04			1.735,52
NEUER KONTOSTAND		**	0,00	0,00	9.393,11

*** ES FOLGEN HIERZU ERLAEUTERUNGEN AUF DEM NAECHSTEN BLATT ***

Abbildung 73: Kontoauszug für Titelverwalter

- die Summen aller **Maßnahmen des Titelverwalters** *(Verwendungsbereichs)* **für jedes unmittelbar nachgeordnete Sachbuchkonto** je Fälligkeitsjahr und deren Gesamtsumme,
- Die Summen der Maßnahmen des Titelverwalters (Verwendungsbereichs) **für den Kontoinhaber selbst** je Fälligkeitsjahr und deren Gesamtsumme.

3.2 Verpflichtungsermächtigungen bei Sachbuchkonten des Titelverwalters

- die Summe der einzelnen **Zuweisungen** und **Rückrufe** des Bewirtschafters des unmittelbar übergeordneten Sachbuchkontos je Fälligkeitsjahr und deren Gesamtsumme,
- die **nicht verteilten** Verpflichtungsermächtigungen je Fälligkeitsjahr und deren Gesamtsumme,
- die Summe der **Zuweisungen** und **Rückrufe** für jedes unmittelbar nachgeordnete Sachbuchkonto (bei Aufteilung von Titel- oder Objektkonten im Bereich des Titelverwalters),
- die Summe der **Maßnahmen** auf der Titelverwalterebene für jedes unmittelbar nachgeordnete Sachbuchkonto je Fälligkeitsjahr und deren Gesamtsumme.

4. Haushaltsüberwachung für Einnahmen

4.1 Haushaltseinnahmen auf Sachbuchkonten des Mittelverteilers

Bei den Haushaltseinnahmen wird die Summe der Maßnahmen der **Titelverwalterebene** für jedes unmittelbar nachgeordnete Sachbuchkonto und **für den Kontoinhaber selbst** dargestellt.

4.2 Haushaltseinnahmen auf Sachbuchkonten des Titelverwalters

Die Maßnahmen des Titelverwalters bei Haushaltseinnahmen auf Sachbuchkonten seiner Verwendungsebene werden auch auf den Kontoauszügen des Mittelverteilers für jedes unmittelbar nachgeordnete Sachbuchkonto abgebildet.

III. Kontoauszüge der Verwendungsebene für Titelverwalter

Jeder nachfolgende Kontoauszug ergänzt die Folge der jeweils vorangegangenen Kontoauszüge. Zusammen bilden sie den lückenlosen Nachweis für die Führung des jeweiligen Sachbuchkontos.

1. **Haushaltsausgaben von Sachbuchkonten** (Ausgabetitel)

Im Einzelnen werden auf den Kontoauszügen des Titelverwalters folgende Maßnahmen abgebildet:

- der Stand der erhaltenen Zuweisungen, vermindert um die ggf. zurückgerufenen Haushaltsmittel,
- der Stand der Änderungen des Verfügungsrahmens durch Inanspruchnahme von Deckungsvermerken,
- der Stand der verfügbaren Mittel,
- die Stände der Bewirtschaftungsmaßnahmen und Zahlungen zum Zeitpunkt des vorangegangenen Kontoauszugs,
- die einzelnen Verteilungsmaßnahmen des Bewirtschafters des unmittelbar übergeordneten Sachbuchkontos,
- die einzelnen Maßnahmen des Kontoinhabers zur Änderung des Verfügungsrahmens durch die Inanspruchnahme eines Deckungsvermerks,
- die einzelnen Bewirtschaftungsmaßnahmen und Zahlungen seit der Erstellung des vorangegangenen Kontoauszugs:
  - Festlegung von Haushaltsmitteln,
  - Auszahlungsanordnungen,
  - Annahmeanordnungen für Rückeinnahmen, Erstattungen und Beiträge Dritter,
- Aufhebung von gebuchten Festlegungen oder Zahlungsanordnungen,
- die fortgeschriebenen Stände der Bewirtschaftungsmaßnahmen und Zahlungen.

Annahmeanordnungen und Einzahlungen werden auf Kontoauszügen der Ausgabekonten mit einem negativen Vorzeichen dargestellt

2. **Verpflichtungsermächtigungen bei Sachbuchkonten** (Ausgabetitel)

Verpflichtungsermächtigungen werden auf den Kontoauszügen gesondert von den übrigen Bewirtschaftungsmaßnahmen abgebildet, im Einzelnen:

- die jeweiligen Zuweisungen oder Rückrufe von Verpflichtungsermächtigungen des Bewirtschafters des unmittelbar übergeordneten Kontos, aufgegliedert nach Fälligkeitsjahren,
- die Summe der Zuweisungen und Rückrufe je Fälligkeitsjahr und insgesamt,
- der Stand der verfügbaren Verpflichtungsermächtigungen je Fälligkeitsjahr und insgesamt,
- die Stände der eingegangenen Verpflichtungen zu Lasten und nicht zu Lasten von Verpflichtungsermächtigungen, der Verpflichtungen der Vorjahre und die Summe daraus je Fälligkeitsjahr und insgesamt zum Zeitpunkt des vorangegangenen Kontoauszugs,

- die einzelnen Bewirtschaftungsmaßnahmen seit der Erstellung des vorangegangenen Kontoauszugs,
- Verpflichtungen zu Lasten von Verpflichtungsermächtigungen, aufgegliedert nach Fälligkeitsjahren,
- Verpflichtungen nicht zu Lasten von Verpflichtungsermächtigungen, aufgegliedert nach Fälligkeitsjahren,
- die fortgeschriebenen Stände der eingegangenen Verpflichtungen zu Lasten und nicht zu Lasten von Verpflichtungsermächtigungen, der Verpflichtungen der Vorjahre und die sich daraus ergebenden Fälligkeitsjahre und insgesamt,
- der Stand der offenen Festlegungen von Haushaltsmitteln auf dem Sachbuchkonto,
- der Stand aller Verpflichtungen und Festlegungen auf dem Konto.

3. **Haushaltseinnahmen auf Sachbuchkonten** (Einnahmetitel)

Im Einzelnen werden auf den Kontoauszügen des Titelverwalters folgende Maßnahmen abgebildet:
- die Stände der Annahmeanordnungen und der Zahlungen zum Zeitpunkt des vorangegangenen Kontoauszugs,
- die einzelnen Bewirtschaftungsmaßnahmen und Zahlungen seit der Erstellung des vorangegangenen Kontoauszugs,
  - Annahmeanordnungen,
  - Auszahlungsanordnungen (z.B. bei Rückzahlungen),
  - Zahlungen,
  - Aufhebung von Zahlungsanordnungen,
- die fortgeschriebenen Stände der Bewirtschaftungsmaßnahmen und Zahlungen.

Auszahlungsanordnungen werden mit einem vorauslaufenden negativen Vorzeichens dargestellt.

4. Kontoauszüge bei „Soll-/Ist-Fällen"

Bei den Sachbuchkonten, die als „Soll-/Ist-Fälle" geführt werden (z.B. bei erteilter Allgemeiner Ausgabebewilligung) können die Verteilungs- und Mittelbindungsmaßnahmen und die damit im Kontoauszug die Darstellung aller dazugehörigen Einzel- und Summennachweise entfallen.

„Soll-/Ist-Fälle" werden durch einen entsprechenden Texthinweis gekennzeichnet.

5. Nachweis der nicht abgewickelten Abschlagsauszahlungen

Der Titelverwalter erhält für jedes Titel- oder Objektkonto auf der Verwenderebene mit Abschlagszahlungsfällen monatlich einen Nachweis der je Abschlagskontrollnummer offenen Abschlagsauszahlungen. Der Ausdruck enthält auch die in den Vorjahren geleisteten und nicht abgewickelten Abschlagsauszahlungen.

6. Nachweis der nicht abgewickelten Einzelvorschüsse und Einzelverwahrungen

Der Titelverwalter erhält für jedes Sachbuchkonto auf der Verwenderebene mit einzeln nachzuweisenden Vorschüssen oder Verwahrungen monatlich einen Nachweis der je Kontrollnummer offenen Vorschüsse/Verwahrungen. Der Ausdruck enthält auch die in den Vorjahren geleisteten und nicht abgewickelten Vorschüsse/Verwahrungen.

IV. Haushaltsüberwachung (Kurzfassung)

1. Allgemeines

Die Überwachung der Haushaltseinnahmen und der Haushaltsausgaben ist für den Bereich des Bundes durch das BMF so geregelt worden, dass für alle Maßnahmen, die der Mittelverteiler oder der Titelverwalter auf seinen Sachbuchkonten auf Anordnung oder Anweisung durch die Kassen des Bundes durchführen lässt, Kontoauszüge bereitgestellt werden.

Die auf Grund der VerfRiB MV/TV bereitgestellten Kontoauszüge dienen u.a. auch der **Haushaltsüberwachung**.

Die Kontoauszüge enthalten alle wesentlichen Erkenntnisse, die eine ordnungsgemäße Überwachung der Bewirtschaftung sicherstellen, z.B.

- Stammangaben über den **Kontoinhaber** und das **Konto** selbst,
- erstmalig zugewiesene Haushaltsmittel und Verpflichtungsermächtigungen.

Zusätzlich für den **Mittelverteiler**:

- jedes von einem übergeordneten Mittelverteiler eingerichtetes Titel- oder Objektkonto,
- jedes von ihm selbst durch Aufteilung eines Titelkontos eingerichtetes Objektkonto.

Zusätzlich für **Titelverwalter**:
- jedes für ihn durch den übergeordneten Mittelverteiler eingerichtetes Titel- oder Objektkonto,
- jedes von ihm selbst unterteilte Titel- oder Objektkonto.

Zum Nachweis der Bewirtschaftungsmaßnahmen, die Haushaltsmittel betreffen, und derjenigen, die Verpflichtungsermächtigungen betreffen, werden unterschiedliche Kontoauszüge erstellt.

2. Kontoauszüge der Verteilungsebene für MV/TV

Im Kontoauszug des Mittelverteilers werden alle Verteilungsmaßnahmen des **übergeordneten** Mittelverteilers nachgewiesen, z.B.
- Zuweisungen und Rückrufe.

Aber auch die eigenen Maßnahmen, wie auch die des nachgeordneten Bewirtschafters werden auf den Kontoauszügen des MV in Summen oder im Einzelnen dargestellt.

3. Kontoauszüge des Titelverwalters

Jeder nachfolgende Kontoauszug ergänzt die Folge der jeweils vorangegangenen Kontoauszüge. Zusammen bilden sie den **lückenlosen Nachweis** für die Führung des jeweiligen Sachbuchkontos.

3.1 Haushaltsausgaben von Sachbuchkonten (Ausgabetitel)

Im Einzelnen werden auf den Kontoauszügen des Titelverwalters alle von ihm selbst oder vom übergeordneten Bewirtschafter (Mittelverteiler) veranlassten Maßnahmen abgebildet, insbesondere die einzelnen Bewirtschaftungsmaßnahmen und Zahlungen seit der Erstellung des vorangegangenen Kontoauszugs:
- Festlegung von Haushaltsmitteln,
- Auszahlungsanordnungen,
- Annahmeanordnungen für Rückeinnahmen, Erstattungen und Beiträge Dritter,
- Aufhebung von gebuchten Festlegungen oder Zahlungsanordnungen,
- die fortgeschriebenen Stände der Bewirtschaftungsmaßnahmen und Zahlungen.

Annahmeanordnungen und Einzahlungen werden auf Kontoauszügen der Ausgabekonten mit einem negativen Vorzeichen dargestellt

3.2 Haushaltseinnahmen auf Sachbuchkonten (Einnahmetitel)

Auf den Kontoauszügen des Titelverwalters werden bei den Einnahmetiteln alle Maßnahmen abgebildet, die für die Überwachung der Haushaltseinnahmen von Bedeutung ist, insbesondere:

- die einzelnen Bewirtschaftungsmaßnahmen und Zahlungen seit der Erstellung des vorangegangenen Kontoauszugs
  - Annahmeanordnungen,
  - Auszahlungsanordnungen (z.B. bei Rückzahlungen),
  - Zahlungen,
  - Aufhebung von Zahlungsanordnungen,
- die fortgeschriebenen Stände der Bewirtschaftungsmaßnahmen und Zahlungen.

3.3 Verpflichtungsermächtigungen

Maßnahmen der Zuweisung, des Rückrufs oder der Inanspruchnahme von Verpflichtungsermächtigungen werden in den Kontoauszügen gesondert von den übrigen Bewirtschaftungsmaßnahmen dargestellt.

J. Die Kassenbelege im Automatisierten Verfahren für das Haushalts-, Kassen- und Rechnungswesen

I. Allgemeines

Je nach ihrer Wirkung lassen sich die Belege in **Kassenanordnungen** und **Kassenanweisungen** einschließlich ihrer begründenden Unterlagen einteilen.

- **Kassenanordnungen** sind schriftliche Anordnungen an die für den Bewirtschafter zuständige Kasse, buchungspflichtige Tatbestände in den Büchern des Bundes aufzuzeichnen (→ § 71 BHO/LHO). Nach § 71 BHO/LHO sind Zahlungen und Verpflichtungen buchungspflichtig, Anordnungen, die die Kasse veranlassen, Zahlungen anzunehmen oder zu leisten und die Buchungen dazu vorzunehmen sind **Zahlungsanordnungen**. Andere buchungspflichtige Vorgänge, die ebenfalls nach § 71 BHO/LHO in die Bücher einzutragen sind, werden durch **Buchungsanordnungen** begründet.

Kassenanordnungen können als

- **Einzelanordnung** über einmalige oder wiederkehrende Zahlungen für einen Einzahlungspflichtigen oder einen Empfangsberechtigten sowie für Einzelbuchungen

  oder als
- **Sammelanordnung** über einmalige oder wiederkehrende Zahlungen für mehrere Einzahlungspflichtige oder mehrere Empfangsberechtigte sowie für mehrere Buchungen

erteilt werden.[1]

In ihrer *Form* unterscheidet man die Kassenanordnung nach der

- förmlichen

  und
- allgemeinen Kassenanordnung.

Die **förmlichen** Kassenanordnungen werden auf vorgeschriebenen Druckbildern des Bundesministeriums der Finanzen (BMF) erteilt. Sie sind von dem jeweils zuständigen Anordnungsbefugten des Bewirtschafters zu unterzeichnen.

Bei der **allgemeinen** Kassenanordnung ist bereits die Anordnung durch das BMF in bestimmten Zahlungsfällen erteilt (s. Abbildung 74).

---

1 Nr. 1.1 der Anlage zur VV Nr. 2.6 zu § 34 BHO.

- **Kassenanweisungen** dagegen sind Weisungen an die Kassen, **nicht buchungspflichtige** Vorgänge aufzuzeichnen. Sie sind ebenfalls auf vorgeschriebenen Vordrucken des BMF zu erteilen.

Im Einvernehmen mit dem Bundesrechnungshof (BRH) kann das BMF bestimmen, dass Kassenanordnungen und Kassenanweisungen auch in anderer Form als durch die vorgeschriebenen Vordrucke erteilt werden können.[2]

Beim **Ausfüllen** der Kassenanordnungen und Kassenanweisungen dürfen nur urkundengeeignete Schreibmittel (z.B. Kugelschreiber nach DIN 16554, Farbbänder nach DIN 2103, auf die Erstellung urkundengeeigneter Kassenanordnungen geprüfte Drucker) verwendet werden. Im Zweifel ist ein Prüfzeugnis einer für Materialprüfungen zuständigen Stelle einzuholen. Unterschriften sind ausnahmslos mit *blauem* Kugelschreiber (DIN 16554) zu leisten. Die Urkundeneignung gilt auch für die Herstellung der Vordrucke selbst.

Die übersandten Belege (Kassenanordnungen, Kassenanweisungen und Buchungsbelege) werden von der Bundeskasse manuell geprüft und nach bestimmten kasseninternen und verfahrenstechnischen Verarbeitungskriterien zusammengefasst und per Datenfernübertragung zum Zentralrechner des Bundesamtes für Finanzen übermittelt.

Der **einheitliche Aufbau der Belegvordrucke** soll allen Beteiligten, mithin dem Bewirtschafter, dem Buchhalter der Kasse, dem Datenerfasser und dem Prüfer des BRH die Handhabung erleichtern und dabei Fehler vermeiden helfen.

Ein Vordrucksatz besteht regelmäßig aus zwei Blättern, einer Erstschrift, die sich an die Bundeskasse richtet und einer Zweitschrift, die bei dem Bewirtschafter verbleibt und dem die begründenden Unterlagen beizuheften sind.

Dem Bewirtschafter steht für seine Anordnung/Anweisungen an die Kasse nur die Vorderseite des Vordrucks zur Verfügung. Die Rückseite enthält für den Bewirtschafter je nach Belegart vorgegebene und anzuwendende Verarbeitungsschlüssel, Erläuterungen und Ausfüllhinweise.

Beim Aufbau des Belegs ist zwischen den **Erfassungsfeldern** und den nicht zu erfassenden **Bewirtschafterfeldern** zu unterscheiden. In die Erfassungsfelder trägt der Bewirtschafter die Daten ein, die für die Datenerfassung durch die Bundeskasse von Bedeutung sind.

Bei den Bewirtschaftereintragungen, die nicht erfasst werden, handelt es sich zumeist um ergänzende, erläuternde Angaben, die u.a. für die Rechnungsprüfung und Rechnungslegung von Belang sind (z.B. Wortbegründung der Maßnahme) oder um andere notwendige Merkmale der Kassenanordnung (z.B. Bezeichnung des ausführenden Geldinstituts bei unbaren Zahlungen)

2 Nr. 1. 2 u. 1.3 der Anlage zur VV Nr. 2.6 zu § 34 BHO.

Die Erfassungsfelder sind durch **Kämme** unterteilt, um dadurch manuelle, aber auch maschinelle Eintragung zu erleichtern; denn je Erfassungsfeld ist nur eine bestimmte Anzahl von Zeichen zulässig. In diese Felder dürfen keinesfalls mehr Zeichen eingetragen werden, als durch die Kämme vorgegeben sind.

Beispiel:

7 Text zur Erläuterung der Buchung im Kontoauszug

K	**A**	**U**	**F**		**B**	**U**	**E**	**R**	**O**	**K**	**L**	**E**	**I**	**N**	**M**	**A**	**T**	**E**	**R**	**I**

Erfassungsfelder ohne Kammunterteilung sind bereits bedruckt vorgegeben. Manuelle Ergänzungen, Berichtigungen oder Eintragungen anderer Art in solche Erfassungsfelder sind unzulässig.

Die Bewirtschafterbelege bilden in der Regel die Grundlage für die maschinelle Ausführung und Buchung der jeweiligen Bewirtschaftungsmaßnahmen durch die Kasse. Die Angaben in den Belegen müssen daher sorgfältig ausgeführt, richtig und vollständig sein.

Diese Anforderungen an einen Beleg ergeben sich nicht in erster Linie aus den Verfahrensrichtlinien zum HKR-Verfahren, sondern aus den allgemeingültigen **Verwaltungsvorschriften** zu § 34 BHO (→ Anlage Nr. 1.4 bis 1.7 zu VV Nr. 2.6 zu § 34 BHO

Die Bundes-/Landesregierung vollzieht den Haushaltsplan durch die Organe ihrer Verwaltung. Zur **Ausführung des Haushaltsplans** werden den Verwaltungsbehörden durch ihre jeweils übergeordneten Mittelverteiler Haushaltsmittel zur eigenen Bewirtschaftung zugewiesen.

Der kassenmäßige Nachweis über angenommene Einnahmen und geleistete Ausgaben ist die **Titeldatei** der Bundeskasse/Landeskasse.

Zu diesem Zweck weist die Verwaltung die Kassen durch schriftliche **Anordnung** (= Kassenanordnung) an, **buchungspflichtige** Tatbestände in die Büchern der Kasse einzutragen. Ferner können die Kassen durch schriftliche **Anweisung** (= Kassenanweisung) aufgefordert werden, *nicht buchungspflichtige* Vorgänge in den Büchern zu erfassen.

Zahlungen dürfen nur von den Kassen und Zahlstellen angenommen oder geleistet werden. Die Anordnung der Zahlung muss durch die **ermächtigte** Dienststelle (anordnungsbefugte Dienststelle) schriftlich oder auf elektronischem Wege (→ § 70 BHO/LHO) erfolgen. Nach § 70 Satz 2 BHO/LHO dürfen Zahlungen nur von solchen Bediensteten angeordnet werden, die dazu von der jeweiligen obersten Verwaltungsbehörde oder von der von ihr ermächtigten Dienststelle eine **besondere Befugnis** (= Anordnungsbefugnis) erhalten haben. (s. auch Abschnitt G) Die Anordnungsbefugnis soll auf nur wenige Mitarbeiter der Dienststelle beschränkt bleiben. Nach den haushaltsrechtlichen Bestimmungen besitzt nur der **Beauftragte für den Haushalt** dieses Recht. Der Leiter der Dienststelle kann gleichwohl die Anordnungsbefugnis kraft seines Direktionsrechtes ausüben. In begründeten Ausnahmefällen kann gem. VV Nr. 2.1 zu § 34 BHO i.V.m. VV Nr. 3.1.1 zu § 9 BHO die Anordnungsbefugnis durch den Beauftragten für den Haushalt auf andere Bedienstete schriftlich übertragen werden.

§ 70 BHO/LHO enthält drei wichtige Grundsätze, nämlich:

- Zahlungen dürfen **nur von den Kassen und Zahlstellen** angenommen oder geleistet werden.
- Zahlungen dürfen nur auf Grund einer **schriftlichen Anordnung** durchgeführt werden.
- Diejenigen, die solche Anordnungen erteilen dürfen, müssen dazu ermächtigt sein, sie müssen die **Anordnungsbefugnis** besitzen.

Die Regelungen des § 70 BHO/LHO führen zu einer klaren und unmissverständlichen Trennung zwischen den Aufgaben der Verwaltungsdienststellen und den Geldgeschäften der öffentlichen Verwaltung. So soll der Manipulation und einer Interessenskollision vorgebeugt werden.

Nach Nr. 1.2 der Kassenbestimmungen des Bundes (KBestB) ist die Buchführung ausschließlich Aufgabe der Kassen. Diese buchen, wie angeordnet, mithin nach Maßgabe der von den anordnungsbefugten Dienststellen für Entscheidungen hinsichtlich der Mittelverwendung ausgefertigten Kassenanordnungen.

Der BMF/LMF hat für solche Maßnahmen die Vordrucke im Einvernehmen mit dem BRH/LRH vorgeschrieben.

Auszahlungsanordnungen sind schriftlich zu erteilen.

Annahmeanordnungen sollen grundsätzlich zum Zeitpunkt der Zahlung schriftlich erteilt sein; liegt der Kasse zu diesem Zeitpunkt jedoch noch keine Annahmeanordnung vor, so sind die Einzahlungen dennoch anzunehmen, wenn ein sachlicher Grund für die Einzahlung anzuerkennen ist. In diesem Falle fordert die Kasse den Titelverwalter durch Kassenanzeige auf, nachträglich eine Annahmeanordnung zu erstellen bzw. eine andere Entscheidung über die Verwendung des eingezahlten Betrages zu treffen.

II. Maßnahmen der Mittelverwendung

Die Maßnahmen der Mittelverwendung umfassen in erster Linie die **Anordnung** des Titelverwalters

- zur Buchung eingegangener Verpflichtungen zu Lasten von Verpflichtungsermächtigungen,
- zur Festlegung von Haushaltsmitteln,
- zur Leistung von Auszahlungen zu Lasten seiner Titel- oder Objektkonten,
- zur Annahme von Einzahlungen zu Gunsten seiner Konten,
- zur Aufhebung der Buchung eingegangener Verpflichtungen und Festlegungen,
- zur Aufhebung noch nicht ausgeführter Annahme- oder Auszahlungsanordnungen und
- zur Umbuchung bereits gebuchter Zahlungen.

Bei Bewirtschaftungsmaßnahmen dieser Art kommen Belege der F-Klasse als **Kassenanordnungen** zur Anwendung. Die F-Klasse der Bewirtschafterbelege umfassen die Belege F 01, F 02, F 05, F 07, F 09, F 11, F 14, F 22, F 23, F 31, F 32, und F 41 einschließlich ihrer Unterarten.

1. Kassenanordnung

Kassenanordnung ist eine Sammelbezeichnung für verschiedene Arten **schriftlicher Anordnungen**, die von einer **anordnungsbefugten Dienststelle** der für die Bewirtschafter zuständigen Amtskasse (Bundes-/Landeskasse) erteilt werden.

Beim *Ausfüllen* der Vordrucke dürfen nur *urkundengeeignete* Schreibmittel (z.B. Tinte, Kugelschreiber, Farbbänder, Drucker) verwendet werden.

Verschiedene Anordnungen sind denkbar:

- Einzahlungen anzunehmen und Auszahlungen zu leisten und diese zu buchen,
- bereits gebuchte Zahlungen umzubuchen,
- Verpflichtungen zu buchen,
- bereits gebuchte Verpflichtungen aufzuheben,
- wiederkehrende Zahlungen zu ändern oder zu beenden,
- Kassenanordnungen aufzuheben.

1.1 Formen der Kassenanordnung

Es ist zwischen der allgemeinen Kassenanordnung und der **förmlichen** Kassenanordnung zu unterscheiden.

1.1.1 Allgemeine Kassenanordnung

Grundsätzlich ist der zuständigen Kasse eine **förmliche** Anordnung für eine Zahlung und der damit verbundenen Buchung zu erteilen.

In bestimmten Fällen hat das BMF/LMF im Einvernehmen mit dem BRH/LRH von der Erteilung einer förmlichen Kassenanordnung abgesehen (→ Nr. 1.1.2 der Anlage zur VV Nr. 2.6 zu § 34 BHO). In solchen Zahlungsfällen hat das BMF **allgemeine** Annahme-/Auszahlungsanordnung erteilt (*s. Abb. 74/74a*).

Die zuständige Bundeskasse bucht auf Grund eines von der mittelbewirtschaftenden Dienststelle ausgefertigten **Buchungsbelegs** *(s. Abb. 75 – Beleg M 02 u. Abb. 76 – M 03)*. Der Buchungsbeleg gilt für *bare* und *unbare* Zahlungen. Er ist grundsätzlich *sachlich und rechnerisch* festzustellen.

Besonderheiten der allgemeinen Kassenanordnung:
- Sie wird nur einmal erteilt und gilt bis auf Widerruf.
- Sie ist formlos – und dennoch eine Kassenanordnung.
- Es ist kein Einzahlungspflichtiger oder Empfangsberechtigter genannt.
- Es ist kein Betrag angegeben.
- Die Kasse zahlt auf Grund der einmal erteilten allgemeinen Auszahlungsanordnung sofort Zug um Zug auf der Grundlage eines für diesen Fall erstellten Buchungsbelegs, der gleichzeitig Beleg für die Rechnungslegung ist.

1.1.1.1 Beleg zur Annahme und Buchung einer Einzahlung auf Grund allgemeiner Annahmeanordnung (Buchungsbeleg zur allgemeinen Annahmeanordnung – s. Beleg M 02)

Beispielhafte Zahlungsfälle:
- Annahme gefundener Zahlungsmittel,
- Zinsen, Mahnkosten,
- Strafen, Bußgelder,
- Zinsen.

1.1.1.2 Beleg zur Leistung und Buchung einer Auszahlung auf Grund allgemeiner Auszahlungsanordnung (Buchungsbeleg zur allgemeinen Auszahlungsanordnung – s. Beleg M 03)

Beispielhafte Zahlungsfälle:
- Sächliche Verwaltungsausgaben der Obergruppen 51–54 (ausgenommen Ausgaben der Gruppen 526 u. 527) bis zu einem Betrag von 300,00 €,
- Gebühren, die durch einen Anschluss von Zahlungseinrichtungen bei einem sonstigen Geldinstitut entstehen,
- Kursverluste.

Das BMF hat für die Fälle, in denen es allgemeine Annahme-/Auszahlungsanordnung erteilt hat, einen Ausschließlichkeitskatalog aufgestellt, der allerdings vom jeweiligen Beauftragten für den Haushalt ganz oder teilweise aufgehoben werden kann.

Bei der allgemeinen Kassenanordnung tritt der Bundesminister der Finanzen gegenüber **allen Kassen des Bundes als Anordnungsbefugter** in Erscheinung.

1.1.2 Förmliche Kassenanordnungen

Förmliche Kassenanordnungen sind schriftliche Anordnungen an die zuständige rechnungslegende Kasse und von einem Anordnungsbefugten (s. Abschn. L), dessen Unterschriftsprobe nach VV Nr. 2.2 zu § 34 BHO/LHO bei der Bundeskasse/Landeskasse hinterlegt ist, zu erteilen.

Kassenanordnungen sind Zahlungsanordnungen und Buchungsanordnungen.

1.1.2.1 Zahlungsanordnungen

Zahlungsanordnungen sind schriftliche Anordnungen an die Kasse, Einzahlungen anzunehmen oder Auszahlungen zu leisten und diese zu buchen.

Zahlungsanordnungen sind

- **Einzelanordnungen** über einmalige oder wiederkehrende Zahlungen für *einen* Zahlungspflichtigen oder Empfangsberechtigten sowie für Einzelbuchungen (Annahmeanordnungen und Auszahlungsanordnungen),
- **Sammelanordnungen** über einmalige oder wiederkehrende Zahlungen für *mehrere* Zahlungspflichtige oder Empfangsberechtigte sowie für *mehrere* Buchungen (Annahmeanordnungen und Auszahlungsanordnungen.

Bei Zahlungsanordnungen ist vor der Unterzeichnung durch den Anordnungsbefugten die sachliche und rechnerische Richtigkeit der in den Zahlungsanordnungen und den sie begründenden Unterlagen enthaltenden Angaben festzustellen.

1.1.2.1.1 Bezeichnung der Zahlungsanordnungen

Die unterschiedlichen Bezeichnungen der im automatisierten Verfahren für das Haushalts-, Kassen- und Rechnungswesen erstellten Kassenanordnungen sind in den VerfRB MV/TV aufgeführt und näher erläutert (s. auch Abschnitt I).

Die wesentlichen **Bezeichnungen** sind:

- Anordnung zur Leistung einer Auszahlung, Abschlagsauszahlung, Schlussauszahlung, die bei einem Sachbuchkonto zu buchen und an *einen* Empfangsberechtigten zu leisten ist (F 05),
- Sammelanordnung (A) zur Leistung von Auszahlungen, die bei demselben Sachbuchkonto zu buchen sind an *mehrere* Empfangsberechtigte (F 07/ F 07A),
- Sammelanordnung (B) zur Leistung von Auszahlungen, die bei verschiedenen Sachbuchkonten zu buchen sind an *einen* Empfangsberechtigten (F 11/ F 11A),
- Anordnung zur Leistung oder Änderung einer wiederkehrenden Auszahlung, die bei *einem* Sachbuchkonto zu buchen ist an *einen* Empfangsberechtigten (F 31),
- Sammelanordnung (B) zur Leistung oder Änderung einer wiederkehrenden Auszahlung, die bei *verschiedenen* Sachbuchkonten zu buchen ist an *einen* Empfangsberechtigten (F 32/F 32A),
- Anordnung zur Annahme einer Einzahlung, die bei *einem* Sachbuchkonto zu buchen ist und von *einem* Einzahler zu leisten ist (F 22),
- Sammelanordnung (B) zur Annahme einer Einzahlung, die bei *verschiedenen* Sachbuchkonten zu buchen ist für *einen* Einzahlungspflichtigen (F 23/F 23A),
- Anordnung zur Annahme oder Änderung einer wiederkehrenden Einzahlung, die bei *einem* Suchbuchkonto zu buchen ist für *einen* Einzahlungspflichtigen (F 41),
- Sammelanordnung (B) zur Annahme oder Änderung *einer* wiederkehrenden Einzahlung, die bei *verschiedenen* Sachbuchkonto zu buchen ist für einen Einzahlungspflichtigen F 42/F 42A).

„Einmalige“ Einzahlungen und Auszahlungen sind Zahlungen, die ihrem Wesen nach mit einem Mal mit dem vollen Anordnungsbetrag zu erheben sind.

„Wiederkehrende“ Einzahlungen und Auszahlungen sind solche Zahlungen, die in bestimmten Zeitabständen in gleichbleibenden Beträgen (Raten) zu erheben oder zu leisten sind.

1.1.2.2 Buchungsanordnungen

Buchungsanordnungen sind schriftliche Anordnungen an die Kasse, andere buchungspflichtige Tatbestände in die Bücher der Kasse einzutragen (zu buchen).

1.1.2.2.1 Bezeichnung der Buchungsanordnungen

Die wesentlichen Bezeichnungen der Buchungsanordnungen sind:
- Buchung zur Anordnung eingegangener Verpflichtungen zu Lasten einer Verpflichtungsermächtigung und aus laufenden Geschäften (F 01),
- Anordnung zur Festlegung und Aufhebung einer Festlegung (F 02),
- Anordnung zur Umbuchung einer Einzahlung/Auszahlung (F 09),
- Anordnung zur Aufhebung einer Auszahlungsanordnung/Annahmeanordnung (F05/F22).

1.1.2.3 Umbuchungen

1.1.2.3.1 Umbuchungsanordnung (F 09)

Umbuchungen sind Buchungen, durch die in erster Linie bereits gebuchte Zahlungen von einem Sachbuchkonto auf ein anderes übertragen werden.

Ein weiterer Fall der Umbuchung kann innerhalb eines Sachbuchkontos erfolgen, wenn z.B. bestimmte Buchungsinformationen vergessen oder verwechselt wurden.

Man unterscheidet mithin zwischen folgenden Umbuchungsfällen:
1. Umbuchung zwischen **verschiedenen Sachbuchkonten** und
2. Umbuchung innerhalb **eines Sachbuchkontos**.

Der erste Fall der Umbuchung ist der Regelfall und kennzeichnend für eine **Kontenverwechslung**. Der zweite Fall kommt dann in Betracht, wenn Kennungen für Abschlags- oder Schlussauszahlungen unterblieben oder eine falsche Abschlagskontrollnummer oder Textinformation vergeben wurde (Umbuchung auf der Stelle).

Eine Umbuchung kann sich nur auf eine **Istbuchung** beziehen. Im HKR-Verfahren unterscheidet man bei einer Umbuchung zwischen dem abgebenden und dem empfangenden Sachbuchkonto. Die Bewirtschafternummer beider Konten muss übereinstimmen, d.h. eine Umbuchung unter Verwendung einer Umbuchungsanordnung F 09 kann **nur innerhalb eines Anordnungsbereichs** erfolgen.

In die Erfassungsfelder des abgebenden Sachbuchkontos sind die Angaben einzutragen, die für die ursprüngliche, fehlerhafte und jetzt zu berichtigende Buchung angegeben wurden. In die Erfassungsfelder des empfangenden Sachbuchkontos sind dagegen die Eintragungen vorzunehmen, die dort ursprünglich und richtigerweise hätten eingetragen werden müssen.

Beispiele für eine Umbuchung innerhalb eines Sachbuchkontos (SB):

Umbuchungsgrund	Eintragungen in Satzart H 02 abgebendes SB	 empfangendes SB
1. Angaben über eine Abschlagsauszahlung wurden vergessen.	keine	A00104023
2. Abschlagskontrollnummer ist falsch.	A00304034	A00404034
3. Schlussauszahlung wurde mit Abschlagsauszahlung verwechselt.	A00704123	S00004123

Voraussetzung für eine Erteilung einer **Umbuchungsanordnung:**
- Der Betrag musste zuvor bei einem Sachbuchkonto mit entsprechender Kassenanordnung *angeordnet, gezahlt* und *gebucht* worden sein.
- Die Umbuchung erfolgt innerhalb einer anordnungsbefugten Dienststelle (gleiche Bewirtschafternummer).
- Die Umbuchung erfolgt innerhalb desselben Haushaltsjahres.
- Auf dem emfangenden Sachbuchkonto sind bei einer Umbuchung einer Auszahlung genügend Haushaltsmittel vorhanden und verfügbar.

1.1.2.3.2 Umbuchungen zwischen verschiedenen Bewirtschafternummern

Ist eine Umbuchung in voller Höhe oder in Teilbeträgen des Anordnungsbetrages zwischen verschiedenen Anordnungsbereichen (verschiedenen Bewirtschafternummern) durchzuführen, kann dies nur unter Verwendung einer *Auszahlungsanordnung* und einer *Annahmeanordnung* geschehen. Eine solche Umbuchung erfolgt in Fällen
- der Verrechnung und
- des Buchausgleichs.

1.1.2.3.3 Umbuchungen mittels Kassenbelegs

Wird bei der Kasse nach erfolgter Buchung festgestellt, dass eine Kassenanordnung irrtümlich bei einem anderen als dem angegebenen Sachbuchkonto gebucht wurde, so wird der unrichtig gebuchte Anordnungsbetrag mit **Umbuchungsbeleg** (K-Beleg) der Kasse auf das richtige Sachbuchkonto umgebucht. Der Umbuchungsbeleg der Kasse wird durch den Buchhalter ausgefertigt; die mittelbewirtschaftende Dienststelle wird nicht beteiligt.

1.1.3 Kassenanweisungen (→ Nr. 1.2 der Anlage zur VV Nr. 2.6 zu § 34 BHO)

Kassen**anweisungen** sind Weisungen an die Kassen, nicht buchungspflichtige Vorgänge aufzuzeichnen. Solche Kassenanweisungen können im Gegensatz zu den Kassenanordnungen auch von anderen zeichnungsberechtigten Bediensteten als dem Anordnungsbefugten erteilt werden. Eine Unterschriftsmitteilung an die Kasse ist nicht erforderlich.

In erster Linie handelt es sich um Belege zur Zuweisung von Haushaltsmitteln (HHM) und Verpflichtungsermächtigungen und deren Rückruf.

1.1.4 Berichtigung förmlicher Kassenanordnungen und Kassenanweisungen (→ Anlage zur Vorl. VV Nr. 2.6 zu § 34 BHO)

Kassenanordnungen, die **im automatisierten Verfahren erstellt** worden sind, dürfen **nicht berichtigt** werden.

Ansonsten darf eine förmliche Kassenanordnung grundsätzlich bis zu ihrer Ausfertigung durch den dazu Berechtigten geändert/berichtigt werden. Die zu berichtigenden Angaben sind so zu streichen, dass sie lesbar bleiben. Berichtigungen durch **Übermalen**, Radieren, Überkleben oder Verwendung von Korrekturlack sind unzulässig.

Die Berichtigungen sind jeweils mit Datum und Namenszeichen dessen zu versehen, der als Feststellungsbefugter für diese Angabe verantwortlich ist.

Der Anordnungsbefugte hat die Berichtigung durch folgende Ergänzung des Anordnungstextes zu bescheinigen:
„Die Anordnung bezieht sich auch auf die geänderten Teile der Kassenanordnung.“

Folgende Teile einer förmlichen Kassenanordnung dürfen nicht berichtigt werden:
- Bezeichnung des Empfangsberechtigten oder des Einzahlungspflichtigen, (bei Barzahlungen gehört auch seine Anschrift dazu),
- Bankverbindung,
- Betrag in Ziffern und Buchstaben,
- Fälligkeitstermine der Zahlungen,
- Feststellungsvermerke,
- Vermerke des Anordnungsbefugte.

Sollen diese Teile bei einer noch nicht unterzeichneten Kassenanordnung berichtigt werden, ist eine neue Kassenanordnung zu fertigen; die alte ist zu vernichten. Ist die Kassenanordnung bereits unterzeichnet, ist sie ungültig zu machen. Wenn keine neue Kassenanordnung erteilt wird, ist sie zu den Akten zu nehmen.

Fehlerhafte Kassenanordnungen, die sich zur Ausführung bereits bei der Kasse befinden, sind durch Kassenanordnung aufzuheben.

2. Begründende Unterlagen

(→ Anlage Nr. 3 zur VV Nr. 2.6 zu § 34 BHO)

2.1 Allgemeines

Jede Zahlung ist so zu **begründen**, dass sie ein Dritter nachvollziehen kann und eine Rechnungsprüfung durch die Prüfungsorgane ohne Rückfragen bei der anordnenden Dienststelle möglich ist.

Die hinreichende, nachvollziehbare und schlüssige Begründung einer Maßnahme erfolgt regelmäßig auf den **begründenden Unterlagen**.

Begründende Unterlagen sind Schriftstücke, die eine förmliche Kassenanordnung oder den bei einer allgemeinen Kassenanordnung anzufertigenden Buchungsbeleg begründen. Solche Unterlagen müssen den Zweck und den Anlass der Zahlung oder der Buchung so deutlich erkennen lassen, dass die zu Grunde liegende Verwaltungsmaßnahme zweifelsfrei ersichtlich und nachvollziehbar ist. Darüber hinaus müssen sie die eindeutige Bestimmung des Rechtsgrunds und des Gegenstands der Zahlung oder Buchung ermöglichen.

2.2 Begründung von Einzelhaushaltseinnahmen/Einzelhaushaltsausgaben

Weil die begründenden Unterlagen seit 1.1.1998 bei den Bewirtschaftern verbleiben, ist auf der Vorderseite der förmlichen Kassenanordnung eine kurze, jedoch schlüssige Wortbegründung vorzunehmen.

Unterlagen, die *eine* Zahlung begründen, verbleiben **im Original** bei den Bewirtschaftern, die sie zur Zweitschrift der Kassenanordnung nehmen und in einer besonderen Belegsammlung gegen Verlust, Beschädigung oder nachträglicher Veränderung gesichert aufbewahren. Auch auf diesen begründenden Unterlagen ist die sachliche und rechnerische Richtigkeit zu bescheinigen.

Zum Zwecke der Rechnungsprüfung werden die Belege den Prüfungsämtern des BRH auf Anforderung zur Verfügung gestellt.

2.3 Begründung mehrerer Einzelzahlungen und wiederkehrender Zahlungen

Belege, die mehrere Zahlungen begründen, werden bei den anordnungsbefugten Dienststellen für jeden Bewirtschafter in eigenen Belegmappen, fortlaufend durchnummeriert, **gesammelt**.

Schriftstücke, die *innerhalb* eines Haushaltsjahr **mehrere EinzelHHE/HHA** begründen, sind als Sammel-Belege (S-Belege) zu behandeln (z.B. kurzfristige Lieferverträge, Personalverfügungen, Vergleichsmitteilungen). Sie sind innerhalb eines Jahres fortlaufend durchzunummerieren.

Der laufenden Nummer des Sammelbelegs ist die Kurzbezeichnung des Titelverwalters im HKR-Verfahren und der Buchstabe „S" *(z.B. 004/S 14)* voranzustellen.

Schriftstücke, die **über das Haushaltsjahr hinaus** mehrere **Einzelzahlungen** oder **wiederkehrende** Ein- oder Auszahlungen begründen, sind als Dauer-Belege (D-Belege) zu behandeln (z.B. Rahmenverträge, Mitbenutzungsverträge, Vereinbarungen mit Vertragsärzten usw.).

Diese Belege sind ohne Rücksicht auf das Haushaltsjahr fortlaufend durchzunummerieren, wobei auch hier der laufenden Nummer die Kurzbezeichnung des Titelverwalters voranzustellen ist. Die Buchstabenkennung lautet hier „D" *(z.B. 004/D 65)*.

Werden D-Belege nicht mehr benötigt, sind sie der Sammlung zu entnehmen und am Ende der Aufbewahrungsfrist zu vernichten.

3. Quittung

Die Quittung des Zahlungsempfängers ist der **Nachweis**, dass eine Zahlung tatsächlich in der gebuchten Höhe erfolgt ist.

Bei **baren Auszahlungen** hat die zahlende Stelle (Kasse bzw. Zahlstelle) von dem **Empfangsberechtigten** eine Quittung zu verlangen. Der Empfangsberechtigte hat diese Quittung grundsätzlich **persönlich** durch seine Unterschrift unter Ortsangabe und Datum zu erbringen.

Beauftragt er mit der Entgegennahme des Betrages einen Dritten, so hat dieser eine **vom Empfangsberechtigten persönlich vollzogene Vollmacht** vorzulegen, die dann Bestandteil der Kassenanordnung wird. Der Bevollmächtigte hat mit dem Zusatz **„In Vollmacht"** zu unterschreiben.

Unbare Auszahlungen: Bei Überweisungen gelten als Zahlungsbeweis die Unterschriften zweier Bediensteter der Kasse.

III. Die Kassenbelege im Automatisierten Verfahren für das Haushalts-, Kassen- und Rechnungswesen (Kurzfassung)

1. Allgemeines

Nach ihrer Wirkung lassen sich die Belege in Kassenanordnungen und Kassenanweisungen einteilen.

1.1 Kassen**anordnungen** sind schriftliche Anordnungen an die Kasse, buchungspflichtige Tatbestände in den Büchern des Bundes aufzuzeichnen. Nach § 71 BHO/LHO sind Zahlungen und Verpflichtungen buchungspflichtige Anordnungen, die die Kasse veranlassen, Zahlungen anzunehmen oder zu leisten und die Buchungen dazu vorzunehmen.

Es wird zwischen Zahlungsanordnungen und Buchungsanordnungen unterschieden:

- **Zahlungsanordnungen** sind:
  - **Einzelanordnung,** z.B. Anordnung zur Leistung einer einmaligen Auszahlung, oder
  - **Sammelanordnungen",** z.B. „Sammelanordnung zur Annahme einer einmaligen Einzahlung".
- **Buchungsanordnungen** sind Anordnungen ohne Zahlungsauftrag; z.B. „Anordnung zur Umbuchung einer Ein-/ Auszahlung"

In ihrer **Form** unterscheidet man die Kassenanordnung nach der

- *förmlichen*

  und
- *allgemeinen* Kassenanordnung.

Die **förmlichen** Kassenanordnungen werden auf vorgeschriebenen Druckbildern des Bundesministeriums der Finanzen (BMF) erteilt. Sie sind von dem jeweils zuständigen Anordnungsbefugten des Bewirtschafters zu unterzeichnen. Bei der **allgemeinen** *Kassenanordnung* ist bereits die Anordnung durch das BMF in bestimmten Zahlungsfällen erteilt

1.2 Kassen**anweisungen** dagegen sind Weisungen an die Kassen, *nicht buchungspflichtige* Vorgänge aufzuzeichnen.

2. Berichtigung von Kassenanordnungen

Kassenanordnungen, die im **automatisierten Verfahren** erstellt worden sind, dürfen **nicht berichtigt** werden.

Ansonsten darf eine förmliche Kassenanordnung grundsätzlich bis zu ihrer Ausfertigung durch den dazu Berechtigten geändert/berichtigt werden. Die zu berichtigenden Angaben sind so zu streichen, dass sie lesbar bleiben. Berichtigungen durch Übermalen, Radieren, Überkleben oder Verwendung von Korrekturlack sind unzulässig.

3. Begründende Unterlagen

Jede Zahlung ist so zu begründen, dass sie **ein Dritter nachvollziehen** kann und eine Rechnungsprüfung durch die Prüfungsorgane ohne Rückfragen bei der anordnenden Dienststelle möglich ist.

Unterlagen, die *eine* Zahlung begründen, verbleiben im *Original* bei den Bewirtschaftern, die sie zur Zweitschrift der Kassenanordnung nehmen und in einer besonderen Belegsammlung gegen Verlust, Beschädigung oder nachträglicher Veränderung gesichert aufbewahren.

Schriftstücke, die **innerhalb eines Haushaltsjahr** mehrere *EinzelHHE/HHA* begründen, sind als Sammel-Belege (S-Belege) zu behandeln.

Schriftstücke, die **über das Haushaltsjahr hinaus** mehrere *Einzelzahlungen* begründen, sind als Dauer-Belege (D-Belege) zu behandeln.

4. Quittung

Die Quittung des Zahlungsempfängers ist der Nachweis, dass eine Zahlung tatsächlich in der gebuchten Höhe erfolgt ist. Sie ist persönlich zu erbringen bzw. durch Unterschrift eines bevollmächtigten Dritten gegen Vorlage einer Vollmacht.

Bundesministerium der Finanzen
Oberste Bundesbehörden
etc.
Bundeshauptkasse
Bundeskassen und Außenstellen

Allgemeine Kassenanordnungen nach Nr. 1.1.2. der Anlage zur
VV Nummer 2.6. zu § 34 BHO

Anlagen: 2
- Aufstellung „A" (Allgemeine Auszahlungsanordnungen)
- Aufstellung „B" (Allgemeine Annahmeanordnungen)

GZ: II A 6 – H 2000 – 143/99 –

Im Einvernehmen mit dem Bundesrechnungshof habe ich die Regelungen zur allgemeinen Kassenanordnung aktualisiert. Ab dem 01. Dezember 2003 sind für den gesamten Geschäftsbereich der Bundesverwaltung für die in den Aufstellungen A und B genannten Fälle allgemeine Kassenanordnung erteilt.

...

Des Weiteren gilt:

1. Der jeweilige Beauftragte für den Haushalt kann für seinen Geschäftsbereich die allgemein erteilten Kassenanordnungen ganz oder teilweise aufheben und anstelle dessen förmliche Kassenanordnungen vorschreiben. Der Beauftragte für den Haushalt hat die zuständige Kasse und Zahlstelle darüber zu unterrichten.
   Auslandszahlungen sind immer förmlich anzuordnen.
2. Für die allgemein erteilte Auszahlungsanordnung (Aufstellung A) ist
   - grundsätzlich nur der HKR-Vordruck M 03 etc.

   zu verwenden
   Für allgemein erteilte Annahmeanordnung (Aufstellung B) ist
   - grundsätzlich nur der HKR-Vordruck M 02 etc.

   zu verwenden.

etc.

5. Allgemein erteilte Kassenanordnungen dürfen nur mit förmlicher Kassenanordnung aufgehoben werden.

etc.

Im Auftrag

Abbildung 74: Auszugsweise Abschrift (Erlass BMF über Erteilung allgemeiner Kassenanordnung)

Aufstellung A
Allgemeine **Auszahlungsanordnungen**

Nr.	**Zweckbestimmung**
1.	Ausgaben, bis zu einem Betrag von 300 €, der Obergruppen 51 bis 54 – ausgenommen Ausgaben der Gruppe 526 und 527 und die unter Nr. 2 genannt sind –
2.	Gebühren und Auslagen, die durch den Anschluss der Kasse/Zahlstelle an Geldinstitute entstehen
3.	Überzahlungen und Einzahlungen, die wegen fehlender Zuständigkeit der Kasse/Zahlstelle an den Einzahler zurückzuzahlen oder an einen anderen Empfangsberechtigten weiterzuleiten sind.
4.	Kursverluste und damit zusammenhängende Kosten und Gebühren
5.-12	…

Aufstellung B
Allgemeine **Annahmeanordnung**

Nr.	**Zweckbestimmung**
1.	Einnahmen bis zu einem Betrag von 300 €,–
	der Gruppe 119 sowie der Obergruppen 12 und 13 oder
	die auf Grund des Haushaltsgesetzes oder eines Haushaltsvermerks bei einem Ausgabetitel zu buchen sind.
2.	Kleinbeträge gemäß Anlage zur VV. Nr. 2.6 zu § 59 BHO
3.	Gefundener Zahlungsmittel, die in Verwahrung zu nehmen sind.
4.	Einzahlungen, die wegen fehlender Zuständigkeit der Kasse/Zahlstelle bzw. wegen fehlender Annahmeanordnung/Buchungsbeleg oder eindeutiger Buchungsmerkmale vorübergehend in Verwahrung zu nehmen sind
5.-6.	…
7.	Gebühren und Auslagen, auf Grund amtlicher Gebührentarife und Kostenfestsetzungen, auch im Vollstreckungsverfahren, sowie Auslagen nach dem Auslandskostengesetz
8.	Kursgewinne, ggf. gekürzt um Gebühren und Kosten
9.-12.	…
13.	Zinsen (Anlage zur VV Nr. 3.3. zu § 34 BHO), Säumniszuschläge, Mahnkosten
14	…
15.	Strafen, Bußgelder/Geldauflagen, Verwarnungsgelder und damit zusammenhängende Gebühren und Kosten (Auslagen)
16.-17.	…

Abbildung 74a: Auszugweise Zahlungsfälle

Anordnende Stelle

Standortverwaltung Hochdorf

Eingangsstempel der Kasse

M02

1 Belegnummer der Kasse

Muster

An die Bundeskasse: **Kiel**

über die Zahlstelle:

2 Belegnummer des Bewirtschafters (Tag / Monat / Jahr / Lfd. Nr.): 2 7 0 5 3 0 2 1

3 Verarbeitungsschlüssel: 5 3 1 0 0

4 Bewirtschafternummer: 0 3 1 0 4 5 6 7

5 Haushaltsstelle: 1 4 1 1 1 3 2 0 1 4

6 Objektnummer:

▲ Objektnummer

Beleg zur Annahme und Buchung einer EINZAHLUNG aufgrund allg. Annahmeanordnung

Haushaltsjahr: **2003**

Satzart 101 – 7 Kassenzeichen:

8 Kz. Mahnverfahren (1 2 3 4 5): 5 0 0 0 0

H22 – 7 Name/Bezeichnung des Einzahlungspflichtigen: LT ANDY G. Wehre

8: 4. / PIBTL 47

9 Straße/Postfach: AHORNALLEE 14

10 LKZ – PLZ: 00111 – Ort: HOECHSTSTADT

Bezeichnung des Geldinstituts mit Ortsangabe

H01 – 8 Bankleitzahl – 9 Giro-Kontonummer – LSE

Betrag in Buchstaben in Euro

100 – 7 Betrag: Euro 125 Cent 00

8 Fälligkeitsdatum: 0 1 0 6 0 3 – 9 Buchungsplatz

10 Bezugsbelegnummer

Zahlungsart: ☒ unbar ☐ bar ☐ Verrechnung

H32 – 7 Angabe über den Zweck der Zahlung bei Lastschrifteinzug

Begründung der Einnahme, Hinweis auf begründende Unterlagen

Übernahme von Dienstbekleidung nach Ernennung

H02 – 7 Text zur Erläuterung der Buchung im Kontoauszug, Angaben zur Abschlagszahlung (Schreibstellen 1 bis 9)

H12 – 7 Buchungstext/Einzahlender (falls abweichend vom Einzahlungspflichtigen): UEBERN. DIENSTBE KL

Anlagen

H82 – 7 Mehrzweckfeld

Sachlich richtig – Rechnerisch richtig

gez. Geyer – *gez. Adler*

Datum, Unterschriften

Zahlungsnachweis

Der angeordnete Betrag wurde angenommen, Datum ____________

unbar ☐ bar ☐ Verrechnung ☐ ____________ 1. Unterschrift ____________ 2. Unterschrift

Annahmevermerk der Bundeskasse oder der Zahlstelle

Betrag erhalten:

Datum, Unterschrift

Vermerke der Kasse

Bearbeitungszeichen: – Datum der Einzahlung

Daten erfasst: – Daten geprüft:

3181 Z-MO21/02 Beleg zur Annahme und Buchung einer Einzahlung

Abbildung 75: Buchungsbeleg zur allgemeinen Annahmeanordnung – M 02

Anordnende Stelle

Standortverwaltung Hochdorf

Eingangsstempel der Kasse

M03

1 Belegnummer der Kasse

Muster

L

An die Bundeskasse: **Kiel**

über die Zahlstelle: **StOV Hochdorf**

2 Belegnummer des Bewirtschafters (Tag | Monat | Jahr | Lfd. Nr.): 2 7 0 5 3 0 1 4

3 Verarbeitungsschlüssel: 5 4 0 0 0

4 Bewirtschafternummer: 0 3 1 0 4 5 6 7

5 Haushaltsstelle: 1 4 0 4 5 1 1 0 1 0

6 Objektnummer: 1 2 3 4 4 3 2 1

▲ Objektnummer

Beleg zur Leistung und Buchung einer AUSZAHLUNG

☒ aufgrund allg. Auszahlungsanordnung

☐ nach den Abrufrichtlinien - AbrufR -

Haushaltsjahr: **2003**

H22 — 7 Name/Bezeichnung des Empfangsberechtigten: R O I P E T E R S I L I E

8: S T O V H O C H D O R F

9 Straße/Postfach:

10 LKZ | PLZ | Ort:

Bezeichnung des Geldinstituts mit Ortsangabe

H01 — 8 Bankleitzahl | 9 Giro-Kontonummer

Betrag in Buchstaben in Euro (oder Fremdwährung)

100 — 7 Betrag: Euro 1 5 | Cent 0 0

8 Fälligkeitsdatum

Kz. Gutschrift auf dem Empfängerkonto

9 Belegnummer der Festlegung

Zahlungsart

☐ unbar ☒ bar ☐ Verrechnung

H32 — 7 Angabe über den Zweck der Zahlung auf dem Überweisungsträger (Verwendungszweck)

Begründung der Ausgabe, Hinweis auf begründende Unterlagen

Tonerpatrone für Kopierer C 164/7

Anlagen

H02 — 7 Text zur Erläuterung der Buchung im Kontoauszug, Angaben zur Abschlagszahlung (Schreibstellen 1 bis 9)

H12 — 7 Text zur Erläuterung der Buchung im Kontoauszug: T O N E R P A T R F K O P / C 1 6 4 / 7

104 — 10 Von den festgelegten Mitteln abzubuchender Betrag (Euro | Cent)

H82 — 7 Mehrzweckfeld

Sachlich richtig	Rechnerisch richtig
gez. Meise	*gez. Specht*
Datum, Unterschriften	

Zahlungsnachweis

Der angeordnete Betrag wurde ausgezahlt, Datum ______

unbar ☐ bar ☐ Verrechnung ☐

1. Unterschrift 2. Unterschrift

Quittung

Betrag erhalten:

27.05.03 *gez. Silie*

Datum, Unterschriften

Vermerke der Kasse

Bearbeitungszeichen:

Daten erfasst: Daten geprüft:

3183Z-MO3 1/02BelegzurLeistungundBuchungeinerAuszahlung

Abbildung 76: Buchungsbeleg zur allgemeinen Auszahlungsanordnung – M 03

K. Die Feststellung und Bescheinigung der sachlichen und rechnerischen Richtigkeit

I. Allgemeines

Die Feststellung und Bescheinigung der sachlichen und rechnerischen Richtigkeit ist in der „Anlage zur VV Nr. 2.6 zu § 34 BHO/LHO neu geregelt worden.

Vor der Unterzeichnung der förmlichen Kassenanordnungen durch den Anordnungsbefugten ist die **sachliche** und auch die **rechnerische Richtigkeit** der in den Kassenanordnungen und den sie begründenden Unterlagen enthaltenden Angaben von den dazu befugten Bediensteten festzustellen und zu bescheinigen.

Jeder Rechnungsbeleg muss auf der Vorderseite der Kassenanordnung und in der begründenden Unterlage sachlich und rechnerisch mit urkundenechten Schreibmitteln in blauer Farbe festgestellt werden.

II. Die Feststellung und Bescheinigung der sachlichen Richtigkeit

1. Personenkreis, der zur Bescheinigung der sachlichen Richtigkeit befugt ist

1.1 Allgemeines

Zur Feststellung der sachlichen Richtigkeit sind befugt:
- der Leiter der Dienststelle,
- der Beauftragte für den Haushalt,
- andere Bedienstete, denen diese Befugnis vom Beauftragten für den Haushalt für ihren Verantwortungsbereich allgemein oder im Einzelfall schriftlich übertragen worden ist,
- sonstige Personen (Außenstehende) im Rahmen der Abgabe von Teilbescheinigungen.

Mit der Bescheinigung der sachlichen Richtigkeit darf vom Beauftragten für den Haushalt nur beauftragt werden, wer dazu fähig ist, alle Sachverhalte zu überblicken und zu beurteilen, deren Richtigkeit er zu bescheinigen hat.

Die Übertragung der Befugnis zur Feststellung und Bescheinigung der sachlichen Richtigkeit setzt nicht voraus, dass der Feststeller zugleich auch Titelverwalter sein muss.

Bedienstete dürfen die sachliche Feststellung in Angelegenheiten, die ihre eigene Person oder ihre Angehörigen betreffen, nicht abgeben. Aus Gründen der Kassensicherheit dürfen die sachliche Richtigkeit nicht feststellen:

- zum Kassenpersonal gehörende Bedienstete,
- Zahlstellenverwalter und Handvorschussverwalter,
- Zahlungsbeauftragte.

1.2 Zusätzliche Regelungen im Geschäftsbereich des BMVg

Der BMVg hat hierzu in seinen DB zu Nr. 2 der Feststellungsbestimmungen für seinen Geschäftsbereich bestimmt:

Zur Feststellung und Bescheinigung der sachlichen Richtigkeit für ihr Aufgabengebiet sind – **ohne dass es einer Übertragung im Einzelfall bedarf** – befugt:

- Beamte und Angestellte, denen mindestens die Funktion eines Sachbearbeiters übertragen ist.
  Der Begriff des Sachbearbeiters ist nicht nur auf den gehobenen Dienst (Beamte und vergleichbare Angestellte) ausgerichtet, sondern betrifft alle Bediensteten in dieser Funktion.
- Offiziere, die mit der Wahrnehmung eines Fachgebietes beauftragt sind. „Fachgebiete" im Sinne dieser Bestimmungen führen: S 1 bis S 6-Offiziere, Truppenärzte, technische Offiziere, Kompaniechefs sowie sonstige Offiziere in den gleichen Fachgebieten auf der Ebene der Kommandobehörden und Ämter. Offiziere, die andere Tätigkeiten ausüben (z.B. Kompanieoffiziere, Sportoffiziere, Jugendoffiziere, Presseoffiziere, Betreuungsoffiziere), nehmen kein Fachgebiet im Sinne der Feststellungsbestimmungen wahr, sondern sind vielmehr „Offiziere mit Nebenaufgaben",
- Kompaniefeldwebel, S-1-Feldwebel und Unteroffiziere in entsprechender Dienststellung,
- Soldaten, Beamte, Angestellte und Arbeiter in Funktionen, die besondere Fachkenntnisse (z. B. auf technischem Gebiet) und die Ausbildung und Prüfung mindestens als Meister oder eine entsprechende abgeschlossene Ausbildung voraussetzen.

Die Übertragung zur Befugnis zur Feststellung der sachlichen Richtigkeit im Einzelfall an Soldaten und zivile Mitarbeiter im **militärischen Bereich** obliegt dem Leiter der mittelbewirtschaftenden Dienststelle.

Werden im militärischen Bereich Gebührnisse zahlbar gemacht, muss der Kompaniechef, der Kompaniefeldwebel, der S 1-Feldwebel oder ein Unteroffizier in entsprechender Dienststellung die Richtigkeit der Angaben über den Zahlungsempfänger, der Angaben des Zahlungsempfängers, soweit die Zahlung darauf beruht, und des Zahlungsanspruchs in Form einer Teilbescheinigung feststellen.

2. Inhalt der Bescheinigung der sachlichen Richtigkeit

Der Feststeller der sachlichen Richtigkeit übernimmt mit der Unterzeichnung des Feststellungsvermerks die Verantwortung, dass

a) **nach den geltenden Vorschriften**, insbesondere nach den Grundsätzen der Wirtschaftlichkeit verfahren worden ist; das bedeutet, dass
- die Notwendigkeit und Rechtmäßigkeit der Maßnahme erkannt wird,
- die Höhe und Angemessenheit des Preises überprüft wurde,
- die für die Zahlung maßgebenden Angaben in der förmlichen Kassenanordnung und den sie begründenden Unterlagen richtig sind, soweit nicht deren Richtigkeit vom Feststeller der rechnerischen Richtigkeit zu bescheinigen ist,
- die übrigen Angaben, wie
  - die Bezeichnung der Kasse, die Einzahlungen annehmen oder Auszahlungen leisten soll,
  - die Anordnung zur Annahme oder Leistung,
  - der anzunehmende Betrag oder zu leistende Betrag,
  - der Einzahlungspflichtige oder Empfangsberechtigte,
  - bei Auszahlungen der Fälligkeitstag,
  - die Sachbuchkontonummer und das Haushaltsjahr,
- eine Begründung der Anordnung,

in der förmlichen Kassenanordnung enthalten ist; ferner dass
- die Einnahmen vollständig und rechtzeitig erhoben werden,
- Abschlagsauszahlungen, Vorauszahlungen, Abtretungen und Pfändungen vollständig und richtig berücksichtigt worden sind,
- die Ersatzpflicht eines Dritten geprüft wurde,

b) **nach bestehenden Verträgen** die Lieferung oder Leistung entsprechend der zugrunde liegenden Vereinbarung oder Bestellung sachgemäß und vollständig ausgeführt worden ist, d. h.
- die Lieferung oder Leistung als solche und auch die Art ihrer Ausführung wirtschaftlich geboten war.

Die sachliche Richtigkeit darf – unter entsprechender Ergänzung des Feststellungsvermerks – auch bescheinigt werden, wenn bei **nicht vertragsmäßiger** Erfüllung

- ein Schaden nicht entstanden ist (z.B. Überschreitung der Ausführungsfristen ohne nachteilige Folgen) oder
- die erforderlichen Maßnahmen zur Abwendung eines Nachteils ergriffen worden sind (z.B. Verlängerung der Gewährleistungsfristen, Minderung des Rechnungsbetrages, Hinterlegung von Sicherheiten).

3. Form der Bescheinigung der sachlichen Richtigkeit

Die sachliche Richtigkeit ist auf der Vorderseite der Kassenanordnung und in den begründenden Unterlagen vom Feststeller durch Unterzeichnung des Vermerks

Sachlich richtig
(Unterschrift)

zu bescheinigen. Die **Unterschrift ist ohne jeden** Zusatz (ohne Amtsbezeichnung, ohne „Im Auftrag") vorzunehmen.

Die Bescheinigung der sachlichen Richtigkeit ist auch auf der Zweitschrift der Kassenanordnung, die bei dem Bewirtschafter verbleibt, zu bescheinigen.

Sind an der Feststellung der sachlichen Richtigkeit neben dem Feststeller noch andere Bedienstete beteiligt, die z.B. die vollständige Lieferung einer Ware bescheinigen oder über die zur Feststellung erforderlichen Fachkenntnisse z.B. auf rechtlichem, medizinischem oder technischem Gebiet verfügen, so muss aus deren Bescheinigung (Teilbescheinigung) der **Umfang der Verantwortung** ersichtlich sein.

Die sachliche Feststellung der begründenden Unterlagen ist vom Ersteller – sofern dieser nicht an der Zahlungsausführung beteiligt ist – vorzunehmen.

Stellt der Anordnungsbefugte auch die sachliche Richtigkeit fest, so kann dessen Bescheinigung mit der Anordnung verbunden werden, indem der sachliche Feststellungsvermerk vor die Unterschrift des Anordnenden gesetzt wird.

III. Die Feststellung und Bescheinigung der rechnerischen Richtigkeit

1. Personenkreis, der zur Bescheinigung der rechnerischen Richtigkeit befugt ist

Zur Feststellung der rechnerischen Richtigkeit sind Bedienstete befugt, die mindestens
- dem mittleren Dienst (Beamte),
- der Laufbahngruppe der Unteroffiziere (Soldaten),
- der Vergütungsgruppe VIII BAT (Angestellte)

angehören und aufgrund der ihnen übertragenen Funktion in der Lage sind, die Richtigkeit der Angaben und Ansätze zu bescheinigen. Der Beauftragte für den Haushalt kann die Befugnis auf bestimmte Bedienstete beschränken.

In **Ausnahmefällen** darf der Beauftragte für den Haushalt die Befugnis der rechnerischen Feststellung Arbeitern in herausgehobener Funktion übertragen, wenn andere Befugte nicht zur Verfügung stehen und aufgrund der Vorbildung oder Berufserfahrung die hierfür erforderliche Befähigung vorliegt.

Die Befugnis zur Ausübung der rechnerischen Feststellung setzt nicht die Bewirtschaftungsbefugnis voraus.

Bedienstete dürfen die rechnerische Feststellung in Angelegenheiten, die ihre **eigene Person** oder **ihre Angehörigen** betreffen, nicht abgeben.

Aus Gründen der Kassensicherheit dürfen die rechnerische Richtigkeit *nicht* feststellen:
- zum Kassenpersonal gehörende Bedienstete (Ausnahme: Buchhalter im Rahmen der allgemeinen Kassenanordnungen),
- Zahlstellenverwalter und Handvorschussverwalter
- Zahlungsbeauftragte.

Der Anordnungsbefugte darf die rechnerische Richtigkeit nur dann selbst feststellen, wenn die sachliche Richtigkeit von einem anderen Bediensteten bescheinigt wird (Wahrung des „Vier-Augen-Prinzips"). Die jeweils oberste Verwaltungsbehörde kann Ausnahmen zulassen

Im Geschäftsbereich des BMVg ist zusätzlich geregelt: Kann bei „kleinen" Dienststellen die rechnerische Richtigkeit von keinem anderen dazu befugten Bediensteten als dem Anordnungsbefugten festgestellt werden, darf der Anordnungsbefugte ausnahmsweise neben der sachlichen auch die rechnerische Richtigkeit feststellen und bescheinigen.

2. Inhalt der Bescheinigung der rechnerischen Richtigkeit

Der Feststeller der rechnerischen Richtigkeit übernimmt mit der Unterzeichnung des Feststellungsvermerks die Verantwortung, dass
- der anzunehmende Betrag oder auszuzahlende Betrag sowie
- alle auf Berechnungen beruhenden Angaben

in der förmlichen Kassenanordnung und den sie begründenden Unterlagen richtig sind.

Die Feststellung der rechnerischen Richtigkeit erstreckt sich mithin auch auf die Richtigkeit der den Berechnungen zugrundeliegenden Ansätze (z. B. Bestimmungen, Tarife, Verträge).

Die Feststellung der rechnerischen Richtigkeit entfällt, soweit betraglose Kassenanordnungen auf Berechnungen beruhende Angaben nicht enthalten.

3. Form der Bescheinigung der rechnerischen Richtigkeit

Die rechnerische Richtigkeit ist auf der Vorderseite der Kassenanordnung und in den begründenden Unterlagen vom Feststeller durch Unterzeichnung des Vermerks

Rechnerisch richtig
(Unterschrift)

zu bescheinigen. Die **Unterschrift ist ohne jeden Zusatz** (ohne Amtsbezeichnung, ohne „Im Auftrag") vorzunehmen.

Die Bescheinigung der rechnerischen Feststellung ist auch in den begründenden Unterlagen abzugeben.

Sind an der Feststellung der rechnerischen Richtigkeit neben dem Feststeller noch andere Bedienstete beteiligt, so muss aus deren Teilbescheinigungen der Umfang der Verantwortung ersichtlich sein.

Die rechnerische Feststellung der begründenden Unterlagen ist vom Ersteller – sofern dieser nicht an der Zahlungsausführung beteiligt ist – vorzunehmen.

Sind die **Endbeträge** in begründenden Unterlagen **geändert worden**, so muss der Vermerk lauten

Rechnerisch richtig mit . . . Euro . . Ct.
(Unterschrift)

Der Betrag ist nur in Ziffern anzugeben.

Absetzungen von zugestandenen Rabatt- und Skontobeträgen gelten nicht als Änderungen im Sinne dieser Bestimmungen.

Der Anordnungsbefugte darf die rechnerische Richtigkeit grds. nicht selbst feststellen.

IV. Teilbescheinigungen

Der Feststeller, der in der förmlichen Kassenanordnung oder in den sie begründenden Unterlagen die sachliche oder rechnerische Richtigkeit bescheinigt, ist für die Richtigkeit der Angaben nicht verantwortlich, soweit **andere Feststeller Teil**bescheinigungen abgegeben oder in den begründenden Unterlagen die Richtigkeit bescheinigt haben.

Sind **Teil**bescheinigungen aufgrund schriftlicher Verträge oder sonstiger Vereinbarungen von sonstigen – außenstehenden – Personen (z.B. Architekten, Ingenieuren) abgegeben worden, so gilt das vorgenannte entsprechend.

Wenn in Verträgen oder sonstigen Vereinbarungen die Anwendung der Verwaltungsvorschriften zur BHO/LHO vorgesehen ist, sind die Teilbescheinigungen nach diesen Vorschriften abzugeben; anderenfalls sind Inhalt und Form der Teilbescheinigung in den Verträgen oder sonstigen Vereinbarungen festzulegen.

Der **Umfang der übernommenen Verantwortung** bei der Abgabe von Teilbescheinigungen muss eindeutig festgelegt und erkennbar sein. Hierzu ist eine erschöpfende verbale Beschreibung oder die Verwendung eines Farbstiftes erforderlich (z.B. „die grün unterstrichenen Angaben entsprechen den vertraglichen Vereinbarungen").

Treffen andere Bedienstete Maßnahmen, die zu förmlichen Kassenanordnungen führen, so erstreckt sich die Verantwortung des Feststellers nicht auf den Inhalt der Maßnahmen. Die Unterschriften auf den die Maßnahme betreffenden Schriftstücken (z.B. Bestellschein) gelten insoweit zugleich als Feststellung **und Teilbescheinigung** im Sinne dieser Bestimmungen.

Wurde auf der **begründenden Unterlage** eine Teilbescheinigung abgegeben z.B.

- die Ware wurde vollständig geliefert,
- die in Grün unterstrichenen Angaben sind geprüft worden,
- sachlich richtig (als **uneingeschränkte** Bescheinigung der Richtigkeit der begründenden Unterlagen ist dies somit eine *Teil*bescheinigung des Beleges!),

so erstreckt sich die sachliche Feststellung auf der Vorderseite **der Kassenanordnung** nicht auf diese Teilbescheinigung.

Wurde *eine* **begründende Unterlage** von einem Teilbescheinigenden uneingeschränkt sachlich richtig gezeichnet, so erstreckt sich die sachliche Feststellung auf der Vorderseite der Kassenanordnung nur darauf, dass
- die Angaben in der Kassenanordnung richtig sind,
- der sachliche Feststeller der zahlungsbegründenden Unterlage hierzu befugt ist,
- der Anordnungsbetrag von der begründenden Unterlage richtig auf die Vorderseite der Kassenanordnung übernommen worden ist.

Auch im Rahmen der Feststellung der rechnerischen Richtigkeit sind Teilbescheinigungen möglich, z. B. „Ansätze richtig“.

V. Verantwortung des Feststellers in besonderen Fällen

Ist eine **lückenlose Nachprüfung** von allgemeinen Angaben nicht möglich, so beschränkt sich die Verantwortung des Feststellers der sachlichen Richtigkeit darauf, dass bei sorgfältiger Prüfung Bedenken gegen die Richtigkeit dieser Angaben nicht bestehen.

In diesem Fall ist bei der Bescheinigung der sachlichen Richtigkeit *kein* Vermerk anzubringen. Die Einschränkung der Verantwortung bei der Bescheinigung der sachlichen Richtigkeit ergibt sich aus der Natur der Sache (z.B. bei genormten Verpackungseinheiten: 100 Blatt Schreibpapier in Folie verpackt).

Entsprechendes gilt, wenn
- Leistungen durch Zähler, Uhren oder sonstigen Kontrolleinrichtungen abgelesen werden oder
- Leistungen nur unmittelbar an Dritte erbracht werden können (z. B. Sachleistungen an Heiminsassen).

Muss ausnahmsweise (z. B. bei Erkrankung oder Ausscheiden des zuständigen Feststellers) die sachliche Richtigkeit von einem Bediensteten bescheinigt werden, der den **Inhalt nicht in vollem Umfang überblicken** und beurteilen kann, so beschränkt sich die Verantwortung des Feststellers der sachlichen Richtigkeit darauf, dass bei sorgfältiger Prüfung Bedenken gegen die Richtigkeit dieser Angaben nicht bestehen; der Feststeller hat in diesen Fällen in der Bescheinigung der sachlichen Richtigkeit **mit einem Vermerk** anzugeben, in **welchem Umfang** und **weshalb** die Angaben nicht nachgeprüft werden konnten.

Hier bietet sich folgender Vermerk an:

Sachlich richtig

Lediglich folgende Angaben konnten von mir überprüft werden:

1. ....
2. ....
Alle anderen haftungsrelevanten Inhalte der sachlichen Feststellung und Bescheinigung sind mir unbekannt und schließe ich hiermit ausdrücklich aus der Bescheinigung der sachlichen Richtigkeit aus.

Begründung: ....

Unterschrift

Die auf diese Weise aus der Bescheinigung – und Haftung – der Feststellung der sachlichen Richtigkeit ausgeschlossenen Angaben sind somit *nicht* Inhalt der Feststellung der sachlichen Richtigkeit. In einem solchen Fall entscheidet der **Anordnungsbefugte**, ob der Beleg ausgezahlt werden soll (er vollzieht die Kassenanordnung oder er vollzieht sie nicht). Die Verantwortung – und Haftung – für die Richtigkeit der im Ausschlussvermerk des sachlichen Feststellers aufgeführten Angaben geht auf den Anordnenden über, sofern dieser die Kassenanordnung als Anordnender unterschreibt.

VI. Feststellung bei Anwendung automatisierter Verfahren

Die Abgrenzung der Aufgaben- und Verantwortungsbereiche sowie die Form der Feststellungsbescheinigung bei Kassenanordnungen und ihren begründenden Unterlagen, die in einem automatisierten Verfahren erstellt oder nachgeprüft worden sind, regelt der Bundesminister der Finanzen im Einvernehmen mit dem Bundesrechnungshof.

Die Verantwortung der Feststeller der sachlichen und der rechnerischen Richtigkeit von Kassenanordnungen erstreckt sich nicht auf den Inhalt der **Datenträger**, die im automatisierten Verfahren erstellt worden sind.

Werden begründende Unterlagen in einem automatisierten Verfahren erstellt, so kann bei juristischen Personen des öffentlichen Rechts und Energieversorgungsunternehmen allgemein von der rechnerischen Feststellung abgesehen werden.

VII. Feststellungsbescheinigungen durch die zentrale Rechnungsbearbeitung

Die Eingabebelege (begründenden Unterlagen) müssen bereits vom Titelverwalter sachlich und rechnerisch festgestellt sein.

Die sachliche und rechnerische Feststellung der begründenden Unterlagen ist vom Ersteller – sofern dieser nicht an der Zahlungsausführung beteiligt ist – vorzunehmen.

Grundlage für die sachliche Feststellung ist
- eine Teilbescheinigung zur sachlichen Feststellung oder
- eine von einer anderen Person (z.B. Kompaniefeldwebel) auf einer begründenden Unterlage vorgenommene uneingeschränkte sachliche Feststellung bzw. eine entsprechende Teilbescheinigung zur sachlichen Feststellung.

VIII. Zusammengefasste Bescheinigung der sachlichen und rechnerischen Richtigkeit

Die Bescheinigungen der sachlichen und rechnerischen Richtigkeit können zusammengefasst werden, wenn der Feststeller die erforderlichen Voraussetzungen erfüllt.

In diesem Falle muss der Feststellungsvermerk lauten

Sachlich und rechnerisch richtig
(Unterschrift)

oder

Sachlich und rechnerisch richtig mit ... Eur. . Ct.
(Unterschrift)

Sind an der zusammengefassten Bescheinigung neben dem Feststeller noch andere Bedienstete beteiligt, so muss aus deren Teilbescheinigung **der Umfang der Verantwortung** ersichtlich sein.

IX. Die Feststellung und Bescheinigung der sachlichen und rechnerischen Richtigkeit (Kurzfassung)

1. Allgemeines

Vor der Unterzeichnung der förmlichen Kassenanordnung durch den Anordnungsbefugten ist die sachliche und die rechnerische Richtigkeit der
- in der Kassenanordnung und
- in den sie begründenden Unterlagen

enthaltenen Angaben festzustellen und **auf der Vorderseite der Kassenanordnung** zu bescheinigen.

2. Die Feststellung und Bescheinigung der sachlichen Richtigkeit

2.1 Personenkreis:

- Der Leiter der Dienststelle,
- der Beauftragte für den Haushalt,
- andere Bedienstete, denen diese Befugnis vom Beauftragten für den Haushalt übertragen worden ist,
- sonstige Personen (Außenstehende), die Teilbescheinigungen abgeben (z.B. Architekten, Ingenieure usw.),
- zusätzliche Regelungen im Geschäftsbereich des BMVg.

2.2 Inhalt:

- Beachtung der geltenden Vorschriften, insbesondere die der Wirtschaftlichkeit, d.h.:
  - Notwendigkeit und Rechtmäßigkeit der Maßnahme,
  - Höhe und Angemessenheit des Preises,
  - Richtigkeit der für die Zahlung maßgebenden Angaben der sachlichen Richtigkeit,
  - Richtigkeit der in der Kassenanordnung enthaltenen Angaben,
  - vollständige und rechtzeitige Erhebung der Einnahmen,
  - Berücksichtigung von Abschlagsauszahlungen,
  - Prüfung der Ersatzpflicht eines Dritten.
- Beachtung eines zugrundeliegenden Vertrages
  - sachgemäße und vollständige Lieferung.

2.3 Form:

Sachlich richtig (Unterschrift)	Text und Abgrenzung einer Teilbescheinigung (z. B. auf technischem Gebiet) (Unterschrift)

- Unterschrift ohne jeden Zusatz!

3. Die Feststellung und Bescheinigung der rechnerischen Richtigkeit

3.1 Personenkreis:

- Beamte vom mittleren Dienst an aufwärts,
- Soldaten ab Unteroffizier an aufwärts,
- Angestellte von der Vergütungsgruppe VIII BAT an aufwärts,
- in Ausnahmefällen:
  - Arbeiter in herausgehobener Funktion.

3.2 Inhalt:

- Richtigkeit der Ansätze und Zahlenangaben,
- Richtigkeit des Rechenwerkes,
- Richtigkeit des angeordneten Betrages.

3.3 Form:

Rechnerisch richtig (Unterschrift)	Rechnerisch richtig mit . . . Eur . . Ct. (Unterschrift) Dies gilt jedoch nicht bei Abzug von Skonti und Rabatten.

- Unterschrift ohne jeden Zusatz!

4. Teilbescheinigungen

- Sind Teilbescheinigungen (z.B. „die Ware ist vollständig geliefert worden") von **anderen Bediensteten** abgegeben worden, so ist der Inhalt dieser Teilbescheinigung nicht Gegenstand der sachlichen Feststellung; fehlt diese Teilbescheinigung, so übernimmt der sachliche Feststeller die volle Verantwortung auch für diesen Sachbereich.
- Sind Teilbescheinigungen aufgrund schriftlicher Verträge von außenstehenden **„sonstigen Personen"** (Architekten, Ingenieuren usw.) abgegeben worden, so gilt das gleiche. Inhalt und Form der Teilbescheinigungen sind in den Verträgen festzulegen.
- Treffen andere Bedienstete Maßnahmen, die zu Kassenanordnungen führen (z.B. schriftliche Bestellung), so erstreckt sich die Verantwortung des sachlichen Feststellers nicht auf den Inhalt der Maßnahme.

5. Verantwortung des Feststellers in besonderen Fällen

- Ist eine lückenlose Nachprüfung von Angaben nicht möglich (z. B. bei genormten Verpackungseinheiten), so beschränkt sich die Verantwortung des Feststellers der sachlichen Richtigkeit darauf, dass bei sorgfältiger Prüfung Bedenken gegen die Richtigkeit dieser Angaben nicht bestehen; ein Vermerk ist nicht aufzunehmen.
- Muss ausnahmsweise (z.B. bei Erkrankung des zuständigen Feststellers) die sachliche Richtigkeit von einem anderen Bediensteten bescheinigt werden, dem der Sachverhalt nicht oder nicht hinreichend bekannt ist, so beschränkt sich die Verantwortung des Feststellers der sachlichen Richtigkeit darauf, dass bei sorgfältiger Prüfung Bedenken gegen die Richtigkeit dieser Angaben nicht bestehen; der Feststeller hat jedoch in der Bescheinigung der

sachlichen Richtigkeit **in einem Vermerk** anzugeben, **weshalb** und **in welchem Umfang** die Angaben nicht nachgeprüft werden konnten.

6. Feststellung bei Anwendung automatisierter Verfahren

Die Verantwortung der Feststeller der sachlichen und rechnerischen Richtigkeit von förmlichen Kassenanordnungen erstreckt sich nicht auf den Inhalt der Datenträger, die im automatisierten Verfahren erstellt worden sind.

Werden begründende Unterlagen in einem automatisierten Verfahren erstellt, so kann bei juristischen Personen des öffentlichen Rechts und Energieversorgungsunternehmen die rechnerische Feststellung entfallen.

7. Zusammengefasste Bescheinigung der sachlichen und rechnerischen Richtigkeit

- Sachliche Richtigkeit:

Sachlich richtig
(Unterschrift)

- Rechnerische Richtigkeit:

Rechnerisch richtig
(Unterschrift)

Bei Änderung von Endbeträgen in begründenden Unterlagen:

Rechnerisch richtig mit ... Eur .. Ct.
(Unterschrift)

Wenn von einer Person die Richtigkeit beider Feststellungsarten bescheinigt wird, so zeichnet diese:

Sachlich und rechnerisch richtig
(Unterschrift)

oder

Sachlich und rechnerisch richtig mit ... Eur .. Ct
(Unterschrift)

L. Die Anordnungsbefugnis

I. Allgemeines

Die Anordnungsbefugnis ist in der VV Nr. 2 zu § 34 BHO/LHO geregelt.

Die Anordnungsbefugnis ist das Recht, der zuständigen Bundeskasse anzuordnen

- Einzahlungen anzunehmen und Auszahlungen zu leisten und diese zu buchen,
- bereits gebuchte Zahlungen umzubuchen,
- Verpflichtungen zu buchen,
- bereits gebuchte Verpflichtungen aufzuheben,
- wiederkehrende Zahlungen zu ändern oder zu beenden,
- Kassenanordnungen aufzuheben.

II. Die Ausübung der Anordnungsbefugnis

Die Anordnungsbefugnis besitzt der Beauftragte für den Haushalt (VV Nr. 2.1 zu § 34 BHO).

Unbeschadet dieser Regelung besitzt der **Behördenleiter** aufgrund seiner Direktionsbefugnis stets die Anordnungsbefugnis kraft seines Direktionsrechts.

Da der Stellvertreter des Behördenleiters im Vertretungsfall den Platz des Behördenleiters einnimmt, hat er bei der Führung der Behörde die gleichen Befugnisse (so auch: Anordnungsbefugnis) wie der Behördenleiter selbst.

Da in jeder mittelbewirtschaftenden Dienststelle ein Stellvertreter des Behördenleiters von der vorgesetzten Behörde benannt ist, bedeutet dies, dass die Anordnungsbefugnis – für den Vertretungsfall – nicht übertragen wird, da der Stellvertreter des Behördenleiters bereits mit allen Aufgaben (Pflichten und Befugnissen – so auch: Anordnungsbefugnis –) für den Vertretungsfall betraut ist.

Der Beauftragte für den Haushalt kann diese Befugnis – ganz oder teilweise – auf andere Bedienstete delegieren; hierbei ist es nicht erforderlich, dass diese bereits die Bewirtschaftungsbefugnis besitzen. Die Anordnungsbefugnis ist daher unabhängig von der Bewirtschaftungsbefugnis zu sehen.

Jeder Anordnende vollzieht die Kassenanordnung ohne jeden Zusatz, nur mit seiner Unterschrift!

Der Name und die Unterschriftsprobe der Personen, die die Anordnungsbefugnis ausüben, also in erster Linie des Behördenleiters selbst und die des Beauftragten für den Haushalt, sind der zuständigen Kasse und Zahlstelle vom Beauftragten für den Haushalt mit einer **„Unterschriftsmitteilung"** gemäß § 34 BHO/LHO bekanntzugeben (s. Abb. 77).

In der an die zuständige Kasse usw. gerichteten Ausfertigung der „Unterschriftsmitteilung" werden die dem Bediensteten bei der Übertragung der Anordnungsbefugnis evtl. auferlegten Einschränkungen bei der Ausübung der Anordnungsbefugnis (Kapitel, Titel, Höhe des Betrages, Zeitdauer) nicht mitgeteilt.

Mit der Ausübung der Anordnungsbefugnis bestätigt der Anordnende,
- dass Ausgabemittel und – soweit erforderlich – Betriebsmittel für die in der Kassenanordnung angegebene Haushaltsstelle zur Verfügung stehen,
- dass die sachliche Richtigkeit von ihm festgestellt oder von den dazu befugten Bediensteten bescheinigt wurde,
- dass die rechnerische Richtigkeit von den dazu befugten Bediensteten bescheinigt wurde.

Der Anordnungsbefugte vollzieht die Kassenanordnung mit dokumentenechtem Schreibmittel in blauer Farbe als letzter, so dass die Kassenanordnung mit der Unterschrift des Anordnenden „kassenreif" wird; d.h. sie kann zur zuständigen, rechnungslegenden Kasse zur Zahlung und Buchung übersandt werden. Die Anordnungsbefugnis darf in eigener Sache oder der eines Angehörigen nicht ausgeübt werden.

III. Die Anordnungsbefugnis (Kurzfassung)

Die Anordnungsbefugnis ist das Recht, die zuständige rechnungslegende Kasse anzuweisen, Einzahlungen anzunehmen, Auszahlungen zu leisten und diese zu buchen.

Die Anordnungsbefugnis besitzt
- der Behördenleiter (kraft seiner Funktion),
- der Stellvertreter des Behördenleiters (im Vertretungsfall kraft seiner Funktion),
- der Beauftragte für den Haushalt (gemäß Vorl. VV Nr. 2 zu § 34 BHO/LHO),
- andere Bedienstete, denen der Beauftragte für den Haushalt diese Befugnis übertragen hat.

Unterschriftsmitteilung gemäß VV Nr. 2.2. zu § 34 BHO

Zum Vollziehen förmlicher Kassenanordnungen ist ermächtigt.

Name:	ROI'in Barbara Muster
Dienststelle:	Standortverwaltung Hochdorf
Unterschrift:	gez. Muster (Pastenkugelschreiber nach Din 16 534)

☐ Die Anordnungsbefugnis gilt für alle von der Dienststelle bewirtschafteten Buchungsstellen

☒ Die Anordnungsbefugnis wird auf folgende Buchungstellen beschränkt

031 04 567 1404 525 01 3
031 04 567 00 02 07 7601
031 04 567 00 02 07 7951

Hochdorf, den 16.03. 20xx

Standortverwaltung Hochdorf
(Dienststelle)

An die Bundeskasse
(Kasse - Zahlstelle)

(Dienstsiegel)

gez. Meier
(Unterschrift des Beauftragten für den Haushalt)

in Kiel

Abbildung 77: Unterschriftsmitteilung gemäß VV Nr. 2.2. zu § 34 BHO

Die förmliche Kassenanordnung ist vom Anordnungsbefugten mit blauem Farbstift zu unterschreiben.

Die Unterschriftsproben der Anordnungsbefugten teilt der Beauftragte für den Haushalt der zuständigen Kasse und Zahlstelle auf einer „Unterschriftsmitteilung“ mit.

In eigener Sache oder der eines Angehörigen darf die Anordnungsbefugnis nicht ausgeübt werden.

Der **Anordnungsbefugte** ist dafür **verantwortlich**, dass

- Ausgabemittel und – soweit erforderlich – Betriebsmittel zur Verfügung stehen und bei der angegebenen Buchungsstelle verausgabt werden dürfen,
- die sachliche Richtigkeit von ihm festgestellt oder von den dazu befugten Bediensteten bescheinigt wurde,
- die rechnerische Richtigkeit von den dazu befugten Bediensteten bescheinigt wurde (*s. Abb. 73*).

M. Verwahrungen und Vorschüsse

Vorbemerkungen

Für die Haushalts- und Wirtschaftsführung des Bundes/Landes ist die Struktur des Haushaltsplans grundsätzlicher Ausgangspunkt aller Bewirtschaftermaßnahmen. Nach § 71 Abs. BHO/LHO ist für alle Zahlungen **nach der Ordnung des Haushaltsplans** Buch zu führen.

Aus dieser gesetzlichen Bestimmung ist abzuleiten, dass Einnahmen und Ausgaben grundsätzlich nur **zu Gunsten oder zu Lasten der im Haushaltsplan ausgebrachten Titel** angenommen oder geleistet werden können. § 60 BHO/LHO lässt zu diesem Grundsatz **Ausnahmen** in Gestalt der **Verwahrungen** und **Vorschüsse** zu, wenn Zahlungen erhoben oder geleistet werden müssen, die noch nicht endgültig im Zeitpunkt der Zahlung einem Titel zugeordnet werden können. § 60 BHO/LHO stellt insoweit eine Ermächtigungsnorm dar, vorübergehend Zahlungen außerhalb der Titelstruktur anzunehmen oder zu leisten und diese Zahlungen später „abzuwickeln".

I. Verwahrungen

1. Allgemeines

Bei den Einnahme-Beträgen, die von den Bundes-/Landeskassen als „Verwahrungen" (Vw) bezeichnet und von ihnen im Verwahrungskonto (Vw-Konto) gebucht werden, handelt es sich um **„Hinterlegungen"** (§ 60 BHO/LHO), die seinerzeit auch diese Bezeichnung führten. Dieser Begriff deutet bereits darauf hin, dass diese Einnahmen – im Zeitpunkt ihres Eingangs bei der Kasse – nicht als Haushaltseinnahmen gebucht werden können, weil die endgültige Haushaltsstelle noch nicht feststeht, oder weil sie ihrer Natur nach keine Haushaltseinnahmen darstellen.

Sie werden von der Kasse solange verwahrt, bis die endgültigen haushaltsmäßige Sachbuchkonten feststehen oder bis sie vom Vw-Konto wieder ausgezahlt werden. Sie haben den Charakter **durchlaufender Posten**.

„Verwahrungen" sind Einnahmen **außerhalb des Haushalts**; sie sind mithin keine Haushaltseinnahmen.

Der besseren Übersicht wegen wird das Vw-Konto der Kasse in verschiedenen Abschnitten geführt, die der jeweiligen Gattung der Einzahlungen entsprechen.

Wenn die Kasse einen Verwahrungsbetrag der endgültigen Verwendung zuführt und ihn im „Vw-Konto“ als Ausgabe bucht, wird er abgewickelt. Im Gegensatz zu den Vorschüssen enthält § 60 BHO/LHO für die Abwicklung der Verwahrungen keine konkreten Zeitvorgaben. Sie sollen jedoch unverzüglich abgewickelt werden. Im Bereich des Bundes hat das BMF die Vorgabe erlassen, dass Verwahrungen bis **spätestens** zum Ablauf des **zweiten auf die Buchung folgenden Haushaltsjahres** abzuwickeln sind; danach werden sie von dem für die Bundeskasse zuständigen Beauftragten für den Haushalt auf den Haushalt vereinnahmt.

Das „Vw-Konto“ ist somit niemals eine endgültige Buchungsstelle; es steht daher außerhalb des Haushalts. Das „Vw-Konto“ist also kein Rechnungslegungsbuch wie die Konten der Titeldateien. Es unterliegt daher nicht der Rechnungslegungspflicht und erscheint weder in der Kassenrechnung noch in der Haushaltsrechnung. Es unterliegen dagegen jedoch nach § 89 Abs. 1 und 3 BHO/LHO der uneingeschränkten Prüfung durch den BRH/LRH.

Am Schluss eines Haushaltsjahres werden die noch nicht abgewickelten Vw-Beträge von der Kasse in einer besonderen Nachweisung als Anlage zur Rechnungsnachweisung nachrichtlich ausgewiesen. Im Bereich des Bundes führt das Bundesamt für Finanzen einen **Nachweis der offenen Verwahrungen und Vorschüsse**, der dem BRH auf Anforderung zur Verfügung gestellt wird.

Ungeachtet der Tatsache, dass die „Vw-Konten“ keine Rechnungslegungsbücher darstellen, besteht auch für Vw-Zahlungen der **Belegzwang** nach § 75 BHO/LHO. Die Kasse muss also alle Einnahme- und Ausgabebuchungen aus dem „Vw-Konto“ belegen.

> Das „Vw-Konto“ dient dem Zweck, alle Einnahmen der Kasse, die sie nicht in den Titeldateien (Rechnungslegungsbüchern) buchen kann, ordnungsgemäß zu erfassen und nachzuweisen. Sie darf die Annahme einer Einzahlung nicht ohne sachlichen Grund verweigern, wenn ihr keine Annahmeanordnung vorliegt.

2. Die kassenmäßige Behandlung von Verwahrungen

2.1 Verwahrung anzunehmender Beträge

Die Bundeskasse bucht Einzahlungen**, für die keine Annahmeanordnung eines Bewirtschafters vorliegt**, mit vorgeschriebenem Vordruck unter Verwendung des Verarbeitungsschlüssels 603.. grundsätzlich auf den Verwahrungskonten der Bundeskasse.

Bei der Buchung auf Einzelverwahrungskonten ist die eine Verwahrungskontrollnummer zu vergeben. Die neunstellige Verwahrungskontrollnummer ist in der Satzart H 02 von der Bundeskasse einzutragen. Sie ist folgendermaßen gegliedert:

- Stelle:
  „W" als Kennzeichnung „Verwahrung",
- bis 4. Stelle:
  die laufende Nummer der Kontrollnummer (z.B. 001),
- 5. bis 9. Stelle:
  die Kontrollnummer,
  - dabei ist in der 5. Stelle die letzte Ziffer das laufenden Haushaltsjahres (z.B. 4 für das Haushaltsjahr 2004) und
  - in den Stellen 6 bis 9 eine beliebige fortlaufende Zahl

  einzutragen.

  Beispiel: W00140001

Die Verwahrungskontrollnummer darf nach Abwicklung der Verwahrung im laufenden Haushaltsjahr nicht erneut vergeben werden.

2.2 Verwahrungsabwicklung

2.2.1 Abwicklung durch haushaltsmäßige Buchung

Der Titelverwalter i.S.d. VerfRiB MV/TV ordnet eine entsprechende **Annahmeanordnung** mit dem vorgeschriebenen Vordruck (Zahlungsart Verrechnung) auf eines seiner Titel- oder Objektkonten an.

Wurde die zur Annahme angeordnete Einzahlung auf einem **Verwahrungskonto des Titelverwalters** gebucht, ordnet er gleichzeitig mit dem vorgeschriebenen Vordruck (z.B. Auszahlungsanordnung F 05) unter Verwendung des Verarbeitungsschlüssels 54400 (Verrechnung) die Auszahlung an. In den Feldern Haushaltsstelle und Objektnummer ist das Verwahrungskonto des Titelverwalters anzugeben.

Bei der Abwicklung einer Einzelverwahrung ist in der Satzart H 02 die Verwahrungskontrollnummer der abzuwickelnden Verwahrungsbuchung anzugeben. Beide Anordnungen sind miteinander zu verbinden, um sicherzustellen, dass die Bundeskasse die Verarbeitung beider Kassenanordnung an einem Tage durchführt.

Die **Bundeskasse** erstellt nach Eingang der Annahmeanordnung des Titelverwalters für die Buchung der Auszahlung aus einem *ihrer* „Vw-Konten" einen kasseninternen **Buchungsbeleg.**

2.2.2 Abwicklung durch Rückzahlung oder Weiterleitung an einen anderen Zahlungsempfänger

Der Titelverwalter ordnet die Rückzahlung bzw. die Weiterleitung einer in *seinen* „Vw-Konten" gebuchten Einzahlung mit dem vorgeschriebenen Vordruck (z.B. Auszahlungsanordnung F 05) unter Verwendung der Verarbeitungsschlüssel 51000, 54000, 54200 oder 54400 an. In den Feldern Haushaltsstelle und Objektnummer ist das „Vw-Konto" des Titelverwalters anzugeben.

Bei der Abwicklung einer Einzelverwahrung ist in der Satzart H 02 die Verwahrungskontrollnummer der abzuwickelnden Verwahrungsbuchung anzugeben.

Die **Bundeskasse** kann die Rückzahlung an den Einzahler oder die Weiterleitung einer in Verwahrung genommenen Einzahlung an eine andere öffentlich Kasse mit einem kasseninternen Buchungsbeleg anordnen.

2.2.3 Abwicklung von Verwahrungen in Teilbeträgen

Bei der Abwicklung von Einzelverwahrungen in Teilbeträgen ist die innerhalb dieser Verwahrungskontrollnummer zuletzt vergebene laufende Nummer um „1" zu erhöhen.

3. **Verwahrungen** (Kurzfassung)

Einnahmen sind:

- Haushaltseinnahmen,
- Verwahrungen,
- Kassenbestandsverstärkungen,
- Selbstbewirtschaftungsmittel.

Verwahrungen sind alle Beträge, die **nicht** als Haushaltseinnahmen, als Kassenbestandsverstärkungen oder als S-Mittel gebucht werden können.

Eingezahlte Beträge, bei denen die endgültige Haushaltsstelle noch nicht feststeht, sind vorübergehend bei den Verwahrungen zu buchen; ebenso durchlaufende Beträge und irrtümliche Einzahlungen.

Verwahrungen sind Einnahmen, aber **keine Haushaltseinnahmen**. Sie sind **schnellstmöglich**, spätestens jedoch zum Ablauf des zweiten auf die Buchung folgenden Haushaltsjahres abzuwickeln.

II. Vorschüsse

1. Allgemeines

Die Behörden des Bundes/Landes dürfen Auszahlungen nur anordnen, wenn Ausgabemittel für den Zweck, der zur Anordnung führt, im Haushaltsplan bereitgestellt sind, oder die Ausgabe auf einer Rechtsnorm (Gesetz, Vertrag) beruht (§ 45 BHO/LHO). Nach einem weiteren haushaltsrechtlichen Grundsatz dürfen Zahlungen **nicht vor Empfang der Gegenleistung** (Dienst- und Werkleistung, Lieferung usw.) angeordnet werden (§ 56 BHO/LHO).

In der Praxis ergibt sich aber häufig die Notwendigkeit, Ansprüche Dritter und Verbindlichkeiten des Bundes **im Voraus zu erfüllen**, d.h. vor der Gegenleistung oder bevor die endgültige Buchungsstelle feststeht. In diesen Fällen spricht man von Vorschusszahlungen. Wichtige Voraussetzung für eine Vorschusszahlung ist, dass die Verpflichtung zur Leistung feststeht.

Bei den Vorschüssen handelt es sich, ebenso wie bei den Verwahrungen, um Zahlungen **außerhalb des Haushalts**; sie sind mithin keine Haushaltsausgaben.

Im Gegensatz zu den Vorschüssen, steht bei **Abschlagszahlungen** von vornherein die in Betracht kommende **Haushaltsstelle** oder das damit korrespondierende Objektkonto fest. Abschläge sind ihrem Wesen nach **Teilzahlungen auf geldliche Ansprüche**, die in ihrer endgültigen Höhe jedoch noch nicht feststehen. Es sind in der Regel Zahlungen auf erbrachte Teilleistungen einer Gesamtleistung (z.B. auf Bauleistungen) oder auch Zahlungen auf noch nicht erbrachte Leistungen, die aber mit Sicherheit erwartet werden darf (z.B. Abschlagszahlungen auf Beihilfen, Reisekostenvergütung usw.).

Vorschüsse werden von der Kasse auf einem besonderen Konto – dem Vorschuss-Konto (V-Konto) – nachgewiesen. Ebenso wie das „Vw-Konto“ ist auch das „V-Konto“ kein Rechnungslegungsbuch wie die Konten der Titeldateien. Es unterliegt nicht der Rechnungslegungspflicht, wohl aber der **Rechnungsprüfungspflicht** nach § 89 Abs. 1 und 3 BHO/LHO. Die V-Zahlungen erscheinen weder in der Kassenrechnung noch in der Haushaltsrechnung. Am Schluss eines Haushaltsjahres werden die noch nicht abgewickelten V-Zahlungen von der Kasse in einer besonderen Nachweisung als Anlage zur Rechnungsnachweisung nachrichtlich ausgewiesen. Im Bereich des Bundes führt das Bundesamt für Finanzen einen Nachweis der offenen Verwahrungen und Vorschüsse, der dem BRH auf Anforderung zur Verfügung gestellt wird.

Ungeachtet der Tatsache, dass die „V-Konten" keine Rechnungslegungsbücher darstellen, besteht auch für V-Zahlungen der **Belegzwang** nach § 75 BHO/LHO. Die Kasse muss also alle Buchungen auf dem „V-Konto" belegen.

2. Die kassenmäßige Behandlung von Vorschüssen

2.1 Vorschussauszahlung

Der Titelverwalter ordnet Auszahlungen aus einem *seiner* Vorschusskonten mit dem vorgeschriebenen Formular (z.B. Auszahlungsanordnung F 05) unter Verwendung der Verarbeitungsschlüssel 51000, 54000, 54200 oder 54400 an. In den Feldern Haushaltsstelle oder Objektnummer ist das dem Titelverwalter bekanntgegebene Vorschusskonto (z. B. 90 80 000 02 0 = Handvorschüsse – Einzelvorschuss) einzutragen.

Bei Auszahlungen aus Einzelvorschusskonten ist eine neunstellige Vorschusskontrollnummer in der Satzart H 02 einzutragen, die folgendermaßen gegliedert ist:

- Stelle:
  „V" als Kennzeichnung „Vorschuss",
- bis 4. Stelle:
  die laufende Nummer der Kontrollnummer (z.B. 001),
- bis 9. Stelle:
  die Kontrollnummer,
  - dabei ist in der 5. Stelle die letzte Ziffer des laufenden Haushaltsjahres (z.B. 4 für das Haushaltsjahr 2004) und
  - in den Stellen 6. bis 9. eine beliebige Zahl

  einzutragen.

  Beispiel: V00140001

Die Vorschusskontrollnummer darf nach Abwicklung des Vorschusses im laufenden Haushaltsjahr nicht erneut vergeben werden.

2.2 Vorschussabwicklung

2.2.1 Abwicklung durch Rückzahlung

Der Titelverwalter ordnet die **Annahme** der Rückzahlung eines Vorschusses mit vorgeschriebenen Vordruck (z.B. Annahmeanordnung F 22) mit dem Verarbeitungsschlüssel 53100 an.

In den Feldern Haushaltsstelle und Objektnummer ist die V-Konto-Nummer des Titelverwalters anzugeben. Bei der Abwicklung eines Einzelvorschusses ist in der Satzart H 02 der Annahmeanordnung die Vorschusskontrollnummer der abzuwickelnden Vorschusszahlung anzugeben.

2.2.2 Abwicklung durch Auszahlung aus dem Haushalt

Der Titelverwalter ordnet eine **Auszahlungsanordnung** aus einem Titel- oder Objektkonto auf sein Vorschusskonto mit dem Verarbeitungsschlüssel 54400 oder 54500 (Verrechnung) an. Gleichzeitig erteilt er eine Annahmeanordnung auf sein Vorschusskonto (Zahlungsart Verrechnung).

Bei der Abwicklung eines Einzelvorschusses ist in der Satzart H 02 der Annahmeanordnung die Vorschusskontrollnummer der abzuwickelnden Vorschusszahlung anzugeben. Beide Kassenanordnungen sind miteinander zu verbinden, um eine gleichzeitige Verarbeitung bei der Kasse sicherzustellen.

2.2.3 Abwicklung von Vorschüssen in Teilbeträgen

Ein Vorschuss kann in Teilbeträgen, auch nur zu einem Teilbetrag durch Buchung auf den Bundeshaushalt, zu einem anderen Teil durch Rückzahlung abgewickelt werden. Bei der Abwicklung von Einzelvorschüssen in Teilbeträgen ist die innerhalb dieser Vorschusskontrollnummer zuletzt vergebene laufende Nummer um „1“ zu erhöhen.

3. **Vorschüsse** (Kurzfassung)

Vorschüsse sind Zahlungen, die **außerhalb des Haushalts** und außerdem

- vor einer Gegenleistung bzw.
- auf Grund entsprechender Verpflichtungen des Bundes/Landes (Vorschussrichtlinien) bewirkt werden müssen.

Bei Abschlägen handelt es sich zwar auch um Vorauszahlungen, die im Gegensatz zu den Vorschüssen jedoch **Haushaltsausgaben** darstellen und direkt bei der jeweils dafür vorgesehen Haushaltsstelle oder dem entsprechenden Objektkonto gebucht werden.

Zweiter Teil

Das staatliche Kassen- und Rechnungswesen

Das staatliche Kassen- und Rechnungswesen umfasst alle Rechtsregeln,
- die auf dem Gebiet des öffentlichen Haushaltsrechts beruhen,
- die sich auf die Zahlungen, Buchführung Rechnungslegung und Rechnungsprüfung aller Finanzvorfälle eines Trägers der öffentlichen Finanzwirtschaft erstrecken und
- die Grundlagen der parlamentarischen Entlastung der Bundes-/Landesregierung und auch infolgedessen ihrer jeweiligen Verwaltungen sind.

N. Begriff und Bedeutung des Kassen- und Rechnungswesens

I. Begriff des Kassen- und Rechnungswesens

Das staatliche „Kassen- und Rechnungswesen" umfasst die Gesamtheit aller rechtlichen Vorschriften und Maßnahmen, die das Kassen- und Rechnungswesen der öffentlichen Verwaltung von Bund und Ländern betreffen. Allgemeine Grundlage des Kassen- und Rechnungswesens des Bundes ist die **BHO**. Für die Länder sind es die entsprechenden LHO. Zu den einzelnen Bestimmungen der BHO sind ergänzende Verwaltungsvorschriften ergangen. Sofern entsprechende Vorschriften der BHO fehlen, gelten die Vorschriften der
- **Kassenbestimmungen** für die Bundesverwaltung – KBestB – v. 1.2.1999 (GMBl S. 166 ff.)
- **Zahlstellenbestimmungen** für die Bundesverwaltung (ZbestB) v. 2.5.2002 (GMBl S. 406)
- Bestimmungen für die **Kassenprüfung** der Bundesverwaltung (BestKpB) v. 1.10.1998 (GMBl 1999, S. 205)
- Bestimmungen für die **Rechnungslegung** (Anhang 2 der KBestB) mit den speziellen und ergänzenden Regelungen in den jährlichen Rundschreiben des BMF zum Jahresabschluss sowie zur Rechnungslegung.

Diese Vorschriften haben eine Anzahl von Rechtsverordnungen und Verwaltungsvorschriften, die auf der Basis der „Reichshaushaltsordnung" erlassen wurden, ersetzt. Dies sind in erster Linie die Bestimmungen:

- der Reichskassenordnung (RKO),
- der Rechnungslegungsordnung für das Reich (RRO) sowie
- die Wirtschaftsbestimmungen für die Reichsbehörden (RWB).

In einigen Verwaltungszweigen gelten daneben bestimmte **ressorttypische Durchführungsbestimmungen** und **zentrale Dienstvorschriften** weiter. Im Geschäftsbereich des Bundesministeriums der Verteidigung sind es z.B.
- „Bestimmungen für das Haushalts- und Kassenwesen der Streitkräfte" (ZDv 67/100),
- „Bestimmungen für das Kassenwesen bei der Bundeswehrverwaltung, der Militärseelsorge und der Rechtspflege" (ZDv 67/101).

Da das gesamte staatliche und kommunale Kassenwesen, einschließlich der kameralistischen Buchführung, in den Grundlagen prinzipiell übereinstimmen, werden die nachfolgenden Ausführungen aus der Sicht der Bestimmungen der Bundesverwaltung dargestellt.

Das Kassen- und Rechnungswesen der **Länder** wird durch die Landeshaushaltsordnungen (LHO) und die hierzu ergangenen Verwaltungsvorschriften geprägt.

Das **kommunale** Kassen- und Rechnungswesen wird durch die Gemeindeordnungen, die Gemeindehaushaltsverordnungen (GemHVO) und die hierzu ergangenen Verwaltungs-vorschriften bestimmt.

Das **„staatliche Kassen- und Rechnungswesen"** umfasst alle Vorschriften und Maßnahmen, die auf den Rechtsregeln des öffentlichen Haushaltsrechts beruhen und sich auf die
- Zahlungen
- Buchführung und
- Rechnungslegung
- aller Finanzvorfälle der öffentlichen Körperschaften erstrecken.

II. Bedeutung des Kassen- und Rechnungswesens

Die Bedeutung des Kassen- und Rechnungswesens liegt in der **Ausführung des Haushaltsplans** in Form der Durchführung von Zahlungen, Buchungen, Abschlüssen und der Rechnungslegung begründet. Mit der Einführung der ab 1970 für Bund und Länder einheitlich geltenden Haushaltssystematik und der Einführung des **„Automatisierten Verfahrens für das Haushalts-, Kassen- und Rechnungswesen des Bundes"** sind wesentliche Grundlage für eine Neuordnung des Kassen- und Rechnungswesens geschaffen worden.

Die stufenweise eingeführte Kassenreform hatte vorwiegend organisatorischen Charakter und zielte darauf ab, unter Einsatz elektronischer Datenverarbeitungsanlagen das Kassenwesen neuzeitlichen Anforderungen anzupassen, die Buchführung zu vereinfachen, das Berichtswesen zu verbessern und die Rechnungslegung zu beschleunigen.

Für die Abwicklung der Zahlungsvorgänge allein des Bundeshaushalts waren bis Dezember 1972 mehr als 58 000 Kassen und Zahlstellen erforderlich. Das behinderte jedoch eine rasche Zusammenfassung der Rechnungsergebnisse und erschwerte darüber hinaus den sinnvollen Einsatz elektronischer Datenverarbeitungsanlagen.

Aus diesem Anlass wurden im Rahmen der Kassenreform die bei den einzelnen Ressorts eingerichteten Kassen aufgelöst und stattdessen „Großraumkassen" bei den Oberfinanzdirektionen im Geschäftsbereich des BMF – Bundeskassen – und im Geschäftsbereich des BMVg – Bundeswehrkassen – eingerichtet.

Nach Einführung des „Automatisierten Verfahrens für das Haushalts-, Kassen- und Rechnungswesen des Bundes (HKR-Verfahren)" findet eine weitere Konzentration des Kassenwesens auf wenige verbleibende Bundeskassen statt. Die Kassenorganisation des BMVg – Bundeswehrkassen – wird sukzessive aufgelöst; ihre Aufgaben werden von den Bundeskassen übernommen.

Neben der **Bundeshauptkasse** bestehen zur Zeit folgende **Bundeskassen**:

- Bundeskasse Kiel
- Bundeskasse Halle/Saale
- Bundeskasse Trier
- Bundeskasse Weiden.

Eine weitere Zentralisierung im Kassenwesen und ein weiterer Ausbau der IT-Infrastruktur lässt langfristig eine „kassenlose" Verwaltung nicht ausgeschlossen erscheinen.

Im HKR-Verfahren ist die **Kassenorganisation** des Bundes wesentlicher Bestandteil des Verfahrens. In dieser Organisation sind im Bereich des Kassenwesens folgende Verfahrensbeteiligte von Bedeutung:

- **Bundesamt für Finanzen** (BfF) als Bundesoberbehörde im Geschäftsbereich des BMF:
  Das BfF verwaltet die zentrale Datenbank und führt die informationstechnische Infrastruktur des HKR-Verfahrens. Bei dieser Bundesoberbehörde ist die **Bundeshauptkasse** eingerichtet worden.
  Als zentrale Datenbank verfügt das BfF über alle von den Bundeskassen und den Bewirtschaftern direkt übermittelten Daten.

- **Bundeshauptkasse** (BHK):
  Die beim BfF eingerichtete BHK ist **die zentrale Buchungs- und Auskunftsstelle im HKR-Verfahren**. Sie führt die Haupttitelkonten für die Obersten

Bundesbehörden und veranlasst automatisch die Einrichtung der Titelkonten bei den Bundeskassen, sobald ihr die Haushaltsmittel auf den Haupttitelkonten bereitgestellt wurden.
Sie ist zentrale Abrechnungsstelle für die Bundeskassen. Sie stellt ferner die Zentralrechnung für die Einzelpläne und die Hauptrechnung auf.

- **Bundeskassen:**
  Die Aufgaben der Bundeskassen stehen in erster Linie im Zusammenhang mit der Ausführung des Bundeshaushalts. Sie führen Auszahlungsanordnungen aus, nehmen angeordnete Einzahlungen an und buchen diese Zahlungen. Daneben sind von ihnen angeordnete Verpflichtungen zu buchen.

Das Haushalts-, Kassen- und Rechnungswesen ist von dem Grundsatz der klaren **Trennung zwischen Zahlungs-Anordnung und der Zahlungs-Ausführung** beherrscht. Kassenanordnungen dürfen daher nur von der anordnungsbefugten Dienststelle ausgestellt werden. Zahlungen und Buchungen dagegen darf nur die zuständige rechnungslegende Kasse ausführen.

III. Begriff und Bedeutung des Kassen und Rechnungswesens (Kurzfassung)

Das staatliche und kommunale Kassen- und Rechnungswesen umfasst alle Maßnahmen, die auf den **Rechtsregeln des öffentlichen Haushaltsrechts** beruhen und sich auf die

- Zahlungen,
- Buchführung und
- Rechnungslegung

aller Finanzvorfälle der öffentlichen Körperschaften erstrecken.

Die klare Trennung zwischen Zahlungs-**Anordnung** und Zahlungs-**Ausführung** besagt, dass nur anordnungsbefugte Dienststellen die Kassen mit Kassenanordnungen anordnen dürfen, den darin angegeben Betrag auszuzahlen oder anzunehmen und zu buchen oder Mittelbindungen (Verpflichtungen) zu buchen.

O. Die staatliche Kassenorganisation

I. Kassen und Zahlstellen

„Kassen" (Bundeskassen, Landeskassen, Gemeindekassen) sind öffentliche Einrichtungen, die Einzahlungen annehmen, Auszahlungen leisten und diese buchen sowie eingegangene Verpflichtungen buchen (→ § 79 BHO/LHO).

„Zahlstellen" sind stets Organisationseinheiten von Behörden, die nicht der Kasse angehören. Sie werden hingegen für die Kasse tätig, indem sie Teile der Aufgaben der Kasse – nämlich die Annahme von baren Einzahlungen und die Leistung von baren Auszahlungen – wahrnehmen. Eine Zahlstelle wird also stets für eine Kasse tätig, mit der sie über ihre Einzahlungen und Auszahlungen abrechnen muss, so dass die zuständige Kasse diese Beträge „nur" noch nachträglich bucht.

Die Förderung des bargeldlosen Zahlungsverkehrs in allen Bereichen der Verwaltung trägt allerdings dazu bei, dass die Einrichtungen von Zahlstellen in Zukunft eher als Ausnahmefall betrachtet werden kann.

Bei Behörden, die über keine Zahlstelle verfügen, können „Geldstellen" (früher Handvorschüsse) oder „Zahlungsbeauftragte" eingerichtet werden, um kleinere Zahlgeschäfte abwickeln zu können (→ Zahlstellenbestimmungen für die Bundesverwaltung (ZbestB).

II. Die Kassenorganisation des Bundes

Die „Kassenorganisation" (Gliederung) ist bei den Gebietskörperschaften teilweise unterschiedlich geregelt.

Die Kassenorganisation des **Bundes** ist in § 79 BHO dahingehend festgelegt, dass die Aufgaben der Kassen bei der Annahme und Leistung von Zahlungen für den Bund und alle Stellen innerhalb und außerhalb der Bundesverwaltung von Bundeskassen wahrgenommen werden, soweit es sich nicht um Steuern handelt, die von den Landesfinanzbehörden verwaltet werden.

Die Kassenorganisation des Bundes ist **zweistufig**: Sie besteht aus der beim Bundesamt für Finanzen eingerichteten **„Bundeshauptkasse"** als der **Zentralkasse** des Bundes und den bei (nicht bei „den") Oberfinanzdirektionen eingerichteten 4 **„Bundeskassen"** im Geschäftsbereich des BMF. Sie unterstehen unmittelbar dem Präsidenten der OFD.

Die Bundeskassen sind jeweils für mehrere OFD-Bezirke zuständig.

III. Die Kassenorganisation der Länder

Die Kassenorganisation der Länder gleicht sich gem. § 57 Abs. 2 HGrG weitestgehend der Kassenorganisation des Bundes an, „soweit nichts anderes bestimmt" ist, woraus abgeleitet werden kann, dass landesorganisatorische Regelungen durchaus Abweichungen vom § 79 BHO/LHO zulassen können.

Die Mehrzahl der Länder hat eine dem § 79 BHO entsprechende Regelung in der jeweiligen LHO. Auch in den Ländern besteht i.d.R. eine **zweistufige** Kassenorganisation. Als Zentralkasse des Landes ist die jeweilige **„Landeshauptkasse"** eingerichtet, der **„Landeskassen"** (in einigen Ländern auch „Staatskassen" genannt) nachgeordnet sind.

Die LHO/Bremen und die LHO/Berlin sehen dagegen vor, dass **alle** Kassengeschäfte von der Landeshauptkasse wahrgenommen werden.

Die **Gemeindeordnungen** gehen von der sog. **„Einheitskasse"** aus, weshalb sich die Kassenorganisation der Kommunen in **„Kreiskassen"**, für die Städte und Gemeinden in **„Stadtkassen"** oder **„Gemeindekassen"** gliedert.

Soweit Länder, Gemeinden oder Gemeindeverbände **Teile des Bundeshaushalts auszuführen** haben, sind die erforderlichen Kassenanordnungen an die jeweiligen Bundeskassen zu richten. Dadurch wird sichergestellt, dass der gesamte Bundeshaushalt über die Kassenorganisation des Bundes abgewickelt wird.

Das setzt voraus, dass sich diese Gebietskörperschaften in solchen Fällen auch des HKR-Verfahrens des Bundes zu bedienen haben, um alle Vorgänge in der Haushaltsrechnung des Bundes nachweisen zu können.

Eine Ausnahme dazu besteht nach Art. 106 und 108 GG, wonach die dem Bund zustehenden Einnahmen aus Steuern von den Landesfinanzbehörden verwaltet und nach ihrer Erhebung an die Bundeskassen abgeführt werden.

IV. Die staatliche Kassenorganisation (Kurzfassung)

„Kassen“ sind öffentliche Einrichtungen, die Einzahlungen annehmen, Auszahlungen leisten und diese buchen.

„Zahlstellen“ sind organisatorischer Bestandteil der Dienststellen, bei denen sie eingerichtet sind und gehören mithin nicht den Kassen an; sie führen für die Kassen als „verlängerter Arm“ bare Zahlgeschäfte aus, wenn z.B. die örtlichen Verhältnisse die Abwicklung des baren Zahlungsverkehrs einer Dienststelle durch die zuständige Bundeskasse nicht zulassen. Die Buchung solcher Zahlgeschäfte erfolgt nachträglich durch die Kasse.

Kassenorganisation des **Bundes**:
- Bundeshauptkasse beim Bundesamt für Finanzen als Zentralkasse des Bundes,
- Bundeskassen im Geschäftsbereich des BMF bei Oberfinanzdirektionen.

Kassenorganisation der **Länder**:
- Landeshauptkasse als Zentralkasse des Landes,
- Landeskassen (Staatskassen).

Kassenorganisation der **Kommunen**:
- Einheitskassen als „Kreis-, Stadt- oder Gemeindekasse“.

P. Organisation und Einrichtung einer Bundeskasse

I. Personal

Der Leiter einer **Bundeskasse** und sein Vertreter werden vom BMF bestellt. Die weitere Hierarchie wird durch den Geschäftsverteilungsplan der Bundeskasse geregelt.

Die Leitung der **Bundeshauptkasse** wird durch den Präsidenten des Bundesamtes für Finanzen im Benehmen mit dem BMF bestimmt.

Die Leiter der Bundeshauptkasse und der Bundeskassen sollen dem höheren Dienst angehören; ihre Vertreter mindestens Beamte des gehobenen Dienstes sein. Sie sind im beamtenrechtlichen Sinne Vorgesetze des ihnen beigegebenen Personals.

Der Leiter der Kasse ist für die sichere, ordnungsgemäße und wirtschaftliche Wahrnehmung der Kassengeschäfte verantwortlich.

Die **Aufgabenbereichsleiter** sind für die ordnungsgemäße Wahrnehmung der Aufgaben in den ihnen übertragenen Aufgabenbereich verantwortlich. Sie sind gegenüber den Bediensteten ihres Aufgabengebietes weisungsbefugt und haben ihre Tätigkeit zu überwachen.

II. Innere Einrichtung der Kassen

In den Bundeskassen sind **getrennte Aufgabenbereiche** für
- den Zahlungsverkehr,
- die Buchführung
- die Datenerfassung und -auswertung und
- die allgemeine Verwaltung

einzurichten.

1. Zahlungsverkehr

Der Aufgabenbereich **Zahlungsverkehr** umfasst insbesondere die Aufgabengebiete
- unbarer Zahlungsverkehr und
- barer Zahlungsverkehr.

1.1 Unbarer Zahlungsverkehr

Der **unbare** Zahlungsverkehr hat im Wesentlichen folgende Aufgaben:

- Annehmen und Abstimmen der Girokontoauszüge mit den Gut- und Lastschriftträgern der kontoführenden Filiale der Deutschen Bundesbank und ggf. der anderen Kreditinstitute,
- Weiterleitung der Belege an den Aufgabenbereich Buchführung zur Veranlassung der Buchführung,
- Führung der Nachweise über Bestände und Veränderungen der Girokonten der Kasse,
- Veranlassung von Auszahlungen durch die kontoführende Filiale der Deutschen Bundesbank und ggf. andere Kreditinstitute,
- Einreichung von Schecks bei der Filiale der Deutschen Bundesbank,
- Erteilen von Zahlungsnachweisen über unbare Auszahlungen.

1.2 Barer Zahlungsverkehr

Der **bare** Zahlungsverkehr hat im Wesentlichen folgende Aufgaben:

- Annehmen und Leisten barer Ein- und Auszahlungen sowie Führen der dazu erforderlichen Anschreibungen,
- Abheben des erforderlichen und Einzahlen des entbehrlichen Bargeldes bei der kontoführenden Filiale der Deutschen Bundesbank,
- Sicheres Aufheben der Zahlungsmittel,
- Weiterleiten der Schecks an das Arbeitsgebiet „unbarer Zahlungsverkehr“,
- Erteilen und Entgegennahme von Quittungen über bare Ein- und Auszahlungen,
- Annahme, Verwaltung und Auslieferung von Wertgegenständen,
- Verwalten und Aufbewahren der Vordrucke von Schecks und Quittungen,
- Weiterleiten der Belege an den Aufgabenbereich *Buchführung* zur Veranlassung der Buchführung.

2. Buchführung

Dem Aufgabenbereich **„Buchführung“** sind überwiegend folgende Aufgaben zuzuordnen:

- Prüfen der Kassenanordnungen und Kassenanweisungen, Buchungsbelege und Abrechnungsunterlagen auf förmliche Richtigkeit und Verarbeitungsfähigkeit,
- Anfertigung der von der Kasse zu erstellenden Belege für Zahlungen, die nicht im Titelkonto zu buchen sind, für Anordnungen zur Korrektur von Fehlbuchungen, die von der Kasse verursacht wurden und für Zahlungen auf Grund allgemein erteilter Kassenanordnungen sowie für Einzahlungen auf

ein Sachbuchkonto eines Bewirtschafters auf Grund einer eindeutigen Buchungsgrundlage *vor Eingang einer Annahmeanordnung,*
- Veranlassen der Buchungen und der übrigen Aufzeichnungen und Anschreibungen sowie Kontrolle der Buchungsergebnisse,
- Überwachen der rechtzeitigen und vollständigen Erhebung der Einnahmen,
- Veranlassung und Bearbeitung von Buchausgleichen,
- Sammeln und Ordnen der Buchungsbelege und der übrigen Unterlagen,
- Zusammenstellen und Vorlegen der von den Prüfungsämtern des BRH angeforderten Belege,
- Fertigen von Mahnungen und Rückstandsanzeigen, wenn dies der Kasse übertragen wurde.

3. Datenerfassung

Der Aufgabenbereich **„Datenerfassung und -verarbeitung"** umfasst im Wesentlichen folgende Aufgaben:
- Aufbereiten der Belege und Unterlagen für die Datenverarbeitung,
- Ordnen und Verteilen der Kontoauszüge und anderer Ausdrucke, Weiterleitung der Belege und Unterlagen an die *Bewirtschafter* bzw. an den Aufgabenbereich *Buchführung* und Ablage sonstiger Unterlagen, Protokolle und Listen,
- Erfassen der von der Arbeitsvor- und -nachbereitung vorbereiteten Belege und Unterlagen,
- Prüfen der erfassten Belege,
- Datenaustausch mit externen Rechenzentren,
- Erstellen von Zahlungsverkehrsunterlagen,
- Erstellen von Tages-, Monats- und Jahresabschlüssen,
- Sichern der Bewegungs-, Stamm- und Systemdaten.

4. Allgemeine Verwaltung

Dem Aufgabenbereich **„Allgemeine Verwaltung"** sind insbesondere folgende Aufgaben zuzuordnen:
- Organisations-, Personal- und Haushaltsangelegenheiten,
- Registratur (Postein- und -ausgang),
- Botendienste, Belege- und Geldtransporte,
- Aktenregistratur,
- Geräte-, Material- und Vordruckverwaltung.

III. Geschäftsgang, Schriftverkehr und Zeichnungsbefugnis

Für die Kasse gilt die **Geschäftsordnung** der Dienststelle, bei der sie eingerichtet ist. Schreiben der Kasse haben die Bezeichnung und die Anschrift der Kasse, die Telekommunikationsanschlüsse, die für die Kasse bei der Deutschen Bundesbank oder bei einer ihrer Filialen eingerichteten Konten, die Öffnungszeiten für den Publikumsverkehr und für die Schalterstunden zu enthalten.

Die Schreiben der Kasse sind vom Leiter oder seinem Vertreter zu **unterzeichnen**. Der Leiter kann den Aufgabenbereichs- und Unterbereichsleitern bzw. den Sachbearbeitern für ihr Aufgabengebiet die Zeichnungsbefugnis übertragen. Die Übertragung ist aktenkundig zu machen.

Soweit das für die Wahrnehmung der Kassenaufgaben erforderlich ist, treten die Kassen mit den Betroffenen (z.B. Prüfungsämter des BRH, Zahlstellen, Mittelbewirtschafter etc.) unmittelbar in Verbindung.

Die Öffnungszeiten für den Publikumsverkehr und die Schalterstunden der Kasse werden vom Leiter der Behörde, bei der die Kasse eingerichtet ist, festgesetzt.

IV. Organisation und Einrichtung einer Bundeskasse (Kurzfassung)

1. Personal

Der Leiter einer **Bundeskasse** und sein Vertreter werden vom BMF bestellt. Die Leitung der **Bundeshauptkasse** wird durch den Präsidenten des Bundesamtes für Finanzen im Benehmen mit dem BMF bestimmt.

2. Aufgabenbereiche

In den Bundeskassen sind **getrennte Aufgabenbereiche** für

- den Zahlungsverkehr
- die Buchführung und
- die Datenerfassung und -auswertung
- die allgemeine Verwaltung

einzurichten.

3. Geschäftsgang, Schriftverkehr und Zeichnungsbefugnis

Für die Kasse gilt die Geschäftsordnung der Dienststelle (OFD), bei der sie eingerichtet ist. **Schreiben** der Kasse haben die Bezeichnung und die Anschrift der Kasse, die Telekommunikationsanschlüsse, die für die Kasse bei der Deutschen Bundesbank oder bei einer ihrer Filialen eingerichteten Konten, die Öffnungszeiten für den Publikumsverkehr und für die Schalterstunden zu enthalten.

Die Schreiben der Kasse sind grundsätzlich vom Leiter oder seinem Vertreter zu **unterzeichnen**. Der Leiter kann die Zeichnungsbefugnis bis auf die Sachbearbeiterebene delegieren.

Q. Betriebsmittel, Kassenbestandsverstärkungen und Ablieferungen

I. „Betriebsmittel“ in Abgrenzung zu anderen Kassenbegriffen

„Betriebsmittel“ sind Beträge, die den Kassen monatlich schriftlich zur Verfügung stehen, woraus die Kassen erkennen, bis zu welcher Höhe sie in diesem Monat Auszahlungen leisten dürfen.

Die Betriebsmittel stellen ein Instrument dar, die Kassen mit der **notwendigen Liquidität** zu versorgen.

Es handelt sich mithin um eine vom BMF/LMF erteilte **Erlaubnis**, innerhalb eines bestimmten Zeitraums die **notwendigen Auszahlungen** bis zu einer bestimmten Höhe leisten zu dürfen. Die mittelbewirtschaftenden Dienststellen dürfen u.a. nur dann über die ihnen zur Verfügung gestellten Haushaltsmittel (Ausgabebewilligungen) verfügen, wenn auch Betriebsmittel in dem notwendigen Rahmen bereitstehen.

Betriebsmittel sind auf dem Dienstwege beim BMF/LMF anzumelden; der BMF/LMF weist die Betriebsmittel grundsätzlich monatlich mit Ermächtigungsschreiben zu.

Mit Rdschr. v. 13.8.1993 ermächtigte das BMF die obersten Bundesbehörden, für die notwendig werdenden Auszahlungen Betriebsmittel ohne vorherige Anmeldung in Anspruch zu nehmen. Lediglich bei Auszahlungen, die den Betrag von 10 Mio. € überschreiten, ist nach wie vor eine vorherige Anmeldung erforderlich.

Betriebsmittel sind kein Geld!

Auf keinen Fall ist der Begriff der „Betriebsmittel“ mit den „Haushaltsmitteln“ oder mit den „Zahlungsmitteln“ oder den „Kassenmitteln“ zu verwechseln.

„Haushaltsmittel“ sind Beträge, die im Haushaltsplan mit Titelnummer und Zweckbestimmung als Mittelansatz veranschlagt sind. **Auch Haushaltsmittel sind kein Geld!**

„Zahlungsmittel“ sind das tatsächlich vorhandene bare Geld (Noten und Münzen) einschließlich der vorhandenen Schecks.

„Kassenmittel“ sind die Beträge, die dem BMF/LMF aus Steuern, Zöllen und anderen Einnahmen zur Verfügung stehen.

II. Kassenbestandsverstärkungen und Ablieferungen

Mit der Modifizierung ihrer Inlandskontoführung auf ein neue Kontoführungssystem hat die Deutsche Bundesbank auch die Konten der öffentlichen Kassen auf die **Standartfunktionalität „Cash Concentration“** umgestellt.

Damit wurden die bis dahin manuell oder automatisch vorgenommenen Verstärkungen und Ablieferungen zur Disposition der Konten der öffentlichen Kassen abgelöst.

„Cash Concentration“ führt die Kontostände der einer Hierarchie zugeordneten Konten einmal täglich – ggf. über mehrere Zwischenstufen – auf dem an oberster Stelle stehenden Konto, dem sogenannten **Wurzelkonto**, zusammen.

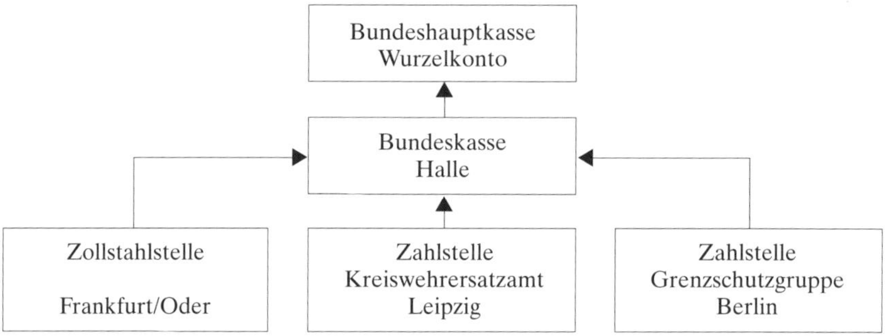

Abbildung 78: „Cash Concentration“

Die Zuordnung eines Kontos zu einer Hierarchie und innerhalb der Hierarchie muss eindeutig sein, d.h. ein Konto kann nur in *eine* Hierarchie eingebunden sein.

Die in eine Kontenhierarchie eingebundenen Konten – einschließlich des Wurzelkontos – werden im Tagesverlauf in dem Kontenführungssystem der Deutschen Bundesbank als nicht deckungspflichtig geführt. Daraus ist zu folgern, dass alle Aufträge/Verfügungen zu Lasten dieser Konten unmittelbar nach ihrer Einreichung abgewickelt werden und die Konten danach Sollsalden aufweisen können, die im Rahmen von „Cash Concentration“ automatisch ausgeglichen werden.

Für jedes in „Cash Concentration“ eingebundene Konto kann ein **Minimal-** und/oder ein **Maximalsaldo** eingegeben werden. Sofern dazu keine Angaben gemacht werden, werden die Konten automatisch auf einen **Nullstand** gebracht.

Minimalstand (für Verstärkungen): Das Konto wird auf einen Minimalstand aufgefüllt, sofern der Kontostand darunter liegt. Um sicherzustellen, dass ein Konto über Nacht keinen Sollsaldo aufweist, muss der Minimalsaldo immer mindestens 0,00 € sein. In diesem Falle wird bei einer notwendigen Verstärkung der Kontosaldo auf 0,00 € gebracht. Wird ein Minimalsaldo höher definiert, so wird der Guthabensaldo auf diesen Betrag aufgefüllt.

Maximalsaldo (bei Ablieferungen): der Saldo, bei dem der übersteigende Betrag auf das in der Hierarchie übergeordnete Konto übertragen wird.

Mit der Einführung von „Cash Concentration" werden grundsätzlich **keine manuellen Verstärkungen** durch die Filialen der Deutschen Bundesbank mehr angenommen.

In besonders gelagerten Einzelfällen können die öffentlichen Kassen jedoch auch in Zukunft neben „Cash Concentration" **Verstärkungsaufträge** bei den Filialen der Deutschen Bundesbank einreichen. Diese werden dann in einem Arbeitsgang dem Konto der einreichenden Kasse gutgeschrieben und das Konto der bezogenen Kasse belastet. Voraussetzung ist allerdings, dass die einreichende Kasse zur Verstärkung ermächtigt wurde.

III. Betriebsmittel, Kassenbestandsverstärkungen und Ablieferungen (Kurzfassung)

„Betriebsmittel" sind Beträge, die den Kassen monatlich schriftlich zur Verfügung stehen, woraus die Kassen erkennen, bis zu welcher Höhe sie in diesem Monat Auszahlungen leisten dürfen.

Betriebsmittel sind kein Geld. Dagegen sind **Zahlungsmittel** das tatsächlich vorhandene bare Geld (Noten und Münzen) einschließlich der vorhandenen Schecks.

Haushaltsmittel sind Beträge, die im Haushaltsplan mit Titelnummer und Zweckbestimmung als Mittelansatz veranschlagt sind.

Kassenbestandsverstärkungen und **Ablieferungen**: Das Konto, das die Kasse bei der Filiale der Deutschen Bundesbank unterhält, wird über die Standardfunktionalität „Cash Concentration"auf einen Minimalstand aufgefüllt, sofern der Kontostand darunter liegt. Der **Minimalsaldo** muss immer mindestens 0,00 € sein. In diesem Falle wird bei einer notwendigen Verstärkung der Kontosaldo auf 0,00 € gebracht. Wird ein Minimalsaldo höher definiert, so wird der Guthabensaldo auf diesen Betrag aufgefüllt. Unter einem **Maximalsaldo** versteht man den Saldo, bei dem der übersteigende Betrag auf das in der Hierarchie übergeordnete Konto übertragen wird.

R. Aufgaben der Bundes-/Landeskassen

I. Aufgaben der Kassen

Die Bundes-/Landeskassen nehmen bare und unbare **Einzahlungen** an, leisten bare und unbare **Auszahlungen** der anordnungsbefugten Dienststellen, die ihr geldwirtschaftlich angeschlossen sind und buchen sie. Darüber hinaus buchen sie **Mittelbindungen** (Verpflichtungen) dieser Dienststellen.

Ferner rechnen sie mit der übergeordneten Bundeshaupt-/Landeshauptkasse und den nachgeordneten, angeschlossenen Zahlstellen ab und führen die Buchausgleiche zwischen den Kassen aus.

Sie führen die Bücher des Bundes/Landes und legen Rechnung.

II. Durchführung des Zahlungsverkehrs

1. Allgemeines

Der Zahlungsverkehr der Kassen wird dadurch bewirkt, dass
- Dritte Beträge auf ein Girokonto der Kasse überweisen oder einzahlen,
- von einem Girokonto der Kasse an Dritte überwiesen oder ausgezahlt wird,
- im Lastschriftverfahren Beträge eingezogen werden,
- Zahlungsmittel übergeben oder übersandt werden,
- Einzahlungen mit Auszahlungen verrechnet werden und
- Buchausgleiche durchgeführt werden.

Für die Abwicklung des Zahlungsverkehrs der Bundeskassen gelten grundsätzlich die **Zahlstellenbestimmungen** für die Bundesverwaltung sinngemäß.

Die Förderung des unbaren Zahlungsverkehrs lässt die Übergabe oder Übersendung von Zahlungsmitteln nur noch in Ausnahmefällen zu. Die Kassen haben alles zu unternehmen, dass Einzahlungspflichtige durch **Überweisung** von einem Girokonto leisten oder Empfangsberechtigte Zahlungen durch Überweisung auf ein Girokonto entgegennehmen.

Für **Einzahlungen** stellt die Kasse den anordnenden Dienststellen Zahlungsverkehrsvordrucke (Überweisungsträger) mit Kassenzeichen für Einzahlungen zur Verfügung. **Auszahlungen** durch Übersendung von Zahlungsmitteln an einen Empfangsberechtigten sind nicht statthaft.

In den Fällen, in denen ein Einzahlungspflichtiger häufigere Zahlungsverpflichtungen mit der Verwaltung eingeht, soll ihm die Teilnahme am **Lastschrifteinzugsverfahren** mit Nachdruck nahegelegt werden.

2. Anschluss der Bundeskassen an den Giroverkehr

Die Kasse ist an den Giroverkehr einer Filiale der Deutschen Bundesbank anzuschließen. Ausnahmsweise und nur bei Vorliegen eines dringenden dienstlichen Bedürfnisses kann sie mit Genehmigung des BMF auch an den Giroverkehr anderer Kreditinstitute angeschlossen werden oder ein Fremdwährungskonto unterhalten.

Die Bundeshauptkasse ist direkt der Deutschen Bundesbank angeschlossen.

Die Namen und **Unterschriftsproben** der Bediensteten, die eine Verfügungsberechtigung über die Konten bei der Filiale der Deutschen Bundesbank oder einem anderen Kreditinstitut haben, sind den vorgenannten Instituten auf den vorgeschriebenen Formblättern mitzuteilen. Die Mitteilungen sind mit dem Abdruck des Dienststempels und dem Sichtvermerk des Kassenprüfers zu versehen. Die Kassenaufsichtsbeamten sind ebenfalls zu unterrichten.

Die von der Kasse auszustellenden **Zahlungsverkehrsvordrucke** sind von einem Angehörigen des Aufgabenbereichs „Zahlungsverkehr“ und dem Kassenleiter oder einem von ihm bestellten anderen Bediensteten der Kasse zu unterschreiben.

3. Buchausgleich

Hat die Kasse einen Betrag mit einer anderen Kasse der gleichen Gebietskörperschaft zu verrechnen, so ist die Verrechnung durch Buchausgleich zu bewirken. Da nur Kassen Bücher führen, können auch nur Kassen untereinander einen Buchausgleich durchführen.

Zweck des Buchausgleichs ist es, in den Fällen, in denen eine Kasse mit einer anderen Kasse bei gemeinsamer Hauptkasse einen Betrag zu verrechnen hat, **an Stelle einer Giroüberweisung** einzig einen buchmäßigen Ausgleich herbeizuführen.

4. Einzahlungen

Die Kasse darf Einzahlungen grundsätzlich nur auf Grund schriftlich, auf elektronischem Wege oder allgemein erteilter **Annahmeanordnung** annehmen.

Einzahlungen, für die keine Annahmeanordnungen oder andere deutliche Buchungsmerkmale vorliegen (z.B. Kassenzeichen, Bezeichnung des Sachbuchkontos), sind als **Verwahrungen** zu buchen. Die für die Zahlung zuständige Stelle ist von der Verwahrung durch die Kasse zu unterrichten und aufzufordern, unverzüglich über die Verwendung des Betrages zu entscheiden (Ausfertigung einer Annahmeanordnung, Auszahlung).

Auf Verlangen hat die Kasse dem Einzahler **Quittung** zu erteilen. Das gilt auch für unbare Einzahlungen.

Wenn die anordnende Dienststelle die Kasse über das „Kennzeichen Mahnverfahren" damit beauftragt hat, muss die Kasse den rechtzeitigen und vollständigen Eingang der Einzahlung überwachen. Das schließt ggf. die Durchführung des Mahnverfahrens, die Geltendmachung von Mahngebühren, Säumniszuschlägen und Verzugszinsen mit ein.

5. Auszahlungen

Kassen dürfen Auszahlungen nur auf Grund einer schriftlich, auf elektronischem Wege oder allgemein erteilter **Auszahlungsanordnung** und grundsätzlich nur im Rahmen erteilten Betriebsmittel, vorhandener Zahlungsmittel und verfügbarer Haushaltsmittel leisten.

Auszahlungen sind an den in der Auszahlungsanordnung oder bei allgemein erteilter Auszahlungsanordnung an den im Buchungsbeleg bezeichneten Empfangsberechtigten zu leisten. Bestehen Zweifel hinsichtlich der Person des Empfangsberechtigten (z.B. Todesfall) oder hat die Kasse berechtigten Grund zu der Annahme, dass der angegebene Empfänger **nicht empfangsberechtigt** ist (z.B. wegen Konkurses), so ist vor der Auszahlung die Entscheidung der anordnenden Dienststelle einzuholen. Die Entscheidung ist aktenkundig zu machen.

Eine Barauszahlung darf nur gegen **Quittung** geschehen. Wird an einen Bevollmächtigten gezahlt, so hat dieser eine vom Empfangsberechtigten ausgefertigte Vollmacht vorzulegen, die dann Bestandteil der Auszahlungsanordnung wird.

Bei unbaren Auszahlungen erfolgt der Zahlungsbeweis durch Unterschriften zweier Sachbearbeiter des Aufgabengebiets „Zahlungsverkehr".

Die Kasse hat die Auszahlungsanordnung am Fälligkeitstag auszuführen. Auszahlungsanordnungen, die der Kasse nach dem angegebenen Fälligkeitstag zugehen, sind sofort auszuführen.

Wurde angeordnet, dass eine Zahlung an einem bestimmten Tag dem Empfänger zur Verfügung stehen muss (**Terminzahlungen**), hat die Kasse unter Berücksichtigung von Bearbeitungs- und Banklaufzeiten die Auszahlungsanordnung so rechtzeitig auszuführen, dass der Zahlungstermin eingehalten wird.

III. Buchführung

1. Allgemeines

Unter Buchführung ist allgemein die lückenlose, geordnete Aufzeichnung aller finanzwirtschaftlichen und vermögenswirksamen Vorgänge innerhalb eines bestimmten Zeitraums zu verstehen.

Im Gegensatz zur kaufmännischen Buchführung der freien Wirtschaft – mit seiner auf Gewinn und Verlust ausgerichteten Erfolgsrechnung – verwendet die öffentliche Verwaltung in aller Regel das System der Kameralistik.

Die **kameralistische** (Verwaltungs- oder Behörden-) **Buchführung** ist eine reine Verlaufsbuchführung, die lediglich die erzielten Einnahmen und die geleisteten Ausgaben darstellt. Diese Buchführungsart ermittelt in Form eines Soll-/Ist-Vergleichs die **Abweichungen vom Haushaltsplan**. Der Abschluss der kameralistisch geführten Bücher besteht in der Feststellung eines richtigen Tages-, Monats- und Jahresabschlusses.

Die Buchführung erfüllt den Zweck, alle nach § 71 BHO/LHO buchungspflichtigen Vorgänge lückenlos und geordnet und gegen nachträgliche Änderungen geschützt in den Büchern des Bundes/Landes darzustellen, um

- zeitnahe Angaben über die Ausführung des Bundes-/Landeshaushalts zu liefern,
- Unterlagen für die Abrechnung mit der übergeordneten Kasse und den nachgeordneten Zahlstellen zu gewinnen,
- Grundlagen für die Rechnungslegung zu schaffen.

Nach § 71 BHO/LHO ist über alle **Zahlungen** (Ein- und Auszahlungen) sowie über **Verpflichtungen** und **Geldforderungen** nach der im Haushaltsplan vorgesehenen Ordnung oder einer sonst vorgesehen Ordnung in zeitlicher Folge Buch zu führen. Für andere Vorgänge kann das BMF/LMF die Buchungspflicht anordnen.

Die buchungspflichtigen Vorgänge sind nach Haushaltsjahren getrennt vollständig, richtig, zeitgerecht und geordnet zu erfassen. Jede Buchung muss einen Hinweis auf den zu Grunde liegenden Buchungsbeleg enthalten, durch den die jederzeitige Verbindung zwischen Buchung und Beleg hergestellt werden kann.

2. Arten der Bücher

2.1 Zeitbücher

Nach der bisherigen Rechtslage war neben der Sachbuchführung auch die gleichzeitige Parallelbuchung in zeitlicher Folge erforderlich. Mit dem Haushaltsrechts-Fortentwicklungsgesetz wurde auf die Zeitbuchführung verzichtet. Durch die elektronische Buchführung ist in anderer Art und Weise sichergestellt, dass der Kassensollbestand fortgeschrieben wird und die Buchungen bei Bedarf in zeitlicher Folge geordnet dargestellt werden können.

2.2 Sachbücher

Für die Aufzeichnung der buchungspflichtigen Vorgänge nach sachlicher Ordnung sind als Sachbücher eingerichtet:

- Titelkonten,
- Objektkonten,
- Verwahrungskonten,
- Vorschusskonten,
- Selbstbewirtschaftungskonten,
- Abrechnungskonten.

Sachbücher erhalten eine **achtzehnstellige Sachbuchkontonummer**, die sich aus der **Bewirtschafternummer**, der **Haushaltsstelle** oder der Objektnummer und einer **Prüfziffer** zusammensetzt.

Die Kasse führt für jeden ihr angeschlossenen Bewirtschafter die auf ihn entfallenden Sachbuchkonten in Gestalt von Titelkonten und Objektkonten oder in Form sonstiger Sachbuchkonten. Die Sachbuchkonten führen die achtzehnstellige Sachbuchkontonummer, die nur einmal vergeben wurde. Über die Sachbuchkontonummer werden die angeschlossenen Bewirtschafter identifiziert, denn Teil der achtzehnstelligen Sachbuchkontonummer ist die achtstellige Bewirtschafternummer, die der Haushaltsstelle oder dem Objektkonto vorangestellt ist.

2.2.1 Titelkonto

Beispiel: Sachbuchkonto als Titelkonto

Bewirtschafternummer	Haushaltsstelle	Prüfziffer
03 34568 8	1412 519 11	8

Ein Titelkonto ist nach der Ordnung des Haushaltsplans eingerichtet. Das Titelkonto ist Ausführungs-, Buchungs- und Nachweisstelle für alle Maßnahmen zur Bewirtschaftung eines Titels.

Die Titelkonten des **Titelverwalters** weisen alle von ihm veranlassten Bewirtschaftungsmaßnahmen aus. Dabei handelt es sich um

- Festlegungen von Haushaltsmitteln,
- Inanspruchnahme von Verpflichtungsermächtigungen,
- Eingehen von Verpflichtungen ohne Verpflichtungsermächtigungen,
- Annahmeanordnungen,
- Auszahlungsanordnungen,
- Aufhebung von gebuchten Verpflichtungen und Festlegungen,
- Aufhebung von Zahlungsanordnungen,
- Änderungen des Verfügungsrahmens durch die Inanspruchnahme von Deckungsvermerken,
- Verlagerungen der durch Einzahlungen entstandenen Verfügbarkeiten.

2.2.2 Objektkonten

Im HKR-Verfahren kann das Titelkonto durch den Bewirtschafter weiter unterteilt werden. Diese weitere Unterteilung erfolgt in sog. Objektkonten.

Beispiel: Sachbuchkonto als Objektkonto

Bewirtschafternummer	Ergänzende Nullen	Objektnummer	Prüfziffer
03 34568 8	00	02 46784	2

Bereits vor Einführung des HKR-Verfahrens kannte man die weitere verwaltungsseitige Unterteilung eines Titels in **Buchungsabschnitte.** Auch Buchungsabschnitte waren kassenmäßig zu erfassen und waren für sich gesondert zu bewirtschaften. Sie dienten und dienen auch weiterhin der besseren Bewirtschaftung bestimmter, komplexerer Titel.

Objektkonten bieten die Möglichkeit, ein Titelkonto auf jeder Bewirtschafterebene entsprechend dem jeweiligen Informationsbedarf des Bewirtschafters beliebig oft zu gliedern. Das bedeutet zunächst, dass der Bewirtschafter seine Mittel entweder auf Titelkonten oder aber dann auf Objektkonten zugewiesen bekommt, wenn der übergeordnete Mittelverteiler die Titelkonten bereits auf Objektkonten aufgeteilt hat.

2.2.3 Verwahrungskonten

Für Einzahlungen, die in den übrigen Sachbüchern nicht nachzuweisen sind und für Einnahmen, für die keine Annahmeanordnung oder keine anderen deutlichen Buchungsmerkmale vorliegen, sind im Verwahrungskonto zu buchen.

2.2.4 Vorschusskonten

Für Ausgaben, die erst zu einem späteren Zeitpunkt bei einem Titelkonto oder Objektkonto gebucht werden können und für Auszahlungen, die in den vorigen. Sachbüchern nicht nachzuweisen sind, werden Vorschusskonten eingerichtet.

2.2.5 Abrechnungskonten

Für die Abrechnung der Kasse mit der übergeordneten Kasse und für die Abrechnung mit den angeschlossenen Zahlstellen sind jeweils Abrechnungskonten zu führen. Bei diesen Sachbuchkonten sind jeweils die Ablieferungen und Verstärkungen der Kasse bzw. der angeschlossenen Zahlstellen zu buchen.

3. Abschluss der Bücher

Die Bücher des Bundes/Landes sind jährlich mit Ablauf des Haushaltsjahres zu dem vom BMF/LMF festgesetzten Termin abzuschließen. Daneben hat die Kasse Tages- und Monatsabschlüsse zu erstellen.

> Die Abschlüsse der Bücher dienen der Kontrolle der Buchführung, der Feststellung der Abrechnungssalden, der Zahlungsmitteldisposition sowie der Übersicht über den Stand der Ausführung des Haushaltsplans.

3.1 Der Tagesabschluss

3.1.1 Allgemeines

An jedem Tag, an dem bare oder unbare Einzahlungen angenommen oder bare und unbare Auszahlungen geleistet wurden, ist von der Kasse ein Tagesabschluss durchzuführen.

Sinn und Zweck des Tagesabschlusses ist es, den – buchmäßigen – Kassen**soll**bestand zu ermitteln und diesem den – tatsächlich vorhandenen – Kassen**ist**bestand gegenüberzustellen.

Der **Kassensollbestand** ergibt sich

- aus dem Kassensollbestand des Vortages.
- zuzüglich/abzüglich der Differenz aller Sachbuchungen des Abschlusstages.

Der **Kassenistbestand** ergibt sich

- aus dem Bestand an Zahlungsmitteln sowie
- aus den Beständen aus den Kontogegenbüchern.

Die Richtigkeit des Tagesabschluss, mithin die Übereinstimmung beider Kassenbestände, ist vom Leiter der Kasse mit seiner Unterschrift zu bescheinigen.

Stimmen Kassensollbestand und Kassenistbestand nicht überein und ist eine Aufklärung nicht möglich, ist der Unterschiedsbetrag als **Kassenüberschuss** oder als **Kassenfehlbetrag** auszuweisen.

3.1.2 Kassenfehlbetrag

Übersteigt der Kassensollbestand den Kassenistbestand, handelt es sich um einen Kassenfehlbetrag. Ein Kassenfehlbetrag ist für den nächsten Buchungstag als **Vorschuss** auszuweisen. Der Leiter der Kasse hat einen Kassenfehlbetrag unverzüglich dem Kassenprüfer anzuzeigen. Beträgt der Kassenfehlbetrag **250 €** und mehr, ist er dem Leiter der Dienststelle mitzuteilen. Kassenfehlbeträge von **500 €** und mehr sind darüber hinaus dem Bundesministerium der Finanzen anzuzeigen.

Kann ein Kassenfehlbetrag endgültig nicht aufgeklärt werden, ist er auf den Haushalt zu übernehmen und bei den **„Vermischten Verwaltungsausgaben"** (Gruppe 539) nachzuweisen.

3.1.3 Kassenüberschuss

Bleibt der Kassensollbestand hinter dem Kassenistbestand zurück, handelt es sich um einen Kassenüberschuss. Ein Kassenüberschuss ist für den nächsten Buchungstag als **Verwahrung** zu buchen. Wird ein Kassenüberschuss später aufgeklärt, so darf er nur mittels Kassenbeleg der Kasse wieder ausgezahlt werden.

Kassenüberschüsse, die innerhalb eines halben Jahres nicht aufgeklärt werden konnten, sind dem Beauftragten für den Haushalt der Oberfinanzdirektion zu melden, bei der die Kasse eingerichtet ist. Er veranlasst die Erteilung einer

Annahmeanordnung zur Annahme des Kassenüberschusses bei den **„Vermischten Einnahmen“** (Gruppe 119).

3.2 Der Monatsabschluss

3.2.1 Allgemeines

Die Kassen haben monatlich mit der übergeordneten Kasse ihre Einnahmen und Ausgaben abzurechnen. Aus diesem Grunde haben sie monatlich ihre Bücher abzuschließen.

3.2.2 Die Abrechnung

Von der Überlegung ausgehend, dass die **Summe aller Einnahmen** – seit Beginn des Haushaltsjahres –, verringert um die **Summe aller Ausgaben** – seit Beginn des Haushaltsjahres – den **Kassensollbestand am Abschlusstage** ausmachen muss, so gilt dies ebenso für

- die **abzurechnenden Einnahmen** (Haushaltseinnahmen und Kassenbestandsverstärkungen einschließlich Buchausgleiche) und die
- die **abzurechnenden Ausgaben** (Haushaltsausgaben und Ablieferungen einschließlich Buchausgleiche).

Diesen Summen sind die **restlichen Einnahmen** (z.B. Summe der nicht abgewickelten Verwahrungen, Bestand der Selbstbewirtschaftungsmittel) **hinzuzuzählen.**

Die **restlichen Ausgaben** (z.B. Summe der nicht abgewickelten Vorschüsse) sind **abzusetzen.** In dieser Art sind sämtliche Einnahmen und Ausgaben ermittelt. Über den Differenzbetrag hat die Kasse mit ihrer übergeordneten Kasse abzurechnen.

Für den **Monatsabschluss** sind darzustellen:

- aus den Sachbuchkonten die Summen der Ist-Einahmen und Ist-Ausgaben sowie der sich daraus ergebende Unterschiedsbetrag,
- die Bestände aus den sonstigen Sachbuchkonten (Verwahrungsbuch, Vorschussbuch und Abrechnungsbuch),
- ggf. aus anderen Sachbüchern die Summen der Einzahlungen und Auszahlungen sowie die sich daraus ergebenden Unterschiedsbeträge.

Für die Abrechnung mit der übergeordneten Kasse ist für jeden Monatsabschluss eine **Abschlussnachweisung** aufzustellen. In der Abschlussnachweisung sind gegenüberzustellen:

- der aus dem Vormonat verbliebene nicht abgerechnete Betrag und die Summen der Einnahmen und Kassenbestandsverstärkungen im Abrechnungsmonat,
- die Summen der Auszahlungen und Ablieferungen im Abrechnungsmonat.

Der Unterschiedsbetrag ergibt den noch abzurechnenden Betrag. Dem so ermittelten Abrechnungsbetrag sind gegenüberzustellen:
- der Kassensollbestand,
- der Bestand aus dem Verwahrungsbuch,
- der Bestand aus dem Vorschussbuch,
- ggf. die Bestände weiterer Sachbücher und
- die Bestände aus dem Abrechnungsbuch.

Die Richtigkeit der Abschlussnachweisung ist vom Kassenleiter zu bescheinigen.

3.3 Der Jahresabschluss

3.3.1 Allgemeines

Nach § 76 BHO/LHO sind die Bücher des Bundes/Landes **jährlich abzuschließen**. Das BMF/LMF bestimmt mit Rundschreiben den Zeitpunkt des Abschlusses. Die Gemeindekassenverordnungen enthalten regelmäßig die Bestimmung, dass die Bücher zum Ende des Haushaltsjahres abzuschließen sind.

Der Monatsabschluss Dezember ist gleichzeitig Grundlage für den **Jahresabschluss** der Kasse. Der Jahresabschluss ist die Grundlage für die Aufstellung der Jahresrechnung, für die Haushalts- und Vermögensrechnung, die gem. Art. 114 GG vom BMF beiden Kammern des Parlaments vorzulegen ist. Die Landesverfassungen sehen vergleichbare Regelungen hinsichtlich der Länderparlamente vor (z.B. Art. 86 der Verfassung des Landes NRW oder Art. 94 der Verfassung von Berlin).

3.3.2 Verfahren

Der Jahresabschluss umfasst zunächst den Abschluss des Monats Dezember, wie in den Ausführungen zum Monatsabschluss dargestellt.

Das BMF/LMF bestimmt den Zeitpunkt der Vorlage der Abschlussnachweisung des Haushaltsjahres. Für den Jahresabschluss sind außer den in Nr. 3.2.2 aufgeführten Summen, Unterschiedsbeträgen und Beständen die Ergebnisse des Titelbuches (Titel- und Objektkonten) darzustellen.

In das **nachfolgende Haushaltsjahr** sind zu **übertragen**:
- die nicht abgewickelten Vorschüsse und Verwahrungen aus dem Vorschuss- und Verwahrungsbuch,
- die für das folgende Haushaltsjahr geltenden Anordnungsbeträge und die anderen, für die weiteren Zahlungen geltenden Angaben, z.B. die bis zum Abschluss der Bücher nicht abgerechneten Abschläge.

Nicht oder nicht vollständig ausgeführte Annahmeanordnungen verbleiben bei der Kasse, sofern sich die Sollstellung nicht ändert.

IV. Aufgaben der Bundes-/Landeskassen (Kurzfassung)

1. Aufgaben der Kassen

Die Bundes-/Landeskassen nehmen bare und unbare Einzahlungen an, leisten bare und unbare Auszahlungen der anordnungsbefugten Dienststellen, die ihr geldwirtschaftlich angeschlossen sind und buchen sie.

Sie führen die Bücher des Bundes/Landes und legen Rechnung.

2. Durchführung des Zahlungsverkehrs

Der Zahlungsverkehr der Kassen wird dadurch bewirkt, dass
- Dritte auf ein Girokonto der Kasse überweisen oder einzahlen,
- von einem Girokonto der Kasse an Dritte überwiesen oder ausgezahlt wird,
- im Lastschriftverfahren Beträge eingezogen werden,
- Zahlungsmittel übergeben oder übersandt werden,
- Einzahlungen mit Auszahlungen verrechnet werden und,
- Buchausgleiche durchgeführt werden.

3. Buchausgleich

Hat die Kasse einen Betrag mit einer anderen Kasse **der gleichen Gebietskörperschaft** zu verrechnen, so ist die Verrechnung durch Buchausgleich zu bewirken. Da nur Kassen Bücher führen, können auch nur Kassen untereinander einen Buchausgleich durchführen.

4. Einzahlungen

Die Kasse darf Einzahlungen grundsätzlich nur auf Grund schriftlich, auf elektronischem Wege oder allgemein erteilter Annahmeanordnung annehmen.

5. Auszahlungen

Kassen dürfen Auszahlungen nur auf Grund einer schriftlich, auf elektronischem Wege oder allgemein erteilter Auszahlungsanordnung und grundsätzlich nur im Rahmen erteilten Betriebsmittel, vorhandener Zahlungsmittel und verfügbarer Haushaltsmittel leisten.

Auszahlungen sind an den in der Auszahlungsanordnung oder bei allgemein erteilter Auszahlungsanordnung an den im Buchungsbeleg bezeichneten Empfangsberechtigten zu leisten.

6. Buchführung

Die Buchführung erfüllt den Zweck, alle nach § 71 BHO/LHO buchungspflichtigen Vorgänge lückenlos und geordnet und gegen nachträgliche Änderungen geschützt in den Büchern des Bundes/Landes darzustellen, um

- zeitnahe Angaben über die Ausführung des Bundes-/Landeshaushalts zu liefern,
- Unterlagen für die Abrechnung mit der übergeordneten Kasse und den nachgeordneten Zahlstellen zu gewinnen und
- Grundlagen für die Rechnungslegung zu schaffen.

7. Arten der Bücher

Nach § 71 Abs. 1 BHO/LHO sind auch in zeitlicher Folge (in Zeitbüchern) die buchungspflichtigen Vorgänge festzuhalten. Auf das Führen des Zeitbuches wird jedoch mit dem Inkrafttreten des Haushaltsrechts-Fortentwicklungsgesetzes verzichtet.

Für die Aufzeichnung der buchungspflichtigen Vorgänge nach sachlicher Ordnung sind als Sachbücher eingerichtet:

- Titelkonten,
- Objektkonten,
- Verwahrungskonten,
- Vorschusskonten,
- Selbstbewirtschaftungskonten,
- Abrechnungskonten.

Sachbücher erhalten eine **achtzehnstellige Sachbuchkontonummer**, die sich aus der Bewirtschafternummer, der Haushaltsstelle oder der Objektnummer und einer Prüfziffer zusammensetzt.

8. Abschluss der Bücher

Die Abschlüsse dienen der Kontrolle der Buchführung, der Feststellung der Abrechnungssalden, der Zahlungsmitteldisposition sowie der Übersicht über den Stand der Ausführung des Haushaltsplans.

8.1 Tagesabschluss

Der Tagesabschluss verfolgt in erster Linie den Zweck, die Richtigkeit der Kassentätigkeit des jeweiligen Buchungstages in einem Tagesabschluss zu dokumentieren. Bei Richtigkeit des Tagesabschlusses stimmen Kassensollbestand und Kassenistbestand überein.

8.1.1 Kassenfehlbetrag

Übersteigt der Kassensollbestand den Kassenistbestand, handelt es sich um einen Kassenfehlbetrag, der bei Nichtaufklärung für den nächsten Buchungstag bei den **Vorschüssen** zu buchen ist. Später ist er auf den Bundeshaushalt zu übernehmen und bei den „Vermischten Verwaltungsausgaben“ nachzuweisen.

8.1.2 Kassenüberschuss

Bleibt der Kassensollbestand hinter dem Kassenistbestand zurück, handelt es sich um einen Kassenüberschuss, der bei Nichtaufklärung für den nächsten Buchungstag bei den **Verwahrungen** zu buchen ist. Spätestens nach einem halben Jahr ist er bei den „Vermischten Einnahmen“ nachzuweisen.

8.2 Der Monatsabschluss

Die Kasse rechnet monatlich über alle von ihr angenommenen Einnahmen und Kassenbestandsverstärkungen sowie über alle von ihr geleisteten Ausgaben und Ablieferungen mit der Bundes-/Landeshauptkasse ab. Zu diesem Zweck fertigt sie für jeden Kalendermonat am letzten Arbeitstag einen Monatsabschluss, den sie der Bundes-/Landeshauptkasse zu übersenden hat.

Der Monatsabschluss wird in einer **Abschlussnachweisung** dargestellt. Die Abschlussnachweisung stellt die Abrechnung der Kasse mit der ihr übergeordneten Kasse dar.

8.3 Der Jahresabschluss

Nach § 76 BHO/LHO sind die Bücher des Bundes/Landes jährlich abzuschließen. Das BMF/LMF bestimmt mit Rundschreiben den Zeitpunkt des Abschlusses.

Der Jahresabschluss ist die Grundlage für die Aufstellung der Jahresrechnung, für die Haushalts- und Vermögensrechnung, die gem. Art. 114 GG vom BMF/LMF dem Parlament zur Entlastung der Bundes-/Landesregierung vorzulegen ist.

S. Das Zahlungsüberwachungsverfahren (ZÜV)

I. Allgemeines

Nach § 34 Abs. 1 BHO/LHO sind Einnahmen **rechtzeitig** und **vollständig** zu erheben. Die dem Bund zustehenden Einnahmen sind bei Fälligkeit zu erheben, unabhängig davon, ob sie im Haushaltsplan überhaupt oder in entsprechender Höhe veranschlagt sind. Über eine Forderung mit Fälligkeit im laufenden Haushaltsjahr ist der Bundeskasse unverzüglich, damit grundsätzlich vor der Einzahlung, eine Kassenanordnung zu erteilen, sobald die Forderung betragsmäßig feststeht.[1]

Das Zahlungsüberwachungsverfahren dient der **zweckdienlichen Abwicklung von Haushaltseinnahmen**. Es handelt sich um ein **dem HKR-Verfahren vorgelagertes Subverfahren**. Durch die Angabe des zwölfstelligen Kassenzeichens in der Annahmeanordnung werden Personenkonten eröffnet, durch die die Zahlungseingänge überwacht werden können. Durch die weitere Vergabe eines Mahnkennzeichens in der Annahmeanordnung wird **das automatische Mahnverfahren** gesteuert.

Neben einmaligen Einzahlungen können im ZÜV-Verfahren auch wiederkehrende Einzahlungen (WEZ) oder Einzahlungen in unterschiedlicher Höhe oder in unregelmäßigen Zeitabständen abgewickelt werden. Ebenso kann für jede Einzahlungsart und für jedes Konto Lastschrifteinzug vereinbart werden.

II. Einzahlungen im Zahlungsüberwachungsverfahren (ZÜV)

Mit Rundschreiben vom 28.2.2003 erinnerte das BMF daran, Haushaltseinnahmen ab 1.11.2000 nur noch im Zahlungsüberwachungsverfahren des Bundes (ZÜV) abzuwickeln. Das BMF forderte in seinem Rundschreiben darüber hinaus alle Bewirtschafter auf, die am HKR-Verfahren beteiligt sind, bereits gebuchte Forderungen bis zum 1.7.2003 in das Zahlungsüberwachungsverfahren zu überführen.

Im ZÜV werden **personenbezogene Zahlungsüberwachungskonten als Vorkonten** (Personenkonten) zu den Sachbuchkonten des HKR-Verfahrens geführt, bei denen als Ordnungsbegriff ein **zwölfstelliges Kassenzeichen** verwendet wird (11 Stellen zuzüglich Prüfziffer).

1 VV Nr. 3.1 zu § 34 BHO.

Auf diesem Vorkonto werden

- die Stammdaten der Annahmeanordnung wie z.B. das Kennzeichen Mahnverfahren, Anschrift des Zahlungspflichtigen, Bankverbindung und Zahlungsart bei Lastschrifteinzug, die Angaben über den Zweck der Zahlung bei Lastschrifteinzug sowie Angaben über den Einzahler, wenn dieser vom Einzahlungspflichtigen abweicht,
- bei wiederkehrenden Zahlungen der Zahlungsturnus und die turnusmäßig zu zahlenden Beträge (Raten) und der ggf. abweichende erste oder letzte Zahlungsbetrag, Datum der ersten und letzten Zahlung und
- alle kassenmäßigen Einzelvorgänge wie Sollstellungen, einschließlich der turnusmäßigen Sollstellungen bei wiederkehrenden Einzahlungen, Zahlungseingänge, Lastschriften, Rücklastschriften, Mahnungen, Rückstandsanzeigen, Folgeanordnungen, Stundungen, Niederschlagungen etc.

nachgewiesen.[2]

Alle **Zahlungseingänge** mit gültigem Kassenzeichen werden automatisch den ZÜV-Konten zugeordnet. Die Sachbuchkontierung wird aus den durch die Zahlungseingänge ganz oder teilweise getilgten Forderungen ermittelt. Mehrere offenstehende Forderungen werden in der Reihenfolge nach Maßgabe der VV zu § 34 BHO getilgt.

Die **Weitergabe** der Zahlungseingänge **an die Sachbuchkonten** erfolgt summarisch nach Zahlungseingängen auf den ZÜV-Konten.

1. Vergabe des Kassenzeichens

1.1 Vergabe für Bewirtschafter ohne IT-Verfahren

Auf Anforderung des Bewirtschafters stellt die für ihn zuständige Bundeskasse **Überweisungsträger mit eingedrucktem Kassenzeichen** zur Verfügung. Diese Kassenzeichen sind in die Annahmeanordnungen (Satzart 101, Feld 7 – s. Abb. 79 – 3 zu Abschn. VIII, Buchst. E) zu übernehmen. Die Zuteilung der Kassenzeichen ist an die Bewirtschafternummer gebunden; es kann nicht für weitere und von weiteren Bewirtschafter(n) verwendet werden. Die Vergabe wird im Verfahren protokolliert.

Jeder Zahlungsaufforderung an einen Einzahlungspflichtigen ist ein solcher **Überweisungsträger beizufügen**. Ersatzweise ist der Einzahlungspflichtige aufzufordern, in seine eigenen Überweisungsträger das angegebene Kassenzeichen als Verwendungszweck einzusetzen. Bei Zahlungsaufforderungen an Zahlpartner und bei wiederkehrenden Einzahlungen ist nur der ersten Zahlungsaufforderung ein Überweisungsträger mit Kassenzeichen als Muster beizufügen. Die-

2 VerfRiB „Zahlungsüberwachungsverfahren" (ZÜV).

ses erstmals vergebene Kassenzeichen ist auch bei allen anderen Zahlungsaufforderungen in die Kassenanordnung einzutragen.

Die **Eintragung des zwölfstelligen Kassenzeichens** erfolgt in den Annahmeanordungen F 14, F 22, F 23, F 25 F 41 und F 42 sowie im Buchungsbeleg M 02 in der Satzart 101 Feld 7.

1.2 Vergabe für Bewirtschafter mit IT-Verfahren

Die Systempflege vergibt auf Anforderung des Bewirtschafters den vierstelligen Vorspann des Kassenzeichens, die **Organisationsnummer**. In diesem Bereich sind die Kassenzeichen durch das IT-Verfahren selbständig zu verwalten, z.B. durch Zuordnung der im System gespeicherten Stammdaten der Kunden oder Einzahlungspflichtigen. Insgesamt stehen für weitere Unterteilungen 7 Stellen zur Verfügung. Die ergänzende Prüfziffer (12. Stelle) für das Kassenzeichen wird im IT-Verfahren des Bewirtschafters durch das System errechnet.

Das Kassenzeichen kann
- für jeden einzelnen Zahlungsfall (Einmalzahlungen) oder
- als konstantes Identifikationsmerkmal für alle zukünftigen Zahlungen eines Einzahlungspflichtigen, die zu unterschiedlichen Zeitpunkten und/oder in unterschiedlicher Höhe zu leisten sind (Zahlpartnerkonto) sowie
- für wiederkehrende Zahlungen eines Einzahlungspflichtigen (WEZ)

vergeben werden.

2. Änderung eines Zahlungsüberwachungskontos

Bei einer notwendigen Änderung eines Zahlungsüberwachungskontos sind folgende Fälle zu unterscheiden:
- Stammdatenänderung für einmalige Einzahlungen (einschließlich Zahlpartnerkonten)
- Vordrucke F 22, F 23, Verarbeiterschlüssel (VSL) 01300,
- Stammdatenänderung für wiederkehrende Einzahlungen
- Vordrucke F 41, F 42, VSL 01300,
- Änderung oder Stilllegung einer wiederkehrenden Einzahlung
- Vordrucke F 41, F 42, VSL 01301,
- zusätzliche Einrichtung einer wiederkehrenden Einzahlung auf einem bereits bestehenden ZÜV-Konto
- Vordrucke F 41, F 42, VSL 01302,
- sonstige Folgeanordnungen
- Vordruck F 25.

3. Stammdatenänderungen

Bei Stammdatenänderungen sind neben der Angabe der zuständigen Bundeskasse und des Haushaltsjahres stets die Eintragungen in folgenden **Mussfeldern** erforderlich:

- Belegnummer des Bewirtschafters,
- Verarbeitungsschlüssel,
- Bewirtschafternummer,
- Haushaltsstelle, ggf. Objektnummer,
- Kassenzeichen,
- Name des Einzahlungspflichtigen (nur Name, Vorname in der Satzart H 22, Feld 7).
  Im Übrigen sind nur Eintragungen in den Datenfeldern erforderlich, die auch geändert werden sollen.

Geändert werden können:

- **Kennzeichen Mahnverfahren**
  Die 1., 3-5. Stelle können uneingeschränkt geändert werden; die 2. Stelle ohne Einschränkungen, solange im laufenden Haushaltsjahr noch keine Verzugszinsen oder Säumniszuschläge maschinell berechnet worden sind, ansonsten sind Verzugszinsen und Säumniszuschläge manuell zu berechnen und zum Soll zu stellen.
  Bei jeder Änderung des Mahnverfahrens ist das fünfstellige Mahnkennzeichen komplett neu einzugeben.
- **Name und Anschrift des Einzahlungspflichtigen** (Satzart H 22)
  Im Falle einer Änderung sind diese Daten vollständig neu einzugeben.
- **Bankverbindung** (bei Lastschrifteinzug) (Satzart H 01)
  Die Bankverbindung ist nur bei Lastschrifteinzug anzugeben. Ändert sich Bankleitzahl oder Kontonummer, ist die vollständige Bankverbindung in der Satzart H 01 einzutragen.
- **Kennzeichen Lastschrifteinzug** (LSE)
  Wurde der Lastschrifteinzug (LSE = „1") nicht bereits bei der Kontoeröffnung angeordnet, kann er bei Vorliegen einer Einzugsermächtigung jederzeit nachträglich angeordnet werden. Die Einzugsermächtigung ist der Anordnung beizufügen. Außerdem ist spätestens jetzt die vollständige Bankverbindung anzugeben.
  Bei einem Widerruf einer Einzugsermächtigung ist das Kennzeichen Lastschrifteinzug mit LSE = „9" zu löschen.
- **Angaben über den Zweck der Zahlung bei Lastschrifteinzug** (Satzart H 32)
  Die dem Einzahlungspflichtigen über seinen Kontoauszug mitzuteilende Textkonstante, welche über das Zahlungsüberwachungsverfahren allgemein gültig sein soll (z.B. Garagenmiete) kann durch Eintragung in diesem Feld

jederzeit geändert werden. Ein vom Einzahlungspflichtigen abweichender Einzahler (z.B. Erziehungsberechtigter) kann hier nachgemeldet oder geändert werden. Bei einem Lastschrifteinzug muss dann allerdings der Einzahlende der Kontoinhaber sein.

III. Kennzeichen Mahnverfahren

Außerhalb des HKR-Verfahrens war und ist es Aufgabe des Bewirtschafters, alle Maßnahmen zu ergreifen, die die **rechtzeitige** und **vollständige Erhebung der Einnahmen** sicherstellten und sicherstellen. Dazu zählt das Mahnverfahren, ggf. das Geltendmachen von Mahngebühren und ggf. die Erhebung der Verzugszinsen.

Im HKR-Verfahren kann sich der Bewirtschafter diese Maßnahmen selbstverständlich nach wie vor selbst vorbehalten; er kann sich aber auch der Hilfe des Systems bedienen. Dazu steht ihm in der Satzart 101 das fünfstellige Feld 8 (Kz. Mahnverfahren – *s. Abb. 79* – 3 zu Abschn. H, V.) zur Verfügung.

Rückständige Beträge werden rund eine Woche nach Fälligkeit unter Berücksichtigung ggf. im Kennzeichen „Mahnverfahren" angeordneter Besonderheiten **maschinell gemahnt**.

Außerdem werden ggf. **Mahnkosten/Säumniszuschläge** angefordert und zum Soll gestellt. Säumniszuschläge werden nur für den ersten angefangenen Monat des Zahlungsrückstandes maschinell angefordert und zum Soll gestellt. Weitere Säumniszuschläge sind ggf. im Beitreibungsverfahren geltend zu machen. Bei Zahlungseingängen auf gemahnte privatrechtliche Forderungen werden maschinell Verzugszinsen berechnet und angefordert, soweit es sich nicht um Kleinbeträge handelt.

Tritt durch eine **Rücklastschrift** auf einem Zahlungsüberwachungskonto ein Zahlungsrückstand ein, erfolgt unverzüglich eine Mahnung mit der Aufforderung, den rückständigen Betrag unabhängig von der Lastschrifteinzugsvereinbarung innerhalb einer Woche zu überweisen oder die Bundeskasse innerhalb einer Woche zu unterrichten, dass der rückständige Betrag durch Lastschrifteinzug erneut eingezogen werden soll.

Soweit auf Mahnungen keine Zahlung eingeht, werden für den Bewirtschafter Rückstandslisten erstellt. In diesen Fällen wird der Bewirtschafter unverzüglich über evtl. später eingehende Zahlungen unterrichtet.

Der Bewirtschafter kann in dem **Feld „Mahnverfahren"** zwischen mehreren Varianten wählen.

1. Stelle: Mahnung

- 0 = Rückständige Forderung wird gemahnt, es werden 2,50 angefordert und zum Soll gestellt,
- 1 = Zahlungserinnerung ohne Mahnkosten (z.B. bei Stellen der öffentlichen Verwaltung),
- 2 = Erste Mahnung ohne Mahnkosten (z.B. wenn Zahlungserinnerung, deswegen erforderlich ist, um Schuldner in Verzug zu setzen) 2. Mahnung mit 2,50 € Mahnkosten,
- 3 = Mahnung mit Berechnung der Mahnkosten nach § 3 Abs. 3 und § 19 Abs. 2 Verwaltungsvollstreckungsgesetz,
- 4 = 1. Mahnung mit 1,50 € Mahnkosten,
- 5 = Statt Mahnung sofortige Rückstandsanzeige (Bewirtschafter will über Mahnverfahren selbst entscheiden),
- 6 = Keine Mahnung, turnusmäßige Rückstandsanzeige,
- 7 = 1. und 2. Mahnung nach § 19 Abs. 2 Verwaltungsvollstreckungsgesetz. Für beide Mahnungen entstehen Mahnkosten. Die Erweiterung der Mahnkennzeichen der ersten Stelle ist über das Bundesamt für Finanzen möglich.

2. Stelle Verzugszinsen, Säumniszuschlag

- 0 = Gesetzliche Verzugszinsen nach VV Nr. 4.1 zu § 34 BHO – Verbraucher – (§ 288 Abs. 1 BGB – von 5 % über Basiszinssatz),
- 1 = Keine Verzugszinsberechnung durch die Bundeskasse (Bewirtschafter berechnet ggf. Verzugszinsen selbst, fordert sie und ordnet sie selbst an),
- 2 = Gesetzliche Verzugszinsen – Nicht-Verbraucher (§ 288 Abs. 2 BGB – von 8 % über dem Basiszinssatz),
- 3 = Säumniszuschlag nach § 18 Verwaltungskostengesetz,
- 4 = Säumniszuschlag nach § 240 Abgabenordnung in Höhe von 1 % für den ersten angefangenen Monat,
- 5 = frei,
- 6 = Zinsen nach § 49a Abs. 3 Bundesverwaltungsverfahrensgesetz,
- 7 = Verzugszinsen nach § 33a Abs. 1 u. 3 Vermögensgesetz,
- 8 = Zinsen nach § 49a Abs. 3 Verwaltungsverfahrensgesetz NRW.

3. Stelle – Zahlpartnerkonto

- 0 = Kein Zahlpartnerkonto, d.h. Konto wird am Jahresende ausgesondert, wenn nur eine Annahmeanordnung vorlag und das Konto ausgeglichen ist,
- 1 = Zahlpartnerkonto, d.h. Konto soll beim Jahresabschluss in das neue Haushaltsjahr übernommen werden, auch wenn es ausgeglichen ist, da für den Zahlungspflichtigen unter demselben Kassenzeichen weitere Zahlungen erwartet werden (Vergabe des Kassenzeichens ist nur einmal erforderlich).

4. und 5. Stelle – sonstige Modalitäten
- 00 = Normalfall,
- 01 = Ausnahmefall – sofortige Kassenanzeige bei jedem Zahlungseingang (z.B. Leistung des Bundes setzt vorherigen Zahlungseingang voraus).

Beispiel: Satzart 101 – Feld 8 Kennzeichen Mahnverfahren

1	2	3	4	5
0	**1**	**1**	**0**	**0**

Rückständige Forderung wird unter Berechnung von 2,50 € Mahngebühren gemahnt. Der Bewirtschafter behält sich die Verzugszinsberechnung selbst vor, wird die Verzugszinsen selbst anfordern und anordnen.

Es handelt sich um ein Zahlpartnerkonto, das über den Jahresabschluss fortbestehen soll, weil weitere Zahlungseingänge vom Zahlpartner erwartet werden.

Bei dem Zahlungsvorgang handelt es sich um keinen Ausnahmefall.

IV. Lastschrifteinzug

Für alle Zahlungen im Zahlungsüberwachungsverfahren kann Lastschrifteinzug vereinbart werden. Aus wirtschaftlichen Gründen sollte angestrebt werden, insbesondere bei Zahlpartnerkonten und Konten mit wiederkehrenden Einzahlungen das Lastschrift-einzugsverfahren durchzusetzen.

Auch entgeltpflichtige Leistungen des Bundes können auf diesem Wege angeboten werden, dass der Zahlungspflichtige bereits bei der Bestellung der Leistung die Zustimmung zum Lastschrifteinzug erklären kann.

Wenn bereits zum Zeitpunkt der Erteilung der Annahmeanordnung die Zustimmung zum Lastschrifteinzug vorliegt, sind in der Annahmeanordnung die Bankverbindung sowie im Feld LSE eine „1" einzutragen. Der vorbereitete Überweisungsträger, aus dem das Kassenzeichen in die Kassenanordnung zu übernehmen ist, ist zu vernichten.

Zahlpartnerkonten und Konten mit wiederkehrenden Einzahlungen können auch zu einem späteren Zeitpunkt jederzeit auf Lastschrifteinzug umgestellt werden. Beim Lastschrifteinzug werden alle fälligen offenen Forderungen berücksichtigt.

V. Jahreswechsel

Zum Jahresende werden die Personenkonten reorganisiert; offene Forderungen, Überzahlungen und aktive wiederkehrende Einzahlungen werden in das neue Haushaltsjahr übernommen.

Die Übernahme der Personenkonten erfolgt in Anbetracht des Kontostandes und der Kontoart (3. Stelle des Mahnkennzeichens). Zahlpartnerkonten werden stets übernommen, wenn im abgelaufenen Jahr mindestens eine Zahlung gebucht wurde. Soweit nicht automatisch übernommene Konten im neuen Jahr dennoch benötigt werden, können sie durch Anweisung erneut eröffnet werden.

VI. Das Zahlungsüberwachungsverfahren (ZÜV) (Kurzfassung)

Das Zahlungsüberwachungsverfahren dient der zweckdienlichen Abwicklung von Haushaltseinnahmen. Es handelt sich um ein dem HKR-Verfahren vorgelagertes Subverfahren. Durch die Angabe des zwölfstelligen Kassenzeichens in der Annahmeanordnung werden Personenkonten eröffnet, durch die die Zahlungseingänge überwacht werden können. Durch die weitere Vergabe eines Mahnkennzeichens in der Annahmeanordnung wird das automatische Mahnverfahren gesteuert.

Im ZÜV werden personenbezogene Zahlungsüberwachungskonten als **Vorkonten** (Personenkonten) zu den Sachbuchkonten des HKR-Verfahrens geführt, bei denen als Ordnungsbegriff ein zwölfstelliges Kassenzeichen verwendet wird (11 Stellen zuzüglich Prüfziffer).

Alle Zahlungseingänge mit gültigem Kassenzeichen werden automatisch den ZÜV-Konten zugeordnet. Die Sachbuchkontierung wird aus den durch die Zahlungseingänge ganz oder teilweise getilgten Forderungen ermittelt. Mehrere offenstehende Forderungen werden in der Reihenfolge nach Maßgabe der VV zu § 34 BHO getilgt.

1. Vergabe des Kassenkennzeichens

Auf Anforderung des Bewirtschafters stellt die für ihn zuständige Bundeskasse **Überweisungsträger** mit eingedrucktem Kassenzeichen zur Verfügung. Diese Kassenzeichen sind in die Annahmeanordnungen zu übernehmen. Die Zuteilung der Kassenzeichen ist an die Bewirtschafternummer gebunden.

Jeder Zahlungsaufforderung an einen Einzahlungspflichtigen ist ein solcher Überweisungsträger beizufügen. Ersatzweise ist der Einzahlungspflichtige aufzufordern, in seine eigenen Überweisungsträger das angegebene Kassenzeichen als Verwendungszweck einzusetzen. Bei Zahlungsaufforderungen an Zahlpartner und bei wiederkehrenden Einzahlungen ist nur der ersten Zahlungsaufforderung ein Überweisungsträger mit Kassenzeichen als Muster beizufügen. Dieses erstmals vergebene Kassenzeichen ist auch bei allen anderen Zahlungsaufforderungen in die Kassenanordnung einzutragen.

2. Kennzeichen Mahnverfahren

Außerhalb des HKR-Verfahrens war und ist es Aufgabe des Bewirtschafters, alle Maßnahmen zu ergreifen, die die rechtzeitige und vollständige Erhebung der Einnahmen sicherstellten und sicherstellen. Dazu zählt das Mahnverfahren, ggf. das Geltendmachen von Mahngebühren und ggf. die Erhebung der Verzugszinsen.

Im HKR-Verfahren kann sich der Bewirtschafter diese Maßnahmen selbstverständlich nach wie vor selbst vorbehalten; er kann sich aber auch der Hilfe des Systems bedienen. Dazu steht ihm in der Satzart 101 das fünfstellige Feld 8 zur Verfügung.

Rückständige Beträge werden rund eine Woche nach Fälligkeit unter Berücksichtigung ggf. im Kennzeichen „Mahnverfahren" angeordneter Besonderheiten **maschinell gemahnt**. Außerdem werden ggf. **Mahnkosten/Säumniszuschläge** angefordert und zum Soll gestellt. Säumniszuschläge werden nur für den ersten angefangenen Monat des Zahlungsrückstandes maschinell angefordert und zum Soll gestellt. Weitere Säumniszuschläge sind ggf. im Beitreibungsverfahren geltend zu machen. Bei Zahlungseingängen auf gemahnte privatrechtliche Forderungen werden maschinell Verzugszinsen berechnet und angefordert, soweit es sich nicht um Kleinbeträge handelt.

T. Die Zahlstellen und Geldstellen des Bundes

I. Allgemeines

Auf der Grundlage des § 79 Abs. 4 BHO sind die **Zahlstellenbestimmungen für die Bundesverwaltung** – ZBestB – im Einvernehmen mit dem BRH aktualisiert, vereinfacht und den neuen Gegebenheiten angepasst worden. Sie sind ab dem 1.1.2002 in der gesamten Bundesverwaltung anzuwenden.

Auch deswegen war eine Neufassung der ZBestB geboten, weil die **Einführung des Euro** als alleiniges gesetzliches Zahlungsmittel der Bundesrepublik Deutschland eine Anpassung der Bestimmungen erforderlich machte. Bei dieser Gelegenheit bot sich die Überarbeitung der ZBestB auch deswegen an, eine Vereinfachung in vielen Bereichen zu erzielen.

So entfällt die Unterscheidung zwischen den Zahlungseinrichtungen „Handvorschuss" und „Zahlungsbeauftragter". Beide Einrichtung werden nunmehr unter dem Begriff **„Geldstelle"** geführt.

Die Einrichtungszuständigkeiten wurden weitestgehend auf die einzelnen Verwaltungszweige (Ressorts) verlagert.

Die **Gehaltsscheckbestimmungen** gelten nur noch für Auslandsdienststellen, um die Bediensteten dort, wo keine ausreichende Bankeninfrastruktur vorhanden ist, mit Bargeld zu versorgen.

Des weiteren war bei der Neufassung der ZBestB zu berücksichtigen, dass der Euro-Scheck ab 1.1.2002 seine Funktion als garantierter Scheck verloren hat.

II. Einrichtung und Zuständigkeitsbereich der Zahlstellen und Geldstellen

1. Begriffsbestimmungen

1.1 Zahlstelle

Eine Zahlstelle ist eine Stelle, die für die Bundeskasse vorwiegend **bare Einzahlungen** annimmt oder **bare Auszahlungen** leistet. Sie ist kein organisatorischer Bestandteil der Bundeskasse. Sie ist Bestandteil der Behörde, bei der sie eingerichtet ist (z.B. Hauptzollamt Aachen - Zahlstelle –, Kreiswehrersatzamt Berlin – Zahlstelle –).

1.2 Geldstelle

Eine Geldstelle ist eine Zahlstelle besonderer Art. Sie leistet in aller Regel **geringfügigere bare Auszahlungen** (z.B. Poststelle) oder nimmt **geringfügigere Einzahlungen** an (z.B. Gebühren, Bußgelder, Verpflegungsgelder).

2. Einrichtung

2.1 Zahlstelle

Eine Zahlstelle sollte nur dann eingerichtet werden, wenn die Aufgaben, die ihr übertragen werden sollen, nicht von einer Bundeskasse oder einer anderen Zahlstelle – auch eines anderen Geschäftsbereichs – wahrgenommen werden können.

Über die Einrichtung einer Zahlstelle entscheiden die jeweiligen obersten Bundesbehörden oder die von ihr mit diesen Aufgaben betraute nachgeordnete Behörde. Soll die Zahlstelle über die Abwicklung des baren Zahlungsverkehrs hinausgehende Aufgaben wahrnehmen, ist die Genehmigung des BMF einzuholen.

Die Zahlstelle führt die **Bezeichnung der Dienststelle**, bei der sie eingerichtet ist mit dem Zusatz „Zahlstelle".

Wurde für die Zahlstelle oder Geldstelle ein Konto bei der Filiale der Deutschen Bundesbank oder bei einem anderen Kreditinstitut eingerichtet, hat sie für jedes Konto eine besondere Anschreibung, ein sog. **Kontogegenbuch** zu führen. Die Namen und Unterschriftsproben derjenigen Bediensteten, die über diese Konten verfügen dürfen, sind den kontoführenden Instituten auf den jeweils dafür vorgesehen Vordrucken mitzuteilen.

2.2 Geldstelle

Eine Geldstelle kann geringfügige bare Auszahlungen (z.B. Ausgaben für den Geschäfts-bedarf in kleinen Mengen, Postgebühren, Frachtgelder u.Ä.) leisten und/oder geringfügige bare Einzahlungen (z.B. Bußgelder, Verpflegungsgelder, Gebühren u.Ä.) annehmen. Diese geringfügigen Zahlungen sind nicht im Einzelnen, sondern nur ihrer Art nach bekannt.

Über die Einrichtung einer Geldstelle entscheidet die jeweils zuständige oberste Bundesbehörde oder die von ihr damit beauftragte nachgeordnete Behörde.

Im Antrag auf Einrichtung einer Geldstelle ist der **Zweck** ihrer Einrichtung zu beschreiben und zu begründen. Das BMF ist von der Einrichtung durch die zuständige oberste Bundes-behörde zu unterrichten. Der zuständigen Bundeskasse ist unter Angabe des Sachbuchkontos, aus dem der Sockelbetrag erstmals zu zahlen ist, eine Ausfertigung der Genehmigungsverfügung zu übersenden.

Bei der Einrichtung einer Geldstelle ist die Höhe eines **Sockelbetrages** festzulegen. Die Höhe ist davon abhängig,
- ob die Geldstelle ausschließlich Bargeld auszahlen soll (Festlegung eines Sockelbetrages),
- ob die Geldstelle ausschließlich Bargeld annehmen Soll (Sockelbetrag = „Null"),
- ob die Geldstelle Einzahlungen annehmen und Auszahlungen leisten soll (Festlegung eines Sockelbetrages und Festlegung von Ablieferungen).

In den beiden zuletzt genannten Fällen ist bereits bei der Einrichtung festzulegen, dass der den Sockelbetrag übersteigende Betrag bei Erreichen einer bestimmten Höhe abzuliefern ist. Die letzte Ablieferung des Jahres hat am 15. Dezember zu erfolgen.

Die erste Auszahlung eines Sockelbetrages nimmt die zuständige Bundeskasse auf Grund einer Auszahlungsanordnung des Bewirtschafters zu Lasten des zutreffenden Vorschusskontos vor.

In bestimmten Fällen ist vor Einrichtung einer Geldstelle das Einvernehmen mit dem BMF herzustellen, z.B. bei
- einem festgelegten Sockelbetrag von mehr als 2000 €,
- Auszahlungen, die den Rahmen der Geringfügigkeit verlassen,
- mehreren Sockelbeträgen für die Dienststelle mit zusammen mehr als 5000 €,
- der Erlaubnis, in begründeten Ausnahmefällen Kassenanordnungen über die Geldstelle auszahlen zu lassen.

3. Auflösung

3.1 Zahlstelle

Entfällt der Grund, eine Zahlstelle zu unterhalten, ist sie aufzulösen. Bei Auflösung ist dem BMF eine Durchschrift der Auflösungsverfügung zu übersenden. Die Zahlstelle ist immer dann aufzulösen, wenn der BMF den Bedarf für den Fortbestand der Zahlstelle nicht mehr sieht.

3.2 Geldstelle

Über die Auflösung einer Geldstelle ist die zuständige oberste Bundesbehörde immer zu unterrichten. Darüber hinaus ist das BMF zusätzlich in Kenntnis zu setzen, wenn Gründe vorlagen, die bei ihrer Einrichtung der Genehmigung des BMF bedurften.

4. Aufsicht und Personal

4.1 Zahlstelle

Dem Leiter der Dienststelle obliegt die **Geschäftsaufsicht** über die Zahlstelle. Sie umfasst die Dienst- und Fachaufsicht.

Der Leiter der Dienststelle kann die Wahrnehmung der Dienst- und Fachaufsicht, insbesondere die Zahlstellenaufsicht, auf andere Bedienstete übertragen. Diese Bediensteten dürfen allerdings nicht der Zahlstelle angehören. Ebenso darf die Aufsicht nicht dem Beauftragten für den Haushalt oder einem anderen Anordnungsbefugten übertragen werden.

Der Leiter der Dienststelle hat einen **persönlich und fachlich geeigneten** Zahlstellenverwalter und dessen Vertreter zu bestellen. Ihre Namen und Unterschriftsproben sind der zuständigen Bundeskasse mitzuteilen.

Bei Dienstantritt ist der Zahlstellenverwalter darüber zu belehren, dass er im Rahmen tariflicher und gesetzlicher Bestimmungen in Regress zu nehmen ist, wenn innerhalb seines Arbeitsgebietes durch unrichtige Zahlungen, durch Annahme falscher oder ungültiger Zahlungsmittel oder auf sonstiger Weise Schäden entstehen. Die Belehrung ist aktenkundig zu machen.

Bedienstete, die die Zahlstellenaufsicht auszuüben haben, müssen mit den Zahlungs-geschäften und mit den übrigen Aufgaben einer Zahlstelle vertraut sein. Sie haben sich davon zu überzeugen, dass die Zahlstellengeschäfte vorschriftsmäßig ausgeführt werden.

Mindestens viermal im Jahr ist eine **unvermutete Zahlstellenprüfung** durchzuführen. Das Ergebnis ist in einer Niederschrift festzuhalten, die dem Dienststellenleiter vorzulegen ist.

In kassentechnischer Hinsicht ist der Leiter der **Bundeskasse** gegenüber dem Zahlstellenverwalter **weisungsbefugt**.

4.2 Geldstelle

Die Aufsicht über die Geldstelle obliegt dem Leiter der Dienststelle oder einem von ihm hierfür bestimmten Bediensteten.

Für jede Geldstelle hat der Leiter der Dienststelle einen **persönlich und fachlich geeigneten** Verwalter und dessen Vertreter zu bestellen.

Die Geldstelle ist ebenso wie die Zahlstelle mindestens viermal jährlich zu **überprüfen**. Das Ergebnis der Prüfung ist in einer Niederschrift festzuhalten, die dem Leiter der Dienststelle vorzulegen ist.

III. Zahlungen

1. Allgemeines

Gem. § 70 BHO darf auch eine Zahlstelle Zahlungen nur auf Grund förmlicher oder allgemein erteilter **Kassenanordnung** annehmen oder leisten.

Einzahlungen dürfen nur dann ohne **Annahmeanordnung** angenommen werden, wenn der Einzahlende seine Zahlungsverpflichtung glaubhaft macht. Eine Annahmeanordnung ist in diesem Falle bei der zuständigen Stelle anzufordern.

Die Kassenanordnung sind vom Zahlstellenverwalter sorgfältig zu prüfen, ob sie den Anforderungen der Anlage 1 der VV Nr. 2.6 zu § 34 BHO entspricht. Unvollständige oder fehlerhafte Kassenanordnungen sind sofort mit dem entsprechenden Hinweis zurückzugeben. Bare Zahlungen dürfen nur am Schalter der Zahlstelle und nur von dem Zahlstellenverwalter oder seinem Vertreter angenommen oder geleistet werden.

2. Nachweisungen und Anschreibungen

Alle Zahlungsvorgänge einer **Zahlstelle** sind in zeitlicher Reihenfolge in die Zahlungsnachweisungen E (Einnahmen) und A (Ausgaben) in zweifacher Ausfertigung im Durchschreibeverfahren einzutragen.

Die Zahlungen einer **Geldstelle** sind sofort in die Anschreibeliste einzutragen. Nach der Eintragung einer Zahlung in eine Nachweisung ist die laufende Nummer der Eintragung auf der Kassenanordnung zu vermerken.

Auszahlungen aus Einnahmebuchungsstellen sind in die Zahlungsnachweisung über Auszahlungen, Einzahlungen auf Ausgabebuchungsstellen sind in die Zahlungsnachweisungen über Einzahlungen einzutragen.

Sind **mehrere Zahlungen** mit einer Kassenanordnung angeordnet worden (Sammelanordnung), wird der Gesamtbetrag erst dann in die Nachweisung eingetragen, wenn die letzte Zahlung aus dieser Anordnung angenommen oder geleistet wurde. Bis dahin wird die Sammelanordnung als angezahlter Beleg behandelt, d.h. die bereits geleisteten Auszahlungen werden dem Zahlstellen-Istbestand hinzugerechnet, die bereits angenommenen Beträge werden vom Zahlstellen-Istbestand abgezogen.

In den Nachweisungen sind keine Leerzeilen freizulassen, ebenso dürfen keine Eintragungen zwischen den Zeilen erfolgen. Versehentlich freigebliebene Zeilen sind durch Streichung zu entwerten.

Für die Eintragungen dürfen nur **urkundengeeignete Schreibmittel** verwendet werden. Bei Berichtigungen müssen die ursprünglichen Eintragungen lesbar bleiben. Streichungen sind mit Namenzeichen und Datum zu bescheinigen.

3. Einzahlungen

Die Zahlstelle darf bare Einzahlungen grundsätzlich nur dann annehmen, wenn ihr eine vollzogene **Annahmeanordnung** vorliegt. Sie darf darüber hinaus bare Einzahlungen annehmen, wenn es sich dabei um Einzahlungen handelt, die auf der Grundlage einer allgemeinen Kassenanordnung und auf Grund amtlicher Gebührentarife und anderer amtlicher Festsetzungen erhoben werden dürfen. Der Zahlstelle müssen Unterlagen zur Verfügung stehen, aus denen sie eindeutig die Beträge, den Zahlungspflichtigen, das zutreffende Sachbuchkonto und das Haushaltsjahr erkennen kann.

Solche Einzahlungen sind in einen **Buchungsbeleg** Z 02 einzutragen, der täglich aufzurechnen ist. Seine Summe ist in die Zahlungsnachweisung zu übernehmen. Ist das zutreffende Sachbuchkonto nicht bekannt, ist die Buchung im Verwahrungsbuch zu veranlassen.

3.1 Quittung

Über jede Einzahlung, die durch Übergabe von Zahlungsmitteln geschieht und nicht den Gegenwert für verkaufte Wertzeichen und Vordrucke darstellt, ist eine Quittung auszustellen. Für die von Hand auszustellenden Quittungen sind die vorgeschriebenen Vordrucke mit durchnummerierten Doppelblättern zu verwenden.

Die Namen und Unterschriften der Bediensteten, die Einzahlungen entgegennehmen und Quittungen erteilen dürfen sind im Schalterraum der Zahlstelle durch Aushang bekannt zu machen.

4. Auszahlungen

Die Zahlstelle darf nur dann bare Auszahlungen leisten, wenn ihr eine vollzogene **Auszahlungsanordnung** vorliegt. Darüber hinaus darf sie auch andere bare Auszahlungen auf Grund allgemein erteilter Auszahlungsanordnung leisten, wenn ihr die dazu erforderlichen Buchungsbelege zur Verfügung stehen, aus denen sie die Beträge, den Zahlungsempfänger, das zutreffende Sachbuchkonto und das Haushaltsjahr eindeutig erkennen kann.

Ist auf der Auszahlungsanordnung ein in der Zukunft liegender Fälligkeitstag angegeben, darf sie die Zahlung erst an diesem Fälligkeitstag leisten.

Die Zahlungsempfänger sind nach § 3 Abs. 1 Münzgesetz nicht verpflichtet, mehr als **50 Münzen** im Gesamtbetrag von mehr als 100 Euro entgegenzunehmen.

4.1 Quittung

Bei Barauszahlungen ist vom Zahlungsempfänger durch eigenhändige Unterschrift auf der Vorderseite der Kassenanordnung eine Quittung (Zahlungsbeweis) zu verlangen. Wird an einen **Bevollmächtigten** gezahlt, leistet dieser an gleicher Stelle die Quittung unter dem Zusatz „In Vollmacht". Die schriftliche Vollmacht ist zu der Auszahlungsanordnung zu nehmen und wird deren Bestandteil.

Vollmachten, die für mehrere Zahlungen gelten sollen, sind in der Zahlstelle sorgfältig aufzubewahren. In diesem Falle hat der Zahlstellenverwalter in der Auszahlungsanordnung einen entsprechenden Vermerk aufzunehmen.

5. Tagesabschluss einer Zahlstelle

Die Zahlstelle hat arbeitstäglich einen Abschluss zu erstellen, wenn sie Einzahlungen angenommen oder Auszahlungen geleistet hat. Er ist so rechtzeitig durchzuführen, dass er bei Dienstschluss fertiggestellt ist.

Es ist Zweck des Tagesabschlusses, den Zahlstellen-Sollbestand mit dem Zahlstellen-Istbestand zu vergleichen. Zur Ermittlung des **Zahlstellen-Sollbestandes** ist zunächst von vorgetragenen Zahlstellen-Sollbestand des Vortages auszugehen. Danach werden die aufgerechneten Summen der Zahlungsnachweisungen unter Berücksichtigung der Zahlstellenbestandsverstärkungen und der Ablieferungen in das Tagesabschlussblatt Z 01 *(s. Abb. 79)* übertragen.

Zur Ermittlung des **Zahlstellen-Istbestandes** sind zu dem vorhandenen Bargeld, Schecks, etwaige Guthaben auf Konten der Zahlstelle und angezahlte Auszahlungsbelege hinzuzurechnen sowie angezahlte Einzahlungsbelege abzuziehen.

Der Zahlstellen-Istbestand ist mit dem Zahlstellen-Sollbestand zu vergleichen. Stimmen die Bestände nicht überein, so ist der Unterschiedsbetrag entweder als Fehlbetrag oder als Überschuss auszuweisen. Müssen nach dem Tagesabschluss noch Einzahlungen angenommen oder Auszahlungen geleistet werden, sind sie in die Zahlungsnachweisung für den nächsten Tag einzutragen.

5.1 Fehlbetrag

Ein Fehlbetrag, der nicht sofort ersetzt wird, ist als **Vorschuss** in die Zahlungsnachweisung des nächsten Tages einzutragen. Hierzu ist ein Buchungsbeleg anzufertigen, der vom Zahlstellenprüfer abzuzeichnen ist. Der Leiter der Dienststelle bzw. der aufsichtsführende Bedienstete ist unverzüglich zu unterrichten.

5.2 Überschuss

Ein Überschuss ist als **Verwahrung** in die Zahlungsnachweisung des nächsten Tages einzutragen. Auch hierfür ist die Anfertigung eines Buchungsbelegs erforderlich, der vom Zahlstellenprüfer ebenfalls mit einem Sichtvermerk zu versehen ist. Auch bei einem Überschuss ist der Dienststellenleiter bzw. der aufsichtsführende Bedienstete zu unterrichten. Wird ein Überschuss später aufgeklärt, kann er nur mit Auszahlungsanordnung wieder ausgezahlt werden. Gefundenes Bargeld ist wie ein Überschuss zu behandeln.

6. Abrechnung

6.1 Zahlstelle

Zur Abrechnung mit der Bundeskasse hat die Zahlstelle arbeitstäglich eine **Abrechnungsnachweisung** Z 01 *(s. Abb. 79)* in dreifacher Ausfertigung zu führen. Bei nur geringem Zahlungsverkehr kann von der arbeitstäglichen Abrechnung abgesehen werden. Eine Abrechnung ist aber immer dann vorzunehmen, wenn eine Ablieferung oder eine Zahlstellenbestandsverstärkung erforderlich ist, mindestens aber einmal im Monat.

Der Bundeskasse sind die Erstschriften dieser Nachweisung mit einer Zweitausfertigung und den Erstschriften der Zahlungsnachweisungen zusammen mit den dazugehörigen Zahlungsbelegen zu übersenden. Die Zweitausfertigung der Abrechnungsweisung wird der Zahlstelle mit einer Buchungsbestätigung der Kasse zurückgesandt.

Die Zahlstelle führt grundsätzlich ein Konto bei der Filiale der Deutschen Bundesbank oder ausnahmsweise bei einem anderen Geldinstitut. Ablieferungen oder Zahlstellenbestandsverstärkungen erfolgen über diese Konten.

6.2 Geldstelle

Eine Geldstelle hat mindestens monatlich mit der Bundeskasse **abzurechnen**. Werden bei einer Geldstelle nur Auszahlungen geleistet, hat sie die Zahlungsbelege zu sammeln und gegen Empfangsbestätigung, die den Gesamtbetrag enthalten muss, der anordnungsbefugten Dienststelle zur Erstellung einer Kassenanordnung zu übergeben. Diese Kassenanordnung mit dem Gesamtbetrag, der gleichzeitig Auffüllungsbetrag ist, wird der Bundeskasse übersandt.

Werden bei einer Geldstelle nur Einzahlungen angenommen, ist der anordnenden Stelle nachzuweisen, welche Beträge seit der letzten Abrechnung angenommen wurden. Über den Gesamtbetrag fertigt die anordnende Stelle eine Annahmeanordnung für die Bundeskasse. Die Ablieferung des Einnahmebetrages muss mindestens einmal im Monat erfolgen.

Werden bei einer Geldstelle Einzahlungen angenommen und Auszahlungen geleistet, und übersteigen die Einzahlungen die Auszahlungen den bei der Einrichtung der Geldstelle festgesetzten Betrag, so ist der übersteigende Betrag der Bundeskasse oder ggf. der Zahlstelle abzuliefern.

Zahlstelle

Eingangsstempel der Kasse

Z01

1 Belegnummer der Kasse

An die **Bundeskasse**

2 Belegnummer der Zahlstelle
Tag Monat Jahr Lfd. Nr.

3 Verarbeitungsschlüssel
8 2 0 0 0

☐ **Tagesabschlussblatt** für den ____________

☐ **Abrechnungsnachweisung**
für die Zeit vom ____________ bis ____________

4 Zahlstellennummer
0 3

Haushaltsjahr

Anlagen ____________

5 Abrechnungskonto

6 Betrag Euro Cent

Zahlstellen-Sollbestand
nach letzter Abrechnung am: ____________

Tagesabschluss
Zahlstellen-Sollbestand — Betrag Euro/Cent
beim Tagesabschluss am Vortag ____________

Einzahlungen — Betrag Euro/Cent

1. Bestandsverstärkung(en) ____________
2. Summe Zahlungsnachweisung(en) E
   Block-Nr. ____ Blatt ____ bis ____ ____________
3. Summe Zahlungsnachweisung(en) E
   Block-Nr. ____ Blatt ____ bis ____ ____________

\+ **Summe Einzahlungen** ____________

Auszahlungen

1. Ablieferungen
   a) an die zuständige Kasse ____________

      an die zuständige Kasse ____________
   b) unmittelbare EINZ bei der Kasse
      (lt. Einzahlungsmitteilung) ____________
   c) Übersendung von ____ Schecks
      an die Kasse
      (lt. Einlieferungsverzeichnis) ____________
2. Summe Zahlungsnachweisung(en) A
   Block-Nr. ____ Blatt ____ bis ____ ____________
3. Summe Zahlungsnachweisung(en) A
   Block-Nr. ____ Blatt ____ bis ____ ____________

– **Summe Auszahlungen** ____________

Zahlstellen-Sollbestand
beim Tagesabschluss ____________

Zahlstellen-Istbestand
beim Tagesabschluss ____________

Fehlbetrag/Überschuss ____________

Es besteht – keine – Übereinstimmung.

Summen im Abrechnungszeitraum:
(ggf. aus mehreren Tagesabschlüssen insgesamt errechnen)

Abbildung 79: Tagesabschlussblatt/Abrechnungsnachweisung Z 01

7. Die Zahlstellen und Geldstellen des Bundes (Kurzfassung)

7.1 Begriffe

Eine **Zahlstelle** ist eine Stelle, die für die Bundeskasse vorwiegend bare Einzahlungen annimmt oder bare Auszahlungen leistet. Sie ist organisatorischer Bestandteil der Dienststellen, bei der sie eingerichtet ist.

Eine **Geldstelle** ist eine Zahlstelle besonderer Art. Sie leistet in aller Regel geringfügigere bare Auszahlungen (z.B. Poststelle) oder nimmt geringfügigere Einzahlungen an (z.B. Gebühren, Bußgelder, Verpflegungsgelder).

7.2 Aufsicht

Dem Leiter der Dienststelle obliegt die Geschäftsaufsicht über die **Zahlstelle**. Sie umfasst die Dienst- und Fachaufsicht. Der Leiter der Dienststelle kann die Wahrnehmung der Dienst- und Fachaufsicht, insbesondere die Zahlstellenaufsicht, auf andere Bedienstete übertragen.

Die Aufsicht über die **Geldstelle** obliegt dem Leiter der Dienststelle oder einem von ihm hierfür bestimmten Bediensteten.

7.3 Aufgaben

Die Zahlstelle nimmt **bare Einzahlungen** für die Kasse an und leistet **bare Auszahlungen** für die Kasse auf Grund einer von der anordnenden Stelle vollzogenen Annahme-/Auszahlungsanordnung oder auf Grund allgemein erteilter Kassenanordnung.

Sie leistet in aller Regel geringfügigere bare Auszahlungen (z.B. Poststelle) oder nimmt geringfügigere Einzahlungen an (z.B. Gebühren, Bußgelder, Verpflegungsgelder).

7.4 Abrechnung

Zur Abrechnung mit der Bundeskasse hat die Zahlstelle arbeitstäglich eine **Abrechnungsnachweisung** Z 01 zu führen.

Bei nur **geringem Zahlungsverkehr** kann von der arbeitstäglichen Abrechnung abgesehen werden. Eine Abrechnung ist aber immer dann vorzunehmen, wenn eine Ablieferung oder eine Zahlstellenbestandsverstärkung erforderlich ist, mindestens aber einmal im Monat.

Eine Geldstelle hat mindestens monatlich mit der Bundeskasse **abzurechnen**.

U. Das Rechnungswesen

I. Allgemeines

Gemäß § 71 BHO/LHO ist über Zahlungen sowie über bestimmte Verpflichtungen und Geldforderungen des Bundes/Landes nach der im Haushaltsplan oder sonst vorgesehenen Ordnung Buch zu führen. Nach § 75 BHO/LHO sind alle Buchungen zu belegen.

Nur **Kassen** führen Bücher.

Die Buchführung verfolgt den Zweck,
- Unterlagen für die Abrechnung mit der übergeordneten Bundes-/Landeshauptkasse zu schaffen,
- aktuelle Informationen über den Stand des Haushaltsvollzugs zu liefern,
- die kassenmäßigen Vorgänge lückenlos festzuhalten und
- Unterlagen für die Rechnungslegung zu schaffen.

Die im automatisierten Verfahren in Gestalt von S**achbuchkonten** geführten Bücher sind gemäß § 76 BHO/LHO jährlich abzuschließen. Die abgeschlossenen Bücher bilden die Grundlage für die Jahresrechnung (Haushalts- und Vermögensrechnung). Die Jahresrechnung ist dem Bundestag und dem Bundesrat durch den BMF zuzuleiten. Die LMF haben die gleiche Verpflichtung gegenüber den Landesparlamenten.

Der BMF/LMF bestimmt den **Zeitpunkt** des Abschlusses der Bücher. Der Abschlusszeitpunkt liegt regelmäßig in den ersten Januartagen des Folgejahres und wird jährlich durch Rundschreiben bekanntgegeben. Aus dem Abschluss der Bücher ergibt sich die Folge, dass Buchungen zu Gunsten oder zu Lasten des alten Haushaltsjahres nicht mehr erfolgen dürfen und deshalb für das neue Haushaltsjahr buchungsrelevant sind.

II. Kassenrechnung

Die Kassenrechnung des **Bundes** besteht
- aus der Einzelrechnung der jeweiligen Bundeskassen,
- aus der Zentralrechnung der Bundeshauptkasse bezüglich eines Einzelplans,
- aus der Hauptrechnung der Bundeshauptkasse bezüglich des Bundeshaushaltsplans.

Die Kassenrechnung umfasst den vollständigen Nachweis aller tatsächlichen Haushaltseinnahmen und -ausgaben aller Bundeskassen innerhalb eines Haushaltsjahres unter Beifügung aller Rechnungslegungsbücher und der Rechnungsbelege. Die Kassen führen somit den rechnungsmäßigen Nachweis über die von ihr angenommenen Haushaltseinnahmen und geleisteten Haushaltsausgaben durch die für jede mittelbewirtschaftende bei ihr angelegten Sachbuchkonten.

Für die **Landeskassen** gelten entsprechende Regelungen.

Die Aufstellung der Kassenrechnung ist allein Aufgabe der Kasse. In der **Einzelrechnung** werden die tatsächlichen Haushaltseinnahmen und -ausgaben einer Kasse in den Rechnungsnachweisungen zum Zwecke der Rechnungsprüfung einzeln dargestellt; die BHK/LHK fasst diese zur ressortbezogenen **Zentralrechnung** und die Zentralrechnungen zur **Hauptrechnung** zusammen.

Die **Hauptrechnung** gibt mithin das **Gesamtergebnis aller Haushaltseinnahmen und -ausgaben** aller Bundes-/Landesbehörden innerhalb eines Haushaltsjahres wieder.

Der kassenmäßige Abschluss enthält außerdem die Berechnung des **Finanzierungssaldos**. Diese Berechnung gibt Auskunft, wie sich das Ist-Ergebnis gegenüber dem in der Finanzierungsübersicht des Gesamtplans errechneten Finanzierungssaldo verändert hat, und wie hoch der tatsächliche Kreditbedarf im abgelaufenen Jahr war.

III. Haushaltsrechnung

In der Haushaltsrechnung werden die Soll-Ansätze des Haushaltsplans den Ist-Beträgen des abgelaufenen Haushaltsjahres gegenübergestellt, um dadurch den Nachweis der **bestimmungsgemäßen Ausführung** des Haushaltsplans zu erbringen.

Wie für die Veranschlagung gelten auch für die Haushaltsrechnung die Grundsätze der **Einheit** und der **Vollständigkeit**. Wie bei der Veranschlagung der Haushaltsmittel alle zu erwartenden Haushaltseinnahmen und alle voraussichtlich zu leistenden Haushaltsausgaben in den Haushaltsplan einzustellen sind, ist es in der Haushaltsrechnung erforderlich, alle tatsächlich erhobenen Haushaltseinnahmen und tatsächlich geleisteten Haushaltsausgaben nachzuweisen.

Insoweit ist die Haushaltsrechnung ein rückwärts gerichteter „Spiegel“ der Haushaltsplanung.

Die Haushaltsrechnung geht über die Kassenrechnung hinaus und bezieht die aus dem Vor-jahr übertragenen **Ausgabereste** und **-vorgriffe** mit ein und stellt dar, welche Beträge als Kassenreste verblieben sind.

IV. Die Vermögensrechnung (→ § 86 BHO)

Ihrem Wesen nach ist die Vermögensrechnung eine **Ergänzung zur Haushaltsrechnung**. Nach § 86 BHO sind zu Beginn des Haushaltsjahres die Schulden und der Bestand des Vermögens in der Vermögensrechnung wertmäßig zu erfassen, die Veränderungen während des Haushaltsjahres und der Bestand an dessen Ende nachzuweisen.

Die Buchführung und Rechnungslegung über das Vermögen und die Schulden des Bundes nach VBRO verfolgt den Zweck,

- den Bestand des Vermögens und der Schulden des Bundes zu Beginn des Haushaltsjahres,
- die Veränderung während und
- den Bestand am Ende des Haushaltsjahres nachzuweisen.

Die Vermögensrechnung soll ferner ausweisen, in welcher Höhe die Haushaltseinnahmen und die Haushaltsausgaben zur Vermehrung oder Verminderung des **Vermögens** oder der **Schulden des Bundes/Landes** beigetragen haben.

Während die Kassen- und Haushaltsrechnung nach Entlastung der Bundes-/ Landesregierung durch das Parlament quasi seinen Zweck erfüllt hat und damit als abgeschlossen betrachtet werden kann, wird die Vermögensrechnung in Summen fortgeschrieben, um Veränderungen am Vermögen oder den Schulden des Bundes/Landes im Verlaufe der Jahre feststellen zu können.

Der Zweck der Vermögensrechnung besteht **nicht** darin, die **Vermögensgegenstände** wie in der freien Wirtschaft **wertmäßig zu erfassen**, um durch eine Gegenüberstellung von Vermögen und Schulden das „Reinvermögen“ zu ermitteln, weil das Verwaltungsvermögen in aller Regel nicht kaufmännisch verwertbar ist.

Die **Vermögensrechnung des Bundes/Landes** erfolgt durchweg nach folgendem Grobschema:

1. Bestand zu Beginn des Haushaltsjahres	.... €
2. Zugang	
a) mit haushaltsmäßiger Zahlung	.... €
b) ohne haushaltsmäßige Zahlung	.... €
3. Summe der Zugänge	.... €
4. Abgang	
a) mit haushaltsmäßiger Zahlung	.... €
b) ohne haushaltsmäßige Zahlung	.... €
c) Abschreibungen	.... €
5. Summe der Abgänge	.... €
6. Bestand am Ende des Haushaltsjahres (Summe 1 + 3 – 5)	.... €

Während den Zugangsbuchungen mit haushaltsmäßiger Zahlung geldmäßige Veränderungen folgen – vermögenswirksame **Haushaltsausgaben** erhöhen das Vermögen oder die Schulden des Bundes/Landes –, bewirken die geldmäßigen Veränderungen in Gestalt einer vermögenswirksamen **Haushaltseinnahme** eine Verminderung des Vermögens oder der Schulden des Bundes/Landes.

Für die **Aufstellung der Vermögensrechnung** sind alle Dienststellen zuständig, die mit der Vermögensbuchhaltung befasst sind. Jede Stelle weist für sich das Vermögen und die Schulden des Bundes/Landes im Einzelnen nach.

Die Aufstellung der **Gesamt**vermögensrechnung vollzieht sich in einem stufenweisen Zusammentragen der Einzelrechnungen, angefangen von der Behörde der Ortsinstanz bis zur obersten Bundes-/Landesbehörde. Die obersten Bundes-/Landesbehörden, leiten die Ergebnisse ihres Geschäftsbereichs dem BMF/LMF zur Vermögens-Hauptrechnung zu.

Für die **Gemeinden** schreiben die Gemeindeordnungen vor, dass die Jahresrechnung die Haushaltswirtschaft der Gemeinde wiedergeben muss. Die **Gemeindehaushaltsverordnungen** verlangen deshalb keine gesonderte Vermögensrechnung, sondern schreiben lediglich vor, in einer Übersicht zur Jahresrechnung den Stand des Vermögens zu Beginn und am Ende des Haushaltsjahres darzustellen.

V. Das Rechnungswesen (Kurzfassung)

Über alle Zahlungen und Buchungen ist jährlich durch die abgeschlossenen Bücher Rechnung zu legen. Die Rechnungslegung beinhaltet:

- **die Kassenrechnung:**
  Sie beinhaltet den rechnungsmäßigen Nachweis über alle tatsächlich von den Kassen des Bundes/Landes angenommenen Haushaltseinnahmen und geleisteten Haushaltsausgaben eines Haushaltsjahres;
- **die Haushaltsrechnung:**
  Sie ist ein Abgleich mit dem Haushaltsplan und zeigt auf, wie jeder einzelne Titel, das einzelne Kapitel sowie jeder Einzelplan des Haushaltsplans im abgelaufenen Haushaltsjahr bewirtschaftet worden ist;
- **die Vermögensrechnung:**
  Sie beinhaltet den Nachweis über die Veränderung des Vermögens und der Schulden des Bundes bzw. des Landes.

V. Die externe Finanzkontrolle der unmittelbaren Staatsverwaltung und die Entlastung der Bundes-/Landesregierung

I. Verwaltungsmäßige und parlamentarische Kontrolle

Das organschaftliche Verhältnis zwischen Parlament und Regierung ist für das parlamentarische System der Bundesrepublik Deutschland von staatstragender Bedeutung.

Das **Grundgesetz** ist die erste Deutsche Verfassung, die dem Parlament eine zentrale Stellung im Staatsorganismus zuweist. Mit der Wahl des Bundeskanzlers durch den Bundestag bestellt die Volksvertretung die Regierung. In der parlamentarischen Herrschaftsbestellung liegt gegenüber der konstitutionellen Reichsverfassung von 1871 und der präsidentiell geprägten Weimarer Verfassung von 1919 der entscheidende Durchbruch des parlamentarischen Gedankens.

Damit sind die entscheidenden Ausgangspositionen für die **parlamentarische Kontrolle** der Regierung gewonnen. Das Parlament ist das einzige unmittelbar gewählte, politisch kontrovers zusammengesetzte Staatsorgan. Den Regierungsfraktionen als Parlamentsmehrheit steht die Opposition der Parlamentsminderheit gegenüber. Ihre politisch gegensätzlichen Bezüge zur Regierung prägen die parlamentarische Kontrolle. Das Spannungsfeld zwischen Parlament und Regierung wird überlagert durch die Gegensätze zwischen der Regierung und ihrer parlamentarischen Mehrheit einerseits und der Opposition andererseits. Dieses Beziehungsgeflecht zwischen gesamtparlamentarischer und oppositioneller Kontrolle durchzieht die gesamte Kontrolltätigkeit des Bundestages gegenüber der Bundesregierung.

Gemäß Art. 114 Abs. 2 GG/LV werden die Rechnungen über die Einnahmen und Ausgaben (Geldrechnung) sowie über das Vermögen und die Schulden des Bundes und der Länder (Vermögensrechnung) vom **Bundesrechnungshof** bzw. von den Landesrechnungshöfen geprüft. Dies bedeutet eine Prüfung der Haushalts- und Wirtschaftsführung bezüglich der Ausführung der Haushaltspläne (= Finanzkontrolle).

Die **Rechnungsprüfung** vollzieht sich auf zwei Ebenen:

a) auf der Prüfung durch die Prüfungsämter und der abschließenden Prüfung durch den BRH/LRH und

b) auf der Ebene der Prüfung durch den Rechnungsprüfungsausschuss; dies ist ein Unterausschuss des Haushaltsausschusses des Deutschen Bundestages/Landtages.

Der Bundesrechnungshof sowie die Landesrechnungshöfe sind nicht der Exekutive zugehörige und darüber hinaus nicht der Gewaltenteilung einzuordnende, selbstständige, nur dem Gesetz unterworfene Organe der externen Finanzkontrolle (Oberste Bundesbehörden), deren Mitglieder richterliche Unabhängigkeit besitzen (§ 1 BRHG).

Dem Bundesrechnungshof sind ab 1.1.1998 „Prüfungsämter" organisatorisch eingegliedert, denen die Vorprüfung der Prüfungsunterlagen obliegt. Diese Prüfungsämter unterliegen der Dienst- und Fachaufsicht des Bundesrechnungshofes und sind an dessen Weisungen gebunden (§ 100 BHO).

Die bisherigen ressortinternen Vorprüfungsstellen wurden zugleich aufgelöst; bei den Obersten Bundesbehörden wurden dafür ab 1.1.1998 „Innenrevisionen" organisatorisch neu eingerichtet.

Im **Geschäftsbereich des BMVg** wurden solche „Innenrevisionen" eingerichtet bei

- Bundesministerium der Verteidigung,
- Bundesamt für Wehrverwaltung,
- Bundesamt für Wehrtechnik und Beschaffung,
- Wehrbereichsverwaltungen.

II. Entlastung der Regierung und ihrer Verwaltung

In Form von „Bemerkungen" fasst der BRH/LRH das Ergebnis seiner Prüfung – soweit es für die Entlastung der Regierung wegen der Haushaltsrechnung und der Vermögensrechnung von Bedeutung ist – jährlich für das Parlament zusammen, die er dem Parlament und der Regierung zuleitet (= verwaltungsmäßige Kontrolle als Rechtskontrolle).

Der parlamentarische Rechnungsprüfungsausschuss prüft die **politische** Einhaltung des Haushaltsplans (= parlamentarische Kontrolle).

Unter Berücksichtigung des Rechnungsprüfungsberichts des Rechnungshofes erteilen die Parlamente daraufhin die *Entlastung* gegenüber der jeweiligen Bundes-/Landes*regierung* und somit gegenüber der gesamten *Bundesverwaltung* und der gesamten jeweiligen *Landesverwaltung* (Art. 114 GG/LV und § 114 BHO/LHO).

Mit der parlamentarischen Entlastung der Regierung durch die Legislativorgane ist der **jährliche Haushaltskreislauf** geschlossen.

III. Die externe Finanzkontrolle der unmittelbaren Staatsverwaltung und die Entlastung der Bundes-/Landesregierung (Kurzfassung)

Gem. Art. 114 Abs. 2 GG/LV werden die Rechnungen über die Einnahmen und Ausgaben (Geldrechnung) sowie über das Vermögen und die Schulden des Bundes/Landes (Vermögensrechnung) hinsichtlich ihrer Wirtschaftlichkeit und Ordnungsmäßigkeit der Haushalts- und Wirtschaftsführung vom Bundes-/Landesrechnungshof geprüft (Verwaltungsmäßige Kontrolle, Rechtskontrolle).

Der **parlamentarische Rechnungsprüfungsausschuss** prüft die **politische** Einhaltung des Haushaltsplans (Parlamentarische Kontrolle).

Die Parlamente erteilen ihrer Regierung – und somit auch deren Verwaltung – daraufhin die Entlastung aus dem betreffenden Haushaltsjahr.

Das Volk (Parlament = Volksvertretung) kontrolliert die Regierung!

Auf der Grundlage der parlamentarischen Entlastung der Regierung durch die Legislativorgane ist der Kreislauf des Staatlichen Haushalts-, Kassen- und Rechnungswesens geschlossen.

Anhang

Gesetz über die Feststellung des Bundeshaushaltsplans für das Haushaltsjahr 2004 (Haushaltsgesetz 2004)

Vom 18. Februar 2004

Der Bundestag hat das folgende Gesetz beschlossen:

Abschnitt 1
Allgemeine Ermächtigungen

§ 1
Feststellung des Haushaltsplans

Der diesem Gesetz als Anlage beigefügte Bundeshaushaltsplan für das Haushaltsjahr 2004 wird in Einnahmen und Ausgaben auf 257 300 000 000 Euro festgestellt.

§ 2
Kreditermächtigungen

(1) Das Bundesministerium der Finanzen wird ermächtigt, zur Deckung von Ausgaben für das Haushaltsjahr 2004 Kredite bis zur Höhe von 29 300 000 000 Euro aufzunehmen.

(2) Dem Kreditrahmen nach Absatz 1 wachsen die Beträge zur Tilgung von im Haushaltsjahr 2004 fällig werdenden Krediten zu, deren Höhe sich aus Nummern 4.2.1 der Finanzierungsübersicht (Teil 11 des Gesamtplans) ergibt. Dem Kreditrahmen nach Satz 1 wachsen im Falle unvorhergesehenen Bedarfs Beträge in Höhe von bis zu 15 000 000 000 Euro zum Rückkauf von Wertpapieren des Bundes oder zur Rückzahlung von Darlehen zu, soweit die Summe der in Nummer 4.2.1 der Finanzierungsübersicht (Teil II des Gesamtplans) genannten fällig werdenden Kredite überschritten wird. Das Bundesministerium der Finanzen wird ermächtigt, Mehreinnahmen bei Kapitel 6002 Titel 133 01 zur Tilgung der Schulden des Bundes zu verwenden; insoweit vermindert sich die Ermächtigung nach Satz 1. Die dem Erblastentilgungsfonds aus dem Bundesbankgewinn zufließenden Mehreinnahmen bei Kapitel 6002 Titel 121 04 vermindern die Ermächtigung nach Satz 1. Bei Mehreinnahmen nach Satz 3 können Maßnahmen nach § 60 Abs. 2 der Bundeshaushaltsordnung ergriffen werden.

(3) Das Bundesministerium der Finanzen wird ermächtigt, ab Oktober des Haushaltsjahres im Vorgriff auf die Kreditermächtigung des nächsten Haushaltsjahres Kredite bis zur Höhe von 4 vom Hundert des in § 1 festgestellten

Betrages aufzunehmen. Diese Kredite sind auf die Kreditermächtigung des nächsten Haushaltsjahres anzurechnen.

(4) Auf die Kreditermächtigung ist bei Diskontpapieren der Nettobetrag anzurechnen.

(5) Das Bundesministerium der Finanzen wird ermächtigt, zum Ankauf von Schuldtiteln des Bundes im Wege der Marktpflege Kredite bis zu 10 vom Hundert des Betrages der umlaufenden Bundesanleihen, Bundesobligationen, Bundesschatzanweisungen und unverzinslichen Schatzanweisungen aufzunehmen, dessen Höhe sich aus der jeweils letzten im Bundesanzeiger veröffentlichten Übersicht über den Stand der Schuld der Bundesrepublik Deutschland ergibt. Das Bundesministerium der Finanzen wird ferner ermächtigt, Eigenbestände aufzubauen und zu halten und sie in Form der Wertpapierleihe zu verwenden oder sie zum Zwecke der Marktpflege im Rahmen der Kreditermächtigungen der Absätze 1, 2 Satz 1 und des Absatzes 5 Satz 1 zu verkaufen.

(6) Das Bundesministerium der Finanzen wird ermächtigt, im Rahmen der Kreditfinanzierung im laufenden Haushaltsjahr ergänzende Verträge zur Optimierung der Zinsstruktur und zur Begrenzung von Zinsänderungsrisiken mit einem Vertragsvolumen von höchstens 80 000 000 000 Euro abzuschließen. Auf diese Höchstgrenze werden zusätzliche Verträge nicht angerechnet, die Zinsrisiken aus bereits bestehenden Verträgen verringern oder ganz ausschließen.

(7) Das Bundesministerium der Finanzen wird ermächtigt, die aufgenommenen und im Haushaltsjahr 2004 fällig werdenden Kredite

1. des Fonds Deutsche Einheit bis zur Höhe von 675 000 000 Euro,
2. des ERP-Sondervermögens bis zur Höhe von 2 111 000 000 Euro

zum Zwecke einer gemeinsamen Kreditaufnahme als Schulden des Bundes in Form eines Schuldbeitritts mitzuübernehmen. Die vom Bund mitübernommenen Kredite wachsen dem Kreditrahmen nach Absatz 2 Satz 1 zu. Der Bund darf den durch die Mitübernahme der Schulden erhöhten Kreditrahmen nur zu Anschlussfinanzierungen der mitübernommenen Kredite in Anspruch nehmen. Insoweit wird das jeweilige Sondervermögen Mitschuldner entsprechend dem Kreditanteil, der zur Anschlussfinanzierung seiner vom Bund mitübernommenen Kredite dient. Im Verhältnis zum Bund trägt das jeweilige Sondervermögen die Zins- und Tilgungsleistungen sowie weitere Kreditkosten für die ihm zuzurechnenden Kreditanteile.

(8) Das Bundesministerium der Finanzen wird ermächtigt, auch im folgenden Haushaltsjahr bis zum Tage der Verkündung des Haushaltsgesetzes im Rahmen der Kreditaufnahme folgende Verträge abzuschließen:

1. Kredite bis zur Höhe der Ermächtigung nach Absatz 2 Satz 1 dürfen zur Tilgung fällig werdender Kredite aufgenommen werden;

2. Verträge gemäß Absatz 6 dürfen in dem in dieser Vorschrift bestimmten Umfang abgeschlossen werden;
3. fällig werdende Kredite des Fonds Deutsche Einheit und des ERP-Sondervermögens dürfen zum Zwecke einer gemeinsamen Kreditaufnahme als Schulden des Bundes in Form eines Schuldbeitritts bis zur Höhe der in Absatz 7 genannten Beträge mitübernommen werden.

Die so in Anspruch genommenen Ermächtigungen werden auf die jeweiligen Ermächtigungen des folgenden Haushaltsjahres angerechnet.

(9) Der Ermächtigungsrahmen nach Absatz 1 ist in Höhe der über 0,5 vom Hundert des in § 1 festgelegten Betrages liegenden Kreditermächtigungen nach § 18 Abs. 3 Satz 1 der Bundeshaushaltsordnung im Haushaltsjahr 2004 gesperrt. Die Aufhebung der Sperre bedarf der Einwilligung des Haushaltsausschusses des Deutschen Bundestages.

(10) Das Bundesministerium der Finanzen wird ermächtigt, Kassenverstärkungskredite bis zur Höhe von 10 vom Hundert des in § 1 festgestellten Betrages aufzunehmen. Für Geschäfte, die den gleichzeitigen Ver- und Rückkauf von Bundeswertpapieren beinhalten, können weitere Kassenverstärkungskredite bis zur Höhe von 10 vom Hundert des in § 1 festgestellten Betrages aufgenommen werden. Auf die Kreditermächtigung sind die Beträge anzurechnen, die auf Grund von Ermächtigungen früherer Haushaltsgesetze aufgenommen worden sind.

§ 3
Gewährleistungsermächtigungen

(1) Das Bundesministerium der Finanzen wird ermächtigt, Bürgschaften, Garantien oder sonstige Gewährleistungen bis zur Höhe von insgesamt 318 605 000 000 Euro zu übernehmen, davon

1. bis zu 117 000 000 000 Euro im Zusammenhang mit förderungswürdigen oder im besonderen staatlichen Interesse der Bundesrepublik Deutschland liegenden Ausfuhren,
2. bis zu 40 000 000 000 Euro
   a) für Kredite an ausländische Schuldner zur Finanzierung förderungswürdiger Vorhaben oder bei besonderem staatlichen Interesse der Bundesrepublik Deutschland;
   b) zur Absicherung des politischen Risikos bei förderungswürdigen Direktinvestitionen im Ausland;
   c) für Kredite der Europäischen Investitionsbank an Schuldner außerhalb der Europäischen Gemeinschaft;

d) zur Absicherung des Ausfallrisikos aus einer Beteiligung der Kreditanstalt für Wiederaufbau am gezeichneten Kapital des Europäischen Investitionsfonds;

3. bis zu 2 000 000 000 Euro für Kredite zur Mitfinanzierung entwicklungspolitisch förderungswürdiger Vorhaben der bilateralen Finanziellen Zusammenarbeit,
4. bis zu 6 650 000 000 Euro für Marktordnungs- und Bevorratungsmaßnahmen auf dem Ernährungsgebiet,
5. bis zu 105 000 000 000 Euro zur Förderung der Binnenwirtschaft und zur Abdeckung von Haftungslagen im In- und Ausland,
6. bis zu 46 550 000 000 Euro im Zusammenhang mit der Beteiligung der Bundesrepublik Deutschland an europäischen oder internationalen Finanzinstitutionen und Fonds,
7. bis zu 1 405 000 000 Euro für die Treuhandanstalt Nachfolgeeinrichtungen.

Nähere Einzelheiten ergeben sich aus den verbindlichen Erläuterungen zu Kapitel 3208 des Bundeshaushaltsplans.

(2) Auf die in Absatz 1 Satz 1 genannten Höchstbeträge werden die auf Grund der Ermächtigungen früherer Haushaltsgesetze übernommenen Gewährleistungen angerechnet, soweit der Bund noch in Anspruch genommen werden kann oder soweit er in Anspruch genommen worden ist und für die erbrachten Leistungen keinen Ersatz erlangt hat.

(3) Gewährleistungen nach Absatz 1 Satz 1 können auch in ausländischer Währung übernommen werden; sie sind auf der Basis des vor Ausfertigung der Urkunden zuletzt ermittelten Euro-Referenzkurses der Europäischen Zentralbank auf den Höchstbetrag anzurechnen.

(4) Eine Bürgschaft, Garantie oder sonstige Gewährleistung ist auf den Höchstbetrag der entsprechenden Ermächtigung in der Höhe anzurechnen, in der der Bund daraus in Anspruch genommen werden kann. Zinsen und Kosten sind auf den jeweiligen Ermächtigungsrahmen nur anzurechnen, soweit dies gesetzlich bestimmt ist oder bei der Übernahme ein gemeinsamer Haftungsbetrag für Hauptverpflichtung, Zinsen und Kosten festgelegt wird.

(5) Soweit in den Fällen der Gewährleistungsübernahme nach Absatz 1 Satz 1 der Bund ohne Inanspruchnahme von seiner Haftung frei wird oder Ersatz für erbrachte Leistungen erlangt hat, ist eine übernommene Gewährleistung auf den Höchstbetrag nicht mehr anzurechnen.

(6) Die in Absatz 1 Satz 1 Nr. 1 bis 7 genannten Ermächtigungsrahmen können mit Einwilligung des Haushaltsausschusses des Deutschen Bundestages auch für Zwecke der jeweils anderen Gewährleistungsermächtigungen verwendet werden.

(7) Das Bundesministerium der Finanzen wird ermächtigt, zusätzliche Gewährleistungen nach Absatz 1 Satz 1 bis zur Höhe von 20 vom Hundert des in Absatz 1 Satz 1 bestimmten Ermächtigungsrahmens mit Einwilligung des Haushaltsausschusses des Deutschen Bundestages unter den Voraussetzungen des § 37 Abs. 1 der Bundeshaushaltsordnung zu übernehmen. Eine Ausnahme von der Einwilligung des Haushaltsausschusses ist nur aus zwingenden Gründen gestattet.

§ 4

Über- und außerplanmäßige Ausgaben und Verpflichtungsermächtigungen

(1) Der Betrag nach § 37 Abs. 1 Satz 4 der Bundeshaushaltsordnung wird auf 5 000 000 Euro festgesetzt. Über- und außerplanmäßige Ausgaben, die im Einzelfall den in Satz 1 festgelegten Betrag, im Falle der Erfüllung von Rechtsverpflichtungen einen Betrag von 50 000 000 Euro überschreiten, sind vor Einwilligung des Bundesministeriums der Finanzen dem Haushaltsausschuss des Deutschen Bundestages zur Unterrichtung vorzulegen, soweit nicht aus zwingenden Gründen eine Ausnahme geboten ist.

(2) Der Betrag nach § 38 Abs. 1 Satz 3 der Bundeshaushaltsordnung wird auf 10 000 000 Euro festgesetzt. Für überplanmäßige oder außerplanmäßige Verpflichtungsermächtigungen, bei denen die Ausgaben nur in einem Haushaltsjahr fällig werden, wird der Betrag auf 5 000 000 Euro festgesetzt. Wenn überplanmäßige oder außerplanmäßige Ausgaben und überplanmäßige oder außerplanmäßige Verpflichtungsermächtigungen zusammentreffen, gilt insgesamt der in Satz 1 genannte Betrag; Absatz 1 bleibt unberührt. Überplanmäßige und außerplanmäßige Verpflichtungsermächtigungen, die die in den Sätzen 1 bis 3 festgelegten Beträge überschreiten, sind vor Einwilligung des Bundesministeriums der Finanzen dem Haushaltsausschuss des Deutschen Bundestages zur Unterrichtung vorzulegen, soweit nicht aus zwingenden Gründen eine Ausnahme geboten ist. Bei über- und außerplanmäßigen Verpflichtungsermächtigungen ist § 37 Abs. 4 der Bundeshaushaltsordnung entsprechend anzuwenden.

(3) Das Bundesministerium der Finanzen wird ermächtigt, mit Einwilligung des Haushaltsausschusses des Deutschen Bundestages bei Aktiengesellschaften, an denen der Bund beteiligt ist, einem genehmigten Kapital im Sinne des § 202 des Aktiengesetzes zuzustimmen und sich zur Leistung des auf den Bundesanteil entfallenden Erhöhungsbetrages zu verpflichten.

Abschnitt 2

Bewirtschaftung von Einnahmen, Ausgaben und Verpflichtungsermächtigungen

§ 5

Flexibilisierte Ausgaben

(1) Auf die in Teil IV des Gesamtplans aufgeführten Kapitel (Flexibilisierte Ausgaben) des Bundeshaushalts sind die Absätze 2 bis 4 anzuwenden, soweit im Einzelfall keine andere Regelung getroffen ist.

(2) Innerhalb der einzelnen Kapitel sind jeweils gegenseitig deckungsfähig:

1. Ausgaben der Hauptgruppe 4 ohne Ausgaben der Titel der Gruppe 411,
2. Ausgaben der Titel 511 .1, 514 .1, 517 .1, 518 .1, 519 .1, 525 .l, 526 .1, 526 .2, 526 .3, 527 .1, 527 .3, 539 .9, 543 .1, 544 .1, 545 .1 und der entsprechenden Titel der Titelgruppen 55 und 56 sowie der Titel 532 55, 532 56 und 546 88,
3. Ausgaben der Titel der Gruppe 711, der Titel 712 .1 und der entsprechenden Titel der Titelgruppen 55 und 56,
4. Ausgaben der Hauptgruppe 8.

(3) Bei den Ausgaben in der Abgrenzung nach Absatz 2 Nr. 1 bis 4 dürfen zusätzliche Ausgaben bis zur Höhe von jeweils 20 vom Hundert der Summe dieser Ausgaben aus Einsparungen bei anderen in Absatz 2 unter den Nummern 1 bis 4 genannten Ausgaben geleistet werden. Bei den Ausgaben in der Abgrenzung nach Absatz 2 Nr. 2 bis 4 dürfen darüber hinaus für Maßnahmen im Zusammenhang mit dem Programm. „BundOnline 2005“ zusätzliche Ausgaben bis zur Höhe von jeweils 10 vom Hundert der Summe dieser Ausgaben aus Einsparungen bei anderen in Absatz 2 Nr. 2 bis 4 genannten Ausgaben geleistet werden.

(4) Die Ausgaben der Hauptgruppe 4 ohne Ausgaben der Titel der Gruppe 411 und die Ausgaben der in Absatz 2 Nr. 2 aufgeführten Titel der Hauptgruppe 5 sind übertragbar.

(5) Das Nähere bestimmt das Bundesministerium der Finanzen.

§ 6

Verstärkungsmöglichkeiten, Deckungsfähigkeit, Zweckbestimmung

(1) Innerhalb der einzelnen Kapitel fließen die Einnahmen den Ausgaben bei folgenden Titeln – einschließlich der entsprechenden Titel in Titelgruppen – zu:

1. Titel 422 01, 422 02, 425 01, 426 01 und 427 09 aus Personalkostenzuschüssen für die berufliche Eingliederung behinderter und schwerbehinderter Menschen sowie für Arbeitsbeschaffungsmaßnahmen und weitere Maßnahmen zur Eingliederung arbeitsloser Arbeitnehmerinnen und Arbeitnehmer sowie

aus Erstattungsleistungen nach dem Altersteilzeitgesetz vom 23. Juli 1996 (BGBl. I S. 1078) in seiner jeweils geltenden Fassung,

2. Titel 44 101, 443 01 und 446 01 aus Schadenersatzleistungen Dritter,
3. Titel gemäß § 5 Abs. 2 Nr. 2, soweit es sich um Erstattungen und Beiträge Dritter handelt,
4. Titel 453 01 und 527 01 aus nachträglich gewährten Preisnachlässen.

(2) Innerhalb eines Kapitels dienen Einnahmen aus Sachkostenzuschüssen für die berufliche Eingliederung behinderter und schwerbehinderter Menschen zur Verstärkung der Ausgaben der Hauptgruppen 5 bis 8.

(3) Für die Kapitel des Bundeshaushalts, auf die § 5 Abs. 2 bis 4 keine Anwendung findet, gilt:

1. Die obersten Bundesbehörden können die Deckungsfähigkeit der Ausgaben bei Titeln der Gruppen 511 bis 525, 527 und 539 innerhalb eines Kapitels anordnen, soweit die Mittel nicht übertragbar sind, die Mehrausgaben des Einzeltitels nicht mehr als 20 vom Hundert betragen und die Maßnahme wirtschaftlich zweckmäßig erscheint.
2. Soweit eine Deckung nach Nummer 1 nicht möglich ist, kann das Bundesministerium der Finanzen in besonders begründeten Ausnahmefällen zulassen, dass Mehrausgaben bei Titeln der Gruppen 514 und 517 sowie bei dem Titel 514 02 im Kapitel 1417 bis zur Höhe von 30 vom Hundert des Ansatzes durch Einsparungen anderer Ausgaben innerhalb der Hauptgruppe 5 desselben Einzelplans gedeckt werden.
3. Mehrausgaben bei dem Titel 526 01 – einschließlich der entsprechenden Titel in den Titelgruppen können gegen Einsparungen bei anderen Ausgaben der Obergruppen 51 bis 54 desselben Einzelplans gedeckt werden.

(4) Die Ausgaben der Titelgruppe 55 werden in Höhe von 1,7 vom Hundert gesperrt. Einsparungen dienen der Verstärkung der Ausgaben bei Kapitel 0602 Titel 532 08. Das Nähere bestimmt das Bundesministerium der Finanzen.

(5) Das Bundesministerium der Finanzen wird ermächtigt, mit Einwilligung des Haushaltsausschusses des Deutschen Bundestages innerhalb des Einzelplans 14 die Deckungsfähigkeit der Ausgaben bei Titeln der Gruppen 551 bis 559 der Kapitel 1408 und 1411 bis 1420 sowie bei Titel 514 02 im Kapitel 1417 anzuordnen, falls dies auf Grund später eingetretener Umstände wirtschaftlich zweckmäßig erscheint. Diese Regelung gilt auch für übertragbare Ausgaben. Das Bundesministerium der Finanzen wird darüber hinaus ermächtigt, mit Einwilligung des Haushaltsausschusses des Deutschen Bundestages innerhalb des Einzelplans 14 die Deckungsfähigkeit der Ausgaben bei einzelnen Titeln mit Ausnahme der Titel der Gruppe 529 anzuordnen, wenn zur Verbesserung der Wirtschaftlichkeit des Betriebs der Streitkräfte unvorhergesehen und unabweisbar Mehrausgaben geleistet werden müssen.

(6) Bei Titel 537 02 des Kapitels 6003 fließen Erstattungen der obersten Bundesbehörden für die Inanspruchnahme des Shuttle-Flugdienstes Köln/Bonn-Berlin den Ausgaben zu. Bei den Titeln 527 01 und 453 01 der obersten Bundesbehörden fließen Erstattungen des nachgeordneten Bereichs sowie von Dritten im Zusammenhang mit dem Shuttle-Flugdienst Köln/Bonn-Berlin den Ausgaben zu.

(7) Innerhalb eines Kapitels können Mehreinnahmen aus der Veräußerung von Dienstkraftfahrzeugen zur Verstärkung der Ausgaben für die Ersatzbeschaffung von Dienstkraftfahrzeugen herangezogen werden. Das Nähere bestimmt das Bundesministerium der Finanzen.

(8) Das nach Artikel 1 des Straßenbaufinanzierungsgesetzes in der im Bundesgesetzblatt Teil II, Gliederungsnummer 912-3, veröffentlichten bereinigten Fassung, das zuletzt durch Artikel 241 der Verordnung vom 29. Oktober 2001 (BGBl. I S. 2785) geändert worden ist, und nach Artikel 3 des Verkehrsfinanzgesetzes 1971 vom 28. Februar 1972 (BGBl. I S. 201), das zuletzt durch Artikel 1 Abs. 1 Nr. 7 der Verordnung vom 5. April 2002 (BGBl. I S. 1250) geändert worden ist, für Zwecke des Straßenwesens gebundene Aufkommen an Mineralölsteuer ist auch für sonstige verkehrspolitische Zwecke im Bereich des Bundesministeriums für Verkehr, Bau- und Wohnungswesen zu verwenden.

§ 7
Überlassung von Vermögensgegenständen

(1) Nach § 63 Abs. 3 Satz 2 der Bundeshaushaltsordnung wird zugelassen, dass von Bundesdienststellen im Bereich der Datenverarbeitung entwickelte Software unentgeltlich an Stellen der öffentlichen Verwaltung im Inland abgegeben wird, soweit Gegenseitigkeit besteht. Das gilt auch für von Bundesdienststellen erworbene Software. Für erworbene Lizenzen an Standard-Software ist die jeweilige Lizenzvereinbarung maßgebend.

(2) Nach § 63 Abs. 3 Satz 2 der Bundeshaushaltsordnung wird zugelassen, dass Vorschriften in elektronischer Form (z.B. über das Internet) unentgeltlich oder gegen ermäßigtes Entgelt bereitgestellt werden können.

§ 8
Bewilligung von Zuwendungen

(1) Ausgaben und Verpflichtungsermächtigungen für Zuwendungen im Sinne des § 23 der Bundeshaushaltsordnung zur Deckung der gesamten Ausgaben oder eines nicht abgegrenzten Teils der Ausgaben einer Einrichtung außerhalb der Bundesverwaltung (institutionelle Förderung) sind gesperrt, wenn der Haushalts- oder Wirtschaftsplan des Zuwendungsempfängers nicht von dem

zuständigen Bundesministerium und dem Bundesministerium der Finanzen gebilligt ist.

(2) Die in Absatz 1 genannten Zuwendungen zur institutionellen Förderung dürfen nur mit der Auflage bewilligt werden, dass der Zuwendungsempfänger seine Beschäftigten nicht besser stellt als vergleichbare Arbeitnehmerinnen und Arbeitnehmer des Bundes. Entsprechendes gilt bei Zuwendungen zur Projektförderung, wenn die Gesamtausgaben des Zuwendungsempfängers überwiegend aus öffentlichen Mitteln finanziert werden. Das Bundesministerium der Finanzen kann bei Vorliegen zwingender Gründe Ausnahmen zulassen.

§ 9
Bezüge

(1) Abweichend von § 50 Abs. 3 der Bundeshaushaltsordnung können die Personalausgaben für abgeordnete Beschäftigte für die Dauer von bis zu drei Jahren von der abordnenden Verwaltung weitergezahlt werden. Weiterzahlungen über drei Jahre hinaus bedürfen, sofern sie nicht durch Haushaltsvermerk geregelt sind, der Einwilligung des Bundesministeriums der Finanzen.

(2) Innerhalb eines Kapitels dürfen Zulagen nach § 45 des Bundesbesoldungsgesetzes in der Fassung der Bekanntmachung vom 6. August 2002 (BGBl. I S. 3020), das zuletzt durch Artikel 13 des Gesetzes vom 23. Dezember 2003 (BGBl. I S. 2848) geändert worden ist, für Beamtinnen und Beamte bis zur Höhe von 0,1 vom Hundert der Ausgaben der Titel 422.1 geleistet werden. Innerhalb der Kapitel 1401 und 1403 dürfen Zulagen nach § 45 des Bundesbesoldungsgesetzes für Soldatinnen und Soldaten bis zur Höhe von 0,1 vom Hundert der Ausgaben des Titels 423 01 geleistet werden.

(3) Soweit an Soldatinnen und Soldaten Leistungsprämien und -zulagen gezahlt sowie Leistungsstufen gewährt werden, sind die darauf entfallenden Ausgaben innerhalb der Gruppe 423 der Kapitel 1401 und 1403 zu finanzieren.

§ 10
Verbriefung von Verpflichtungen

Das zuständige Bundesministerium wird ermächtigt, die Beteiligungen, Zuschüsse und Beiträge der Bundesrepublik Deutschland zu Gunsten der in Kapitel 0902 Titel 687 84, Kapitel 1604 Titel 687 04 und 896 02, Kapitel 2302 Titel 836 02, 836 03, 836 04, 836 05, 836 07, 836 08 und 896 09 und in Kapitel 6002 Titel 836 22 des Bundeshaushaltsplans erwähnten internationalen Finanzinstitutionen und Fonds durch Hingabe unverzinslicher Schuldscheine zu erbringen.

§ 11

Liquiditätshilfen, Fälligkeit von Zuschüssen

(1) Die Liquiditätshilfen an die Bundesanstalt für Arbeit nach § 364 des Dritten Buches Sozialgesetzbuch sind auf 7 000 000 000 Euro begrenzt. Der Ermächtigungsrahmen darf wiederholt in Anspruch genommen werden.

(2) Die Liquiditätshilfe an die Bundesanstalt für Finanzdienstleistungsaufsicht ist auf 10 000 000 Euro begrenzt.

(3) Die Liquiditätshilfe an die Bundesanstalt für Immobilienaufgaben ist auf 200 000 000 Euro begrenzt.

(4) Die Zuschüsse des Bundes an die Rentenversicherung der Arbeiter und der Angestellten werden in zwölf gleichen Monatsraten gezahlt. Abweichend von Satz 1 kann im Einvernehmen mit dem Bundesministerium der Finanzen die Zahlung einer Monatsrate vorgezogen werden, soweit dies zur Stabilisierung der Finanzlage der Rentenversicherung der Arbeiter und der Angestellten erforderlich ist.

§ 12

Rückzahlung, Titelverwechslung

(1) Die Rückzahlung zu viel erhobener Einnahmen kann aus dem jeweiligen Einnahmetitel geleistet werden; soll eine Rückzahlung zu viel erhobener Einnahmen geleistet werden, ist sie bei dem betreffenden Einnahmetitel abzusetzen.

(2) Bei Unrichtigkeit einer Zahlung, bei Doppelzahlungen oder Überzahlungen darf die Rückzahlung, soweit § 5 gilt, stets von der Ausgabe abgesetzt werden, im Übrigen nur, wenn die Bücher noch nicht abgeschlossen sind. Die Rückzahlung zu viel geleisteter Personalausgaben ist stets beim jeweiligen Ausgabetitel abzusetzen.

(3) Titelverwechslungen dürfen nur berichtigt werden, solange die Bücher noch nicht abgeschlossen sind.

Abschnitt 3

Bewirtschaftung von Planstellen und Stellen

§ 13

Verbindlichkeit des Stellenplans

(1) Die Erläuterungen zu den Titeln der Gruppe 425 sind hinsichtlich der Zahl der für die einzelnen Vergütungsgruppen angegebenen Stellen verbindlich. Abweichungen bedürfen der Einwilligung des Bundesministeriums der Finan-

zen. Das Bundesministerium der Finanzen kann pauschale Abweichungen von der Verbindlichkeit der Erläuterungen zu den Titeln der Gruppe 425 unter der Bedingung zulassen, dass dadurch die Personalausgaben der einbezogenen Stellen um mindestens 5 vom Hundert gemindert werden.

(2) Die in den Erläuterungen zu den Titeln, aus denen Verwaltungskosten erstattet oder Zuwendungen im Sinne des § 23 der Bundeshaushaltsordnung zur institutionellen Förderung geleistet werden, für andere als Projektaufgaben ausgebrachten Stellen für Angestellte sind hinsichtlich der Gesamtzahl und der Zahl der für die einzelnen Vergütungsgruppen angegebenen Stellen vorbehaltlich abweichender Regelungen in den Haushaltsvermerken zu den Stellenplänen verbindlich. Die Wertigkeit außertariflicher Stellen ist durch Angabe der entsprechenden Besoldungsgruppen zu kennzeichnen. Abweichungen von der Verbindlichkeit der Erläuterungen bedürfen der Einwilligung des Bundesministeriums der Finanzen. Für die Fälle der Bewilligung von Altersteilzeit sowie von unvorhergesehenen und tarifrechtlich unabweisbaren Höhergruppierungsansprüchen kann das Bundesministerium der Finanzen seine Befugnisse auf die obersten Bundesbehörden übertragen.

§ 14
Ausbringung von Planstellen und Stellen

(1) Das Bundesministerium der Finanzen wird ermächtigt, mit Einwilligung des Haushaltsausschusses des Deutschen Bundestages Planstellen für Beamtinnen und Beamte und Stellen sowie Planstellen oberhalb Besoldungsgruppe B 3 für Soldatinnen und Soldaten zusätzlich auszubringen, wenn hierfür ein unabweisbarer, auf andere Weise nicht zu befriedigender Bedarf besteht. Die neu ausgebrachten Planstellen und Stellen sind in finanziell gleichwertigem Umfang durch den Wegfall anderer Planstellen und Stellen einzusparen. Die für den Einzelplan zuständige Stelle gibt dem Bundesrechnungshof Gelegenheit zur Stellungnahme.

(2) Das Bundesministerium der Finanzen wird ermächtigt, Planstellen und Stellen auszubringen, um Bedienstete von bundesunmittelbaren juristischen Personen des öffentlichen Rechts, Unternehmen im Sinne von § 65 der Bundeshaushaltsordnung, Sondervermögen des Bundes oder von durch den Bund institutionell geförderten Zuwendungsempfängern, für die Planstellen und Stellen im Bundeshaushalt nicht ausgebracht sind und bei denen ein Personalüberhang besteht, zu übernehmen. Die Ausbringung dieser Planstellen und Stellen setzt voraus, dass hierfür ein unabweisbarer, auf andere Weise nicht zu befriedigender Bedarf besteht, die Finanzierung der neu ausgebrachten Planstellen und Stellen auf Dauer sichergestellt ist und die Übernahme der Bediensteten zu einer Entlastung des Bundeshaushalts an anderer Stelle führt.

§ 15

Ausbringung von Ersatzplanstellen und -stellen

(1) Das Bundesministerium der Finanzen wird ermächtigt, neue Planstellen auszubringen, soweit ein unabweisbarer Bedarf besteht, einen Dienstposten wiederzubesetzen, dessen bisherige Inhaberin oder bisheriger Inhaber

1. gemäß § 14 des Deutschen Richtergesetzes in der Fassung der Bekanntmachung vom 19. April 1972 (BGBl. I S. 713), das zuletzt durch Artikel 1 des Gesetzes vom 11. Juli 2002 (BGBl. I S. 2592) geändert worden ist, in einem Land als Richterin oder Richter kraft Auftrags verwendet werden soll,
2. länger als ein Jahr im Rahmen der internationalen Zusammenarbeit ohne Wegfall der Dienstbezüge verwendet oder auf eine entsprechende Verwendung vorbereitet werden soll.

Die Planstellen sind befristet bis zur Rückkehr der bisherigen Inhaberin oder des bisherigen Inhabers des Dienstpostens und in der Wertigkeit der Besoldungsgruppe der Beamtin oder des Beamten auszubringen, die oder der als Ersatzkraft die Funktion wahrnehmen soll. Über den weiteren Verbleib der Planstellen ist im nächsten Haushaltsplan zu entscheiden.

(2) Das Bundesministerium der Finanzen wird ermächtigt, Planstellen auszubringen, wenn Beamtinnen oder Beamten Teilzeitbeschäftigung nach § 72b des Bundesbeamtengesetzes bewilligt worden ist und ein unabweisbarer Bedarf besteht, die Dienstposten dieser Beamtinnen oder Beamten neu zu besetzen. Die Planstellen sind in einer um zwei Stufen geringeren Wertigkeit als die Wertigkeit der Planstellen der teilzeitbeschäftigten Beamtinnen oder Beamten auszubringen. Sie sind mit dem Vermerk „kw mit Ausscheiden der Altersteilzeitbeschäftigten" zu versehen. Die infolge der Bewilligung von Altersteilzeit in Form des Blockmodells ausgebrachten Planstellen dürfen erst ab Beginn der Freistellungsphase in Anspruch genommen werden. Aus zwingenden dienstlichen Gründen kann das Bundesministerium der Finanzen bezüglich der Wertigkeit der auszubringenden Planstellen Ausnahmen zulassen.

(3) Die Absätze 1 und 2 gelten sinngemäß für Richterinnen und Richter, Soldatinnen und Soldaten sowie für Angestellte.

(4) Das Bundesministerium der Finanzen wird ermächtigt, seine Befugnisse auf die obersten Bundesbehörden zu übertragen.

§ 16

Ausbringung von Leerstellen

(1) Eine Leerstelle der entsprechenden Besoldungsgruppe gilt von Beginn der Beurlaubung an als ausgebracht für planmäßige Beamtinnen und Beamte,

1. die nach § 72a Abs. 4 Nr. 2, § 72e Abs. 1, § 89a Abs. 2 Nr. 2 des Bundesbeamtengesetzes in der Fassung der Bekanntmachung vom 31. März 1999 (BGBl. I S. 675), das zuletzt durch Artikel 9 des Gesetzes vom 21. August 2002 (BGBl. I S. 3322) geändert worden ist, sowie nach § 7 des Dienstrechtlichen Begleitgesetzes vom 30. Juli 1996 (BGBl. I S. 1183) ohne Dienstbezüge mindestens für ein Jahr beurlaubt werden,
2. die nach § 1 der Elternzeitverordnung in der Fassung der Bekanntmachung vom 17. Juli 2001 (BGBl. I S. 1669), die durch Artikel 6 des Gesetzes vom 3. Dezember 2001 (BGBl I S. 3306) geändert worden ist, mindestens ein Jahr ohne Unterbrechung Elternzeit in Anspruch nehmen,
3. die im unmittelbaren Anschluss an eine Elternzeit nach Nummer 2 ohne Dienstbezüge beurlaubt werden,
4. die nach § 24 des Gesetzes über den Auswärtigen Dienst vom 30. August 1990 (BGBl. I S. 1842), das durch Artikel 1 des Gesetzes vom 20. Juni 2002 (BGBl. I S. 2001) geändert worden ist, unter Wegfall der Besoldung für die Dauer der Tätigkeit der Ehepartnerin oder des Ehepartners an einer Auslandsvertretung beurlaubt werden.

(2) Das Bundesministerium der Finanzen wird ermächtigt, für planmäßige Beamtinnen und Beamte Leerstellen der bisherigen Besoldungsgruppen auszubringen, wenn die Beamtinnen und Beamten im dienstlichen Interesse des Bundes mit Zustimmung der obersten Dienstbehörde zu einer Verwendung

1. bei einer Fraktion oder Gruppe des Deutschen Bundestages oder eines Landtages,
2. beim Bundeskanzleramt, beim Bundespräsidialamt,
3. bei der Bundesakademie für öffentliche Verwaltung oder bei juristischen Personen des öffentlichen Rechts,
4. bei einer öffentlichen zwischenstaatlichen oder überstaatlichen Einrichtung,
5. im Rahmen der entwicklungspolitischen Zusammenarbeit oder einer Tätigkeit im Rahmen der Hilfe beim Aufbau des Rechtssystems der Staaten Mittel- und Osteuropas oder der Gemeinschaft Unabhängiger Staaten, bei einer Auslandshandelskammer oder als Auslandskorrespondentin oder Auslandskorrespondent der Gesellschaft für Außenhandelsinformationen (GfAI)

unter Wegfall der Dienstbezüge länger als ein Jahr beurlaubt oder versetzt werden und ein unabweisbarer Bedarf besteht, die Planstellen neu zu besetzen. Ober den weiteren Verbleib der Leerstellen ist im nächsten Haushaltsplan zu entscheiden.

(3) Kehren mehrere Beamtinnen und Beamte gleichzeitig in den Bundesdienst zurück, kann das Bundesministerium der Finanzen Sonderregelungen zur Nachbesetzung treffen.

(4) Die Absätze 1 bis 3 gelten sinngemäß für Richterinnen und Richter, Soldatinnen und Soldaten sowie für Angestellte.

(5) Werden planmäßige Bundesrichterinnen oder Bundesrichter an einem obersten Gerichtshof des Bundes zu Richterinnen oder Richtern des Bundesverfassungsgerichts gewählt, kann das Bundesministerium der Finanzen für diese Richterinnen oder Richter eine Leerstelle der bisherigen Besoldungsgruppe ausbringen.

(6) Das Bundesministerium der Finanzen wird ermächtigt,

1. Leerstellen, die nach Absatz 1 ausgebracht worden sind, anzupassen, wenn die oder der Bedienstete befördert werden soll,
2. Leerstellen, die für zum Bundeskanzleramt oder zum Bundespräsidialamt versetzte Bedienstete ausgebracht worden sind, anzupassen, wenn die oder der Bedienstete auf einer Planstelle oder Stelle des Bundeskanzleramts oder des Bundespräsidialamts befördert oder höhergruppiert worden ist.

(7) Das Bundesministerium der Finanzen wird ermächtigt, seine Befugnisse auf die obersten Bundesbehörden zu übertragen.

§ 17
Umwandlung von Planstellen und Stellen

Das Bundesministerium der Finanzen wird ermächtigt, Planstellen in gleichwertige Stellen und Stellen in gleichwertige Planstellen umzuwandeln, soweit dafür ein unabweisbarer Bedarf besteht.

§ 18
Sonderregelungen bei kw-Vermerken

(1) Das Bundesministerium der Finanzen wird ermächtigt zuzulassen, dass von einem kw-Vermerk mit Datumsangabe abgewichen wird, wenn die Planstelle oder Stelle weiter benötigt wird, weil sie nicht rechtzeitig frei wird; in diesem Fall fällt die nächste frei werdende Planstelle oder Stelle der betreffenden Besoldungs- oder Vergütungsgruppe weg.

(2) Das Bundesministerium der Finanzen wird ermächtigt zuzulassen, dass Planstellen und Stellen, die einen kw-Vermerk tragen, nach ihrem Freiwerden mit schwerbehinderten Menschen wiederbesetzt werden, wenn es sich um eine Neueinstellung oder eine beamtenrechtliche Anstellung handelt und eine nach §§ 71 bis 76 des Neunten Buches des Sozialgesetzbuches vom 19. Juni 2001 (BGBl. I S. 1046, 1047), das zuletzt durch Artikel 8 des Gesetzes vom 27. Dezember 2003 (BGBl. I S. 3022) geändert worden ist, berechnete Beschäftigungsquote schwerbehinderter Menschen von 6 vom Hundert bei den Planstellen und Stellen des Einzelplans nicht erreicht ist. Mit Ausscheiden des schwerbehinderten

Menschen aus der Planstelle oder Stelle fällt diese weg, wenn sie nicht wieder mit einem schwerbehinderten Menschen besetzt wird oder wenn die Beschäftigungsquote nach Satz 1 zu diesem Zeitpunkt erreicht ist. Die Sätze 1 und 2 gelten nicht, wenn die Planstelle oder Stelle den Vermerk „kw mit Wegfall der Aufgabe" trägt, sowie für Ersatzplanstellen und Ersatzstellen, die gemäß § 15 oder auf Grund der entsprechenden Regelungen früherer Haushaltsgesetze ausgebracht wurden.

§ 19
Überhangpersonal

Freie Planstellen und Stellen sind vorrangig mit Bediensteten zu besetzen, die bei anderen Behörden der Bundesverwaltung wegen Aufgabenrückgangs oder wegen Auflösung der Behörde nicht mehr benötigt werden.

§ 20
Stelleneinsparung

(1) Im Haushaltsjahr 2004 sind bei der Bundesverwaltung 1,5 vom Hundert der im Bundeshaushaltsplan ausgebrachten Planstellen für Beamtinnen und Beamte und Stellen für Angestellte und für Arbeiterinnen und Arbeiter kegelgerecht einzusparen.

(2) Ausgenommen von der Einsparung sind die Organe der Rechtspflege, die Planstellen der Polizeivollzugsbeamtinnen und -beamten im Bundesgrenzschutz und beim Bundeskriminalamt, die Planstellen im Grenzzolldienst, im Zollfahndungsdienst und beim Zollkriminalamt sowie die Planstellen und Stellen des Rechts- und Konsulardienstes in den Vertretungen des Bundes im Ausland. Die Planstellen und Stellen dieser Bereiche sind bei den Berechnungen nach den Absätzen 1 und 3 nicht zu berücksichtigen.

(3) Die auf die Einzelpläne nach Absatz 1 entfallenden Einsparungen sind auf die einzelnen Laufbahngruppen und die diesen vergleichbaren Vergütungsgruppen entsprechend dem Anteil dieser Laufbahngruppen und Vergütungsgruppen an der Gesamtzahl der Planstellen und Stellen des Einzelplans aufzuteilen. Das Verhältnis der Wertigkeiten der eingesparten Planstellen und Stellen innerhalb der Laufbahngruppen soll sich am Verhältnis der Wertigkeiten der Planstellen und Stellen des Haushaltsplans 2004 orientieren. Dabei sind die obersten Bundesbehörden und die nachgeordnete Bundesverwaltung innerhalb des Einzelplans jeweils gesondert zu berücksichtigen.

(4) Das Bundesministerium der Finanzen wird ermächtigt, in sachlich begründeten Fällen

1. eine nicht kegelgerechte Stelleneinsparung zuzulassen,
2. eigene Einsparkonzepte der Ressorts anzuerkennen,

3. Ausnahmen von der Trennung zwischen oberster Bundesbehörde und nachgeordnetem Bereich zuzulassen,

soweit ein finanzieller Ausgleich durch den Wegfall anderer Planstellen oder Stellen sichergestellt ist.

(5) Die Einsparungen müssen spätestens bis zum 31. Dezember 2004 erbracht sein. Die betroffenen Planstellen und Stellen fallen an diesem Tage weg.

(6) Soweit die Einsparung nach den entsprechenden Regelungen früherer Haushaltsgesetze bis zum Haushaltsjahr 2003 mangels freier Planstellen oder Stellen nicht möglich war, ist sie im Haushaltsjahr 2004 nachzuholen.

(7) Das Nähere bestimmt das Bundesministerium der Finanzen.

Abschnitt 4
Übergangs- und Schlussvorschriften

§ 21
Inanspruchnahme von Planstellen der Bundesbesoldungsordnung C

Das Bundesministerium der Finanzen wird ermächtigt, Regelungen zu schaffen, nach denen Beamtinnen und Beamte, die nach Bundesbesoldungsordnung W besoldet werden, auch auf Planstellen beschäftigt werden können, die nach Bundesbesoldungsordnung C ausgebracht worden sind.

§ 22
Begleitregelungen zum Regierungsumzug

(1) Das Bundesministerium der Finanzen wird ermächtigt, Regelungen zur Wiederbesetzung freier und frei werdender Planstellen und Stellen zu treffen, soweit dies erforderlich ist, um die Verlagerung des Parlamentssitzes und von Regierungsfunktionen nach Berlin einschließlich der Ausgleichsmaßnahmen durch Behördenverlagerungen nach Bonn gemäß dem Berlin/Bonn-Gesetz vom 26. April 1994 (BGBl. 1 S. 918) auf der Grundlage der personalwirtschaftlichen Gesamtkonzeption zügig und wirtschaftlich umzusetzen.

(2) § 2 Abs. 2 Buchstabe b Nr. 4 Satz 1 des Dienstrechtlichen Begleitgesetzes vom 30. Juli 1996 (BGBl. I S. 1183) ist mit der Maßgabe anzuwenden, dass die Möglichkeit einer unentgeltlichen Bahnreise der unentgeltlichen Mitflugmöglichkeit gleichsteht.

§ 23

Fortgeltung

§ 2 Abs. 2 Satz 3 bis 5, Abs. 4 und 5 sowie die §§ 3 bis 22 gelten bis zum Tage der Verkündung des Haushaltsgesetzes des folgenden Haushaltsjahres weiter.

§ 24

Inkrafttreten

Dieses Gesetz tritt am 1. Januar 2004 in Kraft.

Die verfassungsmäßigen Rechte des Bundesrates sind gewahrt.

Das vorstehende Gesetz wird hiermit ausgefertigt. Es ist im Bundesgesetzblatt zu verkünden.

Berlin, den 18. Februar 2004

Der Bundespräsident
Johannes Rau

Der Bundeskanzler
Gerhard Schröder

Der Bundesminister der Finanzen
Hans Eichel

Gesamtplan des Bundeshaushaltsplans 2004

Teil I: **Haushaltsübersicht**
mit Anlage Übersicht über die Verpflichtungsermächtigungen

Teil II: **Finanzierungsübersicht**

Teil III: **Kreditfinanzierungsplan**

Teil IV: **Flexibilisierte Ausgaben nach § 5 HG**

Gesamtplan **Einnahmen** **Teil I: Haushaltsübersicht**

Epl.	Bezeichnung	Steuern und steuerähnliche Abgaben **2004** 1 000 €
1	2	3
01	Bundespräsident und Bundespräsidialamt	–
02	Deutscher Bundestag	–
03	Bundesrat	–
04	Bundeskanzler und Bundeskanzleramt	–
05	Auswärtiges Amt	–
06	Bundesministerium des Innern	–
07	Bundesministerium der Justiz	–
08	Bundesministerium der Finanzen	–
09	Bundesministerium für Wirtschaft und Arbeit	–
10	Bundesministerium für Verbraucherschutz, Ernährung und Landwirtschaft	–
12	Bundesministerium für Verkehr, Bau- und Wohnungswesen ..	–
14	Bundesministerium der Verteidigung	–
15	Bundesministerium für Gesundheit und Soziale Sicherung ...	–
16	Bundesministerium für Umwelt, Naturschutz und Reaktorsicherheit	–
17	Bundesministerium für Familie, Senioren, Frauen und Jugend	–
19	Bundesverfassungsgericht	–
20	Bundesrechnungshof	–
23	Bundesministerium für wirtschaftliche Zusammenarbeit und Entwicklung	–
30	Bundesministerium für Bildung und Forschung	–
32	Bundesschuld	–
33	Versorgung	–
60	Allgemeine Finanzverwaltung	197 947 000
	Summe Haushalt 2003	**197 947 000**
	Summe Haushalt 2002	191 180 000
	gegenüber 2002 -mehr(+)/weniger(-)	+ 6 767 000

Zu Spalte 3: Darin Steuereinnahmen in Höhe von 197,68 Milliarden €. Zu Spalten 4 und 5: Verwaltungseinnahmen sowie übrige Einnahmen (ohne Einnahmen aus) Krediten = 29 300 Millionen €) = 30 053 Millionen €.

Teil I: Haushaltsübersicht **Einnahmen** Gesamtplan

Verwaltungs-einnahmen 2004 1000 €	Übrige Einnahmen 2004 1000 €	Summe Einnahmen 2004 1000 €	Summe Einnahmen 2003 1000 €	gegenüber 2003 mehr (+) weniger (–)	Epl.
4	5	6	7	8	9
27	–	**27**	27	–	01
1 791	–	**1 791**	1 808	– 17	02
10	–	**10**	21	– 11	03
2 606	–	**2 606**	2 565	+ 41	04
143 501	400	**143 901**	121 083	– 22 818	05
386 612	393	**387 005**	374 133	+ 12 872	06
311 689	376	**312 065**	300 818	+ 11 247	07
1 079 285	28 184	**1 107 469**	1 188 129	– 80 660	08
3 403 320	4 309	**3 407 629**	554 302	+ 2 853 327	09
138 529	102 280	**240 809**	172 195	+ 68 195	10
3 349 868	991 545	**4 341 413**	2 804 939	+ 1 536 474	12
258 027	28 664	**286 691**	300 792	– 14 101	14
93 563	1 899 303	**1 992 866**	1 959 782	+ 33 804	15
78 705	743	**79 448**	860 521	– 7 073	16
10 335	53 590	**63 925**	65 209	– 1 284	17
45	–	**45**	45	–	19
355	–	**355**	367	– 12	20
9 008	700 439	**709 447**	718 421	– 8 974	23
35 030	315 256	**350 286**	382 625	– 32 339	30
525 500	32 554 383	**33 079 883**	47 095 846	– 14 015 963	32
6 395	820 260	**826 655**	830 795	– 4 140	33
10 895 620	1 123 054	**209 965 674**	203 238 577	+ 6 727 097	60
20 729 821	**38 623 179**	**257 300 000**	**260 199 000**	**– 2 899 000**	
16 208 546	52 810 454				
+ 4 521 275	– 14 187 275				

Gesamtplan **Ausgaben** **Teil I: Haushaltsübersicht**

Epl.	Bezeichnung	Personal-ausgaben 2004 1000 €	Sächliche Verwaltungs-ausgaben 2004 1000 €	Militärische Beschaffungen, Anlagen usw, 2004 1000 €	Schulden-dienst 2004 1000 €
1	2	3	4	5	6
01	Bundespräsident und Bundespräsidialamt	10 368	7 501	–	–
02	Deutscher Bundestag	345 035	125 989	–	–
03	Bundesrat	10 783	7 281	–	–
04	Bundeskanzler und Bundeskanzleramt	93 180	491 403	–	–
05	Auswärtiges Amt	657 246	191 770	–	–
06	Bundesministerium des Innern	2 157 970	739 470	—	–
07	Bundesministerium der Justiz	234 671	75 259	–	–
08	Bundesministerium der Finanzen	1 804 968	681 658	–	–
09	Bundesministerium für Wirtschaft und Arbeit	441 230	220 829	–	–
10	Bundesministerium für Verbraucherschutz, Ernährung und Landwirtschaft	227 529	78 731	–	–
12	Bundesministerium für Verkehr, Bau- und Wohnungswesen	1 118 931	1 887 108	–	–
14	Bundesministerium der Verteidigung	12 309 504	2 858 776	8 025 106	–
15	Bundesministerium für Gesundheit und Soziale Sicherung	190 615	126 658	–	–
16	Bundesministerium für Umwelt, Naturschutz und Reaktorsicherheit	142 507	125 825	–	–
17	Bundesministerium für Familie, Senioren, Frauen und Jugend	746 939	32 804	–	–
19	Bundesverfassungsgericht	13 185	2 240	–	–
20	Bundesrechnungshof	72 258	13 773	–	–
23	Bundesministerium für wirtschaftliche Zusammenarbeit und Entwicklung	31 789	16 589	–	–
30	Bundesministerium für Bildung und Forschung	52 968	14 379	–	–
32	Bundesschuld	–	52 970	–	37 655 172
33	Versorgung	6 618 844	–	–	–
60	Allgemeine Finanzverwaltung	44 930	246 278	–	–
	Summe Haushalt 2004	**27 325 450**	**7 997 291**	**8 025 106**	**37 655 172**
	Summe Haushalt 2003 ;	27 078 306	7 699 651	8 058 661	37 885 145
	gegenüber 2003 -mehr(+)/ weniger(-)-	+ 247 144	+ 297 640	- 33 555	- 229 973

Teil I: Haushaltsübersicht **Ausgaben** Gesamtplan

Zuweisungen und Zuschüsse (ohne Investitionen) **2004** 1000 €	Ausgaben für Investitionen **2004** 1000 €	Besondere Finanzierungs-ausgaben **2004** 1000 €	Summe Ausgaben **2004** 1000 €	Summe Ausgaben **2003** 1000 €	gegenüber 2003 mehr (+) weniger (-)	Epl.
7	8	9	10	11	12	13
3 792	1 198	–	**23 039**	20 466	+ 2 573	01
71 015	16 590	- 9 723	**548 906**	540 734	– 8 172	02
186	609	- 606	**18 253**	17 057	+ 1 196	03
708 392	197 311	–	**1 490 286**	1 483 564	+ 6 722	04
1 234 371	90 191	–	**2 173 578**	2 229 905	- 56 327	05
762 992	511 311	- 113 759	**4 057 984**	4 013 999	+ 43 985	06
19 252	10 934	–	**340 116**	345 345	– 5 229	07
693 184	341 106	–	**3 520 916**	3 286 618	+ 234 298	08
31 281 980	1 056 336	- 49 050	**32 951 325**	30 508 193	+ 2 443 132	09
4 410 279	580 092	- 85 000	**5 211 631**	5 627 192	– 415 561	10
9 650 747	12 971 439	- 49 427	**25 578 798**	26 069 100	– 490 302	12
825 172	193 626	- 151 476	**24 060 711**	24 378 781	– 318 070	14
82 877 914	269 914	–	**83 465 101**	82 033 305	+ 1 431 796	15
271 419	249 663	–	**789 414**	794 022	– 4 608	16
4 072 173	25 570	- 5 000	**4 872 486**	5 101 385	– 228 899	17
–	1 608	–	**17 033**	16 208	+ 825	19
15	2 668	–	**88 714**	75 226	+ 13 488	20
884 592	2 850 463	–	**3 783 433**	3 767 536	+ 15 897	23
6 155 749	2 183 157	- 145 000	**8 261 253**	8 364 218	– 102 965	30
–	2 000 000	–	**39 708 142**	39 940 145	– 232 003	32
2 173 871	–	–	**8 792 715**	8 806 019	– 13 304	33
8 579 684	1 085 274	- 2 410 000	**7 546 166**	12 779 982	– 5 233 816	60
154 676 959	**24 639 063**	**- 3 019 041**	**257 300 000**	**260 199 000**	**– 2 899 000**	
153 576 055	26 661 118	- 759 936				
+ 1 100 904	- 2 022 055	- 2 259 105				

Anlage zur Haushaltsübersicht

Übersicht über die Verpflichtungsermächtigungen im Bundeshaushaltsplan und deren Fälligkeiten

Epl.	Bezeichnung	Verpflichtungsermächtigung 2004 1000 €	von dem Gesamtbetrag (Sp. 3) dürfen fällig werden				
			2005 1000 €	2006 1000 €	2007 1000€	Folgejahre 1000 €	In künftigen Haushaltsjahren 1000 €
1	2	3	4	5	6	7	8
02	Deutscher Bundestag	14 553	7 857	5 906	–	–	–
04	Bundeskanzler und Bundeskanzleramt	267 612	76 423	66 836	58 353	66 000	–
05	Auswärtiges Amt	155 424	82 255	41 740	15 929	–	15 500
06	Bundesministerium des Innern	624 477	224 483	168 880	122 548	61 300	47 266
07	Bundesministerium der Justiz	620	155	155	155	–	155
08	Bundesministerium der Finanzen	317 866	162 852	50 102	15 452	89 460	–
09	Bundesministerium für Wirtschaft und Arbeit	9 550 114	1 960 421	3 002 126	2 244 667	1 950 320	392 580
10	Bundesministerium für Verbraucherschutz, Ernährung und Landwirtschaft	738 601	320 753	212 451	112 150	93 247	–
12	Bundesministerium für Verkehr, Bau- und Wohnungswesen	10 736 453	4 235 250	2 479 250	1 712 742	2 021 911	287 300
14	Bundesministerium der Verteidigung	14 438 191	1 294 062	1 175 947	980 464	1 948 548	9 039 170
15	Bundesministerium für Gesundheit und Soziale Sicherung	147 395	47 515	42 248	22 097	–	35 535

Epl.	Bezeichnung	Verpflichtungsermächtigung 2004 1000 €	von dem Gesamtbetrag (Sp. 3) dürfen fällig werden				
			2005 1000 €	2006 1000 €	2007 1000€	Folgejahre 1000 €	In künftigen Haushaltsjahren 1000 €
1	2	3	4	5	6	7	8
16	Bundesministerium für Umwelt, Naturschutz und Reaktorsicherheit	337 070	212 033	66 420	29 531	21 400	7 686
17	Bundesministerium für Familie, Senioren, Frauen und Jugend	237 975	112 687	67 755	46 141	11 392	–
19	Bundesverfassungsgericht	3 194	1 194	1 000	1 000	–	–
23	Bundesministerium für wirtschaftliche Zusammenarbeit und Entwicklung	2 453 223	244 115	194 908	154 200	–	1 860 000
30	Bundesministerium für Bildung und Forschung	3 150 629	888 599	948 199	804 266	484 000	25 565
60	Allgemeine Finanzverwaltung	203 650	140 700	26 450	25 500	–	11 000
	Summe	**43 377 047**	**10 011 354**	**8 550 373**	**6 345 985**	**6 747 548**	**11 721 757**

Gesamtplan: Teil II

	Finanzierungsübersicht	Betrag für 2004	Betrag für 2003
		1000 €	
	Ermittlung des Finanzierungssaldos		
1	**Ausgaben** .... (ohne Ausgaben zur Schuldentilgung am Kreditmarkt, Zuführungen an Rücklagen und Ausgaben zur Deckung eines kassenmäßigen Fehlbetrages)	257 300 000	260 199 000
2.	**Einnahmen** .... (ohne Einnahmen aus Krediten vom Kreditmarkt, Einnahmen aus Rücklagen, Einnahmen aus kassenmäßigen Überschüssen und Münzeinnahmen)	227 730 000	216 414 000
3.	**Finanzierungssaldo**	- 29 570 000	- 43 785 000
	Zusammensetzung des Finanzierungssaldos		
4.	**Nettoneuverschuldung/Nettotilgung am Kreditmarkt** Ab 1999 ist auch der Schuldendienst für die Schulden der Sondervermögen Erblastentilgungsfonds, Bundeseisenbahnvermögen sowie Ausgleichsfonds zur Sicherung des Steinkohleneinsatzes berücksichtigt.		
4.1	Einnahmen	*(215 394 871)*	*(230 390 655)*
4.1.1	aus Krediten vom Kapitalmarkt	215 251 873	228 311 111
4.1.2	aus sonstigen Einnahmen	142 998	2 079 544
4.2	Ausgaben zur Schuldentilgung	*(186 094 871)*	*(186 990 655)*
4.2.1	durch Kredite vom Kreditmarkt	185 951 873	184 911 111
4.2.2	durch sonstige Einnahmen	142 998	2 079 544
4.3	Ausgaben zur Deckung kassenmäßiger Fehlbeträge	–	–
	Saldo	- 29 300 000	- 434 400 000
5.	**Marktpflege**	–	–
6.	**Nettoneuverschuldung insgesamt**	- 29 300 000	- 434 400 000
7.	**Einnahmen aus kassenmäßigen Überschüssen**	–	–
8.	**Rücklagenbewegung**	(–)	(–)
8.1	Entnahmen aus Rücklagen	–	–
8.2	Zuführung an Rücklagen	–	–
9.	**Münzeinnahmen**	- 270 000	- 385 000
10.	**Finanzierungssaldo**	- 29 570 000	- 43 785 000

Gesamtplan: Teil III

	Kreditfinanzierungsplan	Betrag für 2004	Betrag für 2003
		1000 €	
1.	**Einnahmen**		
1.1	aus Krediten vom Kreditmarkt, davon voraussichtlich mit folgenden Laufzeiten: .	*(215 251 873)*	*(228 311 111)*
1.1.1	mehr als vier Jahre	81 633 298	113 825 510
1.1.2	ein bis vier Jahre	57 100 000	45 321 704
1.1.3	weniger als ein Jahr	76 518 575	69 163 896
1.2	Sonstige Einnahmen	*(142 998)*	*(2 079 544)*
1.2.1	aus Einnahmen bei Kap. 6004 Tit. 133 02 gem. Ermächtigung nach § 2 Abs. 2 Satz 3 HG 2003 (entfällt in 2004)	–	–
1.2.2	aus Einnahmen bei Kap. 6002 Tit. 133 01 gem. Ermächtigung nach § 2 Abs. 2 Satz 3 HG 2004 / § 2 Abs. 2 Satz 5 HG 2003	–	–
1.2.3	aus Mehreinnahmen am Anteil des Bundes am Reingewinn der Deutschen Bundesbank bei Kap. 6002 Tit. 121 04 gem. § 2 Abs. 2 Satz 4 HG 2004/ § 4 HG 2003	–	1 936 546
1.2.4	aus Länderbeiträgen nach dem Gesetz zur Regelung der Altschulden für gesellschaftliche Einrichtungen (ARG): Veranschlagung im Wirtschaftsplan des ELF (Kap. 6003)	142 998	142 998
	Summe 1	215 394 871	230 390 655
2.	**Ausgaben zur Schuldentilgung am Kreditmarkt**		
2.1	Tilgung von Schulden mit Laufzeiten von mehr als vier Jahren	*(587 839 470)*	*(87 567 121)*
2.101	Schuldbuchforderungen der Träger der Sozialversicherun	–	–
2.102	Anleihen	29 632 345	49 595 312
2.103	Bundesschatzbriefe	4 022 096	6 453 266
2.104	Schuldenbuchkredite	–	–
2.105	Schuldscheindarlehen	5 021 525	3 379 331
2.106	Obligationen	20 000 000	26 940 383
2.107	Ausgleichsforderungen nach dem Umstellungsergänzungsgesetz	–	–
2.108	Ablösungsschuld	–	–
2.109	Altsparerentschädigung	–	–
2.110	Bereinigte Auslandsschulden (Londoner Schuldenabkommen)	1 600	1 720
2.111	Aufgrund des Gesetzes zur näheren Regelung der Entschädigungsansprüche für Auslandsfonds (Auslandsfonds-Entschädigungsgesetz)	–	–
2.112	Nachkriegsschulden für Verbindlichkeiten der KoKo aus Anschlussgebieten	–	–

	Kreditfinanzierungsplan	Betrag für 2004	Betrag für 2003
		1000 €	
2.113	Ausgleichsforderungen und Rentenausgleichsforderungen zur Aufbesserung von Versicherungsleistungen	–	–
2.114	Wohnungsbauobligationen ehemaliger NVA-Wohnungen	–	–
2.115	Wohnungsbauobligationen der Westgruppe der GUS-Truppen	31 404	33 101
2.116	Ausgleichsforderungen der Deutschen Bundesbank aus der Währungsumstellung 1948 (Tilgungsbeginn im Jahr 2024 gemäß § 30 HG 1994)	–	–
2.117	Ausgleichsfonds Währungsumstellung	1 130 500	1 138 442
2.118	Medium-Term-Note Programm der Treuhandanstalt	–	25 565
2.119	Sonstige	–	–
2.2	Tilgung von Schulden mit Laufzeiten von einem bis zu vier Jahren	*(50 985 643)*	*(37 651 428)*
2.201	Schatzanweisungen	49 928 419	36 252 000
2.202	Unverzinsliche Schatzanweisungen	–	215 000
2.203	Finanzierungsschätze des Bundes	1 057 224	1 184 428
2.204	Schuldscheindarlehen	–	–
2.3	Tilgung von Schulden mit Laufzeiten von weniger als einem Jahr	76 269 758	61 772 107
2.4	Deckung kassenmäßiger Fehlbeträge	–	–
	Summe 2	186 094 871	186 990 655
3.	**Marktpflege**	–	–
4.	**Zusammen (2. und 3.)**	186 094 871	186 990 655
	Saldo aus 1. und 4. (im Haushaltsplan veranschlagte Nettoneuverschuldung)	29 300 000	43 400 000

Gesamtplan: Teil IV
Flexibilisierte Ausgaben nach § 5 HG

Epl.	Bezeichnung	Kapitel	Summe 2004 1000 €
1	2	3	4
01	Bundespräsident und Bundespräsidialamt	01, 03, 04	18 521
02	Deutscher Bundestag	01, 03, 04	230 581
03	Bundesrat	01	15 761
04	Bundeskanzler und Bundeskanzleramt .	01, 02, 03, 05, 06, 07	133 119
05	Auswärtiges Amt	01, 03, 11	875 688
06	Bundesministerium des Innern	01, 07, 08, 10, 11, 12, 14, 15, 16, 17, 18, 23, 25, 26, 28, 29, 33, 35	3 157 603
07	Bundesministerium der Justiz	01, 02, 03, 04, 05, 06, 07, 10	298 978
08	Bundesministerium der Finanzen	01, 03, 04, 10, 12	2 513 139
09	Bundesministerium für Wirtschaft und Arbeit	01, 03, 04, 06, 07, 08, 09, 10, 13, 14	639 460
10	Bundesministerium für Verbraucherschutz, Ernährung und Landwirtschaft	01, 08, 09, 10	327 735
12	Bundesministerium für Verkehr, Bau- und Wohnungswesen	01, 03, 05, 08, 11, 12, 13, 14, 16, 21, 27, 28	842 047
14	Bundesministerium der Verteidigung ...	01, 03,04, 05, 06, 08, 14, 15, 17, 18, 19	5 751 445
15	Bundesministerium für Gesundheit und Soziale Sicherung	01, 04, 05, 06, 07, 08, 10, 11	276 887
16	Bundesministerium für Umwelt, Naturschutz und Reaktorsicherheit	01, 05, 06, 07	213 805
17	Bundesministerium für Familie, Senioren, Frauen und Jugend	01, 03, 04	100 333
19	Bundesverfassungsgericht	01	16 962
20	Bundesrechnungshof	01, 03	88 377
23	Bundesministerium für wirtschaftliche Zusammenarbeit und Entwicklung	01	44 973
30	Bundesministerium für Bildung und Forschung	01, 03	98 443
	Summe		**15 643 857**

Gesetz über die Feststellung eines Nachtrags zum Bundeshaushaltsplans für das Haushaltsjahr 2003 (Nachtragshaushaltsgesetz 2003)

Vom 18. Februar 2004

Der Bundestag hat das folgende Gesetz beschlossen:

Artikel 1

Das Haushaltsgesetz 2003 vom 30. April 2003 (BGBl. I S. 574) wird wie folgt geändert:

1. In § 1 wird die Zahl „248 199 000 000" durch die Zahl „260 199 000 000" ersetzt.
2. In § 2 Abs. 1 wird die Zahl „18 900 000 000" durch die Zahl „43 400 000 000" ersetzt.

Artikel 2

Der Bundeshaushaltsplan 2003 wird nach Maßgabe des diesem Gesetz als Anlage beigefügten Nachtrags geändert.

Artikel 3

Dieses Gesetz tritt mit Wirkung vom 1. Januar 2003 in Kraft.

Die verfassungsmäßigen Rechte des Bundesrates sind gewahrt.

Das vorstehende Gesetz wird hiermit ausgefertigt. Es ist im Bundesgesetzblatt zu verkünden.

Berlin, den 18. Februar 2004

Der Bundespräsident
Johannes Rau

Der Bundeskanzler
Gerhard Schröder

Der Bundesminister der Finanzen
Hans Eichel

Anhang 2: Auszug aus dem Bundeshaltsplan

1419 Flugzeuge, Flugkörper und flugtechnisches Gerät

Titel Funktion	Zweckbestimmung	Soll 2004 1 000 €	Soll 2003 1 000 €	Ist 2002 1 000 €
	Vorbemerkungen Es sind vorwiegend Ausgaben veranschlagt für die Beschaffung und Erhaltung von Flugzeugen, Flugkörpern und flugtechnischem Gerät, die Um- und Nachrüstung von Flugzeugen und Flugkörpern und der Betrieb der Flugplatz- und Versorgungseinrichtungen.			
	Ausgaben Haushaltsvermerk Es gelten die Flexibilisierungsregelungen gem. § 5 Abs. 2 bis 4 **HG 2004.** In die Flexibilisierung einbezogen ist auch Tit. 553 01. Die flexibilisierten Ausgaben bei Tit. 553 01 sind begrenzt auf 5 v.H. Darüber hinaus sind kapitelübergreifend folgende flexibilisierte Titel/Titelansätze einbezogen: Kap. 1408 Tit. 553 01, Kap. 1414 Tit. 553 01, Kap. 1415 Grp. 553, Kap. 1417 Tit. 553 01 und Kap. 1418 Tit. 553 01.			
	Sächliche Verwaltungsausgaben			
554 05 - 032	Beschaffung des Waffensystems Eurofighter 2000	1 120 000	860 000	1 045 300
	Verpflichtungsermächtigung ...... 595 000 T€ davon fällig: im Haushaltsjahr 2005 bis zu ...... 50 000 T€ im Haushaltsjahr 2006 bis zu ...... 90 000 T€ im Haushaltsjahr 2007 bis zu ...... 100 000 T€ im Haushaltsjahr 2008 bis zu ...... 110 000 T€ im Haushaltsjahr 2009 bis zu ...... 90 000 T€ im Haushaltsjahr 2010 bis zu ...... 75 000 T€ im Haushaltsjahr 2011 bis zu ...... 60 000 T€ im Haushaltsjahr 2012 bis zu ...... 20 000 T€			
	Haushaltsvermerk **1. Die Ausgaben sind in Höhe von 50 000 T€ gesperrt.** **2. Mehrausgaben dürfen bis zur Höhe von 200 000 T€ der Einsparungen bei folgenden Titeln geleister werden: Einzelplan 14. Die Leistung der Mehrausgaben bedarf der Einwilligung des Haushaltsausschusses des Deutschen Bundestages.**			

Sachwortverzeichnis